名誉顾问◎李恒白 薛刚凌

数字政府

变革与法治

马颜昕　李　哲　袁　强
陈尚龙　陈晓勤　覃　慧
石小兵　满　鑫　何舒琴
◎著

中国人民大学出版社
·北京·

作者简介

马颜昕 | 华南师范大学特聘副研究员、数字政府与数字经济法治研究中心主任

李　哲 | 数字广东网络建设有限公司副总经理、总法律顾问

袁　强 | 数字广东网络建设有限公司法务审计部副总经理

陈尚龙 | 广州市人大常委会法制工作委员会工作人员，华南师范大学法学院院长助理

陈晓勤 | 中共福建省委党校、福建行政学院法学教研部副教授，福建省法学会行政法学研究会常务理事

覃　慧 | 华南师范大学特聘研究员

石小兵 | 数字广东网络建设有限公司高级法务经理

满　鑫 | 中国政法大学法学院博士研究生

何舒琴 | 数字广东网络建设有限公司法务经理

序

数字政府是数字技术深度融入政府治理和服务的全新场景,这种全新场景中充满着理念创新、技术创新、机制体制创新等新鲜内容。数字政府的快速发展,带来了效率与公平、创新与稳定、便利与安全、整体与个体等多方面的价值冲突,而法治可以为这些价值冲突提供解决路径,更可以保障数字政府建设的稳步、妥善推进。过往的数字政府相关著作更多的是从技术、政策、管理等角度切入,本书则是首次从法律的角度,探讨数字政府与法治建设的关系问题,为广大读者开阔了视野。

相比传统政府而言,数字政府在供给端和需求端都发生了较为深层次的变革。就供给端而言,数字技术为政府治理和服务的智能化、智慧化提供了新的可能,比如,过去市民办理户口迁移需要迁出、迁入,可能要跑多个部门,但随着政府内部的数据共享,现在这种需求的解决可以做到"一网通办",甚至"跨省通办",市民可以随时随地动动手指在手机上操作,"零跑动"就能解决,完全打破了原有的时间、空间的限制。尤其是以5G、云计算、人工智能与大数据等为代表的新基建风起云涌,新型城镇化建设方兴未艾,未来政务服务供给及其与智慧城市的融合将会有更大的想象空间。就需求端而言,随着数字技术连接场域的扩大和增加,人民对未来政府有着无限的畅想。未来,人、空间、服务将因数字技术产生全新的交互方式,人民对政府的感知将更为具体、可视和实时,对政务服务的需求也将达到新的高度。新冠肺炎疫情暴发初期,一些地方使用纸质表格办理出入登记,效率低、准确度不高,还存在接触感染、隐私泄露以及追溯难等一系列问题。为解决这些问题,"健康码""电子出入码"应运而生。依托于日常高频使用的微信、支付宝等社交媒介,居民通过"扫一扫"功能,只需几秒即可完成个人信息的登记,生成二维码,完成出入核验。"二维码"看似简单,实则需要一个完善的底层支撑系统,不仅要打通公安的人口库数据、卫生部门的疾控数据、移动运营商的用户位置数据等海量数据,还需要集成生物识别、区块链、大数据分析等一系列技术,以实现隐

数字政府：变革与法治

私保护、全程追溯、智能预警等综合功能。

数字政府在供给端和需求端的深层次变革离不开数字技术的支持，当然，仅仅有技术手段显然是不够的，还需要大量的政府协同、数据共享开放、科技公司的深度参与等等。也就是说，政府的机构组织、服务模式、监管行为以及内部流程都需要进行相应的调整，甚至重构，才能够形成一个整体的智慧解决方案以实现供需的平衡。但是，在政府管理这样一个高度制度化、程序化的领域内，变革将不可避免地受到更大的制约和限制，也不可避免地给原有的法律体系带来新的挑战。如何在法治允许的范围内最大限度地推动改革，将是数字政府改革建设不可回避的重要问题。

数字政府的推进给原有的法律体系带来的最主要挑战有三个方面：一是数据作为新的生产要素所带来的权利关系和制度体系构建需求。就像当年的技术发展和知识生产催生了知识产权制度一样，对于数据，包括政务数据，及其驱动的数字经济所带来一系列权利、义务与责任分配问题，需要一整套的数据制度来解决。二是数字政府的组织建设对原有行政组织体系的挑战。要打通"烟囱数据"，建设集约化的公共支撑平台，并在此之上引入丰富的政务应用，政府必须从整体政府的角度去重构自身的组织体系，并引入企业力量提供支持，形成政企合作、多元共治的格局。前述的整体智慧解决方案，需要厘清多元主体之间的法律关系。三是新技术发展会改变人们对原有行政程序合理性的认知。例如"秒批""秒办"等自动化行政方式与原有行政程序的冲突，需要在坚持正当程序原则的前提下，进一步发展新时代的程序要求。

本书对这三个问题都作了比较系统的回应，为数字政府改革在法治的轨道上开展提供了较为透彻的理论基础，也提出了很多有益的建议。虽然限于时间等原因有不少遗珠之憾，但总体而言，本书对数字政府改革与法治关系的一系列问题的研究依然极具开创性，值得参与或关心数字政府建设的政府部门、企业、研究机构人员一读。

是为序。

华南师范大学政府改革与法治建设研究院院长
华南师范大学法学院教授
中国行政法学会副会长
薛刚凌

目　录

第一编　数字政府浪潮与全球经验

第一章　数字政府：已经到来的未来 / 3
第一节　绪论——数字政府如何改变我们的生活 / 3
第二节　什么是数字政府 / 11
第三节　数字政府的前沿进展——技术爆炸推动下的
　　　　治理工具箱升维 / 14

第二章　数字政府与法治政府的共进
　　　　——国家治理体系与治理能力现代化的必经之路 / 27
第一节　国家治理体系与治理能力现代化视野下的数字政府 / 27
第二节　法治——改革进程中价值冲突的解决路径 / 34
第三节　数字政府改革建设的法律制度保障 / 43
第四节　数字政府建设对法治政府建设的促进 / 46

第三章　数字政府改革及依法治理的全球经验 / 52
第一节　美国——以"开放政府"驱动数字化转型 / 52
第二节　英国——"政府即平台"推动公共服务数字化 / 63
第三节　日本——创造"世界最先端IT国家" / 70
第四节　韩国——从"IT强国"到"AI强国" / 79
第五节　欧盟——大数据、人工智能"塑造欧洲数字未来" / 84
第六节　全球经验与发展趋势总结——可持续发展的
　　　　数字政府转型 / 93

第二编　数字政府对传统政府的变革

第四章　数字时代的政府理念变革 / 103

第一节　数字时代新挑战呼唤政府理念变革 / 104

第二节　从管理型政府到服务型政府 / 111

第三节　从电子政府到智慧政府 / 115

第四节　从分散政府到整体政府 / 118

第五节　从包揽型政府到协作型政府 / 122

第六节　从半公开政府到透明政府 / 124

第五章　数字政府下的政府组织再造 / 126

第一节　传统政府组织结构在数字政府时代下的不足 / 126

第二节　整体政府理念在政府组织结构变革的投射 / 131

第三节　数字环境下的整体政府组织再造 / 135

第四节　法律保障赋能政府组织变革创新 / 147

第六章　数字政府下的行政程序发展 / 152

第一节　数字时代的行政程序挑战 / 152

第二节　正当程序原则的坚持与发展 / 159

第三节　典型行政行为的程序完善 / 164

第四节　内部行政活动的流程再造 / 172

第七章　政企合作：数字政府建设的重要支撑 / 177

第一节　我国政务信息化建设模式的发展历程 / 177

第二节　政企合作在数字政府领域的创新实践 / 182

第三节　政企合作在数字政府建设中大有可为 / 191

第四节　政企合作变革中的法律挑战与应对 / 200

第三编　数据治理与数据安全

第八章　数据权属 / 211

第一节　数据权属的重要性 / 211

第二节　界定数据权属的作用 / 214

第三节　数据的分类及权属 / 217

第四节　国家数据主权与政务数据国家所有权 / 222

第五节　数字政府建设中政务数据权属的现状及问题 / 225

第九章　政务数据采集 / 227

第一节　政务数据采集的作用 / 227

第二节　政务数据采集的范围 / 230

第三节　政务数据采集的原则 / 232

第四节　被采集对象的权益保护 / 235

第五节　政务数据的采集方式及要求 / 238

第六节　政务数据采集存在的问题及对策 / 241

第十章　政务数据共享 / 244

第一节　政务数据共享的作用和意义 / 244

第二节　政务数据共享的基本原则 / 248

第三节　政务数据共享目录管理 / 251

第四节　政务数据共享平台建设 / 256

第五节　政务数据共享存在的问题及对策 / 260

第十一章　政府数据的开放利用 / 265

第一节　大数据时代的新课题：从信息公开到数据开放 / 265

第二节　开放利用政府数据的价值 / 268

第三节　我国政府数据开放利用发展现状 / 274

第四节　政府数据开放利用法律制度的具体内容 / 280

第十二章　大数据的标准化 / 303

第一节　为什么大数据要实现标准化 / 305

第二节　大数据标准化与大数据标准 / 308

第三节　大数据标准化的实践 / 311

第四节　大数据需要在哪些方面实现标准化：大数据标准体系的搭建 / 326

第五节　大数据标准化与法治 / 346

第十三章　数据安全：数据治理的"压舱石" / 350

　　第一节　数据安全的严峻形势 / 350

　　第二节　数据安全的内涵拓展 / 352

　　第三节　数据安全风险的主要类型 / 354

　　第四节　政务数据安全管理的法律制度 / 359

　　第五节　政务数据安全中的个人信息保护 / 370

第一编 数字政府浪潮与全球经验

数字政府正深刻地改变着我们的生活，空间被跨越，时间被缩减，人力等成本大大减少，社会治理更加精准和智能。可以说，数字政府是已经到来的未来。本书的第一编（第一章至第三章）将全景性展示什么是数字政府，数字政府带来什么样的变化，数字政府和法治政府是什么关系，这样一股数字政府的世界潮流为我们提供了怎样的全球经验，我们又将为世界提供怎样的中国模式。

第一章

数字政府：已经到来的未来

第一节 绪论——数字政府如何改变我们的生活

中国共产党十九届四中全会作出《关于坚持和完善中国特色社会主义制度 推进国家治理体系和治理能力现代化若干重大问题的决定》，明确提出，"建立健全运用互联网、大数据、人工智能等技术手段进行行政管理的制度规则。推进数字政府建设，加强数据有序共享，依法保护个人信息"。此举将数字政府建设的要求提升到了全新高度。各地近年来也纷纷出台各类举措，释放地方创新潜力，为数字政府的建设进行了各种有益的探索。

其实，数字政府建设早就不再是空泛的概念，已经在许多具体领域润物细无声地改变了我们的生活，成为已经到来的未来。随着数字政府建设的推荐，空间被跨越，时间被缩减，人力等成本大大减少，社会治理更加精准和智能，许多过去不可能的事情成为可能。我们可以通过一些例子来感受一下发生在我们身边的这种变革。

> **空间上的跨越——V-Tax 实现远程跨境办税**
>
> 在不少人的印象中，办税业务十分烦琐，需要填写很多表单，更需要多次跑税务部门办理。对于境外的人士、企业来说，更是如此：为了一次办税业务，不得不多次两地，甚至跨国奔波。拥挤的通关、阻塞的道路、烦闷的排队，给很多相对人留下了不便的回忆。

未来，这些不便的回忆将会随着新技术的发展与运用成为过去。横琴新区税务局自主研发了 V-Tax 远程可视自助办税平台，推出非居民个人实名认证"一次不用跑"办理，境外人士，尤其是港澳地区居民同样适用。

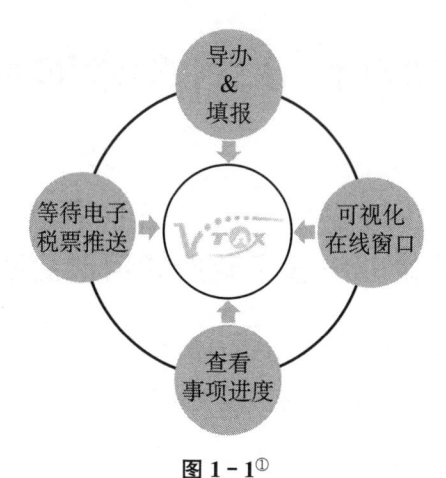

图 1-1[①]

"原来办税真的可以'一次不用跑'。"近期，李女士通过 V-Tax 办理了一项需要代扣代缴的非居民涉税业务，从组织临时登记到微信扫码支付，15 分钟内全流程网上办结。

来自珠海市横琴新区税务局的工作人员陈远志介绍，该平台"能问、能查、能看、能听、能约、能办"，纳税人在电脑或手机端"一次不用跑"即可办理 7 大类 326 项涉税费事项，原需报送的 1 202 项资料精简为 678 项，共减少了 43.6%；若有疑问，纳税人还能通过实时音视频可视化辅导，足不出户与税务人员"面对面"进行业务办理。

"家门口就有纳税服务点，银行有专人辅导我们用电脑、手机自助办税，还可以及时了解到最新的税收政策，我们这些在澳门的企业不用过境，就能享受到像在横琴办税大厅现场办税一样便捷的服务，确实值得点赞。"横琴澳门青年创业谷的澳门粤港澳国际信息科技公司的财务负责

---

① 图片来源于 V-Tax 远程可视化办税系统平台网站。

第一章 数字政府：已经到来的未来

人林先生对技术平台跨越空间的便捷服务颇为称赞。[①]

时间上的缩减——依托数字政府，不动产登记改革全面提速

在过去的传统行政程序中，市民办理一项不动产过户手续需要来回奔波好几次，开具多项证明，花费数日时间。而最近肇庆市市民惊喜地发现，通过提前网络平台预约申报，不到90分钟就拿到了不动产权证书，还能同步办理供电、供水、天然气等事项；不动产交易、缴税、登记"一窗受理"，不少业务可以当天办结，房产过户也能方便快捷地搞定。

依托"数字政府"建设和"政务云"大数据资源，2018年年底，广东基本实现一般登记5个工作日内、抵押登记3个工作日内办结，提前实现国务院关于压缩办理时长的工作目标；到2020年年底前，广东省将争取实现一般登记3个工作日内、抵押登记1个工作日内办结。

办结速度加快，服务水平也在同步提升。2018年年底，广东省不动产登记信息查询服务全面上线"粤省事"小程序，登记信息随时随地可查询。2019年年初，广东省启动了不动产权证书和登记证明电子证照签发工作，截至目前累计签发电子证照1 900多万本，群众办事可用电子证照代替复印件。同时借助全省1 075个银行网点开设的便民服务窗口，办事企业和群众只需跑一次即可完成抵押合同签订和抵押登记申请，此举还为缩短银行放款时间创造了条件。

"全面提速，是依托'数字政府'建设，破除部门壁垒，推进信息互通共享的结果。"广东省自然资源厅相关负责人介绍，全省各级登记机构已通过信息平台实现业务系统办理，平台信息数量和质量指标在全国名列前茅。通过省政务信息共享服务平台，不动产登记信息还为住建、税务、

[①] 林曦．"数字政府"助力湾区建设港澳居民也能零跑腿．(2019-07-05)[2020-02-15]．https://www.sohu.com/a/324989590_119778.

民政等多部门提供实时信息共享,累计已提供查询共享服务近400万次。该负责人介绍,广东省还将建立全省统一的"互联网＋不动产登记"综合服务平台,确保2019年年底前所有地级以上市城区范围、2020年年底前所有县(市、区)全面实现"互联网＋不动产登记",推动实现24小时"不打烊"①。

人力上的节省——电子警察助力科技治超

货车超载超限,是一个世界性公路运输顽疾,在煤炭大省山西更为严重。作为"西煤东运"的重要枢纽,2007年前山西省境内货车基本上100％超载运输,引发环境污染、堵车、运输户恶性竞争等诸多社会问题。每年仅因货车超限超载引发的交通事故就造成数百人死亡,最多一年近500人丧生。

2016年9月21日,国家五部委实施治超新政,明确由交警负责指挥引导车辆到超限检测站进行检测。但警力有限的现实,使政策执行"走了样":山西省70％的公路超限检测站没有交警进驻引导车辆,80％以上的货运车辆不进站称重检测,闯卡拒检等违法行为频发。

"人海战术"力有不逮,山西省治超部门转而求助"电子警察":在超限超载检测站点安装抓拍系统并接入公安机关交通管理信息网,对不进站检测的货运车辆记分罚款。大同市率先完成建设,效果立竿见影:由安装前80％的货运车辆不进站接受检测到安装后超过98％的货运车辆能自觉排队依次进站接受超限检测。

山西省交通运输厅治超处处长高保全表示,不进站电子抓拍系统可谓"一石三鸟":既减少人力物力投入,又加强路面管控,还杜绝人情执法,减少了公路"三乱"。目前,山西省国省干线及县乡公路在运行的168个

---

① 黄叙浩,吴哲.依托"数字政府"建设 广东不动产登记改革全面提速.(2019-10-21)[2020-02-15]. http://news.southcn.com/gd/content/2019-10/21/content_189277153.htm.

第一章 数字政府：已经到来的未来

公路超限检测站已全部安装电子抓拍系统，并与交警部门对接入网。

统计显示，安装不进站电子抓拍系统在减少山西省全省驻站警力1600余名、一年省下1.2亿元人工费的同时，日均检测货运车辆数增长8成，超过98%的车辆能够自觉排队进站受检，有效遏制了货车超载超限冲动。①

治理的精准和智能——"城市大脑"建设智慧海淀

北京市海淀区面积430平方公里，人口超过300万人，商业、办公、交通、居住等高度集中。用传统方法管理城市，治理成本高企，基层干部疲于应对，城市治理水平面临着巨大的考验。为了提升治理水平，海淀区整合区域内各政务系统，将信息资源集纳整合，开发"城市大脑"综合系统，即一张感知神经网、一个智能云平台、两个中心（大数据中心、AI计算处理中心）、N个新应用，综合运用大数据、云计算、人工智能等技术，将多个部门的数据信息实时共享，对区内公共安全、城市环境、交通出行、环保生态等问题进行智能分析，"对症下药"。

在海淀区城市管理服务指挥中心，十余个电子显示屏占据了一整面墙，上面实时显示着交通、市容、环境等领域数十个智能化场景，每一项运行情况都配有详细的数据和指标信息。作为中枢神经，它的"触角"正在向海淀区的每一个角落延伸。在交通领域，该系统拥有8500多路摄像系统，积累车辆视频数据、图片数据、结构化数据等5.7亿余条，可对危化品车辆、渣土车辆等进行有效管控，使重大逃逸案件的侦破率接近100%。针对区域施工问题，海淀区引入卫星遥感技术，每月采集、比对区域内城市地标地貌数据，精准发现违法建设、裸露土地、违规施工等顽疾，给相关部门和属地街道提供执法线索和依据。从基层治理往外延展，"城市大脑"系统的功能也在向更加亲民、更具服务性的领域探索。

---

① 梁晓飞，许雄. 山西十年治超"大乱"变"大治". 瞭望，2018（12）.

在海淀黄庄地铁站口,智慧座椅设计感十足,椅子两侧各有一个USB接口,可以直接给手机等电子产品充电。长椅不远处,智能灯杆具有触摸屏、Wi-Fi等功能,给人们上网提供便利。

地下"城市大脑"系统同步密织。2018年,中关村西区全部15条大街完成智能化改造。区域内市政井盖和地下管廊等涉及城市生命线的相关设备安装了520个传感器,使市政设施拥有了"感觉神经",对井盖位移、地下燃气泄漏等城市安全隐患进行管理,覆盖了水、电、气、热等关键民生领域,相关的信息都会及时传输到"城市大脑"系统中。"城市大脑"系统就像一个瞭望哨,会第一时间告诉我们这个城市正在发生什么、有哪些需要政府进行管理、有哪些需要协调社会资源和社会力量来推动。

海淀区还将开建40个智慧社区,除了已经广泛应用的小区智能门禁系统,还包括供水系统、电梯运行系统、消防系统等。面对随时出现的情况,这些系统都将具备智能化反应的能力。在北坞嘉园社区,智慧社区已现雏形:小区大门有人脸识别系统和车辆信息采集系统;供水系统能够实时监测饮用水管网节点水质情况;环境系统实时掌握社区内空气质量、噪声污染等情况。①

让过去的不可能变成可能——3秒找回走失的家人

2018年2月17日,存在表达障碍的莲姨外出后走失,她的一家人急得像热锅上的蚂蚁,寝食难安。后来,莲姨的儿子阿增、女儿阿红在邻居的帮助下,委托当地公益组织汕头市潮普慈善会协助寻人,并发布了寻人启事,但一直杳无音讯。

2019年2月11日,一名存在表达障碍的女士辗转流浪到揭西县大溪镇

---

① 季小波,吉宁. 北京海淀:"城市大脑"带来了啥?. (2019-03-10) [2020-02-15]. http://www.xinhuanet.com/politics/2019-03/10/c_1124215336.htm.

第一章 数字政府：已经到来的未来

渔梁村，被当地民政系统和派出所工作人员救助并护送到揭西县救助管理站。揭西县救助管理站工作人员表示，由于这名女士表达不清，除了能较清楚用潮汕话自述是"揭阳人"外，对其他信息一概无法提供。入站后，揭西县救助管理站通过各种寻亲途径，仍未能为她找到亲人。

2019年12月26日晚，广东省"粤省事"群众自助寻亲服务上线，汕头市救助站张泽沛社工师马上在微信朋友圈分享了这一便民惠民的好消息。汕头市潮普慈善会副秘书长蔡俊和看到朋友圈消息后，12月29日，和同事黄道贤在"粤省事"平台上传了莲姨的相片，不到3秒，系统出现比对结果：走失近两年的莲姨与正在揭西县救助管理站接受救助的一位受助者相似度达96.6%。2020年1月3日，在揭西县救助管理站工作人员护送下，莲姨回到老家汕头市潮南区仙城镇神仙里北湖村，与女儿阿红相认，吃上了久违的团圆饭。

流浪乞讨人员救助

- 群众自助寻亲 >
- 全省救助管理机构查询 >

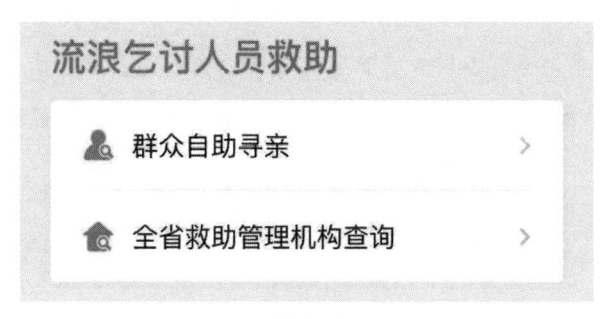

图1-2

据介绍，群众自助寻亲服务便民新举措自2019年12月26日上线"粤省事"，全国首创在线图像匹配寻亲功能，平台应用"人脸比对"技术，当相似度达80%以上时进行结果反馈，实时查询走失人员是否在省内救助管理机构中接受救助，实现了流浪乞讨人员寻亲业务从单向寻亲到双向寻亲、从人工寻亲到网络寻亲、从静态寻亲到动态寻亲"三个转变"；业务覆盖全省97个救助管理机构，有效提高了寻亲成功率，有望帮助更多滞留人员早日回家团聚。

图 1-3

据了解,为及时有效帮助滞留流浪乞讨人员回家团聚,广东省民政厅于 2018 年 1 月率先在全国部署开展滞留流浪乞讨人员寻亲送返专项行动。截至目前,全省各级救助管理机构通过线上线下发布寻亲公告、人脸识别、DNA 比对、口音识别等方式,共帮助 6 583 名滞留流浪乞讨人员成功寻亲,数量位居全国前列。[①]

[①] 广东省民政厅. 家人走失近两年,上传照片 3 秒找回 ——"粤省事"群众自助寻亲服务上线 4 天出现首个成功案例. (2020-01-10)[2020-02-15]. http://smzt.gd.gov.cn/mzzx/ywdt/content/post_2860645.html.

第二节　什么是数字政府

一、从电子政务到数字政府——数字政府的发展历程

"什么是数字政府?"要精确地回答这一问题并不容易。数字政府是一个正在发展中的新型治理模式,不断生长变化,其内涵与外延也在逐渐拓展。从概念的角度看,"数字政府"或者说"Digital Government"在早期主要是作为电子政府或者说电子政务的同义词[1],近年来,数字政府越来越发展出自己独特的含义。从这个角度来说,数字政府是电子政府的一种发展。

传统的电子政府以信息传递的电子化、无纸化、网络化为核心,以提升办公和管理效率为主要目标,对外以政务网站建设为特点,对内以办公自动化建设为重点。[2] 1999 年"政府上网工程"的启动是我国电子政府发展的重要标志。在早期电子政府建设中,政务网站往往只能像一个公告板一样单向传递信息,公众无法进行相应的互动。随着电子政府建设的不断推进,公众逐渐可以通过搜索、查询、定制个性化服务等方式动态地获取信息。而近年来,留言、投诉等公众信息反馈功能的不断强化,真正将政务网站变成了信息交互的工具,赋予了电子政府以监督行政的重要功能。[3]

随着电子政府的推进,人们逐渐发现信息技术带来的便利不仅仅在于信息传递的电子化、无纸化、网络化,更在于大量信息数据化后自身能够释放的巨大潜力。1998 年 1 月美国前副总统戈尔首次提出"数字地球"概念,引发关注。[4] 后电子政府开始逐渐向数字政府转变。这一阶段以数据的

---

[1]　在许多学者的表述中,电子政府(electronic government)与数字政府(digital government)经常作为同义词替换,如 Darrell M. West. *Digital Government*: *Technology and Public Sector Performance*. Princeton:Princeton University Press,2005。

[2]　需要注意的是,此时的办公自动化指的是利用计算机等工具提高办公流程的信息化程度,与本书后文将会讨论的"自动化行政"概念并不完全一致。

[3]　Darrell M. West. *Digital Government*: *Technology and Public Sector Performance*. Princeton:Princeton University Press,2005:11.

[4]　戴长征,鲍静.数字政府治理——基于社会形态演变进程的考察.中国行政管理,2017(9):21.

共享与利用为核心,以优化政务服务为主要目标,以行政服务集中办理与政务数据公开为主要特征。这一阶段的代表性成果便是"一网、一门、一次"改革,通过跨部门数据共享与标准化,实现了政务服务线上"一次登录、全网通办"、线下"只进一扇门"、企业和群众"最多跑一次"。

近年来,随着人工智能、大数据等新技术的发展,数字政府又进一步进入智能时代,有学者将其称为"智慧政府""智能政府""数字政府2.0",甚至是"数字政府3.0"[①]。这些纷繁复杂的称谓本身反映了数字政府自身的不断演变发展。应该说,这些阶段的划分更多的是基于对某一个时期的重点特征的表述,并不是绝对的,往往相互交叠、共同前进。这一阶段以人工智能与大数据技术为核心,以行政智能化为主要目标,以自动化决策、智慧城市等应用为代表。这一阶段仍然处于快速发展中,大量新应用不断涌现。

表1-1 数字政府的发展阶段

阶段	技术核心	主要目标	特征应用
电子政府	电子化、无纸化、网络化	提升办公和管理效率	政务网站、办公自动化
数字政府	数据的共享与利用	优化政务服务	行政服务集中办理、政务数据公开
智慧政府(智能政府、数字政府2.0、数字政府3.0)	人工智能、大数据	行政智能化	自动化决策、智慧城市

二、当前数字政府的界定

从数字政府的发展历程可以看出,数字政府的概念本身并不是一成不变的,而是随着技术手段、行政理念的发展在不断地更新变化。许多学者对数字政府进行了一些定义,比如有学者认为,"数字政府"并非仅仅是指政府办公流程的"数字化"和政务处理的"电子化",其真实含义是指政府

---

① 张建锋. 数字政府2.0——数据只能助力治理现代化. 北京:中信出版社,2019:41-42. 何圣东,杨大鹏. 数字政府建设的内涵及路径——基于浙江"最多跑一次"改革的经验分析. 浙江学刊,2018 (5):47. 周雅颂. 数字政府建设:现状、困境及对策. 云南行政学院学报,2019 (2):121.

第一章 数字政府：已经到来的未来

通过数字化思维、数字化理念、数字化战略、数字化资源、数字化工具和数字化规则等治理信息社会空间、提供优质政府服务、提高公众服务满意度的过程。相比于农业社会和工业社会的统计管理，"数字政府治理"更加强调数据融通和以人民为中心的"智慧服务"[①]。这样的界定非常具有启发，但是只能覆盖数字政府的某一方面或者某一阶段，且难以适应数字政府的高速发展与不断创新。数字政府的实践与理论研究都还处于起步阶段，有着大量的探索空间，因此，本书将从一个较为广义的角度来描述数字政府的内涵，同时辅以对数字政府特征的列举，从而相对较为弹性地界定出数字政府的外延。这样相对广义和弹性的描述，可以更好地将多元的数字政府创新实践收纳进来。

在这一思路的指引下，可以将数字政府界定为一种运用现代化信息手段并符合数字时代治理理念的一种政府模式，涉及组织形式、内外关系、行政工具、行政方式、行政程序等多个维度。这样的界定包括手段因素与理念因素两个弹性特征，而这两个弹性特征共同勾勒出数字政府的外延。换言之，如果一个行政制度或者事项符合这两个因素，那么它就属于数字政府的关注范围。而随着技术和时代理念的发展，这两个因素也会进一步发展、扩充、调整，从而为数字政府外延的调整提供一定弹性。具体来说，当前数字政府中的现代化信息手段和数字时代治理理念如表1-2所示。

表1-2 当前数字政府的外延特征

现代化信息手段	数字时代治理理念
互联网 人工智能 大数据 云存储与云计算 4G/5G等移动互联网 监管科技 区块链	整体政府 服务政府 智慧政府 透明政府 协作型政府

---

① 关于这些界定的相关总结，参见杨国栋. 数字政府治理的理论逻辑与实践路径. 长白学刊，2018 (6)：73-74。

第三节　数字政府的前沿进展——技术爆炸推动下的治理工具箱升维

手段必须与目的相称，期望通过自己的作用达成任何目的的人，应当具有用以达到目的的手段。① 随着社会发展，人民群众对美好生活的要求标准逐步提高，对公共行政服务的需求也不断升级，进而带动了政府职能的不断进化。为了适应这种提高和转变，政府需要更加丰富的实现其管理职能的手段，也就是政府治理工具。② 近年来，人工智能、大数据等技术的爆炸性发展与普及，为政府治理提供了许多创新性的手段，不仅丰富了治理工具箱的内容，更带领许多治理工具升维，进入数字时代，向着国家治理能力现代化迈进。下面将对这些全新的数字时代治理工具进行介绍与探讨。

一、自动化行政——人工智能与大数据的结合

所谓自动化行政，就是指由于图像识别、大数据处理等人工智能与大数据技术的发展与运用，行政程序中特定环节或所有环节可以由人工智能设备代为处理，而无须人工的个别介入，从而实现部分或全部的无人化③的行政活动。④

其典型代表就是深圳近年来推广的无人干预自动审批。深圳市2018年5月发布了关于普通高校应届毕业生引进和落户的一项工作方案，其中引人注目的一点是采用了一种被称为"无人干预自动审批"的行政审批方式。该方式取消了现场报到环节，申请引进和落户的申请人通过系统提交学历学位和身份信息，由系统自动核查材料完整性并比对学历信

---

① 汉米尔顿，杰伊，麦迪逊. 联邦党人文集. 程逢如，在汉，舒逊，译. 北京：商务印书馆，1980：115.
② 毛寿龙. 公共行政学. 北京：九州出版社，2004：58.
③ 这里的无人化主要是从行政机关的角度而非相对人的角度来看. 从相对人的角度可能仍然需要相对人的人工参与.
④ 马颜昕. 自动化行政的分级与法律控制变革. 行政法学研究，2019（1）：82.

第一章 数字政府：已经到来的未来

息，如果申请人提交的材料完整并通过学历信息比对，系统将自动审批，无须人工审核。审批通过后，系统将会把人才引进审批文件、"入户人员信息卡"、"农转非指标卡"等相关信息推送至公安部门，并通过系统信息或手机短信的方式将审批结果及后续办理流程告知申请人，不再发放人才审批结果的纸质材料，申请人凭系统信息或手机短信内容可直接办理后续落户手续。申请人如需纸质人才引进审批文件，可通过系统自行打印。[①]

在该工作方案中，如果申请人的材料齐备，则提交申请、审批、送达等环节均无须人工干预，由系统自动作出，效率极大提升。因此，这种做法也被称为"秒批""秒办""智能审批"。国内各地不少地方政府近期都出台了这样的综合运用大数据和人工智能技术，由电脑审批代替人工审批，实行审批自动受理、智能审查、自动出具结果的"秒批""秒办""智能审批"措施。其中，广西[②]、安徽[③]等地的做法相对成熟，形成一定的成体系的经验。如广西还将这些审批进一步类型化为带前置许可审批、无申请自动审批、依申请审批以及涉及与上级部门信息共享和业务协同审批四种类型，依据其各自的具体特点，适用不同的自动化处理流程。[④]

这些具体的自动化行政措施一下子将仿佛离我们还很遥远的人工智能时代拉进到了眼前。不仅仅是在深圳，也不仅仅是在中国，这样的自动化行政在世界范围内也正蓬勃展开，如 2017 年前后德国对《联邦行政程序

[①] 参见深圳市政府办公厅 2018 年 5 月 16 日发布的《深圳市人民政府办公厅关于印发深圳市普通高校应届毕业生引进和落户"秒批"（无人干预自动审批）工作方案的通知》（深府办函〔2018〕109 号）。

[②] 参见 2017 年 8 月 2 日发布的《广西壮族自治区人民政府办公厅关于印发推进审批智能化和审管一体化行动方案的通知》（桂政办电〔2017〕170 号）。

[③] 参见安徽省政府办公厅 2018 年 3 月 23 日发布的《安徽省人民政府办公厅关于印发 2018 全省"互联网＋政务服务"工作方案的通知》（皖政办秘〔2018〕71 号）。

[④] 广西壮族自治区人民政府网站．广西打造 24 小时"不打烊"网上政府．（2017-12-19）[2020-04-24]. http://www.gov.cn/zhengce/2017-12/19/content_5248529.htm.

法》①、《社会法典（第十篇）》②、《税收通则》③ 进行了修订，规定了完全自动化的行政行为，允许行政行为可以完全通过自动化设备作出，而无须人工处理。

抛开"无人干预"和"完全自动化"的冲击，如果仅仅以"机器"代替人类完成行政中的特定工作来说，部分自动化的行政措施其实早就屡见不鲜，最常见的就是交通抓拍。所谓交通抓拍，是指公安机关交通管理部门利用交通技术监控设备（也就是摄像头、测速仪等）收集、固定交通违法行为（如闯红灯、超速等）的证据，并以此为依据对交通违法行为进行相应行政处罚。依据我国现行法律、法规的规定，系统不能就交通抓拍的信息进行直接处理，进而作出处罚决定，而必须由公安机关交通管理部门对抓拍记录的内容进行审核。④ 比较法上，域外的行政程序法律规范中也有很多已将这些部分性的自动化行政行为纳入。⑤

除了上述的完全自动化行政行为与部分自动化行政行为，随着技术的发展，正在发展的下一代人工智能将具备一定程度的适应性与学习能力、能够自主学习、以独特和不可预见的方式与环境互动⑥，从而有能力从不完全信息中进行自动化决策，换言之，将有裁量的能力。于是据此可以将自动化行政进行如下分类。其中，交通抓拍等部分自动化行政已经相当成熟，无人干预自动审批等不具有裁量能力的完全自动化行政正在普及，自动化决策等具有裁量能力的完全自动化行政将会是未来可能面临的新发展。

---

① §35a VwVfG.
② §31a SGB X.
③ §155 Abs. 4 AO.
④ 参见《道路交通安全违法行为处理程序规定》第19条。
⑤ 如德国《联邦德国行政程序法》（1976年）第37、39条，我国台湾地区"行政程序法"（1999年）第96、97条。应松年. 外国行政程序法汇编. 北京：中国法制出版社，2004：95－98，806－807.
⑥ European Parliament. Report with Recommendations to the Commission on Civil Rules on Robotics（A8－0005/2017）.［2019－08－27］. http：//www.europarl.europa.eu/sides/getDoc.do?type=REPORT&reference=A8－2017－0005&language=EN.

表 1-3　自动化行政的分级①

级别	名称	任务的完成主体			有能力适用的领域
		识别与输入	输出与实现	分析与决定	
零级	无自动化行政	人类		人类	无
一级	自动化辅助行政	人类和自动化系统共同完成			不涉及裁量
二级	部分自动化行政				
三级	无裁量能力的完全自动化行政	自动化系统		自动化系统	
四级	有裁量能力的完全自动化行政				全部

二、互联网＋政务服务——互联网思维下的行政方式改进与拓展

互联网技术是整个信息革命的重要基础。1999年"政府上网工程"的启动是我国电子政务发展的重要节点。从这个意义上说，我国的数字政府建设在中国互联网的发展中同步成长。近年来，互联网应用的深度和广度达到了全新阶段，移动互联网、云平台等技术的兴起更是深化了这种发展，人们对互联网的理解不断加深，所谓"互联网思维"也应运而生。全新的互联网思维，不再仅仅是简单的"信息上网"，而是带来了信息交互、数据利用，甚至是社会关系上的全新革命。

这种不断发展中的互联网应用模式，带来了各行各业的全新发展。在此背景下，"互联网＋"概念逐渐受到人们重视。李克强总理在2015年3月5日召开的十二届全国人大三次会议上，于政府工作报告中首次提出"互联网＋"行动计划。所谓"互联网＋"就是把移动互联网、云计算、物联网、大数据等新一代互联网的创新成果与经济社会各领域深度融合，推动技术进步、效率提升和组织变革，提升实体经济创新力和生产力，形成更广泛的以互联网为基础设施和创新要素的经济社会发展新形态。而"互联网＋政务服务"就是"互联网＋"在数字政府中的直接体现。

"互联网＋政务服务"也需要全新的互联网思维，例如广东省作为"数

---

① 马颜昕. 自动化行政的分级与法律控制变革. 行政法学研究, 2019 (1)：83.

数字政府：变革与法治

字政府"改革的先行者，在改革过程中总结了五个维度："用户思维"，需要从用户体验的角度改进服务设计；"流量思维"，用群众"爱用不用"来检验服务成效；"平台思维"，通过集约化重新构建"大平台、小前端、富生态"范式；"跨界思维"，通过"政企合作"打造更加敏捷的政府；"整体思维"，从技术革新、业务创新、管理创新、体制变革等角度进行整体考虑。①

互联网技术与思维已经深入社会的方方面面，十分广泛。下文仅就当前"互联网+政务服务"创新发展的几个重点领域进行介绍。

（一）优化流程，实现"一网、一门、一次"改革

"一网、一门、一次"改革是本轮"互联网+政务服务"的重点，也是亮点。国务院接连发布《推进"互联网+政务服务"开展信息惠民试点实施方案》《进一步深化"互联网+政务服务"推进政务服务"一网、一门、一次"改革实施方案》两个重要文件，对其予以重点推进。

所谓"一网"，指的是线上"一网通办"，将传统上分散零碎的各级政府部门政务服务资源和网上服务入口予以整合，将各级政府部门业务信息系统接入本级或上级政务服务平台，落实网上政务服务统一实名身份认证，最终实现政务服务"一次登录、全网通办"，大幅提高政务服务的便捷性。

所谓"一门"，指的是线下"只进一扇门"，通过提升政务服务大厅的"一站式"功能，推进政务服务集中办理，实现"前台综合受理、后台分类审批、综合窗口出件"。同时推动线上线下融合，实现网上申报、排队预约、事项受理、审批结果推送等线上功能与线下服务的无缝衔接。

所谓"一次"，指的是企业和群众"最多跑一次"，通过网上政务服务平台，整合共性材料，通过"一表申请"将企业和个人的基本信息材料一次收齐、后续反复使用，减少重复填写和重复提交；并通过优化办事系统、简化办事材料、精简办事环节，让更多的政务服务事项"最多跑一次"现场即可

---

① 逯峰. 广东"数字政府"的实践与探索. 行政管理改革，2018（11）：56.

第一章　数字政府：已经到来的未来

完成。

"一网、一门、一次"改革的核心技术基础就在于，通过互联网平台建立数据共享交换体系，实现跨层级、跨地域、跨系统、跨部门、跨业务数据互联互通，最终建立"整体政府"，实现"数据多跑路，群众少跑腿"。

（二）建设政务新媒体平台，加强政府与公众交流

互联网时代极大地改变了人们信息交流的方式，也使传统媒体方式面临巨大转型。这种改变不仅仅体现在从报纸、电子转变为网络新媒体这一介质变化，更体现在信息交互方式上的巨大变革。在传统媒体模式下，受众更多的是被动接受主流媒体的信息；而在新媒体模式下，互动性极大地增强，受众可以通过评论、转发、弹幕等方式进行实时反馈，更重要的是在新媒体传播中，每一个受众本身就是信息的传播者，其阅读、收看、关注、转发等行为本身就决定了该信息的传播量级，也就是所谓"流量"。

"互联网＋政务服务"要求主动运用互联网思维，加强政府与公众的沟通交流，提高政府公共管理、公共服务和公共政策制定的响应速度，提升政府的科学决策能力和社会治理水平。

从形式上看，行政机关已经普遍运用政务新媒体工具加强媒体宣传工作。截至2019年6月，经过新浪平台认证的政务机构微博为13.9万个，中国31个省（区、市）已全部开通政务机构微博；微信城市服务累计用户数达6.2亿，中国31个省（区、市）已全部开通微信城市服务；中国297个地级行政区政府开通了"两微一端"等新媒体传播渠道，总体覆盖率达88.9%。[①] 更有部分机构还在"B站""抖音""快手"等更加年轻化的平台上开设账户，通过人民群众喜爱的渠道进行宣传交流。

从内容上，许多地方也逐渐熟练地运用互联网思维，通过新媒体平台强化互动，鼓励群众主动参与交流、交汇信息。比如广东通过领取红包健康金、分享邀请好友助力等方式，激励群众办理申领电子社保卡；还有地

[①] 中国互联网络信息中心. 第44次中国互联网络发展状况统计报告.（2019-08-30）[2020-04-24]. http://www.cac.gov.cn/2019-08/30/c_1124938750.htm.

方通过微信小程序，提供小额红包奖励，鼓励居民上传垃圾处理、设施维修等城管处理线索。这些都属于常见的互联网推广手段，恰当地运用于政务服务中，可以很好地吸引群众的主动参加，将单向信息传递变为多向信息沟通，提升了交流效果，更强化了群众的认同感。

图 1-4[①]

（三）打通数据壁垒，实现多元合作

互联网给不同主体之间的交流协作提供了平台，也对数据互通提出了需求。这造就了互联网时代的一大重要特征——多元合作。"互联网＋政务服务"除了提供前述政府与群众的交流协作平台，同时也对政府部门之间、政府和企事业单位之间的沟通协作提出了要求。《国务院关于积极推进"互联网＋"行动的指导意见》（国发〔2015〕40号）中就明确提出，"鼓励政府和互联网企业合作建立信用信息共享平台，探索开展一批社会治理互联网应用试点，打通政府部门、企事业单位之间的数据壁垒，利用大数据分析手段，提升各级政府的社会治理能力"。

新冠肺炎疫情期间各类"健康码"所发挥的巨大作用就是一个例

---

① 图片来自电子社保卡小程序。

证。打破政府部门、政府与企事业单位之间的数据孤岛，通过用户个体授权和有关单位协调等方式，集中跨部门信息，通过大数据手段自动化评级生成"健康码"，为个人与社会防疫、复产复工提供了有效指引。通过大数据手段还可以进一步分析人员流动趋势，绘制出病患的行动轨迹，为疫情预测、接触者排查、潜在高危地区确定等事先提供精准治理能力。

三、监管科技——通过科技监督科技的前沿探索

科技发展是一把双刃剑，带来巨大变革的同时，也会带来难以估摸的风险。尖端科技就像一把锋利的兵刃，在英雄手上将可以保家卫国，而如果沦落在恶棍之手则可能变成为非作歹的工具。政府该如何对尖端科技的运用进行监管，是现代社会正面临的巨大挑战。而正如意大利交警通过配备兰博基尼超跑警车来对抗超跑飙车族一样[1]，通过科技来监管科技便成为一种解决前述问题的自然思路。

当前的一些前沿探索实践也证明了这是一种颇具潜力的解决路径，它们主要在金融监管领域中得到快速发展。金融领域的利润率极高，也非常积极地使用大量尖端科技。回顾金融的发展史可以看出，金融发展的历史也是金融与科技紧密融合的过程，也随之诞生了所谓的金融科技（Fintech）[2]。这些金融科技既有已经融入我们生活的支付宝等金融业务电子化，也包括正产生巨大争议的P2P网络金融平台、区块链金融工具，还在信贷风险自动评估、智能投资顾问等方面有着良好前景。这些新技术的运用极具"破坏性"和"替代性"，重新定义了金融世界，给金融体系和金融消费模式带来了结构性改变[3]，也随之在数据安全、操作失误、监管逃逸等方面产生了大量新的风险。由于信息不对称、技术能力不足、金融法律滞后、

---

[1] 沈敏. 还敢飙车吗？意交警配备兰博基尼新超跑. (2017-04-02)[2020-04-24]. http://www.xinhuanet.com/world/2017-04/02/c_129523508.htm.

[2] 杨东. 监管科技：金融科技的监管挑战与维度建构. 中国社会科学, 2018 (5)：71.

[3] 杨松, 张永亮. 金融科技监管的路径转换与中国选择. 法学, 2017 (8)：3.

传统监管理论失灵等原因，传统的金融监管模式已经无法应对金融科技的新发展。[1]

在此情况下金融监管机构与私人企业纷纷采纳技术手段提高监管与监测的效率和有效性，监管科技（Suptech）或合规科技（Regtech）于是应运而生。技术治理手段不仅能更好地面对金融科技发展的挑战，同时也极大地强化了对传统问题的监管能力。狭义的监管科技主要指金融机构内部的合规程序通过使用科技的辅助手段变得更加有效和高效，比如自动化监管报告或借助对非结构性语言数据的处理监控行为的合规性。而广义的监管科技还包括为了与金融行业的电子化发展同步，金融监管机构对技术创新加以利用，比如监管者通过统一数据格式、建立兼容的 API 接口和机读监管机制等来提高监管效率。[2]

对数字政府中的监管科技主要应从广义上进行理解，典型的应用场景包括：实时风险检测，根据交易数据和公开信息（如市场信息、新闻源等）学习新的违规行为的特征；经济形势模拟，动态模拟宏观经济形势变化，提供针对性金融监管应对策略或建议；监管数据共享，实现金融服务机构与金融监管机构间信息共享，执行反洗钱规则下的智能合约；身份识别，运用人脸识别、语音识别、设备指纹等技术，在反洗钱等问题上提高了客户信息的准确性与完整性，提升 KYC 监管要求合规执行的效率和安全性。[3]

我国实践中也已经不乏监管科技的具体运用。2012 年，中国银监会开发并开始运用应用检查分析系统，该系统帮助现场检查人员灵活筛选、提取银行数据，建模并挖掘分析数据，大幅度提高了数据收集、处理和分析的能力。2017 年 5 月，中国人民银行成立金融科技委员会，推动利用大数据、人工智能、云计算等技术丰富监管手段，提高风险防控能力。2018 年 8

---

[1] 杨东. 监管科技：金融科技的监管挑战与维度建构. 中国社会科学，2018（5）：73-76.

[2] 同[1]77.

[3] 杜宁，沈筱彦，王一鹤. 监管科技概念及作用. 中国金融，2017（16）：54.

月，中国证监会正式印发《中国证监会监管科技总体建设方案》，进一步推进监管科技的发展。[①]

四、政务上链——区块链在数字政府中的运用

区块链也是近年来受到高度重视的一种新兴数字技术。区块链的核心是在密码学原理基础上构建的一种分布式共享数据库，其本质为通过去中心化和去信任的方式共同维护数据库的可靠性。[②] 当前区块链还发展出了公有链、联盟链与私有链这三种具体类型。公有链的代表应用就是比特币，所有用户匿名参与，通过工作量证明的共识机制来保障网络信任关系。工作量证明共识机制以能源消耗为基础，提升了作恶的成本，也同样降低了整体网络的工作效率。而私有链是仅限于单个组织内部使用的封闭式区块链网络，组织内部对所有链上记录共享，实现高度透明，但记账权仍然由单个中心节点控制。这实际上是以牺牲一定的公平来换取高效的处理速度。联盟链介于两者之间，其参与方之间能够实现数字身份实名，从而确保了区块链上的数字化交易与实际法律主体对应，提前达成了业务共识，因此不需要工作量机制的能源消耗。联盟链的参与方共同享有对整体网络的记账权，而非由单一中心控制，能够兼顾一定的去中心化特性，保障了联盟参与方之间的公平、公正与公开。[③]

需要提醒读者注意的是：区块链技术产生于比特币，各种数字货币也是整个区块链技术运用的典型代表，但区块链技术不限于比特币，在数字政府的运用中，大量私有链、联盟链方案是重要的组成部分。反过来，数字货币技术也不局限于区块链，如从现有消息来看，我国央行正在建设的数字货币 DC/EP 虽然不排除在某些具体机制方面运用区块链技术，但其核心仍然是基于中心化管理而非区块链，与比特币以及 Facebook 推广的 Libra

---

[①] 杨涛，贲圣林，杨东，宋科．中国金融科技运行报告（2019）．北京：社会科学文献出版社，2019：308-325.
[②] 王鹏，丁艺．应用区块链技术促进政府治理模式创新．电子政务，2017（4）：59-60.
[③] 王毛路，陆静怡．区块链技术及其在政府治理中的应用研究．电子政务，2018（2）：4-5.

数字政府：变革与法治

存在本质区别。

这些技术层面的问题十分复杂，本书无意于在此进行过多的展开，更多的是对区块链在数字政府方面的运用实践和未来前景进行介绍。作为一种以信任和连接为核心价值的新技术，区块链已经在数字政府建设中受到了高度关注。截至2020年2月26日，在全国已召开地方"两会"的29个省（自治区、直辖市）中，已有22个在2020年政府工作报告中提及区块链，将区块链视作当地传统产业转型和数字经济新动能的重要助力，其中有5个省市尤其提到了通过区块链技术加速政务落地、推进数字政府建设。北京在政府工作报告中表示，建立以区块链技术为支撑的政务信息资源共享和业务协同机制，开展"秒批""无感审批"等智能场景应用。江西则提出，打造"赣服通"升级版，探索"区块链＋无证通办"。福建表示，推进数字政府建设，实施"链上政务"工程，加强数据有序共享和业务协同，提升一体化政务服务平台的功能，运用大数据、人工智能、区块链等技术手段进行行政管理，依法保护个人信息。[①]

现阶段区块链在数字中的运用范围或者说潜在运用范围主要包括下面一些场景。

（一）身份认证

身份认证主要用于解决虚拟空间中证明"我是我"的难题。区块链建立在互联网基础上，任何接入互联网的端口均可接入区块链，任何证件、实物或无形资产、私人记录、证明，甚至公共记录都可迁移到区块链上，形成"数字身份证"。由于依赖可靠、不可篡改的数据库，各类数据信息和社会活动将不再依靠第三方个人或机构来获得信任或建立信用，全网的多方验证形成了数据信息的"自证明"模式。[②] 以广东省佛山市禅城区为例：近年来禅城区以区块链技术作为"一门式"政务服务改

[①] 邢萌.22省市将区块链写入政府工作报告，电子政务成为重要布局方向.证券日报，2020（B1）.

[②] 毕瑞祥.基于区块链的电子政务研究.中国管理信息化，2016（23）：149.

革的突破点，依托于区块链底层技术，打造了 IMI（Intelligent Multifunctional Identity）平台。IMI 是一个基于可信数据空间构建的自然人和法人信息的智慧多功能身份认证平台，核心功能就是利用区块链技术安全、可溯源、不可篡改、不可抵赖的技术特点，解决了如何证明"我是我"的难题。[①] 在 IMI 的基础上，禅城区进一步推出了"区块链＋社区矫正""区块链＋公证"等拓展应用。

（二）资料存证与信息公证

登记、公证等制度从原理来说，是通过政府机关、公证处等特定机构的公信力，对一定资料和信息的存在与否、具体内容、产生时间等信息进行证明。而区块链不可篡改的特点就十分契合这一应用范围，其代表应用就是上海市徐汇区公证处 2020 年 1 月发布的"汇存"区块链电子数据存储平台。该平台具有随时随地留存照片、视频等证据的功能，较传统保全方式有极高的便捷性，所存证据的哈希同步保存于区块链的多个节点，保证了所存证据的不可篡改。通过区块链存证技术，每一个证据生成之后就会自动保存、及时上链，环环相扣，每一步都有迹可循、不可修改。[②] 而雄安也于 2018 年 1 月上线区块链租房应用平台，这是国内首例把区块链技术运用到租房领域。这一平台由政府主导，将房源信息、房东与房客的身份信息、房屋租赁合同信息等数据通过区块链技术多方验证，并保证不被篡改，力图解决租房场景最核心的"真人、真房、真住"问题。[③]

（三）溯源与鉴真

区块链技术的数据不可篡改与交易可追溯两大特性相结合，可以很好地防止供应链内产品流转过程中的假冒伪劣问题[④]，可以对产品、发票、学

[①] 刘宏宇. 广东佛山："区块链"政务服务改革. 瞭望，2017（34）：34-35.
[②] 费晓蕾. "区块链＋政务"的场景与前景. 华东科技，2020（2）：44-45.
[③] 朱开云. 雄安上线区块链租房应用平台.（2018-02-14）[2020-04-20]. http://www.xinhuanet.com/fortune/2018-02/14/c_1122416448.htm.
[④] 王毛路，陆静怡. 区块链技术及其在政府治理中的应用研究. 电子政务，2018（2）：10.

历等物品或信息进行溯源与鉴真。比如广东省在电子票据规范基础上，将区块链技术应用于财政电子票据业务，搭建了广东省财政电子票据区块链应用平台，实现了财政部门对票据应用的链上智能监管。区块链电子票据的生成、传送、存储及社会应用的全过程信息被真实、全面地记录在区块链上，链上电子票据信息可防抵赖且不可更改。用户可以实时查看自己票据的报销轨迹和流转状态，报销单位可直接在链上获取相关信息而无须重复核验票据真伪，同时还可以杜绝重复报销等问题。① 广东省佛山市禅城区也在一个被称为"食安菜妈"的项目中引入区块链技术，给每一个物品都配上唯一的身份 ID，从生产到运输，再到销售等各个环节的信息都被记录到区块链上，消费者可以随时查询、验证，最终确认其来源，进而可以充分保障居民的食品安全。②

（四）数字货币

从现有消息来看，虽然我国央行正在建设的数字货币 DC/EP 中的核心机制并非区块链，但在一些具体机制上并不排除使用区块链的技术手段。此外从世界范围来看，部分国家或地区的数字货币也可能基于区块链，比如 Facebook 主导的 Libra。还有一些国家已经官方认可特定场景下比特币可以作为支付工具。如瑞士楚格州接受比特币作为部分市政公共服务收费，主要是一些小型政府服务的费用，例如签发出生证明、居住证明或身份证明文件等的结算方式，最高限额为 200 瑞士法郎。③

---

① 宗禾．区块链财政电子票据广东"启航"．(2019 - 10 - 22) [2020 - 04 - 20]．http：// czt.gd.gov.cn/mtgz/content/post_2651973.html．

② 黄群飞，刘宏波．禅城"一门式"构建数字政务应用一张图．(2016 - 09 - 05) [2020 - 04 - 20]．http：//www.foshannews.net/fstt/201609/t20160905_35109.html．

③ Samburaj Das. Swiss Town Zug Continues Allowing Bitcoin Payments for Municipal Services．[2020 - 04 - 20]．https：//www.ccn.com/swiss-town-zug-continues-allowing-bitcoin-payments-municipal-services/．

第二章

数字政府与法治政府的共进

——国家治理体系与治理能力现代化的必经之路

第一节 国家治理体系与治理能力现代化视野下的数字政府

一、什么是国家治理体系与治理能力现代化

中国共产党十八届三中全会提出了"完善和发展中国特色社会主义制度，推进国家治理体系和治理能力现代化"的总目标，中国共产党十九届四中全会通过了《中共中央关于坚持和完善中国特色社会主义制度 推进国家治理体系和治理能力现代化若干重大问题的决定》（以下简称十九届四中全会《决定》），对"坚持和完善中国特色社会主义制度、推进国家治理体系和治理能力现代化"这一主题进行了全面阐述。

所谓国家治理体系和治理能力的现代化，就是使国家治理体系制度化、科学化、规范化、程序化，使国家治理跟上时代步伐，创新治理方式，回应国民的现实需求，实现最佳的治理效果，为国家事业发展、为人民幸福安康、为社会和谐稳定、为国家长治久安提供一整套更完备、更稳定、更管用的制度体系，把中国特色社会主义各方面的制度优势转化为治理国家的效能。[1] 实现国家治理体系和治理能力的现代化是一个全面的系统工程，

---

[1] 江必新. 国家治理现代化基本问题研究. 中南大学学报（社会科学版），2014（3）：139.

需要政治、经济、社会、文化等各个角度予以回应,也需要移动互联网、大数据、人工智能、区块链等大量新技术的运用,并辅以全新的治理机制的建立。在这一过程中,数字政府就是一种新技术运用与制度建设相结合的重要治理模式。

二、数字政府在国家治理体系中的定位

当前,人类已经进入了信息时代的新阶段——数字时代。数字作为社会存在的重要要素,改变了传统社会的面貌与连接方式。整个社会从宏观到微观的所有行为,都将为数字所嵌入与改造。国家治理体系,也会如此。因此,数字治理,就成为当今宏观治理结构中一个新的最重要的内容与新的形态。[①] 而数字治理作为一种重要的工具,并不是凭空而出,而是与传统的国家治理制度深入结合,通过"数字治理"+"传统制度领域"的方式,实现对原有制度版块的数字化提质升级,如"数字治理"+"行政管理"="数字政府",而"数字治理"+"司法体制"="智慧司法"。这些传统治理制度领域与数字治理方式的全新结合是国家治理体系现代化的重要一环。

十九届四中全会《决定》中多处提到数字治理的相关内容,如在党的领导、文化、教育、社会治理等部分中分别要求"创新互联网时代群众工作机制","建设和用好网络学习平台","建立健全网络综合治理体系,加强和创新互联网内容建设,落实互联网企业信息管理主体责任,全面提高网络治理能力,营造清朗的网络空间","发挥网络教育和人工智能优势,创新教育和学习方式","完善党委领导、政府负责、民主协商、社会协同、公众参与、法治保障、科技支撑的社会治理体系"。这些内容都是数字治理与具体领域相结合的典型范例,共同构成了国家治理体系现代化的一部分。

十九届四中全会《决定》第五部分"坚持和完善中国特色社会主义行政体制,构建职责明确、依法行政的政府治理体系"则将数字治理与行政体制完善相结合,明确提出,要"建立健全运用互联网、大数据、人工智

---

① 何哲. 国家数字治理的宏观架构. 电子政务,2019(1):32.

能等技术手段进行行政管理的制度规则。推进数字政府建设,加强数据有序共享,依法保护个人信息",将数字政府改革建设作为国家治理体系现代化必不可少的一环予以高度关注。

三、数字政府对于国家治理能力的提升

国家治理能力是指一个国家治理体系综合协调、分工合作、发挥作用、体现价值和实现目标的一种资格、水平和能力,包括执政党的执政能力、行政机关的执法能力、司法机关的司法能力、参政党的参政能力、公民和社会的有序参与能力以及军队的国防军事能力等。[①]

"数字政府"通过运用大数据、云计算、物联网和人工智能等新型技术,遵循"以人民为中心"理念,充分发挥数据和智能的驱动作用,为社会输出主动、精准、整体式、智能化、高效化的政府管理和服务,能有效提升国家治理能力的现代化水平。这具体体现在如下几个方面。

1. 优化服务方式,让群众享受更加高效、便捷的公共服务

数字政府借鉴互联网思维,强调"数据多跑、群众少跑",因此催生了"只进一扇门""最多跑一次",甚至是"零跑腿、零排队、不见面、自动批"的政务服务;同时,通过对政务数据资源的共享、开放及开发利用,政府可以为社会大众提供更多的增值便民服务,如企业或个人信用的综合查询等等。数字政府充分利用持续更新的信息技术,为市场和社会提供"无址化、不打烊"的政务服务。

广东省通过政务服务网优化营商环境、便捷群众服务

广东省通过广东政务服务网为企业、民众提供全流程、全天候、全地域的网上政务服务,实现了"前端统一受理、后台分类审批、窗口统一出件、线上线下融合",目前已覆盖全省21个地市、48个省直部门、5 000多个市县部门和27 000多个村镇。

[①] 应松年. 加快法治建设促进国家治理体系和治理能力现代化. 中国法学, 2014 (6): 43.

数字政府：变革与法治

> 　　为减少开办企业到办事窗口的跑动次数，广东政务服务网上线了企业开办专题，以数据为纽带，实现线上、线下的融合办理，以电子材料为纽带，实现跨部门协同办理。目前，一站式企业开办服务的办理量已有14万笔；还设置了"多证合一"办事专题入口，以"减证"推动"简政"，从根本上推动涉企证照事项的削减，目前整合的证照有24个，"多证合一"办理量已超过3 050万笔；此外还优化了省内企业、个体工商户往来港澳商务签注备案登记以及人员变更登记程序，并用数据共享替代纸质材料，大大便利了粤港澳大湾区企业的商务往来。
>
> 　　广东政务服务网推出多项便民服务，从出生登记到各项养老服务，从驾驶证的查分、换领，到车辆的年审、补换车牌，无论是"外来媳妇"还是"本地郎"，均可通过广东政务服务网在线申办。[①]

　　除了传统服务的优化与提升，数字政府还提供了大量网络化、智能化的行政工具，在特定用户场景下，产生了质变效果。比如，在对新冠肺炎疫情的抗疫应对中，各地通过数字政府平台提供了大量新型行政服务，在数据收集、信息分享、降低人员接触等方面发挥了关键作用。

> **通过数字手段助力政府战"疫"**
>
> 　　新冠肺炎疫情期间，国务院客户端微信小程序上线，具有"互联网＋督查"疫情线索征集专区、发热门诊与医疗救治定点医院查询专区、国务院部门疫情防控消息专区、疫情防控知识指南专区等多项功能，为防疫信息的上下流通提供了迅捷通道。广东省在"粤省事"小程序中上线"疫情防控服务"专区，提供全国疫情动态、权威防疫咨询、辟谣信息、病例来粤轨迹查询、同行者申报、在线咨询医护人员、发热门诊查询、个人健康申报、湖北酒店接待查询等多项便民防疫服务。广州市通过

[①] 沈钊，昝璐烟. 广东政务服务网上线一周年 晒亮眼"成绩单". (2019-09-21)[2020-02-15]. http://www.cnr.cn/gd/gdkx/20190921/t20190921_524786453.shtml.

第二章 数字政府与法治政府的共进

> "穗康"微信小程序统一提供口罩线上预约、摇号抽签、配送到家或到店购买服务,优化了防疫物资分配,减少了人员直接接触。

2. 显著提升行政效能,降低行政运行成本

在后台管理上,数字政府建设建构了集约、统一的信息化管理架构,统一数据标准,打通数据壁垒;在中台支撑上,通过建立统一的政务云平台、大数据中心、公共支撑平台等方式,为前端应用提供数据共享、统一身份认证、电子印章、电子签名等基础支撑;在前端应用上,通过协同办公系统、移动办公端、具体业务应用的建设,最终在公务人员这一用户层面,极大地提高了办事效率,降低了行政成本。现在部分地区通过数字政府建设,已经可以实现1个工作日完成企业开办手续,90分钟完成不动产登记全部手续并同步办理供电、供水、天然气等事项。这在传统行政方式下是难以想象的。

3. 提升管理决策水平,助力行政治理科学化、智能化

获得相对充分的信息,是支撑正确决策的重要前提。数字政府建设通过物联网、移动互联网、数据协同等方式极大地提升了决策中信息获取的广度与信息传递的速度,减少了决策的盲目性;海量信息汇总后,大数据、人工智能技术的综合运用,智能化地为决策提供分析辅助,提升决策的科学性,减少经验主义的拍脑袋决策;在执行层面,数字政府可以对决策进行快速、准确的传达,并在短时间内,甚至即时获得反馈信息,可以保障决策的正确贯彻,并在必要时对决策进行及时调整。

> **青岛市通过智能交通服务系统优化交通管理决策**
>
> 青岛市通过智能交通服务系统,对每日采集的1 800余万条过车数据进行深度挖掘和分析,准确识别交通拥堵热点及区域,为交通组织优化、信号控制优化、嫌疑车辆追踪等管理决策提供科学、准确的数据依据。自该系统启用以来,市区拥堵点减少了近80%,主干道路通行时间平均缩

短了20%，代表性重点道路高峰时段拥堵里程缩短了约30%，通行时间缩短了25%，市区整体路网平均速度提高了约9.71%，通行时间缩短了约25%。①

4. 助力共建共治共享，搭建公民和社会有序参与的平台

社会公众数量众多，分布零散，关系错综复杂。他们有序参与社会治理的重要前提条件是存在一个可以有效组织的平台，数字政府正发挥了这一作用。如广东省利用微信平台建设"粤省事"小程序，依托全球最大的社交软件，截至2020年11月，覆盖的实名注册用户已超过8 700万，将广大公众有序组织在一起。公众组织平台存在后，还需要为个体提供表达意见和进行治理的渠道或工具。在数字政府建设启动之前，这种参与有着高昂的成本，不仅需要投入巨大的宣传资源去传播话题，而且在交互、收集、整理意见过程中也需要大量的人工和物资资源。而数字政府通过基层社区治理事项投票、政务服务好差评、日常管理事项签到打卡、公共事务网络公开等方式使多元主体之间信息交互的工具大大丰富，公民有序参与社会治理的成本迅速降低。

深圳市利用数字化平台健全政务服务"好差评"制度

深圳市出台《深圳市政务服务"好差评"实施办法（试行）》，全面推行政务服务"好差评"制度。深圳"好差评"制度的特别之处在于，监管全公开：不论是线上还是线下，不论办理何种事项，企业和市民都可以掏出手机扫一扫，或进入"i深圳"App、掌上政务微信小程序等移动端政务服务平台，对政务服务在整体满意度、办理时效性、服务便捷度等方面进行打分并留言补充。提交后，这些评分和内容会全部公开。"好差评"系统还会自动生成差评工单，推送至"12345"热线平台，按

---

① 江青. 数字中国：大数据与政府管理决策. 北京：中国人民大学出版社，2018：116.

第二章 数字政府与法治政府的共进

"12345"热线工作机制转办，承办单位将在10个工作日内进行回访核实并作出相应反馈。①

四、数字政府与法治的关系

法治，是国家治理现代化的基本表征，也是其必由之路。② 法治和数字政府共同构成了国家治理体系与治理能力现代化中不可缺少的部分。在国家治理体系与治理能力现代化的进程中，两者不可偏废。

通过更深层次的观察，还将发现数字政府与法治之间并不是简单的平行共存，而是相互关联、相辅相成：（1）数字政府作为一项全新的改革建设，不可避免地会产生大量价值冲突，而法治是解决这些价值冲突的重要路径；（2）数字政府建设中的改革成果需要法律制度予以保障，产生的制度问题需要法律进行解决；（3）数字政府建设还会反过来促进法治政府的发展与完善。

下文将会对这些数字政府与法治的关系进行更详尽的具体探讨。

---

① 李怡天. 深圳推出政务服务"好差评"制度. （2019-10-17）[2020-02-15]. http：//sz.people.com.cn/n2/2019/1017/c202846-33443944.html.

② 张文显. 法治与国家治理现代化. 中国法学，2014（4）：5-27.

第二节　法治——改革进程中价值冲突的解决路径

一、数字政府建设中的潜在价值冲突

数字政府的光明前景毋庸置疑，也必然极大地改变政府的治理方式，为人们提供更好的行政服务，便利群众的生活。但改革并非一帆风顺的，有着许多难点问题需要攻坚。除了传统观念的牵绊、人才与技术的缺乏、制度体系的不顺等具体难点，值得重视的一个更为深层的难点在于，人类的价值需求是多元的，这些需求很多时候甚至存在一些内部矛盾，数字政府的强大力量在对某一方面的价值需求予以极大满足的同时，却可能伤害到其他价值的实现。

法治是解决这些价值冲突的重要路径。法治可以对特定条件下的价值进行权衡，作出适应当前情境的具体选择[1]；可以在某一价值的光环无比耀眼的同时，保持理性，设定底线规则，为"弱势"价值提供基础保障；可以防止制度建设过于偏颇，促使多种价值和谐共存，保障改革的良性、长期发展。

效率与公平、创新与稳定、先进与平等、便利与安全是在数字政府改革建设中存在潜在矛盾的四组核心价值。下面将分别对其进行具体探讨。

二、效率与公平——高效光环下的隐忧

高效是数字政府的重要优势，也是其核心价值所在。这种高效一方面可以极大地节约社会成本，让群众办事便利、少跑路，让行政运行的耗费更低；另一方面通过效率上的量变积累形成质变，使一些过去难以实现的治理场景变为现实。

以交通违法的执法为例：在过去人力执法时代，由于执法人力的限制，绝大部分交通违法难以被发现，选择性执法成为一个不得已的选择；而在

---

[1] 权衡的具体方法可参见王旭．论权衡方法在行政法适用中的展开．行政法学研究，2010 (2)。

第二章 数字政府与法治政府的共进

无人监督的地方，普遍性违法又成为一个无法忽视的现实。随着数字政府的发展，交通监控等非现场执法与自动化行政手段不断发展，可以 24 小时不间断对路面进行监控，通过执法效率的提升，很大程度上解决了选择性执法与普遍性违法的难题。

但高效也带来了一些问题。有一个经典案例，当事人杜某良每日驾驶机动车在同一地点违反禁行规定，均被电子监控装置抓拍，累计 105 次，公安交通部门对其处以罚款 10 500 元的行政处罚。① 这个案例中体现了很多问题，包括非现场执法的告知程序等等。但从效率的角度，这展现了数字政府变革的高效可能产生的法律控制密度失衡以及对公平价值造成威胁。

包括处罚额度在内的现有执法体系是在传统人力执法的基础上建立的，在这一体系中，考虑到违法行为被处理的概率并非百分之一百，因此需要适当加大处罚力度，使"被处理概率×处罚力度＝违法损失期望＞违法收益"②，从而利导当事人守法。而自动化行政的出现大大提升了违法行为被处理的概率，但处罚力度等行政执法体系中的其他制度没有得到配套调整，结果就从整体上使执法畸重，产生公平性问题。

为了解决这一问题，首先需要注意到高效本身并非完美。有域外研究者就指出，有时候"低效和不确定性"看似是缺点，但也更有利于情境化的决策，可以一定程度上降低技术对隐私等的危害，在轻微违法上给予公民相对更多的自由空间。③ 如果用一种更加东方的表述，那这种观点的含义就是"法理不外乎人情"，通过适当降低效率来缓解自动化执法的僵化。但需要注意的是，这种"相对低效"的情景化调整的范围和限度都需要受到严格限制，否则不仅影响数字政府治理高效优势的发挥，更可能破坏行政执法的严肃性与可预测性。

---

① 何海波. 论行政行为"明显不当". 法学研究，2016（3）：83.
② 关于此类公式的最初形态也就是所谓的贝克尔不等式，see Gary S. Becker. Crime and Punishment：An Economic Approach. *Journal of Political Economy*，1968（76）.
③ Woodrow Hartzog, Gregory Conti, John Nelson, Lisa A. Shay. Inefficiently Automated Law Enforcement. *Mich. St. L. Rev.*，2015（2015）：1786-1792.

数字政府：变革与法治

其次就是需要重新梳理法律法规中的执法处罚标准，随着数字政府建设中执法能力的提升，相应降低单一行政执法中的处罚力度，换言之，建立行政执法处罚标准动态调整机制。传统人力执法中的处罚程度由法律法规设定的具体条件、行为、情节、结果所限定，这个范围一般是静态的，且相对固定。如果出现原有静态标准中没有明确的因素，行政机关可以进行裁量，但行政机关的裁量不得突破原有标准的上下限。这个上下限的范围一般不会太宽，否则会赋予行政机关过大的裁量权。[①] 如此也是为了保证在人力执法中，不同执法者执行都有相同结果，确保公平。但在这种静态标准之下，被处罚概率这一因素并未被纳入处罚程度的考量。当技术手段极大地提高了被处罚概率时，行政机关能做的也仅仅是在不大的裁量范围内进行平衡，而这对于自动化行政下被处罚概率动辄数十倍，甚至上百倍的提高来说是远远不够的。

因此需要建立行政执法处罚标准的动态调节机制。法律法规在设定行政处罚额度时，不再局限于条件、行为、情节、结果等固定指标，还应该加入处罚概率等可变指标，从而使行政主体在进行法律适用时，可以根据当前情况进行裁量。需要注意的是，在理论上，这并未增加行政主体的裁量空间，只是将其限定因素从固定指标变成了可变指标，而这些可变指标在每个特定时间是可以根据一定计算方式确定的。换言之，关于可变指标本身，行政机关的裁量权并没有增加。但在实践中，这种可变指标的确定过程的确可能给了行政机关一定"活动"的空间。为了防止这种情况的出现，必要时可以通过裁量基准来对可变指标进行确定，然后定期对裁量基准进行更新。裁量基准的修订成本要远低于立法修改的成本，并可以实现灵活性与确定性的平衡。

三、创新与稳定——改革的破与立

数字政府建设是一项前所未有的重大改革，产生了大量的制度创新，

---

① 比如全国人大的相关立法规范中规定立法中罚款的最低数额与最高数额之间一般不超过10倍。全国人大法工委2011年2月5日发布的《立法技术规范（试行）（二）》（法工委发[2011] 5号）。

第二章　数字政府与法治政府的共进

从宏观到微观,对政府的行政理念、组织体制、行政程序、内外关系等多方面产生了不可忽视的影响,对有一些甚至产生了本质性的变革。这也意味着原有的法律制度体系面临巨大调整,现有的法秩序稳定性可能受到一定冲击。其具体表现包括以下方面:

(1) 对数字政府下新的行政模式的一些基础问题存在立法空白。以行政程序为例,传统上一项行政审批必须要求经办人员审批签字,而数字政府实现了部分领域的无人干预自动审批,如果申请人的材料齐备,则提交申请、审批、送达等环节均无须人工干预,自动受理、智能审查、自动出具结果,审批由系统自动作出。[1] 这种自动化行政下的自动审批极大地提高了效率,但是这种自动化行政的效力如何?现行法规范上没有明确的答案。而德国在这一块走在了前列:1976 年德国就原则上允许自动化行政的成立[2],2017 年前后德国对《联邦行政程序法》[3]、《社会法典(第十篇)》[4]、《税收通则》[5] 进行了修订,规定了完全自动化的行政行为,允许行政行为完全通过自动化设备作出,而无须人工处理。

(2) 现有法律规范的要求在数字政府的新样态下尚未能落实。同样是以行政程序为例,现有《行政处罚法》中对告知、说明理由、当事人陈述和申辩、听证等具体程序制度进行了规定,这些具体程序在限制行政权、保护相对人权益、增强行政行为的确定性与合法性等方面发挥了重要作用。[6] 而在数字政府的一些具体实践中,尤其是早期实践中,部分环节的无人化、电子化,使部分现有程序制度未能得到完全的贯彻。比如前述杜某

---

[1] 参见深圳市政府办公厅 2018 年 5 月 16 日发布的《深圳市人民政府办公厅关于印发深圳市普通高校应届毕业生引进和落户"秒批"(无人干预自动审批)工作方案的通知》(深府办函〔2018〕109 号)。

[2] 《联邦德国行政程序法》(1976 年) 第 37、39 条//应松年. 外国行政程序法汇编. 北京:中国法制出版社,2004:95-98.

[3] §35a VwVfG.

[4] §31a SGB X.

[5] §155 Abs. 4 AO.

[6] 湛中乐,王敏. 行政程序法的功能及其制度——兼评《行政处罚法》中程序性规定. 中外法学,1996 (6):17-20.

数字政府：变革与法治

良案中，相对人之所以会被接连处罚105次而不自知，正是因为其没有及时地被告知。现有程序的具体制度限制是基于传统的人力执法，执法者现场开设罚单并送达当事人，通过与相对人的直接接触，可以对告知、说明理由、陈述与申辩等程序环节予以现场实施。而自动化行政执法所实现的无人化，丧失了这种人与人之间的直接接触，继续适用传统的现场执法程序难以再满足要求。不过值得赞赏的是，近几年来数字政府建设不断推进，越来越多的行政机关也开始将传统程序要求用新技术手段予以实现。比如一起声呐电子警察交通抓拍案中，自动化系统对一起违法鸣笛案件进行处罚的同时就将相关情况及时通过短信的方式同步推送给了相对人[1]，实现了相关法律规范在数字政府时代的落实与进化。

（3）现有法规范可能在一定程度上束缚了创新和改革，甚至出现一些不得已的"违法"创新。立法往往具有一定的滞后性，过去的立法未能认识到数字政府的高速发展是符合当时认识条件的正常情况，也是国家治理模式不断创新的体现。但这也束缚了数字政府创新的空间。一方面，部分实践创新不得不顶着"违法"的风险进行；另一方面，可能导致"反正法律滞后，就不用管它"的法律虚无主义。为解决这两方面的问题，需要重视改革过程中法律稳定性与创新空间的平衡。可以通过人大授权试点、专项决定等方式释放改革创新的法律空间；同时应当注意法治底线，对于涉及公民基本权利等核心问题的规范不得突破；在未来的制度建构中也应当注意技术发展趋势，建立具有一定发展弹性的数字政府法律体系，防止立法一完成就落后的窘况；应当充分发挥法律、法规、规章、规范性文件、标准等不同规范的稳定性与灵活性优势，由法律等效力和稳定性都较强的规范可以集中规定底线和原则性问题，而将其他具体制度问题交由其他更加灵活的规范规定以方便调整。

---

[1] 何凯诉黄浦分局交警支队案，上海市第一中级人民法院（2018）沪01行初216号行政判决书。

四、先进与平等——"飞驰的技术请等等他们的脚步"

技术飞速发展,在带来便利生活的同时,也使少数群体面临着被新技术抛弃的风险。以近年来普遍实现的火车票网络购买为例:它的确极大地降低了购票成本,便利了群众。但是在推行之初,许多不会上网或电话购票、无条件网上购票的农民工、老人、残疾人都面临着难以享受这种便利的窘境。① 随着数字政府的推进,越来越多的服务逐渐依赖网络平台,特别是移动互联网客户端展开。这带来的第一项挑战便是那些没有智能手机、无法便利使用网络或者不懂得使用这些技术工具的人群成了一种技术弱势群体。他们无法享受数字政府带来的便利,甚至可能形成了一种反向歧视,形成了一道"数字鸿沟"。截至 2019 年 6 月,我国互联网普及率达到六成,网民规模达到 8.54 亿。② 这当然是一个巨大的数字,但也正说明还有近 5.5 亿人没办法通过互联网方式享受政府服务,这是同样庞大的一个数字。

此外的挑战则是残障人士在使用新技术时可能遇到的困难。例如弱视人群在使用普通网页时就存在较大困难。这一困难是可以通过一些技术手段予以解决的,比如很多软件可以为视力障碍人士将电脑文本转化为声音信号,但这要求在网页和应用开发时便按照相应标准提供适配文件和接口。③ 可喜的是,现在许多政府网站与应用上已经有指读、放大等功能,便于残障人士、老年人或视力障碍人士使用。

法治在此时就提供了一种底线保护,它要求数字政府建设不能以技术先进为唯一价值考量,必须考虑到对弱势群体的平等关怀,让飞速发展的时代为他们提供必要的等待,这也是实质平等的直接体现。只有绝大多数人都能够享受到数字政府的发展成果,基本公共服务均等化、普惠化、便捷化的目标才能实现。

---

① 范传贵. 火车票网购时代特殊人群应被特殊照顾. 法制日报,2013 - 01 - 17 (4).
② 中国互联网络信息中心发布的第 44 次《中国互联网络发展状况统计报告》。
③ 达雷尔·韦斯特. 数字政府:技术与公共领域绩效. 郑钟扬,译. 王克迪,校. 北京:科学出版社,2010:67.

应当通过法律法规的完善，为数字政府建设提出如下具体要求：（1）不断提高整体的社会信息化水平，降低相关资费，让越来越多的群众有能力使用移动互联网等技术工具；（2）通过媒体宣传、基层社区等多种渠道为群众提供相关技术工具使用的培训和指导，必要时为长者等使用确有困难的人士提供人工辅助；（3）保留必要的人工窗口，为特殊情况下的面对面沟通提供保障；（4）在网页和应用设计时，充分考虑到残障人士的使用需求，为其提供相应的辅助工具，实现无障碍服务。

五、便利与安全——风险社会的永恒难题

数字政府为群众生产生活和政府治理带来了双向的巨大便利。传统上相对人办理一项行政事项可能需要准备大量纸质材料，浪费大量时间往来于各种实体窗口之间。数字政府实现了"数据多跑路，群众少跑腿"，许多事项可以在线办理，极大地提高了便利度。广东省依托微信小程序建设的"粤省事"移动民生服务平台更是实现了个人数据认证的集中化：市民注册"粤省事"后，不需要再下载各种部门的政务 App，通过微信统一入口即可使用。需要使用各个部门的网页服务时，也可以通过"粤省事"的应用授权，直接"刷脸"登录。

数字时代的便利也带来了数据安全风险。2016 年流行的勒索病毒还让人记忆犹新：黑客利用病毒等手段攻破相关服务器的数据库，留下备份后删除或加密原有数据，用以勒索数据所有者。[①] 2017 年的徐某案更是让人痛心：刚刚拿到大学录取通知书的徐某，因为个人信息泄露，被电信诈骗学费 9 900 元。发现被骗后，徐某万分难过。当晚，在报案回家的途中，徐某突然晕厥、不省人事，后经抢救无效死亡。[②] 这几个案例虽然并未与政务数据直接关联，但是已经充分展示了在一个数字时代，数据安全将会对我们的生活产生多么深远的影响。而数字政府中巨量的个人信息数据聚集，

---

① 王印红. 数字治理与政府治理改革. 北京：新华出版社，2019：114-115.
② 刘子阳. 公诉人详解"徐玉玉案"办案经过.（2017-06-28）[2020-02-10]. http://www.legaldaily.com.cn/zfzz/content/2017-06/28/content_7224084.htm.

第二章 数字政府与法治政府的共进

如果不能确保安全，将会带来极大的隐患。

隐私则是数据安全的另一侧面。数字时代下人们消费、搜索、阅读等一举一动都会留下数据轨迹，而公共场所密布的电子监控系统不仅让人们无处遁形，更是可以使他人通过数据分析将孤立的信息融合，分析和挖掘出更多的个人信息。[①] 在大数据时代，越来越多的个人数据被采集、分析，各种精准化的数字政府服务也往往依赖于这些数据。隐私的边界逐渐被消解，但隐私的重要性丝毫没有下降。安全和隐私方面的担忧一直是普通大众在使用数字政府服务时的一大顾虑。[②]

在数字政府时代，便利和安全形成了一组相互纠缠的价值矛盾。首先必须承认，任何技术的发展和推广都会带来相应的风险，我们正是生活在一个风险时代。既不能只看到技术的便利与高效，忽视了安全、隐私等方面的风险，也不能因噎废食，因为安全和隐私方面的担忧而放弃新技术的使用。应当在这组价值矛盾中取得一定的平衡，使收益最大化而风险相对最小化。

而技术便利的诱惑实在太大，如果不加以强制性的规则约束，技术的使用者可能不由自主地将使用推向危险的"滥用"。此时法治就起到了规则底线的作用，通过法律规则的设置，在便利的诱惑前保持冷静和清醒，守住安全底线。以"刷脸"这一人脸识别技术为例：其应用场景愈发广泛，不仅已经全面运用于金融支付、个人认证、安全检查等领域，甚至在公园门票、小区门禁等场景中也开始大规模应用。这当然源于人脸识别技术的高度便利性，使各个主体，包括普通群众自身，有极大的意愿去推广使用。但人脸识别技术本身包含生物个体信息的采集和储存，这种生物个体信息与我们每个人的人身绑定，难以修改，一旦滥用，将会产生巨大的安全隐

[①] Bryce Clayton Newell. Local Law Enforcement Jumps on the Big Data Bandwagon：Automated License Plate Recognition Systems, Information Privacy, and Access to Government Information. *Me. L. Rev.*，2014（66）：403.

[②] 达雷尔·韦斯特. 数字政府：技术与公共领域绩效. 郑钟扬，译. 王克迪，校. 北京：科学出版社，2010：139.

患。2020年,浙江省衢州市中级人民法院审理裁判了中国人脸数据刑事第一案:被告人利用非法获取的公民个人信息,将相关公民头像照片制作成公民3D头像,从而通过支付宝人脸识别认证;并使用上述公民个人信息注册支付宝账户,进而通过红包奖励的方式获取非法利益。[①] 在法律制度的完善中,应当对人脸识别这样的技术的使用主体、适用范围、技术标准、数据储存、责任承担等问题进行严格限定,通过法律手段,明晰便利与安全价值的范围。

关于数据安全的更多问题,本书后续还将专章讨论。

[①] 张富、余杭飞、史良浩等侵犯公民个人信息罪案,浙江省衢州市中级人民法院(2019)浙08刑终333号刑事裁定书。

第三节　数字政府改革建设的法律制度保障

正如本章前述，改革会带来稳定与创新之间的潜在价值冲突，也会带来信息泄露、规制逃逸、算法歧视等方面的全新风险。法治是解决这些潜在冲突与风险的重要途径。此外，数字政府建设自身也需要法治：数据治理、服务平台、自动化审批、行政流程再造等方面的改革成果需要由法律予以固定和保障，新的制度需要由规范体系向公务员和行政相对人提供操作指引。法律制度为数字政府改革建设提供的重要保障体现在多个方面。

一、实现法律推进式改革，固定改革成果

从改革路径上看，行政体制改革包括传统的行政推进式改革与法律推进式改革两种不同模式。我国传统上较为常见的是行政推进式改革，这种改革很大程度上依赖于改革者的魄力和社会的认可程度，优势是速度快、可以有效动员社会资源，而不足是民主与科学精神相对缺失、地方和社会参与不足、改革理性化程度不高、缺少相应的法律授权与支持保障。此外，这种改革路径的非理性容易进一步导致改革结果的理性不足。[①]

而法律推进式改革强调使用法律的手段推进改革。改革启动前，通过"改革程序单行法"等事先法律授权的方式确定改革的范围、主体、程序、权限与责任，降低改革的"违法"风险；在改革、完善具体制度的过程中，通过人大立法和行政立法程序，充分保证公众参与、专家论证、风险评估、合法性审查、集体讨论决定等要求的落实；在改革初步完成后，通过立法后评估检查改革成效，并通过有法必依、严格执法确保改革落实。

这样一种法律推进式的改革解决了传统行政推进式改革方式的一系列缺点：（1）改革是一种破与立的过程，必然打破和重构原有秩序。行政推进式改革虽然很有必要，但如果缺少相应的法律授权，则存在"违法"创新的缺陷。同时，改革过程中，机构、权限等往往出现较大变动，如果没

---

① 薛刚凌，王湘军. 行政体制改革基本问题研究——兼论行政体制改革与行政法治的关系. 中国行政管理，2006（11）：29.

有专门的"改革程序单行法"来界定改革相关问题，会增加改革的不确定性与无序。（2）改革作为一种新制度与新秩序建立的过程，需要反映各方的正当利益与正当诉求，且需要通过严格的程序机制，提高各方的可接受度。此时正式立法程序（包括行政立法）相比内部的政策制定程序要更为适宜。（3）改革一旦进入深水区，难免遇到阻力，需要持之以恒地推进。法律推进式改革可以为数字政府改革的推进提供稳定的持续动力，将改革创新成果用法律法规的形式固定下来，确保落实，防止反复。

二、设定规则底线，减少潜在风险

改革是一个大刀阔斧创新的过程，但同时也会带来许多风险，如大量数据集中于特定机构后产生的数据安全与信息泄露风险，政府与企业公私合作过程中产生的规制逃逸风险，行政流程再造后的正当程序缺失风险，新技术自身不成熟产生的技术错误风险，人工智能算法下自动化决策的算法歧视风险，等等。

这些风险会对社会生产生活造成一定威胁，关系人民群众的切身利益，影响改革成效，必须予以事先预防。"治大国如烹小鲜"，改革必须对各方面进行周到考量，不能一头热只看到机遇，而忽视了有关风险。此时法律规范体系的重要作用就体现在，在保留改革创新的自由空间的同时，设置规则底线，将有关风险控制在可以接受的范围内，如明确确定数据安全管理的主体与标准，确保数字政府建设中的数据安全与个人隐私保护；明确公私合作中行政机关的监督责任和主体责任，将多元主体纳入法律规制框架；坚持和发展正当程序原则，在数字政府新型行政流程中落实有关程序制度的具体要求；正视技术错误的存在可能，通过法律程序为新技术的运用提供事前认证、事中监管、事后纠正；在提高透明度、强化公平保障等方面设置法定标准，为各类人工智能算法的运用提供法律框架。

三、提供操作指引，增加制度的确定性与可预测性

数字政府是一个新鲜事物，无论是对于公务员来说还是对于人民群众、企业等相对人来说，都是如此。新的事物会具有一定的不可知性与不确定

性，这就给实际运行带来一定的阻碍。

对于公务员来说，如果一旦对新制度下什么事项能做、什么事项不能做出现疑虑，就会趋于保守，难以放开大胆地去落实，制度优势就不能得到充分释放；反过来，如果无法明确界定新制度的操作界限，也可能会有少数人利用新旧制度转换的空当，钻制度空子，为自己牟私利。而对于相对人来说，如果新制度存在较强的不确定性，将会给其安排自身的生产生活产生一定困难。

法治的一个重要功能就是为社会提供公共行动与判断的标准[①]，让人们可以明确预测自己特定行为的可能后果，进而产生行为利导作用。在数字政府建设过程中，通过及时的立法完善，确定新制度适用的法律规范体系，可以很好地增强制度的确定性与可预测性，为公务员、相对人等社会主体提供清晰的行为操作指南。通过明确赋权、划定界限的方式，解除人们在面临新制度时的顾虑，在紧守法律底线不触碰的同时，在法律允许的范围内大胆尝试，充分释放数字政府制度创新的改革红利。

---

① 雷磊. 法律方法、法的安定性与法治. 法学家，2015（4）：2.

第四节 数字政府建设对法治政府建设的促进

数字政府与法治政府的关系并非单向的。法治可以解决数字政府建设中的价值冲突难题，为建立数字政府提供制度保障；而数字政府建设也可以实现主动、精准、整体式、智能化的政府管理和服务，有效提升法治政府的建设水平。

近年来的法治政府建设中，也越来越重视信息化工具的运用，将数字政府建设中的许多主要做法融入法治政府建设之中，并作为重要指标参考。如中国政法大学法治政府研究院从 2013 年开展地方法治政府评估，建立了具有代表性的法治政府评估指标。该指标从 2018 年开始，将"行政执法信息平台建设""政府网站的检索便利性"等数字政府建设的重要内容作为观测点纳入其中。[①] 具体来说，数字政府建设对法治政府的促进体现在形式法治、民主、科学、公平、效率五个方面。

一、狭义的依法行政——数字政府建设对于形式法治的提升

狭义上的依法行政要求行政机关的行为严格符合法律规范的要求。当行政活动与法律一致时，立法机关作为权力机关的合法性与民主性就可以像"传送带"[②] 一样传递给行政机关。这是一种形式法治意义上的依法行政，也是法治政府最基础的标准。这带来了两个方面的要求。

第一个方面是有法可依。有一个相对完善的法律法规体系，是实现良法善治的前提。当代社会发展十分迅速，需要法律规范体系的快速回应，单靠人大立法难以完全实现，因此行政立法在法律规范体系中的重要性逐渐凸显。数字政府建设可以通过一体化信息平台的建设，提高行政立法、规章和规范性文件审查备案的工作效能，提升立法速度，加快法律法规体系的完善。

第二个方面是有法必依和执法必严。数字政府建设对于执法法治化程度

[①] 中国政法大学法治政府研究院. 中国法治政府评估报告（2018）. 北京：社会科学文献出版社，2017：2-3.

[②] 理查德·B. 斯图尔特. 美国行政法的重构. 沈岿，译. 北京：商务印书馆，2011：10-11.

的提升也是多方面的。其一,通过信息平台建设,规范内部程序,从流程上减少违法违规空间;第二,通过执法记录仪等信息手段,实现全流程记录,强化事中、事后监督;其三,通过提升法治督查、法治建设考评的信息化水平,以评促改,对行政执法中的各项细节问题进行常态化督查与及时整改。

二、民主行政——数字时代的信息公开、公众参与、群众监督

前述探讨了数字政府建设对于狭义依法行政和形式法治的重要意义,但当代法治政府建设的实践已经表明,单纯的形式上与法律不违背,并不能完整地支撑行政合法性。比如在行政立法中,即使存在法律的概括性授权,完成了形式上的合法要求,也并不必然带来内容上实质合法的满足,因此需要一种更加"复合的行政合法化模式"[1]。这对法治政府提出了更高要求。

而民主行政就是提高法治政府实质合法性的重要模式。在这种模式下,公众通过一定机制直接参与具体的行政事务,表达自己的观点与诉求,对行政活动进行监督。而公众的参与和监督又以充分、及时的信息公开为前提,于是信息公开、公众参与、群众监督就形成了民主行政中的三项重要制度。数字政府建设为这三项制度提供了重要的信息平台。

在互联网时代,政府网站是政务公开的主要渠道、重要载体和基础平台,政府门户网站更是群众获取信息的最重要渠道。通过信息平台提供及时、直接、便捷的咨询服务是政务公开的重要内容,可以防止简单的信息咨询演变为复杂的信息申请,也是建设服务型政府的应有之义。[2]

随着数字政府建设的不断发展,政府信息公开逐渐向政务数据公开迈进,大量政府数据进入公共领域,可以更好地再利用,成为重要的生产生活资料,方便居民生活,促进经济发展,鼓励社会创新。[3] 同时政府也不断创新数据和信息的使用方式,通过信息来直接服务公众,如新冠肺炎疫情

---

[1] 王锡锌. 依法行政的合法化逻辑及其现实情境. 中国法学, 2008 (5): 74.
[2] 中国政法大学法治政府研究院. 中国法治政府评估报告 (2018). 北京: 社会科学文献出版社, 2017: 146.
[3] 胡小明. 从政府信息公开到政府数据开放. 电子政务, 2015 (1): 67.

数字政府：变革与法治

期间，广东省通过"粤省事"小程序，及时提供全国疫情动态、权威防疫咨询、辟谣信息、病例来粤轨迹、发热门诊等方面的信息，为群众的防疫提供了重要支持。

数字政府建设中的各项信息化平台也成了各类公众参与创新模式的重要载体。通过拓展政府网站的民意征集、网民留言办理等互动功能，积极利用新媒体搭建公众参与新平台，显著提高了政府公共政策制定、公共管理、公共服务的响应速度，增进公众对政府工作的认同和支持。如笔者在重庆渝中区调研期间发现，当地城管部门利用微信小程序为居民提供园林绿化、市容环境、道路设施、市政公用设施等方面的投诉和举报渠道。市民发现设施损坏、树木倒塌、违规占道相关情况，可以随时拍照上传，城管部门及时提供服务响应。当地城管部门还充分发挥互联网思维，为提供服务线索的市民提供小额红包激励，鼓励市民参与，取得了良好的效果。

信息化平台还为人民群众监督行政机关活动提供了更加便利的渠道。如国务院办公厅从2019年4月起设立国务院"互联网＋督查"平台，开通国务院"互联网＋督查"小程序，面向社会征集督查线索或意见建议。[①] 该平台在新冠肺炎疫情防控工作方面也发挥了巨大作用。深圳市推行的政务服务"好差评"制度也是一个数字政府建设为群众监督提供创新渠道的典型例子：企业和市民可以通过手机扫一扫，或进入"i深圳"App、掌上政务微信小程序等移动端政务服务平台，实时对政务服务的整体满意度、办理时效性、服务便捷度等方面进行打分监督。[②]

三、科学行政——数字治理助力行政决策智能化

科学行政同样是增强行政实质合法性的重要方面。如果说民主行政是通过"参与"提高形式合法性，那么科学行政就是通过"理性"为行政的

[①] 国务院"互联网＋督查"的有关公告．（2019-04-22）[2020-03-08]．https：//tousu.www.gov.cn/dc/index.htm．

[②] 李怡天．深圳推出政务服务"好差评"制度．（2019-10-17）[2020-02-15]．http：//sz.people.com.cn/n2/2019/1017/c202846-33443944.html．

第二章 数字政府与法治政府的共进

实质合法性提供支持。①

自狄骥以降,行政的理论基础逐渐从主权演变为公共服务。② 为人民提供所需的公共服务成了行政的核心目的,也是行政最大的正当性基础。科学行政的本质是通过理性化、专业化的手段,提高行政活动的科学性,增强公共服务的合理性,最终有助于行政目的的达成。从结果的角度看,科学行政将提高行政活动取得良好效果的概率;而从过程的角度看,即使行政活动因为客观原因结果不尽如人意,科学、合理的行政过程也可以提高人民群众对行政活动的可接受度。从这两个角度看,科学行政都在很大程度上提高了行政活动的实质合法性。

正如前述,数字政府建设通过物联网、移动互联网、数据协同等方式极大地提升了决策中信息获取的广度与信息传递的速度,减少了决策的盲目性;通过大数据、人工智能技术的综合运用,智能化地为决策提供分析辅助,提升决策的科学性,减少经验主义的拍脑袋决策;而在执行时,数字政府可以对决策进行快速、准确的传达,并在短时间内,甚至即时获得反馈信息,可以保障决策的正确贯彻,并在必要时对决策进行及时调整。③ 这些都在很大程度上提升了行政活动的科学化程度,在实质层面推进了法治政府建设。

四、公平行政——信息技术强化行政执法的一致性与普遍性

执法的一致性与普遍性一直是人力执法时代的两大难题。一致性问题是指,由于不同人在执法裁量上的不同,一些行政执法案件中出现同类案件却不同处理,缺乏处理的一致性。这是人类的主观性在裁量中的体现。对法律和事实理解的不一致、个人经历的区别、特定情绪的影响,甚至是徇情枉法的私人考量,都可能导致一致性问题的出现。而普遍性问题则是指,人力执法在一定程度上是一项人力密集型的工作④,限于执法人力资源

---

① 王锡锌. 依法行政的合法化逻辑及其现实情境. 中国法学,2008 (5):74.
② 狄骥. 公法的变迁. 郑戈,译. 北京:中国法制出版社,2010.
③ 相关案例可见本章第一节,此处不赘述。
④ Ryan Calo, A. Michael Froomkin, Ian Kerr. *Robot Law*. Edward Elgar Publishing, 2016:237.

数字政府：变革与法治

的有限，大量的行政违法行为并没有得到发现和处理，选择性执法成了一种事实上的必然。

这两大难题对公平行政这一法治政府的重要目标产生了威胁，法治政府建设中也尽量通过细化裁量基准、强化执法能力等方式加强行政执法中的一致性与普遍性，但问题仍未完全消除。数字政府建设中通过自动化行政的引入，开拓了全新的解决思路。交通抓拍等自动化行政系统将会按照预设的程序和规则对特定执法事项进行处理。同样问题的输入将会得到同样的输出反馈，一致性极高。同时自动化行政系统一旦设立，将会风雨无阻地对特定地区的所有违法事项予以识别，可以在特定区域内解决选择性执法的难题。

不过需要注意的是，随着各种算法的发展，自动化行政系统也不再局限于一对一的输入、反馈，而具有了对更加丰富的不确定信息进行裁量的能力，即具有了一定的自动化决策能力。这却也造成了算法黑箱，更可能打破机器天然无偏见的美好幻想，带来新的算法歧视。越来越多的研究和实践均表明，因为社会现有历史数据、技术限制、使用的具体环境等原因，自动化系统也可能存在歧视与偏差。[1] 比如，在美国匹兹堡的一个项目利用数据预测儿童遭受父母虐待和疏忽对待的潜在可能性，但由于被标记为贫穷的父母和被标记为疏忽失职的父母在数据上高度重叠，导致该项目的算法把贫穷的父母和抚养不善的父母不当地联系了起来，甚至使那些因为贫穷而向公共项目寻求援助的父母被标记为对自己的孩子存在威胁性。[2] 又比如 2013 年开始，美国波士顿市通过智能手机的动作感应系统来向市政府报告有关街道行驶时的颠簸情况，以便及时解决道路坑洼问题。然而有趣

---

[1] Batya Friedman, Helen Nissenbaum. Bias in Computer Systems. ACM Transactions on Information Systems, 1996, 14 (3): 330.

[2] Cordelia Fine. Coded Prejudice: How Algorithms Fuel Injustice. [2018-08-27]. https://www.ft.com/content/5e3901a6-208e-11e8-8d6c-a1920d9e946f. Virginia Eubanks. *Automating Inequality: How High-Tech Tools Profile, Police, and Punish the Poor*. St. Martin's Press, 2018.

的是，这个系统的数据显示该市富裕地区的颠簸反而高于贫困地区的，可能导致市政资源向富裕地区转移，引发不公。这其中的原因是富裕地区的智能手机和应用程序的数量更高，从而导致了这种偏差。[1] 当这种自动化决策运用到执法辅助之中时，就可能对执法的一致性造成新的威胁，值得警惕。

五、高效行政——数字政府显著提升行政效能

与被动的司法不同，行政要求积极主动地去实现法律所赋予的、人民所需要的行政目的。但行政资源总是有限的，当政府完成一项任务时，就必然挤占一定资源，也会影响其他需要资源的任务的实现。这种取舍本身是正常的。但这也意味着，在行政领域中，如果某一单项行政事务的效能过低、成本过高，即使最后达到了预设的行政目的，也会过度挤占行政资源，影响其他行政目的的达成。从这个意义上来看，浪费的确就是一种对人民的"犯罪"。反过来，数字政府建设通过对行政效能的极大提升，可以大大加强行政能力[2]，让行政机关在同样资源条件下完成更多的行政任务、提供更丰富的公共服务。

在行政机关直接面对公众进行服务时，行政效率还会对公众的满意度产生较大的直接影响。[3] 数字政府建设通过"只进一扇门""最多跑一次""零跑腿、零排队、不见面、自动批"等多样化的创新方式，改进服务流程，提升服务效率，真切地提高了人民群众在享受政务服务时的获得感。这些都有助于行政实质合法性的提升。

此外，行政复议、行政裁决等行政司法活动也是法治政府的组成部分。行政效能的提升还有助于加快审理速度，尽快定分止争、解决相关争议，稳定法律关系，减少"迟到的正义非正义"的遗憾。

---

[1] Omer Tene, Jules Polonetsky. Taming the Golem: Challenges of Ethical Algorithmic Decision-Making. *N. C. J. L. & Tech.*, 2017 (19): 158.
[2] 关于数字政府提升行政效能的有关案例可见本章第一节，此处不赘述。
[3] 中国政法大学法治政府研究院. 中国法治政府评估报告 (2018). 北京：社会科学文献出版社，2017: 238.

第三章

数字政府改革及依法治理的全球经验

第一节 美国——以"开放政府"驱动数字化转型

一、美国数字政府改革的发展

美国最早于1993年提出"电子政务"的概念,顺着"信息高速公路"率先踏入数字政府建设领域,并一直在该领域处于国际领先地位。在过去的二十几年里,无论政府机构如何变革,美国政府始终将推行电子政务和数字政府建设作为国家的重要发展战略。自20世纪80年代起,美国数字政府改革由克林顿政府提出的"电子政府"发端,在小布什政府时期得到进一步发展;奥巴马政府将"电子政府"升级为"数字政府";特朗普政府则进一步将政府数据资产化,并大力推动公私合作发展。

(一)克林顿政府时期(1993—2001年)

克林顿政府时期实施"信息高速公路"战略,大力支持发展信息产业,促进了电子政务理念的形成。1993年3月,克林顿宣布计划"重塑政府"(reinvent government),旨在降低整个联邦政府的成本、提高行政效率;并成立了"国家绩效评估委员会"(NPR)。NPR经历6个月的调查研究后,提交了报告——《创造一个效率更高、成本更低的政府》,首次提出构建"电子政府"(E-Government),提倡在政府中运用信息网络技术改进美国政府在管理和服务方面存在的弊端,使构建"电子政府"成为美国政府改革的一个重要方向,也揭开了美国数字政府建设的序幕。

第三章　数字政府改革及依法治理的全球经验

克林顿政府颁布了《国家信息基础设施行动计划》，加大对信息基础设施的投资力度。1997年，克林顿政府提出的"走近美国"计划（Access America：Reengineering Through Information Technology）中构建了电子政府的具体目标，积极推行政务电子化，应用网络技术以及通信技术来推行政府的公共服务职能，实现政府机构的优化和政府行政绩效的提高。1998年，美国联邦政府出台了《政府纸质文书消除法》，要求政府各部门提交公文时必须采用电子形式；"国家绩效评估委员会"更名为"国家重塑政府合作组织"（National Partnership for Reinventing Government）。2000年9月，美国政府开通"第一政府"网站（www.Firstgov.gov）。该网站整合了美国所有电子政府的资源，后来演变成现在的美国政府门户网（www.USA.gov）。

（二）小布什政府时期（2001—2009年）

2001年年初，小布什政府正式启动了"电子政府计划"，并作为美国政府创新的主要手段。同年7月，美国白宫管理与预算办公室（OMB）宣布成立"电子政府特别工作组"（E-government Task Force），设立电子政府基金，致力于研究电子政府战略规划。在OMB的主导下，还构建了跨部门的项目组。小布什政府将电子政府从"以信息技术为中心"变为"以公民为中心"，以促进政府与公民的互动，提高政府工作效率和改善政府对公民的服务与反馈能力，实现了政府网站从仅仅可以浏览信息到可以实现办事服务的转变。[①]

2002年电子政府战略：简化公众服务

2002年2月，美国发布了《电子政府战略：简化公众服务》。该战略以公民为中心、以结果为导向、以市场为基础三大原则，旨在提高政府的工作绩效，便于公民与联邦政府的互动，改善政府对公民的回应能力。

[①] 田珺鹤.美国电子政务的发展对我国的启示.金融经济，2011（7）：62-63.

为解决政府治理过程中出现的职能交叉、效能不够高等问题，电子政府特别工作组的两项主要活动为：一是开发面向联邦组织架构的结构体系，构建促进技术解决的一系列标准化的核心技术模型；二是收集和分析整个联邦政府的业务和数据架构信息，以发现新的电子政务活动和消除冗余问题。最初，这项工作主要集中在四个关键领域，包括国土安全、经济刺激、社会服务和后勤办公室运营。

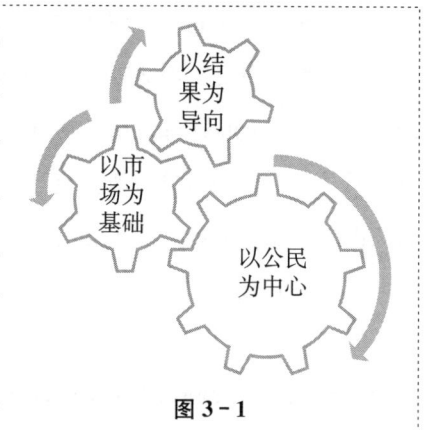

图 3-1

2002年12月，美国颁布《电子政府法》（E-Government Act），目的在于"确保对联邦各机构信息技术活动的有力领导，确保信息安全标准，设定综合性的电子政务框架，确保互联网和计算机资源广泛用于公共服务的提供"。

表 3-1 《电子政府法》的主要内容

（1）白宫管理与预算办公室（OMB）下设立一个电子政府信息办公室，由政府首席信息官（CIO）负责电子政府的资源协调和预算问题
（2）设立一个由各个行政部门首席信息官组成的委员会，负责政府各部门的合作和信息资源共享
（3）在财政部设立电子政府专项基金，保障电子政务建设经费的拨付
（4）联邦信息安全法

小布什政府期间美国电子政府的发展逐渐步入成熟期，特别是在网络2.0技术成熟之后，电子政务的优势更是被极大地发挥了出来。这一时期数字政府建设取得了一系列成果：构建了全民性、集成性的电子福利支付系统，全国性、整合性的网络接入和信息内容服务系统稳定运行，全国性的执法和公共安全咨询网络也得到构建，美国政府官方网站也得到了改进。[1] 因此，不但政府提高了工作效率与公共服务的质量，还极大地促进了公民

---

[1] 周立卓，汪传雷．美国电子政府成功经验及其启示．理论观察，2008（5）：51-53．

第三章　数字政府改革及依法治理的全球经验

的政治参与。

（三）奥巴马政府时期（2009—2017 年）

奥巴马政府时期，美国的数字政府建设开始由"电子政府"转向"开放政府"（Open Government）。2009 年年初，奥巴马就职首日即发布《透明和开放政府备忘录》和《信息自由法案备忘录》，呼吁采取新措施，以提高透明度、参与度和合作度。同年 5 月，启动建设 Data.gov 和 Recovery.gov 两个网站，专门用于联邦政府的信息披露和数据公开；12 月，发布《开放政府指令》（Open Government Directive），要求政府机构在网络发布政府信息；提高政府信息质量；创造并制度化政府公开文化；构建促进政府公开的政策框架，公开政府数据，并采用使其活动更为透明、积极与公众互动的技术。2011 年，奥巴马政府发布了首份《开放政府计划》（Open Government National Action Plans），该计划包括 26 项具体的开放政府举措，旨在改善公共服务、提高公共廉正、更有效地管理公共资源、创建更安全的社区、增强企业责任感。[①] 此后，每两年对开放政府计划实施情况发布报告，并分别于 2013 年 12 月和 2015 年 10 月发布了新的计划。

2012 年 5 月，奥巴马政府发布《数字政府：构建一个 21 世纪平台以更好地服务美国人民》（Digital Government：Building A 21st Century Platform To Better Serve the American People），正式将"电子政府战略"升级为"数字政府战略"。该战略旨在为美国公民提供更优质的公共服务，主要实现以下三个目标：

| 一是让美国公民可以在任何时间、任何地点，利用任何设备获取所需的高质量的政府信息以及数字服务 | 二是确保美国政府适应新数字时代，抓住机遇，以智慧、安全和经济的方式来采购并管理设备、应用和数据 | 三是公开政府数据，激发国家创新，提升政务服务的质量 |

2014 年，奥巴马签署《数字问责制和透明度法》（Digital Accountability and Transparency Act，DATA Act）。这是一项旨在使联邦财政信息易于获

[①] Open Government National Action Plans. [2020-02-20]. https://obamawhitehouse.archives.gov/open/partnership/national-action-plans.

数字政府：变革与法治

取和透明的法案，其核心是通过建立一个通用的、机器可读的平台来支持政府的财务信息，建立政府通用数据标准，将联邦支出信息从混乱的文件转变成标准化的、结构化的、公民和政策制定者都可以获得的开放式数据，提高联邦支出数据的利用率和透明度；进而，通过对政府支出数据的收集、跟踪、比较，帮助政府财务管理者等确保每一项支出都用得其所，从而加强对政府的问责。同年 8 月，美国数字服务部门（USDS）成立，作为 OMB 的一部分。OMB 公开招聘顶级设计师、工程师、产品经理和数字政策专家为政府提供数字服务。2015 年 10 月，奥巴马在国情咨文中再次更新《美国创新战略》，并明确提出智慧城市计划（Smart Cities Initiative）。

政府数据开放是奥巴马政府最有成效的政绩之一。政府数据开放与政府信息公开虽不是一回事，但却密切相关。政府数据开放战略的推进，必然要涉及《信息自由法》，因此，2016 年 7 月，奥巴马签署了《信息自由法修正案》。该修正案顺应政府数据开放的潮流，对信息公开的方式和途径作了新的要求，对信息公开工作机构及其职责进行大幅调整，并明确了"首席信息公开官"（CIO）这一机构，对信息公开工作的程序作了适度优化。同年，美国政府发布了《将信息作为战略资源进行管理》和《联邦机构公共网站和数字服务备忘录》；前者为联邦信息的管理、人员、设备、资金、IT 资源以及基础架构和服务制定总体政策，并明确了联邦信息资源和管理个人身份信息（PII）的安全责任；后者则对 2012 年"数字政府战略"进行更新，对构建整体数字政府、网站与数字服务管理、信息可检索与可发现性、开放数据促进公众参与等方面进行了完善。

奥巴马政府高度重视大数据的应用，从第一任期的"开放政府"到第二任期的"数字政府"，对国家与政府治理手段及体系进行了深刻改革，积极促进了美国经济的快速增长。

（四）特朗普政府时期（2017 至 2020 年）

特朗普政府重视数字政府的发展，希望利用先进的数字技术更好地提供公共服务和智能化决策。2017 年 5 月，特朗普总统签署行政命令（EO），

第三章 数字政府改革及依法治理的全球经验

成立了美国科技委员会（American Technology Council），旨在让政府数字化服务更加智能化，总目标为"协调愿景、战略和方向"，在联邦政府使用信息技术方面向总统提供与政治决策有关的建议。特朗普政府时期美国政府数字化转型的目标有三：一是要让公众能够使用任意设备，在任意时间、任意地点获取政府提供的优质服务；二是政府要逐步适应数字化的发展进程，能够经济、安全、有效地管理数据应用和资产；三是强调社会创新与对创新工具的采购。①

2018年1月，特朗普签署了《联网政府法》（Connected Government Act）。该法案要求所有新的和重新设计的联邦机构公共网站必须是"移动友好的"，即易于移动。这意味着公众可以在智能手机、平板电脑或类似移动设备上进行导航、查看和访问。同年12月，《21世纪综合数字体验法》（21st Century Integrated Digital Experience Act）签署成为法律。该法案旨在改善政府客户的数字体验，并加强对联邦公共网站的现有要求。具体而言，该法案要求所有行政部门的应用现代化网站、数字化服务和表格，加速使用电子签名、改善用户体验，标准化并过渡到集中式共享服务。

2019年1月，特朗普签署了最新的《开放政府数据法》（Open Government Data Act），将奥巴马政府以来的开放政府数据的相关战略、政策上升为法律层面，为美国政府数据的开放与利用提供了更有力的保障。同年2月，美国政府发布了自2011年以来的第四份《开放政府计划》（NAP 4）。这也是特朗普领导政府以来的首个开放政府计划。NAP 4阐明了联邦政府在2019年至2021年未来两年内对数据开放的承诺，提出了8个"政府倡议"，以确保联邦政府的数据更容易获得、拨款过程更负责任、联邦资助的科学研究也更容易获得等；同时提出联邦机构优先与公众和企业合作。2019年12月，OMB发布了《联邦数据战略与2020年行动计划》（Federal Data Strategy 2020 Action Plan），该战略的突出特点在于，美国对数据的关

---

① 姚水琼，齐胤植. 美国数字政府建设的实践研究与经验借鉴. 治理研究，2019，第35卷第6期：60-65.

注由技术转向资产,"将数据作为战略资源开发（Leveraging Data as a Strategic Asset）"成为此战略的核心目标。

二、美国数字政府建设的法律体系

美国在推动数字政府建设的过程中,十分重视法律法规的作用。自20世纪90年代以来,美国联邦政府制定和实施了一系列法律法规,已形成较为完备的数字政府治理法律体系。具体可以划分为四类:一是实施电子政务的基础性法律文件,二是以信息公开、隐私保护、知识产权保护为主的法律,三是以电子商务为主要内容的法律文件,四是以计算机安全为主的法律。[1]

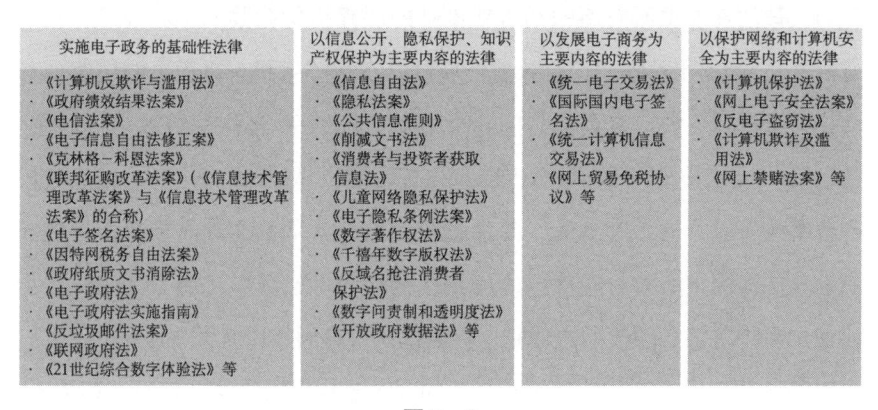

实施电子政务的基础性法律	以信息公开、隐私保护、知识产权保护为主要内容的法律	以发展电子商务为主要内容的法律	以保护网络和计算机安全为主要内容的法律
·《计算机反欺诈与滥用法》 ·《政府绩效结果法案》 ·《电信法案》 ·《电子信息自由法修正案》 ·《克林格－科恩法案》 ·《联邦征购改革法案》(《信息技术管理改革法案》与《信息技术管理改革法案》的合称) ·《电子签名法案》 ·《因特网税务自由法案》 ·《政府纸质文书消除法》 ·《电子政务法》 ·《电子政务法实施指南》 ·《反垃圾邮件法案》 ·《联网政府法》 ·《21世纪综合数字体验法》等	·《信息自由法》 ·《隐私法案》 ·《公共信息准则》 ·《削减文书法》 ·《消费者与投资者获取信息法》 ·《儿童网络隐私保护法》 ·《电子隐私条例法案》 ·《数字著作权法》 ·《千禧年数字版权法》 ·《反域名抢注消费者保护法》 ·《数字问责制和透明度法》 ·《开放政府数据法》等	·《统一电子交易法》 ·《国际国内电子签名法》 ·《统一计算机信息交易法》 ·《网上贸易免税协议》等	·《计算机保护法》 ·《网上电子安全法案》 ·《反电子盗窃法》 ·《计算机欺诈及滥用法》 ·《网上禁赌法案》等

图3-2

三、美国数字政府改革的经验

美国联邦政府、地方政府和州政府等各级政府正在通过政府数字化转型来提高民众的生活水平与质量。美国在数字政府改革方面主要有以下几方面的做法。[2]

（一）创设首席信息官制度,推动跨层级信息共享和业务协同

美国是世界上最早建立首席信息官制度的国家。得益于较为成熟的首席信息官管理体系,美国政府的信息化、数字化建设中高效、顺畅地破解

---

[1] 吴国娟. 美国电子政务的发展经验. (2018-01-10) [2020-05-30]. 大众日报, http://paper.dzwww.com/dzrb/content/20180110/Articel10004MT.htm.

[2] 姚水琼,齐胤植. 美国数字政府建设的实践研究与经验借鉴. 治理研究, 2019, 第35卷第6期: 60-65.

第三章 数字政府改革及依法治理的全球经验

了一系列管理难题。

> **美国"首席信息公开官"(CIO)制度**
>
> 美国首席信息官的职位设立在白宫管理与预算办公室，负责领导和监督整个联邦政府的IT支出。依据《克林格-科恩法案》(Clinger-Cohen Act)，每个联邦机构都设立一名首席信息官。要求首席信息官具备的最核心的能力是：既具有良好的信息素养和能力，尤其是项目管理能力，又要熟悉政府业务流程，善于沟通和协调，有较强的战略观和全局观。
>
> 联邦及州政府部门的首席信息官的职责是，及时向政府首脑和其他高层管理人员提供政府信息化发展的建议与协作、指导，监督所在部门信息技术等其他事务的实施，确保部门信息化工作顺利开展，维护一个和谐、稳定的整体化信息架构，对信息资源进行有效管理，提升本部门的信息资源管理运作效率，规范有效的工作流程。
>
> 近些年来，美国政府与公众、企业、社会、各级政府之间的数字政务互动有所增加，主要是由于在管理和预算办公室内设立数字政府行政办公室，努力开发和促进数字政府服务和流程，通过大数据、云计算等信息技术，增加美国公民对政务服务的公众参与，同时推动数字政府服务的机构间合作，通过整合相关职能和内部数字政府程序的使用，努力简化政务服务手续，优化数字政府服务流程。

当前美国联邦政府在线政府建设重点是跨层级信息共享和业务协同。联邦政府以大门户链接和绩效评估为主要手段，重点促进联邦政府、州政府和地方政府之间的协同。全美以"大门户"的形式链接共计一万多个各级政府网站，构成整体政府网。

（二）建立数字政府管理标准保障数据安全

美国通过建立数字政府管理标准，增强数据存储的安全，保障信息的准确、可靠，增加公众对政府的信任度，确保公民关键数据的安全，如医疗保健记录、财务信息和社会保障号不会受到损害。

数字安全的区块链解决方案

区块链平台为美国数字政府提供了一种全新的高容量解决方案，区块链技术能够解决状态管理系统数据的安全性和协调性问题。区块链技术基于数据块链的原理和先进的加密算法，使分布式账本成为最安全、最方便的数据存储和传输介质，而加密货币工具和智能契约将减少政府的腐败。例如，美国在电子投票方面用 Follow My Vote 开发了一个基于区块链技术的在线投票平台，该平台采用椭圆曲线加密技术，保证了结果的准确性和可靠性；在民政方面用 Borderless 开发了一个平台，确保公众在智能合同的基础上获得法律和经济服务。e-Auction 3.0 平台是一个公共采购与拍卖的平台，该平台应用区块链技术，进行了公共采购条件、过程和结果的全流程展示。

（三）以数据开放驱动政府数字化转型

美国积极通过数据开放行动来促进政府数字化建设。自奥巴马政府提倡"开放政府"以来，美国发布了一系列政令措施和法律文件为政府数据开放提供支撑。2012年，由白宫科学和技术政策办公室（OSTP）牵头成立大数据高级指导小组，以了解联邦政府的大数据研究和开发活动，提供协调机会，并开始确定数据开放领域的国家计划目标。无论是奥巴马政府还是特朗普政府，都将数据作为战略资源来制定和实施全面的联邦数据战略，从而驱动政府数字化转型。

（四）构建公私合作伙伴关系

美国联邦政府及各州大力提倡利用公私合作伙伴关系（PPP）模式推动公民聚焦数字化政府，鼓励政企合作，对数字政府涉及的部分信息技术采取"外包"模式。目前，美国政府对私营部门在理念、技术和信息共享方面的开放程度逐渐提升。

第三章 数字政府改革及依法治理的全球经验

> **公私合营的"无成本契约"模式**
>
> 在数字政府建设过程中,美国将部分公共服务及惠民项目外包给互联网巨头公司来提升政府信息技术。这种技术外包手段不仅提升了政务效率,并且为政府提供了安全、可靠和经过检验的解决方案、软件和专业知识,同时也为互联网巨头公司提供了更多的商业机会,有助于实现使用"无成本"契约模式来实现公私合作。目前,美国的犹他州、马里兰州、威斯康星州、阿肯色州和得克萨斯州等都已成功运用了"无成本契约"模式,在政府与行业之间形成了独特的公私合作伙伴关系,有效地推进了政府数字化转型,提升了数字时代的政府治理能力。利用这种模式,政府不需要进行前期投资,就可以建立和启动数字化服务。就像消费者在网上购买电影票的费用一样,公司会向使用数字化政府服务的用户收取一定的费用。由于只有在数字化服务被使用时公司才能赚到钱,因此公司会积极推动公民采纳和使用这项服务。使用"无成本契约"模式形成的政府和行业间公私合作伙伴关系重新构建了数字政府服务采购模式。

(五)发展移动数字政府

2017年以来,特朗普政府开始推行移动政府建设(Mobile Government),即让公众能够使用任意设备,在任意时间、任意地点获取政府提供的优质服务。《联网政府法》要求所有新的和重新设计的联邦机构公共网站必须是"移动友好的",即易于移动。这意味着公众可以在智能手机、平板电脑或类似移动设备上进行导航、查看和访问。

> **移动政府:智慧旅行者(Smart Traveler)**
>
> 美国国务院、农业部、人口普查局、国税局以及更多的部门和机构都提供苹果 IOS 和 Android 版本的智能手机应用程序。Smart Traveler 是美国国务院的官方应用程序,面向美国旅行者用户。该应用程序于2011

数字政府：变革与法治

年6月首次启动。通过该应用程序可以轻松访问实时更新的官方国家/地区信息、旅行提醒、旅行警告、地图、美国大使馆位置等信息，便于了解世界。借助 Smart Traveler，用户可以创建个人路线，添加标记并组织旅行活动。Smart Traveler 还可以访问美国国务院的 Smart Traveler 注册计划（STEP）。STEP 的免费注册使美国国务院能够更好地协助用户应对自然灾害、外国动荡或海外护照丢失/被盗等紧急情况。在旅途中，STEP 可以帮助用户与家人和朋友在紧急情况下联系。Smart Traveler 还可以快速访问美国商务部的领事事务 Facebook 和 Twitter 页面。

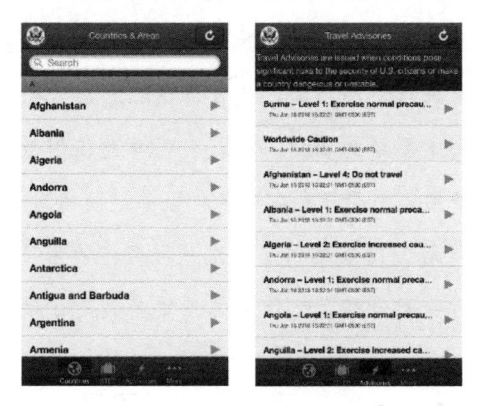

图 3-3　（Smart Traveler）①

---

①　https：//play.google.com/store/apps/details? id＝gov.state.apps.smarttraveler.

第三章 数字政府改革及依法治理的全球经验

第二节 英国——"政府即平台"推动公共服务数字化

一、英国数字政府改革的发展

（一）梅杰政府时期（1990—1997 年）

1994 年，在欧盟出台的《欧洲通向信息社会之路行动计划》影响下，英国政府开始运用 ICT 技术改善和提升政府的公共服务能力。1994 年 10 月，由内阁办公室负责的中央计算机和电信局（CCTA）建立了一个中央政府网站（open.gov.uk）。1996 年 11 月，英国政府发布了《直通政府》(Government Direct）绿皮书，提出政府应采用电子方式提供公共服务，并遵循七大原则：服务可选择，信息内容可信与安全，服务便利可达、高效，资源共享，减少重复建设，信息公开，信息安全。1997 年 10 月，梅杰政府设定了一个目标，即到 2002 年，与政府的所有互动的 25% 应该能够通过电话、电视或计算机以电子方式进行。

（二）布莱尔政府时期（1997—2007 年）

布莱尔政府大力发展电子政府，出台了一系列计划和战略来推动政府服务电子化，并不断推动在线政府发展。

布莱尔政府时期的在线政府发展

1998 年 2 月，英国科学技术议会办公室（POST）发布报告《电子政府：信息技术与公民》，提出政府要积极利用 ICT 技术来改善政府内部管理和提供公共服务。1999 年 3 月，英国政府内阁办公室发布《现代化政府行动计划》（Modernising Government Action Plan），该计划列出了 62 项承诺，包括开发一站式服务网站、为公民提供 7×24 的在线服务等，计划到 2008 年全面实现"电子政府"的目标。2000 年 4 月，英国政府发布《电子政务：信息时代公共服务的战略框架》(eGovernment：a strategic framework for public services in the Information Age）。该框架要求所

数字政府：变革与法治

有公共部门组织进行创新，并要求所有中央政府部门制定电子政务战略。它还呼吁政府提供必要的共同基础设施和领导能力。2000年9月，英国政府内阁办公室发布《21世纪电子政府服务》，明确提出要从三大领域进行变革：(1) 确保基于公民的使用来提供政府电子服务；(2) 以电子方式向私营机构和其他机构提供政府服务；(3) 制定新的激励措施、工具和制度以实现变革。① 2000年12月，"UKonline.gov.uk"公民门户网站正式上线，为在线公共服务提供一站式服务。

2001年《电子决策指南》（ePolicy Principles）发布。这是一套针对政府决策者的指南，旨在确保新的电子政务政策的有效性。2002年4月，英国国家审计署（NAO）发布了《在线政府2.0》（Government on the Web Ⅱ）和《通过电子政务改善公共服务》（Better Public Services through eGovernment）两份报告。报告对英国中央和地方政府实施电子政务的进展进行了调查，聚焦于通过IT技术提供服务的改进及不同管理部门的风险控制情况。2003年11月，用于企业的门户网站"BusinessLink.gov.uk"上线，为企业、企业所有者及管理者提供政府信息和业务服务。2004年3月，新的政府门户网站"Direct gov"启动，能够为公民提供广泛的公共服务；6月，内阁宣布推出"虹膜识别出入境系统"，在全国多个主要机场中使用以改善出入境控制。

2005年1月，首席信息官委员会（CIO Council）成立，以促进CIO在公共部门中的作用，并提高政府IT项目的效用。同月，《英国信息自由法》（FOI）全面生效。2005年4月，英国政府发布了新的国家"数字战略"，旨在解决数字鸿沟和公民对电子政务服务的低接受率问题。同年11月，英国政府提出《转型政府：由技术推动》（Transformational Government-Enabled by Technology）。该战略明确使用ICT改变公共服务，并概述了围绕公民和

---

① Electronic Government Services for the 21st Century. [2020-02-23]. https：//ntouk.files.wordpress.com/2015/06/e-government-services-for-the-21st-century-2000.pdf.

第三章　数字政府改革及依法治理的全球经验

企业的需求而设计的有效利用技术如何改变人们的日常生活。[①]

（三）布朗政府时期（2007—2010年）

布朗政府时期继续推动在线政府发展。2009年3月，布朗政府发布了《共同工作：您身边的公共服务》（Working together-Public services on your side），旨在加快改善提供服务的方式。同年12月，《在线优先：更精明的政府》的行动计划发布，其中列出了政府在减少公共开支的同时改善公共服务的优先事项。2010年1月，英国政府数据网站（data.gov.uk）向公众免费开放。

（四）卡梅伦政府时期（2010—2016年）

2010年，卡梅伦政府上台后，更加关注政府的效率、透明度和问责。英国由电子政府建设开始向数字政府建设转型，努力打造能够满足用户需求的数字化组织。官方对政府数字服务进行评估的一份报告《政府直通2010及以后：革命而不是进化》针对过多政府网站导致"高度重复"和"差异性用户体验"等问题提出建议，主张进一步整合、集中，建设统一政府网站，提高在线公共服务的便利性与效率。此后，以数字技术为核心建设一批高质量的公共服务，提升在线服务，提高公众使用率，节约政府成本，成为英国电子政府建设的主题。

2012年11月，英国政府内阁办公室发布《政府数字化战略》（Government Digital Strategy）。该战略的颁布标志着英国政府进入公共服务数字化阶段。在《政府数字化战略》中，核心理念即"首选数字化"（Digital by Default），要求政府部门和机构围绕政府门户网站和数字服务，以数字技术为核心重新设计一批高质量的公共服务，使其更为简单、便捷，让服务获取者更倾向于选择和使用数字化服务。该战略在2013年12月进行了更新。

《政府数字化战略》共提出13项要求，可以概括为如下四大类：

[①] Transformational Government-Enabled by Technology. [2020-03-07]. https://joinup.ec.europa.eu/sites/default/files/document/2014-06/eGov％20in％20UK％20May％202014％20v.16.0.pdf.

数字能力建设	针对公务员队伍数字领导力的培养，要求各个部门设立数字领导者（Digital Leaders），负责带领各部门制定和实施数字战略；针对公民能力建设，又提出通过公私部门合作解决公众上网障碍
扩大在线服务覆盖范围	各个部门都需要重新设计其提供的在线服务，吸引更多人使用，并且所有服务都应在2013年3月在新的门户网站"gov.uk"全部上线，同时推动针对中小企业的线上服务建设以涵盖更大范围
法律制度保障	要求内阁办公室联合各个部门排查阻碍数字服务发展的不必要立法；各个部门在制定部门数字服务相关法规时统一遵循内阁办公室标准，以减少部门间合作障碍；政策制定部门在政策制定过程中需要通过数字手段强化与民众的沟通
技术支持	内阁办公室负责建设一套技术通用平台，以供所有政府在线服务设计使用；对外开放政府数据，释放数据潜能，支持第三方设计新服务

图 3-4

（五）特雷莎·梅政府时期（2016—2019年）

2017年2月，英国政府内阁办公室联合政府数字服务局（Government Digital Service, GDS）发布了《政府转型战略2017—2020》。① 该战略提出数字服务的使命是改善公民与国家之间的关系，将更多权力交给公民并更好地满足他们的需要，同时改变政府服务模式，使政府本身成为一个数字化组织。为此该战略首创性地提出了一个新的核心理念，即"政府即平台"（Government as a Platform）。由此，政府转型包括三大组成部分：一是面向公民的服务转型，让任何人在任何地点都可以获得高质量服务；二是面向政府内部的服务转型，以履行重大业务变革的承诺；三是为实现上述两方面转型而面向政府改革的转型，即通过转型使所有政府部门都能更有效地推进自身改革。

---

① Government Transformation Strategy 2017 to 2020. ［2020-02-15］. https：//www.gov.uk/government/publications/governmenttransformation-strategy-2017-to-2020/government-transformation-strategy.

第三章　数字政府改革及依法治理的全球经验

针对以上三大转型，该战略又提出以下五个方面的目标：

业务转型	旨在继续提供世界一流的数字服务，使政策制定和数字服务设计更加紧密联系，确保政府能够提供有关内容和服务，以高效方式在整体上改变政府从前端到后台的运营方式
培养合适的人才、技能和文化	旨在培养政府领导和公务员掌握正确的技能和数字文化
为公务员提供更好的工具、流程和治理方式	旨在让公务员更容易和更有效地工作
更好地利用数据	旨在提高政府数据质量，实现跨部门共享，安全和符合道德地利用数据，从而响应公民需求
创建共享平台、组件和可复用的业务功能	持续在政府部门之间共享代码、模式、平台和组件，从而减少重复建设、降低成本和提高效率

2019年6月，GDS发布《政府技术创新战略》（Government Technology Innovation Strategy）。该战略为政府通过新兴技术进行创新奠定了基础，为公共部门对数字、数据和技术的使用提供了框架。[1]

二、英国数字政府建设的法律体系

英国政府围绕信息自由、数据保护与个人隐私保护、电子签名、电子商务、电子采购、公共部门信息使用等方面出台了一系列相关法律和规定，构成了英国数字政府治理法律体系的基本框架。[2]

---

[1] Government Technology Innovation Strategy. [2020-03-15]. https://www.gov.uk/government/publications/the-government-technology-innovation-strategy.
[2] 电子政务法研究课题组. 国外电子政府立法总结与分析报告——"电子政务法研究"课题专题报告之一. 电子政务，2009（7）：69-98.

1998年《数据保护法》	2000年《信息自由法案》、2002年《电子签名条例》	2000年《电子通信法案》	2002年《电子商务条例》	2005年《公共领域信息再利用规章》	2010年《数字经济法案》
该法规定了持有或使用公众个人资料的所有组织必须对纸质和电子记录的个人数据和信息采取处理与保护,包括八项数据保护原则	为信息公开和任何公民向公共机构申请获得信息提供了制度保证	共同为在公共和私营部门使用电子签名搭建了一个法律框架	将欧盟电子商务规定中关于信息社会服务、电子商务等的规定转为英国法律	贯彻欧盟公共领域信息再利用指令,在英国政府内阁办公室内设立公共领域信息办公室,负责对公共领域的信息再利用政策予以协调	涉及在线侵犯版权,创建了一个系统,能够容易跟踪和起诉侵权者,并且在至少一年之后,被允许运用"技术措施"来降低侵权者互联网连接的质量或可能终止侵权者的互联网连接

图 3-5

三、英国数字政府改革的经验

（一）跨政府部门业务的整体转型

英国政府部门通过构建监测、评估数字化转型进程的方法，建立跨政府部门的合作机制，以形成共同的语言、工具和技术体系；在借鉴私营部门经验的基础上，处理政府转型面临的重大变革问题。通过上述措施，英国政府将确保能够跨政府部门边界运行项目，能够以更加灵活的方式提供在线服务，从而在根本上改善政府数字服务的用户体验。[①]

（二）优化数字工具、流程和治理体系

数字政府不仅为民众提供优质的公共服务，而且将通过采用有效的数字工具、构建工作场景技术、优化治理流程体系，为公务员创造良好的外部工作环境，以提高工作效率、更好应对工作挑战。在公务员采用的日常通用技术、业务方案管理、内部控制流程、支持快速决策、政府商业采购、服务质量控制、服务保障措施、服务价值转化等方面，英国政府机构开展了丰富的实践。基于统一数字市场理念，英国政府的数字服务采购合同将体现以用户为中心、以设计为导向、以数据为驱动的开放方式。[②]

> **改造数字化工作环境**
>
> 英国政府计划到 2020 年年底，为公务员创造更加适应数字化要求的工

[①][②] 张晓，鲍静．数字政府即平台：英国政府数字化转型战略研究及其启示．中国行政管理，2018（3）：27-32．

第三章 数字政府改革及依法治理的全球经验

> 作环境，确保公务员的工作场所能够运用统一的可交互操作的技术。同时，通过相关研究为公务员提供数字服务经典案例，并使之一般化为标准的政府业务流程，从而形成通用数字工具，使所有政府部门都能管理、资助和有效运营包括跨部门服务在内的各种数字服务。在上述政策的推进下，英国公务员将具备舒适的、不受时间和空间限制的办公环境。这将有助于形成一种开放的、数字化的政策制定和在线服务氛围。

（三）创建共享平台、组件和业务复用能力

近年来，英国政府逐步实现代码、模式、平台和组件的共享，并向世界各国分享了解决政府技术和服务设计等问题的最佳实践案例。跨政府部门平台服务将成为未来努力的重要方向。英国将基于共享机制和业务平台来组建在线服务功能，从而实现数字技术、业务流程和公务人员的有效组合。英国将运用 gov.uk 网站来实现跨政府部门边界的服务，包括第三方提供的服务、地方政府服务或者外包服务。为提供快速、廉价且易于组合的数字服务，英国将构建更多可重复使用的共享组件和平台，为所有接受政府服务的用户提供统一的使用体验。英国政府计划到 2020 年终止与大型、单一的供应商开展合作，不再签订持续多年的 IT 项目合同，而是通过建立共享组件和平台，扩展正在使用平台的功能，提供更多的政府数字服务。通过制定和颁布组件、平台以及与功能相关的技术标准和实施指南，降低平台在政府公共部门复用的门槛，消除组件、平台和功能重复运用的障碍，并积极探索在中央政府以外可以重复使用的领域。

第三节 日本——创造"世界最先端IT国家"

一、日本数字政府改革的发展

(一)电子政务发展时期(2000—2012年)

2000年11月29日,日本政府通过《建立高级信息和通信网络社会的基本法》(以下简称《IT基本法》)。《IT基本法》将"行政管理信息化"和"信息技术在公共部门的应用"作为发展战略的基础。根据《IT基本法》,日本内阁于2001年1月成立了"IT战略指挥部"。这标志着日本进入全面的电子政务发展时期。

在日本,"电子政务"一词源于2001年制定的《e-Japan战略》。该战略旨在建立一个"知识新兴社会",通过公民之间的知识交流来培养多样化的创造力。其愿景与目标如下图所示。

愿景	目标
可以在家里或工作中随时获得有关公共行政的信息,并且每个人都将能够获得一站式政府服务,以解决户口变更、申请和缴税等问题	以在5年以内达到世界最先进的IT国家为目标,以实现综合行政网络及"居民基本台账"(居民的电子信息情况表,包括家庭、婚姻、健康、年收入等一系列内容)网络为目的而进行电子政务基础设备设施的建设

图3-6

通过实施"e-Japan战略",日本电子政务的基础设施建设、利用率,以及国民利用IT技术及设施设备的意识提高到了一定的水平,档案领域的数字档案建设、IT设施的基础建设、电子政务申请手续的实施等利用率大幅度提高。

2005年2月,日本政府发布《IT系列政策2005》,继续推动电子政务发展,以使人们能够使用在线政府服务。日本政府试图通过提供全年24小时不间断服务的线上流程来缩短处理时间、降低费用。

第三章 数字政府改革及依法治理的全球经验

> 一些在线服务的例子如：
>
> 向司法部门申请注册公司，向国家税务部门申请电子备案和电子缴税，向地方交通部门和公安机关申请汽车登记，以及向外交部门在线申请护照等。为促进政府对开源软件的使用，日本政府还制定了《政府开源软件采购基本准则》。

图 3-7

2006年1月，日本政府出台《新IT改革战略》，指出"通过转变结构改革和消除阻碍信息技术发展的社会制约，信息技术转换将立即取得进展"。在电子政务方面，其目标是通过行政服务数字化，实现方便、简单、高效和透明的"小政府"；并于2010年领先于世界其他国家实现了50%以上的在线政府使用率的目标。但在医疗领域，未能实现在2010年年底全部个人健康信息电子化；除大型医院外，电子病历的普及率也一直处于较低水平。

2009年7月，日本政府制定"i-Japan战略2015"，以创建一个公民驱动的数字社会，朝着数字包容和创新迈进。遗憾的是，当年由于执政党从自民党到民主党的更替，该战略被搁置。2010年5月，新上台的民主党政府制定了《ICT新战略》。新战略旨在通过在政府内部彻底实施ICT技术革命来实现面向公民的电子管理，重建地区联系，创造新的市场并向国际扩展。

> 根据《ICT新战略》，日本政府于2010年6月制定了路线图以明确具体措施，主要包括：在全国建立以政府CIO为中心的电子政务促进体系，对政府门户网站进行大刀阔斧的改革、改善政府服务的获取、引入全国个人身份系统、实行公民行政监督制度、整合和集中政府信息系统、实现通用电子政务等。2011年8月，政府又制定了以下几方面的基本政策和路线图：提升电子政务，创新在线政府服务，推广自助服务终端，改革与信息和通信技术使用相关的法规和制度、智能交通系统和人力资源。

（二）数字政府转型时期（2012年至今）

2012年，《开放政府数据战略》的发布标志着日本从电子政务转向数字政府，从在线政府建设转向公众参与的数字政府建设。2013年6月，日本政府发布《世界最先端IT国家创造宣言》。虽然该宣言未明确提出"数字政府"的概念，但其战略目标——促进产业和服务创新发展；人们可以健康、安全、快乐地生活在这个世界上最安全、最抗灾的社会；随时随地为所有人提供一站式公共服务的社会，基本体现出数字政府的服务理念。

> **日本《政府CIO法》**
>
> 2013年，日本颁布了《政府CIO法》，增加了政府CIO的职权，使其具有跨部门协调的权力，作为在整个政府内推广IT政策和电子管理的控制塔；此外，该法还将政府CIO加入了IT战略指挥部，规定政府CIO可以执行部分事务。这项法律使政府CIO可以与各部门进行高层协调，从而减少政府IT投资中的重复、浪费问题，并提高市民使用政府服务的便利性。

2017年，《世界最先端IT国家创造宣言》更名为《关于创建世界上最先进的数字国家和公共私人数据的宣言》。根据该宣言，政府应提供更为便捷的电子政务服务，改革国家和地方政府的行政信息系统，并加强政府的IT治理。具体措施包括公开数据和大数据利用，为保护隐私而规范使用个人数据，建设传达准确信息的防灾减灾信息基础设施等。

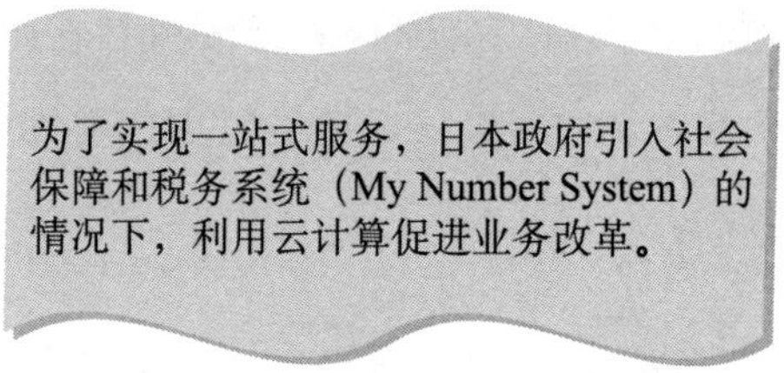

为了实现一站式服务，日本政府引入社会保障和税务系统（My Number System）的情况下，利用云计算促进业务改革。

图3-8

2013年10月，日本政府制定了《日本开放数据宪章行动计划》。同年12月，日本政府发布了《审查使用个人数据系统的政策》。除规定政府设立

第三章　数字政府改革及依法治理的全球经验

第三方机构（隐私专员），该政策还明确受保护的个人数据应以可以实质识别身份为范围，并且应结合隐私保护的基本概念来确定。

日本的政府信息系统改革与"个人号码系统"

2014—2015年，日本主要有两项举措：一是推进政府信息系统改革。政府通过集成和废止系统、运用云服务和IT技术来改进政府业务信息系统。到2021年，将现有信息系统的年度运营成本降低30%。

二是修改《个人信息保护法》和制定《个人号码法》。修改后的《个人信息保护法》新设"个人信息保护委员会"，并规定了个人信息保护委员会的设置、所属、职责、管辖事务、组织、委员任期、委员身份保障和罢免、议事方式、所辖事务局、委员义务等。值得关注的有以下几点：个人信息保护委员会直属日本内阁总理大臣管辖，独立行使职权，地位相当高。该法特别强调了对行政活动中所产生的"个人号码"的妥善管理。该委员会下设事务局，并有下属机构执行日常事务；该委员会还设有临时的专门委员机制，专门委员由内阁总理大臣根据委员会的申请任命，负责调查特定事项。该委员会的委员长及委员在任期内不得参加其他政党或政治团体，不得参与政治运动，不得从事营利性活动。[①]

从2015年10月开始，"个人号码系统"开始运行。"个人号码"是社会保障和税号系统，目的是为真正需要它的人增强社会保障，增强公共便利性，并提高政府管理的效率。"个人号码系统"可以在多个行政机构之间共享信息，这将减轻公民的负担。包括外国人在内，在日本登记为居民的所有人都将收到个人号码。国家政府机关和市政机关在与社会保障、税务和救灾相关的事务中使用"个人号码"。人们在申请工作、医疗保险、养老金、福利、儿童津贴，以及进行纳税申报等时需要提供"个人号码"。

---

① 石渡，祐嗣. 日本的IT战略："世界最先端IT国家创造宣言". 日本国际电联杂志，2016，第46卷第3期：3-6.

数字政府：变革与法治

2017年5月日本政府发布《数字政府促进战略》，数字政府正式成为日本的国家战略。该战略提出了以下三个基本方针：

充分利用数字技术进行以用户为中心的行政服务改革	包括基于服务设计思想促进业务改革（BPR）、重新审视与数字技术对应的信息提供方式
建立公私合作的平台	包括建立促进数据流通的环境、开发利用公共和私人数据的接口、共享平台并利用私人服务
创造价值的IT治理	包括完善与服务改革相对应的促销制度、完善的IT管理并最大限度地提高投资回报率

与《数字政府促进战略》一同发布的还有《开放数据基本准则》。该准则规定了数据公开的基本规则，包括公开的范围、二次利用规则、政府机构公开数据的形式要求、公开数据的格式要求、数据更新等；还规定了促进公开数据的公开和使用的机制。

2018年1月，电子政务部长级会议制定了《数字政府实行计划》，主要包括：以用户为中心的行政服务改革、平台改革、创造价值的IT治理、促进地方政府的数字治理、后续行动和审查。该计划分别于当年和次年得到了2次修订。"12个服务原则"充分体现了数字政府的转型思维。这一阶段，日本频繁发布和修订与数字政府相关的战略、政策和文件，数字政府发展进入繁荣期。

二、日本数字政府建设的法律体系

日本的数字政府建设始终注重法律制度的保障，相关法律法规有三十多项，主要包括以下内容[①]：

---

① 刘春艳. 国外电子政务立法：现状、经验与启示. 情报探索，2009（1）：44-46.

第三章　数字政府改革及依法治理的全球经验

《著作权法》	《行政机关信息公开法》	《在线行政程序法》	《电子商务准则》	《电子署名及认证业务法》
《个人信息保护法》	《IT基本法》	《政府记录管理指导方针》	《关于禁止不正当接入行为等的法律》	《政府采购协定》
《关于附书面文件交付义务法律的一次性修改的法律》	《修改商法等法律部分规定的法律》	《修改关于特定商业交易法实施规则的部分规定的部门规章》	《电子投票法》	《政府CIO法》
《个人号码法》	《数字程序法》	《公共—私人数据利用基本法》	《开放数据基本准则》	

三、日本数字政府改革的经验

（一）注重电子政务基础设施的建设

20世纪90年代以来，日本大兴IT基础设施建设，IT技术在很多领域中被广泛地利用，但是电子政务服务的普及和推广相对滞后。自2001年《e-Japan战略》开始，日本大力推动电子政务基础设施的建设。

日本的政务信息化基础设施建设发展

在《e-Japan战略》实施期间发展的电子政务基础设施包括身份验证系统（电子身份认证）、电子支付系统、文件管理系统、安全系统和央地政府关联网络系统。这些基础设施的构建对于电子归档、网络采购、无纸化管理以及一站式在线政府服务是必不可少的。在《e-Japan战略2.0》实施期间，完成用户友好的政府门户网站和一站式服务系统，外包和改进政府采购系统，搭建可利用政府统计数据的环境。

> 与《e-Japan 战略》相比,《e-Japan 战略 2.0》强调由"IT 基础设施开发"向"有效的 IT 利用"的演变,主要包括医疗服务、食品、生活服务、中小企业融资、教育和就业等公共服务的基础设施开发和利用。在《ICT 新战略》实施期间,又对政府门户网站进行大刀阔斧的改革,改善政府服务的获取,引入全国个人身份系统,实行公民行政监督制度,整合和集中政府信息系统,实现通用电子政务等。通过实施一系列"e-Japan 战略",日本加速了宽带网络基础设施的发展,达到了世界上最高的基础设施开发水平,为之后的数字政府长远发展奠定了坚实的基础。

(二)以用户为中心开展行政服务改革

数字政府的本质在于政府"以用户为中心"提供公共服务,日本在数字政府转型过程中始终强调将"以用户为中心"作为首要原则,并促进公私合作、推动公众参与。

> **从"公民驱动的数字社会"到"充分利用数字技术进行以用户为中心的行政服务改革"**
>
> 2009 年,日本政府制定的《i-Japan 战略 2015》即提出,以创建一个公民驱动的数字社会、朝着数字包容和创新迈进为战略目标。公民不再仅仅是电子管理的对象,而被视为数字社会发展的驱动力。特别是在 2012 年《开放政府数据战略》发布后,促进公共和私营部门之间的公众参与和合作成为日本刺激经济并提高政府效率管理的重要手段。直到 2017 年,《数字政府促进战略》提出"充分利用数字技术进行以用户为中心的行政服务改革"为首要方针。2018 年《数字政府实行计划》明确提出"以用户为中心的行政服务改革、平台改革、创造价值的 IT 治理、促进地方政府的数字治理、后续行动和审查"。2019 年《数字政府行动计划》确定"从考虑用户需求开始"为数字政府服务的首要原则。

第三章 数字政府改革及依法治理的全球经验

（三）规范行政程序数字化发展

行政程序数字化是数字政府建设的重要内容，信息和通信技术的发展给行政程序带来了新的发展和挑战。由于日本政府早期对信息和通信技术在行政程序中的使用进行了一系列立法，随着技术的新发展，这些有关电子行政程序的立法内容也相应地得到调整。

日本《数字程序法》

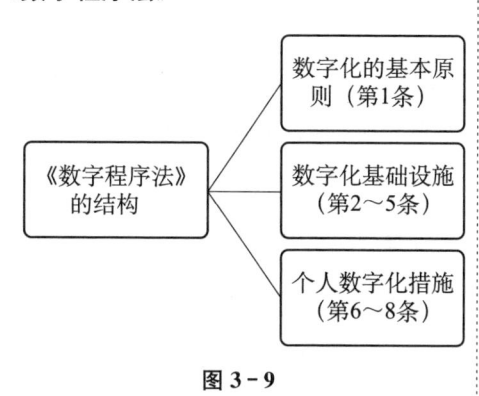

2019年5月，日本政府颁布了《数字程序法》，即"原则上将所有行政程序数字化"的法律。《数字程序法》的正式名称是《在行政程序中使用信息和通信技术以便利当事人参与和简化行政操作的一揽子法律修正法案》，也就是说，《数字程序法》是与促进行政程序数字化相关的法律集合。该法的目的是通过将政府的原则从纸质转变为数字化，为数字社会的发展奠定基础。

《数字程序法》的结构：
- 数字化的基本原则（第1条）
- 数字化基础设施（第2~5条）
- 个人数字化措施（第6~8条）

图 3-9

基于数字化的基本原则，该法对《在线行政程序法》进行了修改，并将其名称改为《促进政府信息和通信技术法》（简称《数字管理促进法》）。

《数字程序法》设定了三项原则：

数字优先	仅有一次	一站式关联
旨在一致地完成行政程序数字化，即在行政程序能够数字化的情况下应当数字化处理	提交给主管部门的信息（文件等）不必再次提交，应尽可能由行政机构之间协调处理	允许通过单个行政程序同时完成多个管理过程，即确保私营部门可以在一个地方完成所有有关的行政程序

在数字化基础设施方面，为建立促进数字化的基础，分别修订《基本居民登记法》《个人身份认证法》《个人号码法》。修订《基本居民登记

> 法》，为外来移民和境外日本公民提供在线居民服务；修订《个人身份认证法》，为了长期、可靠地存储个人身份信息以便进行公证，将居民身份证或户籍凭证的保存期限从当前的 5 年更改为 150 年；修订《个人号码法》，为了扩大和普及 My Number 卡的使用，启用一种无须输入个人识别码的方法。
>
> 在个人数字化措施方面，分别修订《中小企业退休津贴补助法》，修改保险费支付方式以便可以在线支付保险费；修订《母婴健康法》以便政府之间可以传递婴儿健康检查信息；修订《液化石油气法》以使液化石油气公司可以在线向消费者提供信息。①

（四）通过评估促进数字政府发展

从电子政务时期到数字政府时期，日本政府一直通过建立准确和客观的评估标准推动数字化发展。从《e-Japan 战略 2.0》开始，日本政府就对每个领域明确规定了"关键评估要点"，由专家组专门制定评估指标对成果进行测评，例如成本效益、资产利用率和用户满意度测评等。日本政府很重视通过评估的手段来了解数字政府的发展趋势和存在问题，并进一步制定相关政策、法规，积极推动新发展。

---

① Kenny. What is Digital Procedure Law (Digital First Law)?．（2019－09－15）［2020－06－15］．https：//workruleblog.com/.

第四节 韩国——从"IT强国"到"AI强国"

一、韩国数字政府改革的发展

（一）金大中政府时期（1998—2003年）

2001年1月30日，金大中政府成立了电子政务特别委员会（SCEG），以促进政府机构之间的合作，及电子政务政策的制定。作为直接向总统汇报工作的独立机构，该委员会于2001年5月提出了电子政务的愿景和战略，并强调了以下三个主要目标：

创建一个简单易用的"单窗口电子政务"，以向公众提供先进的、以政府为中心和以公民为中心的服务	将政府采购与其他以互联网为基础的市场导向服务整合为单一窗口，服务于个人及商业主体活动	将主要内部流程集成到在线网络中，以便政府可以更有效、透明和民主的方式与公众互动

SCEG宣布了到2002年建立全面运转的电子政务的11项关键战略任务。同年11月，韩国政府召开"关于电子政务基础设施完成情况的报告"会议，宣布成功实施了11个关键任务，并启动了电子政务服务。金大中政府时期的电子政务政策对政府以及公民和私营企业的经营产生了积极影响，消除了多余且效率低下的程序和功能，从而提高了政府的生产力和竞争力。

（二）卢武铉政府时期（2003—2008年）

2003年卢武铉总统就职时成立了政府创新与权力下放总统委员会（PCGID）。该委员会旨在促进全面和系统的政府创新，使韩国政府更加透明、开放、负责并与公众建立联系。PCGID由主要委员会和五个执行委员会组成，其中一个是电子政务委员会。2003年，韩国政府公布了《卢武铉政府电子政务愿景和原则》和《电子政务路线图》。《电子政务路线图》包括四个方面的创新、10项议程、31个项目，旨在实现参与式民主的目标、建立平衡的社会发展；更重要的目标是，政府通过实现服务创新、提高政府的效率和透明度以及促进参与性民主，成为全球最佳开放电子政府。

数字政府：变革与法治

2008 年之前的电子政务发展可以称为"韩国数字政府 1.0 时代"，其特征是单纯地提供信息。

（三）李明博政府时期（2008—2013 年）

2008 年 12 月，韩国制定了《国家信息化基本计划》（2008—2012 年）。2009 年，李明博政府成立了总统未来与愿景委员会，并宣布了五项促进韩国信息技术发展的战略，其中包括信息技术融合、软件开发、稳定的信息技术设备、广播和通信服务以及互联网。政府通过促进信息技术创新和私人商业活动来寻求持续的经济增长。更重要的是，李明博政府将电子政务视为增强政府竞争力的重要手段。2011 年 3 月，《智慧政府实施计划》（2011—2015 年）发布，从基于电脑端的电子政务过渡到基于移动端的电子政务服务。根据该计划，电子政府被定义为"一种结合了最新信息技术和公共服务的高级政府形式，使公民能够不受时间和地点的限制而获得政府服务"和"一种通过公众参与而不断发展的政府"。

这一时期的电子政务发展可以称为"韩国数字政府 2.0 时代"，其特征是限制性地公开和参与。

（四）朴槿惠政府时期（2013—2017 年）

2013 年 6 月，朴槿惠公布了《数字政府 3.0》推进方案，其愿景是为所有韩国人建立充满希望和幸福的新时代。《数字政府 3.0》的两个目标是：一是为各种需求提供个性化服务，二是提供工作机会并激励创新。对于这两个目标，韩国政府提出了三个战略方向：面向服务的政府、透明的政府以及更好（更称职）的行政。其核心价值为：开放，共享，沟通和协作。

"韩国数字政府 3.0 时代"的特征是：主动公开和共享信息，保障国民的主动参与，同时更加注重沟通与合作。①

---

① Chung C. S.，Kim S. B.. A Comparative Study of Digital Government Policies：Focusing on E-Government Acts in Korea and the United States. Electronics，2019，8（11）：1362. [2020-03-01]. https：//www.mdpi.com/2079-9292/8/11/1362/htm.

第三章　数字政府改革及依法治理的全球经验

（五）文在寅政府时期（2017至今）

2018年8月，韩国第四次工业革命委员会在举行的第六次会议上审议通过了《人工智能研发战略》。该战略分为三个方面：确保人才、技术和基础设施。[①] 人才方面，重点在于培养高级人才。为此计划在2022年之前新设六所人工智能研究生院。政府目标是拥有1 370名人工智能高级人才。同时，韩国政府还制定了培养350名高级研究人员的计划。

2019年12月，韩国政府公布《人工智能国家战略》，以推动人工智能产业发展。该战略旨在推动韩国从"IT强国"发展为"AI强国"，计划在2030年将韩国在人工智能领域的竞争力提升至世界前列。韩国《人工智能国家战略》提出构建引领世界的人工智能生态系统、成为人工智能应用领先的国家、实现以人为本的人工智能技术。在人工智能生态系统构建和技术研发领域，韩国政府将争取至2021年全面开放公共数据，到2024年建立光州人工智能园区，到2029年为新一代存算一体人工智能芯片研发投入约1万亿韩元。

二、韩国数字政府建设的法律体系

韩国的数字政府建设在亚洲乃至世界处于领先水平，得益于其积极推动相关法律体系的构建。2001年《为了构建电子政府而促进行政业务电子化的相关法律》是韩国为推进电子政府而制定的专门法律。至今韩国已经制定了160多部信息化相关的法律。与数字政府有关的法律可以划分为以下几类：一是从整体上推进公共部门信息化的法律；二是与电子政府有关的法律；三是为推进信息化而调整行政组织的法律；四是提高行政透明度的法律；五是借助行政信息化来提高行政效率的法律；六是通过行政信息化而推进为公民提供远程公共服务的法律；七是个人信息保护有关的法律。[②]

[①] 韩国制定人工智能研发战略．（2018-08-20）[2020-03-03]．http：//paper.cnii.com.cn/article/rmydb_10228_10116.html.

[②] 电子政务法研究课题组．国外电子政府立法总结与分析报告——"电子政务法研究"课题专题报告之一．电子政务，2009（7）：69-98.

推进公共部门信息化的法律	主要是《信息化促进基本法》
推进电子政府的法律	主要是《电子政府法》，该法对电子政府的实现及运行原则、行政管理的电子化（包括电子文书、电子公章的认证、政府信息的共享等）、为公民提供服务的电子化、纸面文书业务的缩减、电子政府事业的推进等方面作了规定
为推进信息化而调整行政组织的法律	主要是中央有关行政机关及其下属机关机构设置方面的法律
提高行政透明度的法律	主要包括：《行政程序法》《关于处理民众申请的法律》《关于公共机关信息公开的法律》《行政信息共享规程》等
借助信息化来提高行政效率的法律	《电子签名法》《预算会计法》《灾难管理法》《不动产登记法》《专利法》《建筑法》《废弃物管理法》等
推进提供远程公共服务的法律	《关于闭路直播审判的特例法》《关于处理民众申请的法律》《职业教育培训促进法》《教育基本法》《初中等教育法》《高等教育法》《技能大学法》《继续教育法》《居民登记法》《印鉴证明法》《专利法》《实用新型法》《商标法》《外观设计法》《国税基本法》等
个人信息保护的法律	主要是《关于建立信息系统安全与保护个人信息隐私的条例》

图 3-10

三、韩国数字政府改革的经验

（一）强有力的政府保障并强化与产业发展结合

韩国在数字政府建设上取得的成效，得益于政府清晰的发展规划，而更重要的是对发展规划采取的有效实施，包括配有详细的实施方案、管理结构和预期结果。韩国数字政府建设属于"政府主导"模式，韩国对于数字政府能够提高国家核心竞争力有着深刻的认识。尽管韩国总统快速更迭，但历任总统都高度重视数字政府建设，投入了巨大的精力和资金。数字政府建设需要长期持续不断的投入，韩国把数字政府建设和扶持信息通信产业这一经济目标捆绑在一起推进，从而为数字政府的发展提供了重要的支撑。[1]

---

[1] 陈畴镛. 韩国数字政府建设及其启示. 信息化建设，2018（6）：30-34.

第三章 数字政府改革及依法治理的全球经验

（二）以信息共享、数据公开作为数字政府建设的核心

"数字政府 3.0"区别于 2.0 的主要特点是从供给驱动型的透明度（响应性地公开信息）向需求驱动型的透明度（主动分享）转变，通过数据开放和信息共享，驱动以数据为导向的决策方法，为民众提供个性化服务。一是主动向公众发布大量行政管理数据与公共服务信息，方便公众获取政府数据。二是通过信息公开促进透明政府建设，主动公开大量不涉及公共安全与个人隐私的政府管理数据，为公众监督政府运作提供便捷的数据支撑，公众能够广泛参与政策制定。三是提供针对性、定制化的公共信息，方便公众生活，提高公共服务的多样化与精细化水平。四是鼓励公开信息数据的商用，大力鼓励企业运用政府公开的数据来创造就业岗位，以降低韩国的失业率。

（三）构建涉及面广的系统平台、强化跨政府部门互动

韩国的数字政府建设强调跨政府部门互动，为民众提供无缝在线服务，并配备了后台基础设施。

韩国 GEA 跨政府整体架构与在线电子采购系统

韩国通过构建政府总体架构（Government Enterprise Architecture, GEA），把面向民众、企业和政府机构的跨政府服务整合到一个平台上，有效提升了政府公共服务的精细化水平。GEA 的特点是标准化的电子目录系统，它的电子授权和电子签名系统解决了供应商身份确认和信息审核的问题。GEA 将商业流程从 75 步简化为 15 步，将处理时间从 4 周缩短到 1 周。如韩国在线电子采购系统（KONEPS）是一个一体化的电子采购门户，集合了 120 个政府采购系统，通过多部门的协同，为用户提供从采购管理、注册、竞标、签署合同到付款的一站式采购流程。所有关于公共采购通知的信息，包括投标、合同以及采购流程的实时跟踪等，都发布在该门户上。通过将投标过程从三十多个小时减少到不到两小时，既提高了效率，也增加了公共招标的透明度。

第五节 欧盟——大数据、人工智能"塑造欧洲数字未来"

一、欧盟数字政府改革的发展

作为一个一体化程度越来越高的区域性国际组织，欧盟自成立之初就非常重视电子政务的建设。按照《欧盟宪法条约》确立的"一体化"宗旨，欧盟比较注重发挥其领导、协调作用，通过颁布相关政策、法规，召开各类专门会议及推广成功经验等多种措施，引导和督促成员国推进电子政务建设。根据2020年联合国电子政务调查报告，从电子政务调查开始以来，欧洲的电子政务发展一直位居全球榜首，且步调最为一致。其EGDI[①]均值最高，基础设施最发达。在接受调查的43个欧洲国家中，有33个国家属于非常高EGDI组，其中8个国家（丹麦、爱沙尼亚、芬兰、瑞典、英国、荷兰、冰岛和挪威）属于最高（VH）子组，处于全球领先地位。

（一）电子政府发展时期（20世纪90年代初—2009年）

20世纪90年代初，欧盟的电子政府建设主要是提供在线服务以及在公共行政部门内建立政府网站和IT系统。1999年12月，欧盟提出"电子欧洲"概念，并发布了建设欧洲信息社会的战略——《电子欧洲：为所有人建造的信息社会》。该战略从十个方面对全面建设欧洲信息社会进行了规划，其中在电子政府方面，明确了互联网对于政务信息公开的重要意义，并提出了到2000年欧盟各成员国应达到的建设目标。为落实"电子欧洲"战略总体目标，欧盟于2000年和2002年先后出台了《电子欧洲2002行动计划》和《电子欧洲2005行动计划》，分别对欧盟电子政府建设设定了阶段性目标。《电子欧洲2005行动计划》确定的电子政府目标是：到2003年年底，实现政府部门间的双向互动；2004年年底之前，实现公共服务的双向互动，

[①] 源自联合国电子政务调查报告，全称为E-Government Development Index，即电子政务发展指数。

第三章 数字政府改革及依法治理的全球经验

并实现政府采购的在线化。[①]

2005年6月,欧盟出台了新的信息化战略规划"i2010"计划。根据该计划的安排,欧盟于2006年4月推出了新的电子政府计划《i2010电子政府行动计划》。这是欧盟出台的第一个电子政府行动计划,该计划的实施促使所有成员国政府交流了良好做法,并促成了一些大规模试点项目,为推出跨境电子政府服务制定了具体解决办法。

> **"i2010"计划的实施成果**
>
> 截至2009年,"i2010"计划的实施取得了许多明显的成果:普通互联网用户数量占比已从2005年的43%增加到2008年的56%。互联网的常规使用也变得越来越具有包容性,处于不利地位的群体(不活跃、受教育程度较低和55~64岁的人群)的用户数量增长最快;欧洲已拥有1.14亿用户,成为宽带互联网的世界领导者。欧洲所有家庭中的一半和80%以上的欧洲企业都有固定的宽带连接,其中四分之三的平均下载速度高于2Mbps。欧盟25国人口中有93%的人可以使用宽带互联网,80%的常规互联网用户会参与越来越多的互动活动,例如使用在线金融服务、共享和创建新内容以及参与创新流程。手机市场的渗透率增至119%,这使欧洲成为移动渗透率的全球领先者,而2009年美国和日本的手机普及率约为80%。三分之一的欧洲公民和欧盟近70%的企业使用电子政务服务。欧盟资助的ICT研究在微型和纳米电子、医疗保健和欧盟道路安全议程等欧洲主要工业发展中发挥了关键作用。

(二)数字政府转型时期(2009年至今)

2009年,欧盟成员国、候选国和欧洲自由贸易区国家负责电子政府政策的部长们在瑞典马尔默达成《关于电子政府的部长级宣言》(也称《马尔默宣言》)。为实现《马尔默宣言》,欧盟委员会又提出了第二个电子政府行动

[①] 林涛."全民获益":欧盟电子政务建设思路一瞥.信息化建设,2007(4):39-42.

数字政府：变革与法治

计划——《欧洲电子政府行动计划（2011—2015）》。该行动计划旨在最大限度地发挥国家和欧洲政策工具的互补性，利用电子政务提高效率和效益，不断改善公共服务，以满足用户的不同需求，最大限度地发挥公共价值，从而支持欧洲向主要的知识型经济过渡。这意味着，欧盟的电子政府建设逐渐向数字政府建设转型。尽管在战略和政策制定上，欧盟仍采用"eGovernment"这一称呼，但在内容上已经越来越多地涉及"digital public service"。

> 《马尔默宣言》明确提出，根据用户需要设计并与第三方合作开发电子政务服务，增加获得公共信息的机会、加强透明度和利益攸关方参与政策进程的有效手段、增强公民和企业的权能等目标；特别是要推动欧盟增强关于隐私和数据保护及行政程序的立法。

图 3 - 11

此后，欧洲开始了公共管理的现代化改造，包括改善发展跨境电子政务服务的条件，如互操作性、电子签名和电子身份认证；并补充了电子身份识别、电子采购、电子司法、电子卫生和社会保障等领域的现有法规，同时为欧洲公民、企业和政府带来切实利益。欧洲数字单一市场战略（DSM）将电子政务确定为最大化数字经济增长潜力并实现包容性数字欧洲的关键要素之一。

> 我们时代的工业革命是数字化的。……正如公司旨在在单一市场上扩大规模，公共电子服务也应满足当今的需求：数字化、开放式和跨境设计。欧盟正适合这样的数字时代。
> ——安德鲁斯·安西普（Andrus Ansip）
> 前欧盟委员会数字单一市场副主席

图 3 - 12

正是意识到了这一机遇，2016 年 4 月，《欧洲电子政府行动计划（2016—2020）》提出了一个雄心勃勃的愿景：使欧洲联盟的公共行政和公

第三章 数字政府改革及依法治理的全球经验

共机构开放、高效和包容，为欧盟所有公民和企业提供无边界、个性化、用户友好、端到端的数字公共服务。该行动计划有以下三个支柱：

| 使用关键的数字化推动力，借助ICT使公共行政管理现代化 | 利用数字公共服务实现跨境移动 | 促进主管部门与公民/企业之间的数字互动 |

值得注意的是，《欧洲电子政府行动计划（2016—2020）》还引入了"默认数字化"、"以用户为中心"（尤其是"公民参与"）和"仅一次"等原则，并通过资助一些项目促进对这些原则的研究，以解决充分利用数字技术的障碍。

2017年10月，欧盟成员国和欧洲自由贸易区（EFTA）国家签署《塔林电子政府宣言》（又称《塔林宣言》）。这标志着欧盟在重大优先事项上的新政治承诺，以确保为公民提供高质量、以用户为中心的数字公共服务，以及为企业提供无缝跨境公共服务。欧盟成员国重申其在有关公共电子服务、实施 eIDAS 条例[①]和"仅一次"原则方面的承诺，以提供有效和安全的数字公共服务，使公民和企业的生活更加轻松。欧盟成员国在《塔林宣言》中达成共识，将共同致力于在以用户为中心的原则（例如数字交互、减轻行政负担、数字化提供公共服务、公民参与、补救和投诉机制）的指导下设计和提供公共服务。[②]

2020年2月19日，欧盟委员会发布了最新的数字战略——《塑造欧洲的数字未来》，一并公布了《人工智能白皮书》和《欧洲数据战略》，进行公众意见征集。

---

① 全称是 Electronic IDentification and Authentication Services，即欧盟于2014年颁布的 910/2014 条例，于2018年9月29日正式生效，取代了欧洲电子签名规范的前一个版本 eSignatures Directive 1999/93/EC。

② Ministerial Declaration on eGovernment-the Tallinn Declaration. (2017-10-06) [2020-05-02]. https://ec.europa.eu/digital-single-market/en/news/ministerial-declaration-egovernment-tallinn-declaration.

塑造欧洲的数字未来

根据《塑造欧洲的数字未来》,未来5年在数字化转型方面欧盟委员会将聚焦于以下三个目标:

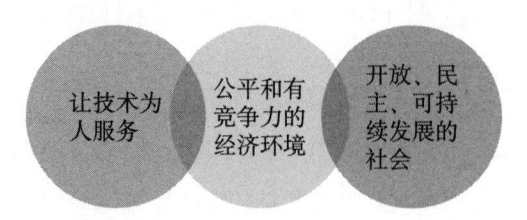

- 让技术为人服务
- 公平和有竞争力的经济环境
- 开放、民主、可持续发展的社会

欧盟将致力于成为数字经济的全球典范,支持发展中经济体走向数字化,制定数字标准并在国际上推广。

《欧洲数据战略》的目标是确保欧盟成为"数据赋能"社会的榜样和领导者。为实现该目标,欧盟计划建立统一的数据市场,解锁尚未得到利用的数据,使数据能够在欧盟内部流动,实现产业、学术、政府等部门共享。

《人工智能白皮书》构想了一个卓越的可信赖的人工智能体系框架,其目标是通过公私部门合作调动整个产业链资源,建立正确的激励机制,以加快人工智能部署。由于人工智能系统非常复杂,某些情况下可能存在重大风险,因此建立信任至关重要,在一些高风险领域需要清晰的规则。欧盟将继续实施严格的消费者保护规定,以应对不公平商业行为并保护个人数据和隐私。接下来,欧盟委员会还将公布《数字服务法》并修订其他有关条例,以进一步规范数据监管。[①]

2020年适逢第三个电子政府行动计划收官之年,毋庸置疑,新的数字政府行动计划将以《塑造欧洲的数字未来》的战略为指导,着力于对大数据和人工智能技术的深化应用。

---

① 李骥志. 欧盟公布数字化转型规划.(2020-02-20)[2020-05-03]. 新华网,http://www.xinhuanet.com/world/2020-02/20/c_1125603882.htm.

二、欧盟数字政府建设的法律体系

正如《塑造欧洲的数字未来》中提出的那样，欧盟致力于制定数字标准并在国际上进行推广。在数字政府建设过程中，欧盟始终重视通过推行统一的法律框架来规范、引导欧洲成员国乃至其他国家的数字公共服务发展。以下是影响欧盟数字政府发展的一些主要立法情况。[①]

（一）数据保护（隐私）

欧洲数据保护监管机构（EDPS）是欧盟的独立数据保护机构，由一名主管领导，并由经验丰富的律师、IT专家和管理员组成的办公室（秘书处）提供支持。其总体任务是：在欧盟机构处理个人信息时，监管并确保对个人数据和隐私的保护；根据申请或主动向欧盟机构提供与处理个人数据有关的建议。EDPS向欧盟委员会提供立法咨询、国际协议以及对数据保护和隐私有影响的实施和授权法案的建议；监管可能会影响个人信息保护的新技术；在欧盟法院之前进行干预，就解释数据保护法提供专家意见；与国家监管机构及其他监管机构合作，以提高保护个人信息的一致性。[②]

1.《一般数据保护条例》

2016年4月27日，欧洲议会和欧洲理事会通过《一般数据保护条例》(GDPR)。该条例于2018年5月25日生效并适用于欧盟所有成员国。

GDPR旨在通过更新数据保护规则，保护所有欧洲公民在一个日益数据驱动的世界中不受隐私和数据泄露的危害。其在数据保护方面引入了若干重大变化：（1）每家私营公司都需要委派数据保护官员。（2）违反条例的公司将面临高达1 000万欧元或占公司全球年营业额的2%的罚款。（3）引入"隐私设计"原则。（4）数据控制者必须：1）维护某些文件；2）针对高风险处理活动进行数据保护影响评估；3）通过设计和默认实施数据保护，例

---

① European Commission. eGovernment in the European Union 2018. [2020-05-03]. http://joinup.ec.europa.eu/sites/default/files/inline-files/eGovernment_in_EU_June_2018_0.pdf.

② European Data Protection Supervisor：About. [2020-05-05]. https://edps.europa.eu/about-edps_en.

如数据最小化。此外，根据 GDPR，数据主体必须同意收集和使用他们的数据并享有被遗忘权。

2.《联盟各机构处理和流通个人数据的权利保护条例》

2018 年 11 月 21 日，欧盟发布了《联盟各机构处理和流通个人数据的权利保护条例》。该条例自 2018 年 12 月 11 日起生效。该条例旨在：规范有关欧盟各类机关、机构应如何处理他们持有的个人数据的规则；维护个人的基本权利和自由，特别是保护个人数据的权利和隐私权；使欧盟机构、机关、办公室和代理机构的规则与通用数据保护法规（GDPR）相一致。

（二）商业登记册的互联

2012 年 6 月 13 日，欧洲议会和欧洲理事会修订关于中央、商业和公司登记册相互联系的理事会第 89/666/EEC 号指令以及第 2005/56/EC 号指令和第 2009/101/EC 号指令。关于商业登记册互联的第 2012/17/EU 号指令已于 2012 年 7 月 7 日生效。欧盟成员国有两年时间调整本国法律，以便在该指令中引入一套规定，其中包括商业登记册方面的新义务，即通常在收到有限责任公司提交的文件后 21 天内提供。确保关于公司的信息总是最新的是这个指令的主要目标之一。商业登记册还必须提供关于本国法律规则的信息，根据这些规则，第三方可以依赖某些公司文件。这些信息也可以在 eJustice 门户网站上找到。

（三）电子通信规制架构（2009 年）

欧盟的电子通信管理框架包括一系列适用于欧盟所有成员国的规则。这些规则最近一次更新是在 2009 年。考虑到这一领域的发展，这些规则已于 2011 年 5 月 25 日被纳入国家立法。目前正在通过 2016 年 9 月启动的"联通一揽子方案"审查现行电信规则。欧盟委员会提出了一项关于《欧洲电子通信守则》的新指令，旨在使其对所有公司更具吸引力，以投资于新的高质量基础设施。

（四）电子识别和信托服务

2014 年 7 月 23 日，欧洲议会和欧洲理事会通过关于内部市场电子交易的电子身份识别和信托服务的第 910/2014 号条例（eIDAS）。该条例自 2016 年 7 月 1 日起，直接适用于欧盟所有成员国。eIDAS 是建立数字单一市场，以及促进政府、企业和消费者在网上的信任、安全和便利的重要一步。其为电子身份认证提供了法律框架，为电子身份认证和电子信托服务（如电子签名、印章、时间戳、递送服务和网站认证）提供了跨越国界的法律认证。eIDAS 规定，确保个人和企业可以使用自己的国家电子身份识别体系（eIDs），以便在其他有 eIDAS 的欧盟国家获得公共服务；为信托服务创建一个欧洲内部市场，确保这些服务能够跨国界运作，并具有与传统纸面程序相同的法律地位。

欧盟是世界上第一个，也是唯一一个拥有全面、可行和平衡的跨境使用 eIDAS 法律框架的地区。

欧盟在 eIDAS 领域处于领先地位，拥有世界级的硬件（如智能卡）、软件和服务（如电子签名、eID、eDelivery）供应商，以及处于电子政务前沿的行政部门。

推出 eIDAS 意味着，为任何在线活动提供更高的安全性和更大的便利，比如提交税务申报单、进入外国大学、获取健康数据、远程开设银行账户、在另一个会员国开设业务、认证互联网支付，等等。

（五）电子公共采购

2014 年 2 月 26 日，欧洲议会和欧洲理事会通过关于公共采购的第 2014/24/EU 号指令。该指令于 2014 年 4 月 26 日生效，规定了公共采购（包括电子采购）的法律架构。它规定了在合同价值超过规定的门槛值时，在将合同授予供应商（即工程、供应品或服务的提供者）之前必须遵循的一定程序，除非它符合特定的排除条件，例如基于国家安全的理由。该指令引入了投标者电子自行申报制度，为公共采购数字化铺平了道路，大大提高了公共采购系统的效率。

（六）公共信息再利用

2013 年 6 月 26 日，欧洲议会和欧洲理事会通过关于公共信息再利用的第 2013/37/EU 号指令，以修订第 2003/98/EC 号指令。该指令规定了重新使用公共信息的条件框架，旨在确保内部市场上商业机构的平等待遇；授权此类再利用的公共部门或组织继续拥有版权和相关权利，但它们必须以有利于再利用的方式行使它们的版权。第 2003/98/EC 号指令为欧盟成员国规定了明确的义务，使所有文件可以重复使用，除非关于查阅文件的国家规则限制或禁止查阅文件，并且该指令规定的其他例外情况除外。该指令不寻求界定或改变成员国的准入制度，这仍然是它们的责任。第 2013/37/EU 号指令将第 2003/98/EC 号指令的适用范围扩大到图书馆，包括大学图书馆、博物馆和档案馆。

第三章　数字政府改革及依法治理的全球经验

第六节　全球经验与发展趋势总结——可持续发展的数字政府转型

我们正处于数字革命的关键时刻[①]，这场变革正深刻影响着社会生活的方方面面，也催生了新的政府治理样态——数字政府。在全球一体化发展的趋势下，各国纷纷紧跟技术变革的浪潮，推动从理念到体制的政府数字化转型。事实上，数字政府并非新鲜事物，而是随着信息技术的发展经历了长期的过程。通过对多个数字政府建设处于世界领先水平的国家进行历史回顾，会发现"数字政府"通常都由20世纪末发端的"电子政府"转型而来。"数字政府"这一概念主要出现于2010年之后，如美国2012年《数字政府：构建一个21世纪平台以更好地服务美国人民》、英国2012年《政府数字化战略》、韩国2013年《数字政府3.0》、日本2017年《数字政府促进战略》等。

从全球范围来看，以美、英、欧盟等为代表的西方国家（地区）的数字政府发展较早，它们通过先进、科学的发展理念和方法，取得了良好的政府数字化转型成效，能够为我们提供一些经验与启示。

一、做好数字政府建设的顶层设计

纵观各国，其在数字政府的发展过程中都非常重视通过战略规划做好顶层设计。要将数字政府作为互联网大数据环境下政府组织和运作模式的新形态新范式，需要做好顶层设计，以数字化转型倒逼政府部门进行业务重组、流程再造；制定数字政府的推进战略并提出相关政策，探索与"数字政府"相适应的政务信息化建设管理新体制；需要在各领域、各层级、各部门形成完善的政务信息系统，这些政务信息系统不仅能够帮助工作人员提高管理和服务效率，而且能够为持续完善顶层设计提供有效的数据支

---

① 联合国经济和社会事务部.2018联合国电子政务调查报告（中文版）.北京：中央党校（国家行政学院）电子政务研究中心，2018.

撑，帮助找到复杂问题解决的步骤和次序。①

二、建设"以用户为中心"的服务型数字政府

"以用户为中心"是互联网思维的显著特征，也是数字政府的基本理念。无论是各国的数字政府行动计划，还是联合国对数字政府的发展评估，都体现了"以用户为中心"的基本理念。数字政府战略的实施符合全球化背景以及市场经济环境下对政府公共服务"由重视工作效率向重视服务质量和顾客满意度转变，由自上而下的控制向争取成员的认同和争取对组织使命与工作绩效的认同转变"。中国共产党十九大报告强调要建设人民满意的服务型政府。积极为公众提升服务是政府的一种基本理念和价值追求，建设数字政府，核心是要推进以人民为中心的公共服务建设，在提高管理效率的同时改善服务体验，促进公众与政府的良性互动，深化以人民群众获得感和满意度为导向的"最多跑一次"改革，大力推进"互联网+政务服务"。

三、构建数字政府建设的政策、法规体系

政策文件与法律法规是政府推行改革或执行决策的重要依托。在数字政府建设过程中，以循序渐进的战略规划为引领，制定了与之相关的法律法规以保障数字政府建设的顺利推进。相较之下，我国的政策、法规制定稍显缓慢，未来应从短期和长期两方面着力推进政策、法规建设。从短期来看，要以渐进式的战略推进数字政府建设进程，综合考虑人力、物力、财力、技术成本等问题，因地制宜地制定数字政府建设的战略规划，出台相应的指导性政策文件。从长期来看，要加快数字政府建设的法制化进程，注重强调对公民个人隐私和信息安全保护的直接性，广泛参考各职能部门的规章制度或行政法规，将其逐步提升到法律层面。② 根据不同时期出现的新情况和新问题，及时对相关法律法规进行修正和完善；顺应全球经济一

---

① 深入推进数字政府建设的四个"有利于".（2019-12-06）[2020-05-06].新华网，http：//www.xinhuanet.com/politics/2019-12/16/c_1125351976.htm.
② 胡税根，杨竞楠.新加坡数字政府建设的实践与经验借鉴.治理研究，2019（6）：53-59.

体化的发展趋势下,还要注意结合国际规则的发展,以实现与国际接轨。

四、建立专门的数字政府管理机制

政府的首席信息官是世界数字政府排名中的一个重要指标。美国在白宫管理与预算办公室和每个联邦机构都设立首席信息官的职位,以及时向政府首脑和其他高层管理人员提供政府信息化发展建议与协作、指导,监督所在部门信息技术等其他事务的实施,确保部门信息化工作顺利开展,维护一个和谐、稳定的整体化信息架构,对信息资源进行有效管理,提升本部门的信息资源管理运作效率,规范有效的工作流程。同样,新加坡也设立了首席信息管理制度,英国政府在内阁办公室专设数字服务小组。

就我国而言,一是要从中央层面推动建立数字政府建设工作领导小组,统筹协调与数字政府相关的各部门和领域,将绩效、业务、服务、数据、技术等诸多参考模型囊括其中,加强对数字政府建设的总体规划,充分吸纳地方政府的建议,统筹各部委之间、中央与地方之间的需求。二是要充分利用互联网信息技术,推动现有办公模式高效灵活发展,促进各区域、各层级政府的信息互通和资源共享。[1] 加强政府工作人员的责任意识,通过信息技术的宣传、培训提升相关工作人员的数字技能和数字思维,同时,探索建立数字服务管理人员的沟通交流机制,推动数字政府建设朝着更加专业化的方向发展。

五、数字政府的全球及区域发展趋势

自 2001 年起,联合国经济和社会事务部组织对会员国的电子政务发展情况进行调查评估并发布《联合国电子政务调查报告》,至今已发布 11 版(见表 3-2)。该调查是各国相互学习借鉴、了解本国电子政务优势和挑战的工具,并能指导其制定电子政务政策和策略。

---

[1] 刘淑春. 数字政府战略意蕴、技术构架与路径设计——基于浙江改革的实践与探索. 中国行政管理,2018(9):37-45.

表 3-2 联合国历年电子政务调查报告主题

年份	报告主题
2020	数字政府助力可持续发展十年行动
2018	发展电子政务，支持向可持续和弹性社会转型
2016	电子政务促进可持续发展
2014	电子政务成就我们希望的未来
2012	面向公众的电子政务
2010	在金融和经济危机时期扩充电子政务
2008	从电子政务到整体治理
2005	从电子政务到电子包容
2004	迈向机遇
2003	世界公共部门报告：处于十字路口的电子政务
2001	电子政务标杆管理：全球视角

2020年7月10日，联合国经济和社会事务部发布《2020联合国电子政务调查报告》，主题为"数字政府助力可持续发展十年行动"。这是自2001年开展电子政务调查评估以来首次以数字政府为主题的报告。除了以往的全球及区域排名调查，2020年调查报告围绕"城市和人类住区中的本地电子政务发展""电子参与""以数据为中心的电子政务""政府数字化转型能力""新冠病毒流行期间的电子政务"五个主题进行全球比较分析。

2020年调查报告显示，欧洲电子政务发展仍然处于领先地位，其次是亚洲、美洲、大洋洲和非洲。在电子政务发展方面表现最好的国家（评级最高的国家）包括丹麦、韩国、爱沙尼亚、芬兰、澳大利亚、瑞典、英国、新西兰、美国、荷兰、新加坡、冰岛、挪威和日本（见表3-3）。

表 3-3 2020年电子政务发展中处于领先地位的国家

排名	国家	区域
1	丹麦	欧洲
2	韩国	亚洲
3	爱沙尼亚	欧洲
4	芬兰	欧洲
5	澳大利亚	大洋洲
6	瑞典	欧洲
7	英国	欧洲
8	新西兰	大洋洲

第三章　数字政府改革及依法治理的全球经验

续表

排名	国家	区域
9	美国	美洲
10	荷兰	欧洲
11	新加坡	亚洲
12	冰岛	欧洲
13	挪威	欧洲
14	日本	亚洲

根据2020年调查报告，更多国家和城市正在推行数字政府战略，其中一些战略与早期指导电子政务发展的战略截然不同。各国政府在追求数字政府转型过程中采取的一些新方法包括：将电子政务作为一个平台来传送信息，整合在线和离线多渠道来提供服务；快速地发展数字服务（整个政府和整个社会都参与了进来），扩大电子参与以及伙伴关系；采用以数据为中心的方法，加强提供以人为本的数字服务能力；创新使用人工智能和区块链等新技术，特别是使之在发展智慧城市方面得到应用。数字政府服务正发挥着社会平衡器的作用，电子政务将服务和参与机会直接带给偏远或贫困社区的人们，并在加强数字扫盲、数字包容、数字连通性和数字身份等方面发挥着作用。虽然世界各国都急于推进电子政务，但许多国家仍然面临着与多种背景因素有关的挑战，如资源限制、缺乏数字基础设施与能力、实力不足等，一些国家在数字包容、数据隐私和网络安全等问题上面临着更加具体的挑战。[①]

2020年调查报告显示：全球数字政府服务都有所提高。政府在线服务的覆盖面正在扩大，促使各国政府更有效率、更公开、更透明和更具包容性。提供至少一种在线服务的国家从2018年的140个增加到了2020年的162个，全球平均水平为可提供14种在线服务。最常见的在线服务包括企业注册，申请营业执照、出生证明、死亡证明或结婚证，以及缴纳公共事业费用。国家门户网站的功能正在增加，几乎所有国家都有国家门户网站

---

① 联合国经济和社会事务部. 2020联合国电子政务调查报告（中文版）. 北京：中央党校（国家行政学院）电子政务研究中心，2020.

和后台系统，并能够定期更新和提供一些基本功能；90%的联合国成员国拥有先进的电子政务门户网站，具有一站式服务、社交网络平台和反馈选项的互动设计。政府正在与公众分享更多信息，在专门网站上找到具体部门的信息、政策和方案的情况越来越普遍。政府通过移动应用提供服务的趋势愈发明显。

在政府数字化转型方面，2020年调查报告指出：政府数字化转型并不仅仅是就技术而言的，更重要的是将其作为国家整体发展规划和战略的一部分，进行公共治理的转型和创新，培养政府数字化转型的能力。要从整体方法出发，以价值为驱动，在政府和社会各个层面实现制度化。这将使政府公务员的思维模式和公共机构的合作方式产生根本的转变。政府数字化转型的整体方法的核心在于，将制度、组织、人员、技术、数据和资源整合，以支持在公共部门内部和外部继续进行转变，从而产生公共价值。为实现可持续发展的政府数字化转型应当基于生态系统方法，利用系统思维和整体方法，在提供服务的过程中厘清可持续发展目标的内在联系。基于此，2020年调查报告提出了九个关键支柱是政府数字化转型中的焦点（见表3-4）。

表3-4 政府数字化转型和数字能力提升指南的九个关键支柱

1	愿景、领导和思维：强调变革型领导，构建数字化能力，个人和制度层面的思维转换
2	制度和管理框架：构建一个全面的法律和管理框架，促进综合的制度生态系统发展
3	组织构建和文化：调整组织构建和文化
4	系统思维和整合程度：在政策制定以及服务提供中使用系统思维和综合解决方法
5	数据治理：确保数据战略性、专业化的管理，可获取数据和使用的有限顺序，以及促进数据为导向的政策制定
6	ICT设施、支付能力以及技术获取途径：提供高速宽带网络，以及安全的获取新技术的途径
7	资源：通过公私合作，调动资源，使优先顺序、计划和预算相一致
8	能力开发者的能力：增强公共管理学院和其他能力培养机构与组织的能力
9	社会能力：提升整个社会的能力，缩小数字鸿沟，确保没有人掉队

数据治理是由政策、机构、人员、流程和关键技术之间的动态关系所

第三章 数字政府改革及依法治理的全球经验

驱动的。有效的国家电子政务数据治理框架应以四大支柱为基础：政策和法规、国家数据战略和领导力、数据生态系统和数据技术投资。有了适当的数据治理，根据现有数据作出的决定就不会因为数据质量低下、数据伪造、数据过时、数据安全或隐私威胁而使政府或公众面临风险。各国政府必须采用一种全局的整体政府方法，在国家数据战略和数据生态系统的支持下制定一个总体的数据治理框架。

自2020年年初以来，全球COVID-19新型冠状病毒的爆发给数字政府的发展带来一场抗压测试。当面对面的互动变得不可能或不受欢迎时，数字政府解决方案就变得至关重要。拥有强大的多功能电子政务系统的国家能够向公众、地方当局和医疗工作者提供明确的最新信息，同时还能与平台提供者等其他利益相关方合作，减少错误信息的传播，解决网络安全和数据隐私问题。新型冠状病毒爆发为电子政务以新的重要方式服务于公众创造了机会，然而，它也加剧了数字鸿沟，因为社会中许多最贫穷和最脆弱的人无法获得数字政府服务及其支持。

根据2020年调查报告，中国的排名由2018年的第65位升至第45位，首次进入非常高EGDI组。然而，在肯定我国近两年的数字政府发展成果的同时，也要看到，同处亚洲地区的韩国（2018年第3位，2020年第2位）、新加坡（2018年第7位，2020年第11位）和日本（2018年第10位，2020年第14位）表现突出，稳居电子政府领先国家之列。无论是从亚洲区域比较还是全球比较来看，我国在数字政府建设上仍与领先国家存在相当大的差距。因此，对全球数字政府发展重点与趋势的关注和学习，可以为我国数字政府的建设提供进一步指导。

第二编 数字政府对传统政府的变革

数字政府改革对传统的行政形态产生了深远的冲击，政府理念由管理转向服务；整体政府理念指导下政府组织形式发生深刻变革；数字政府时代的行政程序具有电子化、网络化、非现场化、自动化与智能化的特点，给正当程序原则带来了新的发展；政企合作也成为数字政府建设的重要支撑。本书第二编（第四章至第七章）将从理念、组织、程序、政企关系这四个角度对数字政府时代下传统政府的变革进行探讨。

第四章

数字时代的政府理念变革

中国共产党十八大以来,以习近平同志为核心的中共中央高度重视网络安全和信息化工作,加强顶层设计、总体布局,作出建设网络强国、建设数字中国的战略部署。2015年12月16日,习近平总书记在第二届世界互联网大会开幕式上首次正式提出要"推进'数字中国'建设",开启了数字中国建设的新征程。

数字中国是新时代国家信息化发展的新战略,其内涵宏大而丰富,涵盖经济、政治、文化、社会、生态等各领域信息化建设,是包括数字经济、数字政府、数字社会、数字文化、数字生态等等方面的有机体系。其中,数字政府是数字中国的重要组成部分,是数字中国有机组成部分的核心结合部。无论是数字中国还是数字政府,其"不仅仅是以科学技术为代表的生产力的发展,也不仅仅是以数字化为手段的治理技术,更深层次的是以数字化驱动国家治理体系和治理能力现代化的新理念"[1]。这种以自动化、智能化和数字化为驱动的政府治理理念,对于传统的政府管理理念而言可能极具颠覆性。数字时代的政府不得不转变理念和思路,从关注政府自身转向关注市场和社会的真正需求,并据此进行自我调整和变革,以满足市场和社会的需要。当然,这种调整和变革之路难免遍地荆棘,数字时代下的政府治理更是充满挑战。

---

[1] 王晶."数字中国"助推国家治理现代化.学习时报,2019-11-22(3).

数字政府：变革与法治

第一节 数字时代新挑战呼唤政府理念变革

人类社会经历了农业革命、工业革命，正在经历信息革命。当前，以信息技术为代表的新一轮科技革命方兴未艾，以互联网、大数据、云计算和人工智能等为代表的新技术日益成为创新驱动发展的先导力量，新一代信息化浪潮在深刻地改变着我们的生活方式以及思维方式的同时，也为政府治理带来了前所未有的挑战。

一、公众需求多元化

数字时代下，公众期待政务服务能与数字化商务服务一样触手可及。进入数字时代以来，我国商业领域的信息基础设施建设和数字化转型进入一个新的阶段，移动互联网、大数据、云计算等信息技术在商业实践中的广泛应用催生出各种新业务、新模式，形成了新的消费模式，大众越来越习惯于接受网络社交、网络购物、在线教育、在线办公等数字化商业服务，对高效、便捷的数字化商业服务乐此不疲，甚至对这种"足不出户，便知天下事、便买天下物、便吃天下美食"产生了依赖，形成了相对稳定的用户习惯，促进了消费互联网的升级。相比之下，传统的"社会供给服务的供给总量不足、供需错位、供给质量效率低下，服务分配不均，都为深化供给侧结构性改革带来了深层的障碍"[1]。自20世纪80年代开始，我国开始探索电子政务建设，迄今为止已经走过了整整40年。历经摸索、起跑、调整和加速，我国政务信息化转型基本实现，但距离运行良好的数字政府还有一段距离，尤其是线上服务能力有待提升。据研究报告指出，全国大多数地级行政区均已开通移动政务客户端，移动政务客户端数量众多，但真正发挥作用的仍属少数，"僵尸"类客户端大量存在，无法满足用户使用

---

[1] 吴克昌，闫心瑶.数字治理驱动与公共服务供给模式变革——基于广东省的实践.电子政务，2020（1）：76-83.

第四章　数字时代的政府理念变革

需求。① 某些政府网站的部分公众关切的栏目形同虚设，存在信息发布不积极、公众回应不及时、网上政务响应速度慢、质量良莠不齐、体验感差、公众参与渠道不通畅等问题。② 数字化的商业服务与政务公共服务的落差使公众对政务公共服务的供给模式提出了新要求。

除了公众的日常习惯发生翻天覆地的变化，数字时代公众的舆论表达、利益诉求、价值观念等方面都开始呈现出新特性，并促使公众权利发生混合式、跨越式进阶变化，政府也将面临如何通过改善治理来回应公众权利诉求的变化的新挑战。在互联网环境下，每台计算机成为连接上的一个节点，每个节点就是一个中心。这种分布式网状结构打破了集中的线型结构，形成了"多点对多点"的信息连接，并因此实现了信息在不同节点间的灵活传递。"去中心化"现象改变了信息生产与传播的模式，信息生产者与消费者之间的界限被打破，信息不再由少数的信息中心生产和发布。公众从信息的被动接收者变为"产消者"，互联网打破了政府对社会治理信息的垄断，社会治理知识进入弥散过程。

信息权力的转移和扩散产生了具有时代特色的"新公众权利需求层次"③：第一阶层，公众作为信息的接收者，需要的权利是回应、数量和质量；第二阶层，公众作为积极参与者，需要的权利是参与、平等和分享；第三阶层，公众作为主体，需要的权利是掌控、自主和意义。信息权力转移不仅带来公开化和参与的需求，也正在衍生出满足这种需求的技术和手段，使打破政府信息垄断和扩张公众参与成为可能。在互联网出现之前，人与人之间的组织化受制于物理场所，其意见表达和社群形成也都依赖于面对面的方式，公众意见需要聚合较长的时间才能达成一定的规模；公共议程建构，必须通过层层的垂直的高门槛的科层体系，且经常受到体制性

---

① 雷鸿竹，张海霞，简青. 政务新媒体专题分析报告//汤志伟，李金兆，等. 中国地方政府互联网服务能力发展报告（2019）. 北京：社会科学文献出版社，2019：65-78.
② 李勤余. 不发挥作用的政府网站就该"瘦身". (2018-08-10)[2020-04-09]. http://www.gov.cn/zhengce/2018-08/10/content_5312977.htm.
③ 何艳玲. 中国行政体制改革的价值显现. 中国社会科学，2020（2）：25-45.

阻碍。在互联网出现以后，社交媒体成为新的"公众场所"，人们以一种虚拟在线的方式实现组织化表达观点；信息的生产、发布、转载与反馈几乎可以达成零时间。在虚拟的连接下，人们能跨越时空获得类似"在场"的体验感和融入感，这提高了虚拟空间用户的活力和黏性，使虚拟社群在数量和规模上都具有了极大拓展性。这种变化带来的影响是，人们可以随时随地发表自己的观点并形成舆论，这极大地推动了基于互联网的"体制外"公共议程建构，大大拓展了公众参与公共事务的能力。

进入数字时代以来，互联网经济蓬勃发展。"长尾效应"的发现揭示了互联网经济繁荣的秘密。"长尾效应"是指那些原来不受到重视的销量小但种类多的产品或服务由于总量巨大，累积起来的总收益超过主流产品的收益的现象。随着技术的进步，企业借助信息优势满足分散化需求的成本明显降低，细分市场带来了市场增量。"互联网的长尾效应除了在经济发展中体现出广大中小市场主体作用越来越强，在公共事务领域也意味着越来越多的民众有意愿、有诉求进行参与，信息的透明化、公开化、反垄断化进一步强化了民众对政府公共服务的监管能力，政府如果仍然停留在对社会进行管理的定位，将很难适应新时代的公共需求。"[①] 中国互联网络信息中心第44次《中国互联网网络发展统计报告》显示，截至2019年6月，我国在线政务服务用户规模达5.09亿，占网民整体的59.6%。与数字化商业服务相比，在线政务服务的存量与增量都更为客观。在线政务服务不仅要提供高频的、适用普遍大众的服务事项，也要充分利用信息化优势，增加相对低频、适用于小众的服务事项的供给，比如残疾人服务事项、老年人服务事项等等，不断提升政务服务的精准化、人性化、均等化、普惠化、便捷化水平。如何准确把握数字时代公众的信息化的趋势，优化政务服务供给，是我国各级政府乃至全球各国政府都面临的新挑战。

二、市场行为多样化

自20世纪70年代以来，数字经济发展经历了以单机应用为主要特征的

[①] 王茹. 互联网经济时代的政府治理创新研究. 北京：人民出版社，2018：44.

第四章　数字时代的政府理念变革

电子化阶段和以互联网应用为主要特征的网络化阶段,目前正在进入以大数据驱动为主要特征的智能化阶段,形成了区别于以往的市场客体、市场主体和市场载体结构。[①] 智能化的市场行为,虽然给市场主体带来更多的便利性,但也让市场行为更多元、更复杂和更隐蔽,不确定性的风险也在悄悄地累积,随时都有爆发的可能。这给政府治理的有效应对带来新命题。在数字经济市场条件下,数据成为劳动、资本、技术、管理和自然资源之外的关键要素,对数据的分析、挖掘与利用蕴含着巨大价值,因此有人直言"得数据者得天下"。很多互联网平台通过数字技术和平台服务掌握着海量的数据,这种数字技术赋权所形成的市场主体结构催生了新的权力结构,平台企业成为一个局部市场,有众多市场主体在其中进行经济活动和社会交往。平台企业主导的市场主体结也有引致市场垄断的倾向,进而改变了原有的社会关系,相应产生了一些新的社会矛盾。例如,企业级市场主体对数据、信息、技术、资本的掌握使其可以用更低成本、更高效率了解用户信息。尽管从表面上来说,用户可以借助信息技术了解企业或平台的信用状况、运作模式、资金流向等信息,实际上因为信息碎片化和技术复杂化反而增加了难度,用户风险也相应增加。[②] 另外,互联网天然的无边界打破了市场交易的地域和时间限制,全球性、全天候泛在市场的形成改变了传统市场的载体结构,进一步增加了市场行为的复杂性和风险的不确定性。

市场行为的多元化、复杂化、虚拟化和隐蔽化,使平台垄断加剧、信用风险泛化等市场失灵的风险增加,迫切需要政府通过新的治理手段应对市场失灵。传统经济条件下,不同产业、不同企业之间的关系相对独立,即使某家企业产生较严重的风险问题,监管部门也还有一定的纠错时间和回旋余地,以防止不利影响扩散,防止系统性风险的产生。而互联网经济

[①] 徐梦周,吕铁.赋能数字经济发展的数字政府建设:内在逻辑与创新路径.学习与探索,2020(3):78-85.

[②] 王茹.互联网经济时代的政府治理创新研究.北京:人民出版社,2018:43.

时代的产业关联性大大增强,互联网及时性、快捷性的特点同样在风险传播中体现。这就需要政府积极作为,改变传统"一事一议"的单一风险治理思维,充分发挥数据辅助决策的作用,全盘考虑系统风险,提前做好风险的预防、预判和系统治理控制。当然,政府的积极有为绝不是对微观经济过程的全面干预,在确保不出现大风险的前提下,也要营造宽松的创新发展环境,为新业态和新模式的发展预留足够的发展空间,甚至敢于承担一定的创新风险。

三、社会治理复杂化

社会的有效治理,既需要广泛听取不同个体的诉求,也需要个体与个体之间的相互理解和内心认可。互联网拉近了人与人之间的连接,使"地球村"正在变为现实。中国幅员辽阔,多数人分布在不同的地区之中。过去地区之间由于交通和通信技术的局限,联系十分疏离。随着技术的进步,分散化的地区单元通过信息技术开始发生多维、高频次的沟通,这对中国这个超大型社会的治理带来了严重的冲击。"国家治理正从大规模分散治理的模式日益走向大规模集中治理的模式。"[①] 在网络空间,人们依据某种共同的爱好、共同的目标或根据某种特定而抽象的标准可以快速形成"圈子"。由于沟通主体更愿意按照自身的喜好和利益开展交流,我们可以屏蔽任何不喜欢的声音,并只与自己观念一致的人沟通。"圈子"之内,接受不同意见并改变自身观念变得更为困难,强化偏见的信息在社群中快速传播,网络群体极化现象不利于构建良好的网络生态环境。

另一方面,"去中心化"促进信息权力的扩散,社会治理的权力也随之发生分散。互联网给现实中"沉默的意见"提供了便利的发声渠道,推动了话语权从少数人处向多数人处转移,形成了"所有人向所有人的传播"。伴随着功能的完善和社会介入程度的加深,新媒体在突发

---

① 周学峰,李平. 网络平台治理与法律责任. 北京:中国法制出版社,2018:26.

第四章　数字时代的政府理念变革

事件快速传播、公共议题设置、社会资源聚集、公共舆论生成、社会动员等方面日益发挥着重要作用。[①] 有学者将这种力量称为"第五权力"。[②] 然而由于负面作用日益彰显，其巨大影响力加大了政府治理的难度。2020年新冠肺炎疫情防控期间，人们在家隔离的不确定感与恐慌感激发了对疫情相关信息的巨大需求，谣言也因此迅速滋生。例如，火神山医院初建之时，网传医院建设时会污染周边水质，医院后续污水排放也存在高污染风险。经查，武汉火神山医院位于知音湖畔，但知音湖并非武汉饮用水水源地。此外，施工方也会严格按照排污标准施工，该医院的污水、雨水、医疗垃圾均单独收集处理，不会排至知音湖。故后来污染水源的谣言不攻自破。疫情防控期间，还有许多耸人听闻的"消息"漫天飞，一些自媒体成为谣言和不实信息的"集散地"与"加工厂"，如不能有效治理将加剧社会恐慌，给群众生活、社会稳定、经济发展带来不同程度的负面影响。

四、数字时代呼唤政府理念革新

毋庸置疑，数字时代下，公众体验和需求的多元化、市场行为的复杂化和社会治理难度的升级，必然会给政府治理带来新挑战。面对新形势新任务，政府需要以变应变，从最根源的理念变革出发，以人民为中心，顺应时代的要求，加快推进数字政府改革建设，做好政府治理供给侧改革，持续提升人民群众的获得感、幸福感和安全感。20世纪七八十年代以来，西方国家公共管理实践模型和理论模型都在发生着重要的转变。新公共管理兴盛于该时期，并成为近年来西方国家行政改革的指导思想之一。奥斯本和盖布勒在《改革政府》一书中把新公共管理的目标概括为十个方面：政府掌舵而不划桨；发挥社会组织作用；把竞争机制注入服务中；有作为而不循规蹈矩；处处讲究效果；满足公众需要；廉洁的政府；有远见的政

[①] 陶勇. 互联网时代的政府治理. 北京：经济科学出版社，2019：60.
[②] 格雷厄姆·达顿. 另一个地球：互联网＋社会. 胡泳，徐嫩羽，于双燕，胡晓娅，译. 北京：电子工业出版社，2015：222.

数字政府：变革与法治

府；注重分权；以市场为导向。① 面对数字时代的新挑战，全球各国政府积极求变，化挑战为机遇，主动革新传统政府理念，用全新的理念探索政府治理新路径，并取得积极进展和良好成效。这对于我国转变政府职能、推进数字政府建设有参考借鉴的价值。以下将结合我国情况阐述数字政府建设中的理念革新。

---

① 翟云.智慧治理："互联网＋"时代的政府治理创新.北京：国家行政学院出版社，2016：116.

第二节　从管理型政府到服务型政府

传统的管理一般是国家或政府由上而下的行政式的管理,信息化带来的种种社会改变使仅靠传统的管理思维已经无法回应数字时代政府治理的挑战。比如在当下的环境中,个税申报如果还需要纳税人跑到税务大厅去办理,必然会广受诟病,甚至直接影响税收。这也是为什么李克强总理说要力争让群众企业办事像"网购"一样方便。政府需要在理念上将管理为主转变为服务为主,坚持以人民为中心,以建设服务型政府为导向推进数字时代的政府再造。

一、服务型政府的提出

服务型政府是以社会发展和人民群众的共同利益为出发点,以为人民服务为宗旨并承担相应服务职责的现代政府治理模式。建设服务型政府是我国行政体制改革的基本方向和重要内容。我国行政体制改革具有市场化驱动的特征,其变迁路径与我国市场化进程基本吻合。以市场化的角度来看,经历了"建立高效政府(适应市场)"到"建立服务型政府(稳定社会)",再到"建设人民满意的服务型政府(人民满意)"三个阶段。市场化推进带来生产资料所有制和分配方式的变化,打破了原有相对均衡的社会利益格局,由此产生的社会不稳定事件让社会稳定成为迫切任务。[①] 2002年,中国共产党十六大将政府职能明确定位为"经济调节、市场监管、社会管理和公共服务",首次将公共服务与其他职能并列作为政府的基本职能。2008年中共中央政治局第四次集体学习时强调"建设服务型政府,是坚持党的全心全意为人民服务宗旨的根本要求",将服务型政府建设与党的根本要求关联。2010年《政府工作报告》提出要"努力建设人民满意的服务型政府"。从"服务型政府"到"人民满意的服务型政府",不仅仅是增加了一个限定词,更意味着行政体制改革价值的迭代变化。一方面,"人民

---

① 何艳玲.中国行政体制改革的价值显现.中国社会科学,2020(2):25-45.

满意"表明行政体制改革的主要目标还是对市场化进程中诸多社会问题的回应;另一方面,"人民满意"拓展了行政体制改革的价值内涵。

二、服务型政府与数字政府的关系

从美国、英国、澳大利亚、新加坡和日本等国家的政务信息化历程来看,都经历了从"以信息技术为中心"向以"公众为中心"转变,各国数字政府建设均以服务型政府为愿景。服务职能是数字时代政府的根本职能,也是数字政府建设的中心理念。

中国共产党十九大报告提出要转变政府职能、深化简政放权、创新监管方式、增强政府公信力和执行力、建设人民满意的服务型政府。在这个阶段,各级政府牢牢抓住简政放权这个"牛鼻子",以全面深化"放管服"改革为引领,加强监管创新,优化政府服务,提高办事效率,加强各类公共服务供给。2018年,李克强总理在全国"两会"上针对"放管服"改革进一步细化目标,要求企业开办的时间再减一半、项目审批的时间再砍一半、政务服务一网通办,企业和群众办事力争只进一扇门、最多跑一次,凡是没有法律法规依据的证明一律取消。

服务型政府的建设需要借助数字化的力量,数字政府为服务型政府提供了工具。数字政府中人民群众可以更好地监督政府、反馈信息,这也为服务型政府的建设提供了压力和动力。绝大部分的地方政府意识到,可以将互联网与"放管服"改革有机结合起来,落实上述"五个一"要求。但有学者的评估结果显示,全国333个地方政府的互联网服务贯通能力还有待提高。例如,虽然绝大多数地方政府在企业注册开办、企业经营纳税、创新创业领域均融合了互联网服务,提供了在线办理的渠道,但改革成效在区域间差异很大。地方政府互联网服务的办事诉求响应能力整体上不容乐观,内部差异性显著。[①]

[①] 何阳,冯翼,王沙."放管服"改革专题分析报告//汤志伟,李金兆,等.中国地方政府互联网服务能力发展报告(2019).北京:社会科学文献出版社,2019:48-64.

三、服务理念的内涵

在数字时代,服务不上网的政府不能称为服务型政府,网上水平低的政府也不能称为人民满意的政府。政府践行服务理念,可以从以下方面着力。

1. 以互联网思维倒逼服务理念的树立

长期以来,我国政务信息化建设都是以政府为中心或以先进技术为中心,缺乏以公众为中心的理念。之所以这样,一方面是因为过往政府服务公众的意识不足,工作人员没有认真研究公众的需求,政务信息化建设与真实的需求相去甚远;另一方面是因为以往的政务信息化建设缺乏有效的社会监督,公众对相关项目并没有话语权。[1] 数字政府建设需要坚持以公众为中心的理念、去"政府中心论"的思维模式,把公众当成上帝来建设服务型政府,让公众在政务服务中切实受益。"长尾理论"在公共治理领域的应用意味着精英导向的施政理念必须改变,数字政府建设要将政府视角下移,在对社会金字塔中层和低层的关注与服务中获得更高的行政效率和更坚实的执政合法性。[2] 例如,广东将互联网思维运用于数字政府改革领域,提出"用户思维"和"流量思维",强调从用户体验的角度改进政务服务设计,以群众"爱不爱用"来检验政务服务成效。

2. 以互联网体验推动政务服务供给侧改革

服务型政府理念要求数字政府建设推动政务服务供给侧改革,拓宽社会公众获取公共服务的渠道和路径,在全面深化改革中加快政府管理技术创新和信息化、智能化应用。互联网在产业界对供需关系的影响在政务领域同样有效。在供给端,互联网的广泛应用带来新的生产方式革命,随着信息世界和物理世界的深度融合工业领域将产生更智能化、个性化的新产品,服务领域在传统经济条件下无法解决的痛点将被发现和弥补,新的产

---

[1] 胡小明. 新型智慧城市下的电子政务需"去政府中心". (2016-05-23) [2020-04-10]. https://www.govmade.com/info/5193.

[2] 王茹. 互联网经济时代的政府治理创新研究. 北京:人民出版社,2018:98.

数字政府：变革与法治

品和服务如雨后春笋般涌现，经济在供给端的活力被进一步激发。在需求端，信息传播速度的大幅提升使供给端的新产品新服务向需求端转移的速度也相应加快，供给和需求之间在从时间和空间两个维度的距离都被大大压缩。"互联网的应用将拉近制度制定者和执行者之间的距离，形成更加高效的双向甚至多向沟通回路，使制度的供给和需求匹配度进一步提高，使制度和政策的负效应被控制在尽可能小的范围之内并在尽可能短的时间内被矫正。"①

建设服务型政府是一个长期持续的过程，需要参与者坚持以人民为中心的思想观念，将服务理念融入数字政府建设的每一个环节中，实现从内容的分发者向服务的提供者转型；需要以公众需求为建设导向，以公众满意度为追求目标，从公众最迫切希望解决的问题出发，提升政府的互联网服务能力，推动国家治理体系与治理能力现代化，建设人民满意的服务型政府。

---

① 王茹. 互联网经济时代的政府治理创新研究. 北京：人民出版社，2018：31.

第四章 数字时代的政府理念变革

第三节 从电子政府到智慧政府

一、数字时代政府建设的新机遇

传统的政务信息化建设实现了实体政府向电子政府的转变,解决了政府办公自动化、提高政府办公效率的问题,但无法满足数字时代公众的体验和需求,也不能有效辅助政策决策,难以支撑监管复杂的市场行为。在政务服务的全过程、多维度深化新技术的运用是数字政府较传统电子政府最为典型的特征。智慧型政府强调更新技术、重组流程、整合资源,并最终实现行政管理效率提升、增强经济活动的预见性、提升对市场和社会需求的回应能力以及强化治理规则落实等效果。

电子政务的出现让政府信息发布和传递变得更加及时、更加透明、更加便捷,提高了政府服务向公众的传递速度,政府与企业、公众联系更加紧密,行政管理成本更低。智慧政府理念下,数字政府建设实现了政府与市场主体"双在线",使原有职能框架下的稳态服务转为需求框架下的敏捷服务。例如,不同层级的政务部门很容易在网上进行信息交换和信息共享,不需像以前靠纸质文档层层上报、层层下达,很多问题在比较低的政府层级就可以得到解决,从而大大降低了制度运行成本,政府的行政效率得到提升。

二、智慧理念重塑政府治理能力

政府可以充分利用计算机网络信息系统,通过实时的数据收集、分析挖掘,科学预测经济发展趋势,及时、全面地掌握各类信息,有效提高政府对经济活动的预见水平和经济决策的科学性。例如,为帮助企业减少金融风险带来的损失,政府应建立以大数据为基础的金融风险预警系统,作为保障互联网经济正常运行的工具。政府是数据资源的最大控制者,海量数据资源为科学决策创造了良好的条件,但也对政府应用数据的能力提出了较高的要求。传统的科学思维是由"目标"或"模型"驱动的,从大量的实践中总结提炼出一般性知识——经验,再以这些经验来解决问题。大数据时代出现了另一种思维模式,即数据驱动型决策,其思路是"问

数字政府：变革与法治

题——数据——问题"。关联性在一定程度上取代了因果性，在整个问题解决过程中不进行复杂的知识和理论分析，直接通过对海量数据的关联分析找到解决答案。当决策的主要资源由知识变为数据时，其主体所必需的能力素养也转变为围绕数据获取、分析和应用的能力，具体包括：数据采集能力、数据储存能力、关联分析能力、数据激活能力以及数据预测能力。[①]随着数据分析的广泛应用，数据分析服务也将从传统的信息服务中分离出来。尽管并不是每一个数字政府建设的参与者都需要掌握以上的五种技能，但是参与者至少需要意识到存在这样的工具以及可以从哪里寻求辅助，以便最大限度地发挥数字政府的信息化潜能。

持续深化信息技术在政务服务领域的应用将有利于提高政府对市场和社会需求的回应能力，解决公众的痛点问题。2019 年上半年，多部委以新技术为手段，不断创新服务模式。国家发展和改革委员会、商务部、林业和草原局等网站通过自然语言处理等相关技术提供智能咨询服务功能，自动解答用户问询。水利部、交通运输部等部委的门户网站优化搜索技术，提升站内搜索效果，初步实现错别字自动纠正、关键词推荐和通俗语言搜索等功能。[②] 新技术强化了政府与公众的沟通能力，在政策发布和实施后形成快速有效的反馈机制，使政府对于不同群体、不同利益相关方的诉求可以进行更加精准的把握，从而使实现公共服务精准化成为可能。

> **广东"智慧河长"平台助力巡河履职[③]**
>
> 由于水系的跨区域性和涉及主体的多样性，我国水资源条块管理模式以及不同行政管理机构自利性引起的协同困难使江河湖泊水资源管理成效甚微。河长制是指由各级党政主要负责人担任"河长"，成为河流管

---

① 连玉明，张涛，宋希贤. 数字中国建设与展望//连玉明，张涛，宋希贤. 中国大数据发展报告. 北京：社会科学文献出版社，2018：11.
② 中国互联网络信息中心. 第 44 次中国互联网络发展状况统计报告. （2019 - 08 - 30）[2020 - 04 - 10]. http://www.cnnic.net.cn/hlwfzyj/hlwxzbg/hlwtjbg/201908/P020190830356787490958.pdf.
③ 王战友，李昱阳，周银. 广东智慧河长平台设计与实现. 水利信息化，2019 (3)：10 - 16.

第四章 数字时代的政府理念变革

护第一责任人,负责属地河流生态环境管理。河长制强调协调联动机制,河流治理与保护参与人员多、部门多,距离远且任务重。

根据《广东省全面推行河长制工作方案》中"利用信息化手段提升河湖管护能力"的要求,广东省水利厅基于数字政府的政务云平台,按照移动互联、云上部署、统一平台、共享服务等思路打造高水平智慧化的河长制服务平台。广东省河长制涉及用户达15万名、相关部门3万多个。建立集公众服务、协同办公、监督管理于一体的河长制业务系统,可根据用户的业务需求提供服务。为了确保问题发生点的河长办及时收到投诉并接单处理,系统依据已结构化入库的河湖名录,按照属地管理原则,实现问题与任务自动派发;借助消息队列技术构建新的数据共享交换模式,改变传统"层级式"、构建"扁平化式"的信息传递方式,减少信息流转环节,提高河道问题处理的工作效率。

广东"智慧河长"平台侧重于移动应用,能够快速覆盖全部河长,针对不同对象提供差异化、精准化服务,构建掌上治水圈;为公众推送其身边附近河流,为工作人员提供其待办事宜,为河长提供其巡河关注内容等。办公全过程留痕,可监督、统计、考核下级工作开展情况,为广东河长制工作开展提供有力支撑。截至2019年1月,全省累计线上巡河超20万次,巡河发现问题14 680条,办结率为86%;接收公众投诉建议问题1 356条,办结率为94%,公众满意度为62%。

第四节　从分散政府到整体政府

一、整体政府在提高行政效率方面的重要作用

改革开放以来,我国行政体制改革取得了举世瞩目的成就,但条块分割问题仍然突出。从层级上看,政府管理具有明显的垂直特征;从职责上看,部门之间界线分明,互不越界、互不干涉。这属于典型的分散管理模式,易导致行政效率低下、行政合力不足。

信息共享难、业务协同难是电子政务发展中长期存在的普遍性问题。导致这一问题的原因在于政府信息化从需求的提出到系统的建设管理,再到最后的服务呈现都是碎片化的。[1] 在过去的机制下,行政职能和信息化建设管理职能完全没有分离,电子政务系统的建设、管理、运营都由各级政府部门自行负责组织。政府信息化建设的需求源自业务,而业务是根据政府的专业分工和层级分工分布于各级政府部门的,所以需求自然呈现出碎片化状态。各级政府部门各自寻找市场主体获取服务,导致供给也呈现碎片化状态。这导致"信息孤岛"和"业务烟囱"的问题长期存在。

整体政府就是针对传统行政体制分割和"碎片化"问题而产生的一种新型的政府治理模式和运作机制,其本质在于整合,即通过协作的和一体化的管理方式,运用各种交互的技术,促使各公共管理主体在共同的管理活动中协调一致,实现功能整合,从而消除排斥的政策措施,有效地利用稀缺资源,更好地为公众提供无缝隙服务。构建整体政府的优势在于,从组织结构看,以结果和目标为导向进行组织设计与创新,可在不取消部门专业化分工的前提下实现部际合作,有助于克服部门主义、视野狭隘和各自为政的弊病;从运行机制看,整体政府以公众需求为核心,形成各环节相互协调、配合一致、运转顺畅的供给流程;从服务方式看,整体政府通过发展联合的知识与信息策略,增进主体间持续的资源交换,形成协同的

---

[1] 逯峰.整体政府理念下的"数字政府".中国领导科学,2019(6):56-59.

工作方式来满足公众多元化与个性化的需要。①

二、运用整体政府理念面临的机遇和挑战

1. 整体政府理念为数字政府建设带来的机遇

有些国家的政府已经开始在横向或纵向项目中采用整体政府和协力合作方式。各种现代技术的应用极大地促进了各部门之间的协力合作。整体政府为数字政府建设提供了多种机遇，其有助于：（1）减少项目管理和服务提供中的多余流程和手续，提高行政效率；（2）通过整合提供最佳服务方式，节约政府办事所花费的时间和资源，增强公众对政府的信任。（3）提升决策反馈的有效性，使政府针对复杂的问题制定的政策更有效、更协调；（4）政府也可以对公众采取更积极的态度，相信公众是共同创造公共价值、提供公共服务的可靠合作伙伴，并通过社会创新提供服务、创造财富，在此过程中加强和私营企业、民间团体的合作与协调，提高公共价值。

2. 设计和执行整体政府改革措施面临的挑战

整体政府转型的目标在于强化政府内部的合作，提升行政合力，而这需要全面的发展观、新的政府体制安排、更强的领导与人力资源管理能力。实际上，政府各部门之间的合作并不是一项简单的工作。采用基于合作的整体政府的方式的最大挑战在于各级政府官员可能抵制改变，使整体政府的改革面临多重挑战。例如，质疑信息一体化的可行性及数据隐私风险，部门、机构之间信任缺失，各部门制定和执行政策时目标与重点不同，部门、机构之间恶意竞争等，这些都极大妨碍了整体政府策略的成功实施。尽管高科技增强了各部门之间的联系，创造了新的团队合作形式，但是如果没有正确的规划和领导，各部门之间的合作会受到限制。

此外，政府各部门之间的协作以及一体化的服务并不总是正确的解决方式，因为协力合作可能会耗费时间，并且如果领导者不能正确引导，没有建立有效的运作机制，结果可能会适得其反。而一体化的服务意味着同

---

① 丁莹，刘莹. 整体政府的内涵及其建构思路. 才智，2010（28）：231.

样情况同样的处理，对于某些特殊情况的特殊群体来说这并不总是最佳解决方式。因此，"重要的是对每一种情况进行评估并分析是否需要合作，从而为公众带来更多的利益，一体化服务的最终结果、可行性、可持续性及影响至关重要"[①]。公共部门可加强四个方面的工作来改善整体政府转型的效果：(1) 强化统筹部署，提升协作领导能力和人力资源管理能力；(2) 落实顶层设计，建立有效协调、合作和问责的体制框架；(3) 建立服务提供、公众参与、公众授权的创新一体化流程和机制；(4) 实施合作的 IT 管理策略。

三、整体政府理念在政务信息化领域的探索

整合是整体政府的核心内涵。"这种整合既包括行政系统内部的各部门之间基于业务流程所形成的政务协同，也包括政府作为整体在公共服务供给层面与非营利组织、企业或社区之间合作所形成的公司合作与伙伴关系。"[②] 从中共中央在 2002 年提出国家电子政务建设的"两网一站四库十二金"的论述开始，我国对政务信息化的整合就一直在进行。尽管整合的内容和重点在不同阶段有所不同，但长期以来其总体上一直围绕着网络建设、政府网站、数据库、业务系统等方面展开并延续至今。[③] 整合是实现共享、开放的前提：互联网基础设施是数字政府发展的基础保障，如果没有适应快捷传输和协同合作的组织机构与业务流程，数据资源也难以突破传统职能和层级所分割的权力壁垒以实现交叉流动。同时，只有通过数据资源的整合才能实现资源配置最优化，形成随需而变的业务流程和跨部门协作的工作环境。组织、流程、数据、系统、网络五大要素紧密关联，共同构成数字政府的整体框架，使行政系统内部各行政业务之间、政府各部门之间、各地方政府之间、垂直部门与地方政府之间、各行政层级之间的关系不再是一种分割、分散的关系，而是形成一个相互协作的有机整体。

---

① 联合国经济和社会事务部. 联合国 2014 年电子政务调查报告, 2015 年 9 月.
② 蔡立辉, 龚鸣. 整体政府：分割模式的一场管理革命. 学术研究, 2010 (5)：37.
③ 李广乾. 政府数据整合政策研究. 北京：中国发展出版社, 2019：45.

第四章　数字时代的政府理念变革

在数字政府建设中，以广东省为例：其运用整体政府理论，以系统性、整体性思维推进各级政府部门政务信息化的职能融合、技术融合、业务融合与数据融合，探索出一条构建信息时代整体政府的可行路径。一是信息化职能跨部门融合、技术融合与业务融合，化解了政务信息化各自为政、分散建设的问题。二是信息化建设管理与技术运营适度分离，在技术运营方面推进整合，既保证了政府的主导性，又提升了技术运营的专业性和持续性。三是"数字政府"技术平台体系的跨部门、跨层级融合，将"数字政府"赖以存在的信息系统整合为一个有机互联的整体。[1] 在不打破政府行业管理专业分工结构的前提下，这种探索突破了政府在信息化领域的组织边界且效益初显。

例如，过去中小学生跨省转学、外地学生补办身份证、大学生申请贫困助学资格、非户籍学生办理居住证等，当事人都需要回到原籍所在地开具相关证明，给群众造成很大不便。广东省政数局通过"数字广东"建设的大数据平台，通过数据共享、挂接连通了相关部委的国家系统，该系统又通过各地教育局与各地学校挂接数据，平台按需获取申请人的学籍信息，使群众可直接在线便捷办理相关业务。大数据平台实现了国家部委、各地教育部门与学校的共同参与，理顺了户籍、学籍、治安等方面的一些"痛点"问题。通过数字化技术的应用，实现了跨机构协同、跨系统联通与数据共享，并最终实现在线政务服务一体化。这都得益于数字政府建设中对组织、系统、业务和数据的整合。

---

[1] 逯峰.整体政府理念下的"数字政府".中国领导科学，2019（6）：56-59.

第五节　从包揽型政府到协作型政府

新中国成立后，特别是人民公社时期，中国形成了一种"全能主义"体制，即政府对社会控制的全覆盖。全能型体制下，行政机构自身集中了经济、政治、社会、思想各个方面的职能，造成行政权对整个社会的支配。[①] 在"权力政府"理念的指导下，政府几乎包揽了全部的社会治理任务。如此，既使国家疲于奔命地控制社会，也窒息了社会力量的积极性和创造性，国家与社会的关系中潜伏着张力隐患。随着改革开放政策的推行，中国社会自主发展的空间越来越大，公众日益增长的参与公共事务的需求与不断变化的信息环境使政府传统的包揽型做法难以为继，多元协作的需求愈发强烈。

2017年10月，中国共产党十九大报告明确提出打造共建共治共享的社会治理格局，要求加强社会治理制度建设，完善党委领导、政府负责、社会协同、公众参与、法治保障的社会治理体制，提高社会治理社会化、法治化、智能化、专业化水平。在数字时代政府再造需要充分利用不同主体的力量，实现政府"从划桨到掌握、从垄断到竞争"的转变，推动多方共治。立足于我国数字时代公众的需求变化，审视美国和英国等国家理顺转变政府职能定位、构建公私合作的伙伴关系等方面的经验，可以发现单方管理模式已经难以适应现代社会发展的需求。政府亟须改变"独舞"的现状，向社会公众提供公共产品和公共服务时适当、适时借助市场力量，让社会组织、企业、公众多方共同划桨。这种协作政府的理念体现在组织、行为、责任等多个方面。

组织上，数字时代的公共服务涉及面广、专业性强，多元主体参与其中，政企合作大量产生。企业、机构、公众，过去都是公共治理中的被动客体，而在协作政府理念下，它/他们转变为主动的治理行动者。一方面，

[①] 齐卫平，王可园. 新中国成立以来中国社会治理模式变迁. 社会治理，2016（4）：34-40.

第四章 数字时代的政府理念变革

多元主体充分吸收、反馈信息,成为治理网络中的一段;另一方面,像企业这样的技术主体,通过政府委托、采购服务等公私合作方式进入行政服务体系之中,为公共服务带来技术和效能的双重提升。

行为上,在协作政府理念的指导下,传统政府的单向命令-服从体系转变为多向交流与合作。公众、企业可以对行政服务进行反向评价和反馈,促使行政服务完善。在规则制定过程中,各主体也可以积极参与其中,通过多元博弈促使治理规则完善。而行政协议这样的公私合作方式也愈发成为重要的行政工具。

责任上,数字政府的建设强化了政府问责机制,促使"权力政府"日益转向"责任政府"转型,这也倒逼政府向服务政府和协作政府转变。例如,"互联网+督查"行动成为各级督查部门破解人手少、任务多、要求高、效率低和信息不对称等督查工作难题的新选择,为公众监管政府行为提供了有效手段。政府不应该再自顾自地提供服务,对于公众希望政府合理有效使用公共资金的要求置之不理。政府可以通过公开评议、公开论证的方式,接受其他主体对公共政策的批评与建议并据此改进。与传统政府相比,协作政府下问责的依据不再是体制内的科层式评估或者外部第三方的标准打分,而是处于相同环境下的不同参与者。数字政府建设过程中,政府可充分利用信息技术便捷收集意见的特性以及大数据分析的能力,畅通多方主体发表意见的渠道,并在公共事务的决策中赋予其意见一定的权重。

第六节 从半公开政府到透明政府

从 2008 年《政府信息公开条例》颁布。这是我国首次以行政法规的形式出台关于政府信息公开的法律规范，引起了国内外的高度关注。回顾该条例实施十多年来的政务公开的实践可知，我国政务公开的相对数量大幅增长固然可喜，但公开质量尚不能完全满足公众的信息饥渴，只达到了半公开的状态。需要进一步推动阳光型政府建设，为公众参政议政、监督批评政府创造便利条件。

中国共产党十八届三中全会提出"坚持用制度管权管事管人，让人民监督权力，让权力在阳光下运行，是把权力关进制度笼子的根本之策"，同时要求"推行地方各级政府及其工作部门权力清单制度，依法公开权力运行流程"。数字政府全面推行政务公开，在决策、执行、管理、服务等环节均可以通过网络让全社会知道，让权力在阳光下运行。政务公开不是简单的信息发布，而是要有效促进政府和公众的双向交流与反馈。例如，政府通过加强政策解读，让公众不仅知道是什么，还知道为什么、怎么做，从而增强政策执行的自觉性。通过互联网，政府的法规、政策、项目、计划等信息更容易被民众了解和掌握，民众的意见也可以以类似众包的方式在政府决策制定和施政过程中得到体现。"企业和居民申办事项，随时可以在网上查询办理进度，就像今天查询网购商品、快递包裹的送达行程那样……这是保障公众知情权、参与权、表达权和监督权，增强政府公信力、执行力，提升政府治理能力的制度安排。"[①]

政府运用信息技术除了可以提高政府运行的效率和科学性，还可以防止权力滥用、减少腐败行为。"数字信息通过技术手段全面融入、渗透到政府运行中，使支配信息流动和显示的技术规则全面植入政府行为中，并成为指导政府管理和决策的规则而为政府必须遵守，政府行为的数字化规制

[①] 周文彰. 数字政府和国家治理现代化. 行政管理改革, 2020（2）：4-10.

第四章 数字时代的政府理念变革

因此成为必然。"① 这种全新的规制手段可以预防权力滥用,并有效地规制政府。相比于传统的道德和法律等规制手段,技术规制具有确定、客观的特点。并且,技术规制对政府运行的作用是刚性的,即建立在信息平台之上的政府只能在技术规则给定的范围内运作,其信息流转、业务程序都无法越过技术壁垒。数字政府的技术规制还体现在权力运行的全流程留痕,减小寻租空间,提升权力运作的透明度,便于公众进行监督。

---

① 梁木生.略论"数字政府"运行的技术规制.中国行政管理,2001(6):20-21.

第五章

数字政府下的政府组织再造

第一节 传统政府组织结构在数字政府时代下的不足

政府组织结构改革是行政体制改革的重要内容。合理的政府组织结构不仅有助于减低行政成本、促进政府职能转变，而且能形成组织合力、提升行政效能，为社会大众提供高效的公共服务。自新中国成立以来，为了能更好地转变政府职能，及时、有效地回应社会大众的需要，建设人民满意的服务型政府，我国进行了漫长的行政体制改革历程，历经探索改革阶段（1978—2002 年）、深化改革阶段（2003—2013 年）、深水区改革阶段（2014 年至今）三个阶段，从简单到复杂、容易到困难，由浅入深。通过不停的探索与不间断的实践，并总结经验、吸取教训，我国的行政体制改革取得了不错的效果，建立了适应市场的管理体制，实现了政府职能初步转型，社会管理能力得到不断的提高。[①] 但是，由于社会经济的发展和信息技术的进步，传统的政府组织结构已然无法满足数字政府时代的扁平化、整体性和管运分离的要求，急需作出相应的调整和变革。

一、传统政府组织的层级制难以适应数字政府的扁平化要求

政府组织结构是构成政府组织的各要素的配合和排列组合方式，既包

---

① 李成虎. 基于整体政府理念的行政体制改革取向研究. 河北：燕山大学，2016.

第五章　数字政府下的政府组织再造

括政府组织各职位、部门和层级之间的分工协作关系以及联系沟通方式，也包括纵向的直线式结构和横向的职能式结构。通常情况下，世界各国政府采用的主流模式是横向和纵向相结合的政府组织结构。我国也不例外，但在我国传统的政府组织结构中，纵向的层级制更加受到重视，强调从中央到地方自上而下层层授权和执行。这种体制虽然有利于防止权力滥用，但也会带来因层级过多而引起的行政效率低下的问题，难以对社会民众的需求作出及时、有效的回应。这种机制以合理的分工、权力集中的控制和专业的训练标榜着其组织形式的高效，但是随着工业时代向后工业时代的过渡，它走向了其反面，即专注于各种规章制度及其层叠的指挥系统已经不能有效运转，机构臃肿、浪费严重、效率低下。它在变化迅速、信息丰富、知识密集的20世纪90年代已不能有效地运转。[1]

在数字政府时代，万物互联使信息资源的获取更加高效、便捷，社会大众对公共服务的需求和获取效率提出了更高的要求。这就迫切地需要构建有限政府和有为政府，通过优化传统组织结构、减少行政层级、减少行政审批、扩大横向管理幅度、提高行政效能，尽可能快、尽可能丰富、尽可能高质量地向社会大众提供公共服务。"在数字政府环境下，由于信息的分布结构和传输方式的开放性，权力系统随之成为一个开放的体系。权力流向从以命令和服从为主的纵向向以透明和制约为主的横向转变，扁平化的横向权力结构取而代之金字塔式的纵向权力结构，大量减少权力中间传递层次，即传统政府的大量上传下达的中层，使权力流转更为直接、透明。"[2] 信息资源的分布和传输的开放性，以及信息资源交互的纵横交错性，都在促使政府组织结构向着扁平化的方向发展，通过减少行政管理层次、压缩职能机构、裁减人员而建立起来一种紧凑、富有弹性的新型管理模式，实现提高政府运作效率效能、降低政府运作成本的目的。因此，构建与扁

---

[1] 韩兆柱，杨洋. 新公共管理、无缝隙政府和整体性治理的范式比较. 学习论坛，2012(12)：58.

[2] 叶战备，王璐，田昊. 政府职责体系建设视角中的数字政府和数据治理. 中国行政管理，2018（7）：59.

平化的横向权力结构相适应的组织架构，以适应数字政府环境显得尤为重要。

二、传统政府组织的分散化难以适应数字政府的整体性要求

如前述，我国的政府组织结构是横纵相结合的网格状直线职能式结构，这种结构虽然能保证统一领导和指挥，也有利于精细分工、各司其职，但是也带来了行政业务之间、政府各部门之间、各地方政府之间、垂直部门与地方政府之间、各行政层级之间的条块分割问题，形成了碎片化、分散化的分割管理模式。随着互联网、云计算、大数据、物联网、区块链等新兴技术的快速发展和普遍应用，信息资源的互联互通成为日常工作和生活不可或缺的一部分，但传统政府组织的分割管理模式容易导致业务流程、信息资源的分割，既导致行政效率低下又影响用户感知和用户体验，俨然无法满足数字政府时代高效化、智能化和便捷化的要求。

在数字政府时代，行政理念实现从"管理"到"治理"的跨越，强调政府对社会公众需求的积极回应，及时为公众提供多元化、个性化的周到服务和公共产品。为此，要对传统的行政组织金字塔式的科层结构进行改造，减少行政层级，扩大行政组织的横向幅度，加强横向行政组织之间的协助与合作，将行政组织向与民众直接接触的地方、基层、社区下垂，建立一种扁平式的行政组织结构并将其布置在能有效、快捷提供公共服务和公共产品的第一线，形成行政服务网络，从而对民众需求作出及时、灵活、有效的回应。① 在这种需求的驱动下，政府需要将现代信息技术整合到政府治理中，有效整合政务信息资源，理顺、简化政务流程，促进信息资源的共享开放，提高政府的效率，增强政府与民众的互动，促使政府更有回应力和责任感。实现这些目标，离不开系统的互联互通、数据的共享开放和业务的协同推进，从而需要改变传统的政府组织结构，遵循"整体、集约、共享、开放"的原则，整体推进政府组织结构的重组和优化，解决传统条块分割管

---

① 石佑启，杨治坤．论行政体制改革与善治．江汉大学学报（社会科学版），2009（1）：56．

理模式所带来的"系统孤岛"和"数据烟囱"问题,降低部门之间的协调成本,提高行政效能,为社会大众提供高效、智能和便捷的公共服务。

三、传统政府组织的包办制难以适应数字政府的协作治理要求

传统政府管理理念认为,只有政府才能提供并处理好社会公共事务。在这种理念的支配下,政府对社会公共事务大包大揽,管了许多"不该管、管不好、管不了"的事情。传统的政府组织结构也深受这种政府管理理念的影响,按照这种理念进行设计和安排,由政府自建、自用、自管、自营政务信息化项目,因此导致在政务信息化领域出现政府既是管理者又是建设者和使用者的"管运一体"模式。在这种模式下,政府"管理部门与信息技术部门没有清晰的边界,在很大程度上技术变相地主导了政府信息化发展的方向,业务被技术牵着走,形成了重技术、轻业务,重建设、轻应用等怪现象。既干扰了行政机关对政务业务和服务的改革创新,又不能保障技术管理与运营的质量"[1]。在传统的无所不包的"全能政府""无限政府"模式下,政府部门事无巨细,往往胡子眉毛一把抓,没有把主要精力集中在解决主要矛盾上。以信息数据资源的利用为例:这是政务信息化项目的核心要素,也是我国继土地红利、人口红利之后,发展经济社会的新红利,即数字红利。据研究分析,截至2018年,中国数字经济总量达到31万亿元,从2002年到2018年的16年间实现了208倍的历史跨越,成为中国经济新引擎。[2] 但是,在传统的政务信息化建设中,政府自建自营,将主要精力放在建设上,无暇顾及信息数据资源的管理和使用问题,使信息数据资源成为"沉睡资源",被束之高阁。不少部门都不知道自己的业务系统里有什么信息数据资源,更谈不上数据增值利用的问题。有些部门虽然对信息数据资源有所重视和利用,但也只是停留在各自系统内部的数据分析应用,未将各部门可接触、可使用的信息数据资源进行汇聚融合、挖掘利

---

[1] 逯峰. 整体政府理念下的"数字政府". 中国领导科学,2019 (6):58.
[2] 刘伟杰. 中国数字经济总量达31万亿元 引领经济结构转型升级. (2019-04-04)
[2020-04-05]. http://www.xinhuanet.com/finance/2019-04/04/c_1210099488.htm.

用，赋能政府科学决策和社会经济发展。李克强总理也曾一针见血地指出：目前我国信息数据资源80％以上掌握在各级政府部门手里，"深藏闺中"是极大浪费。在数字政府时代，互联网等新兴技术突飞猛进，更新迭代速度飞快，而政府的主要精力用于履行宏观调控、市场监管、社会管理、公共服务等方面的职能。无论是对前沿技术的敏感度，还是在新兴技术人才储备等方面，政府与社会上的市场主体相比都存在一定的差距。因此，单纯依靠政府的力量难以将日新月异的信息技术有效融入政府的管理服务中。政府需要广泛、充分地调动一切积极因素，吸纳企业等市场主体和公众的参与，并与企业等市场主体形成紧密的公私合作与伙伴关系，改变政府大包大揽的传统思维，通过"管运分离"模式实现政府与社会的合作：把专业的技术问题交给专业的、更懂得用户使用需求和习惯的社会主体承接，政府通过考核评价等机制促使专业化的社会主体提高服务质量，从而让政府从繁杂的事务性工作中解放出来，将更多的精力投入到简政放权、放管结合、优化服务的工作中，增强政府的公信力和执行力，建设人民满意的服务型政府。同时，通过公私合作也可以把政府的主要精力转移到抓住主要问题、主要矛盾的"方向盘""牛鼻子"上来，充分利用数字力量提升公共服务水平，加快释放数字红利，促进数字经济的壮大和发展，让广大人民群众享受到数字经济带来的实惠和便利。

　　数字政府时代已然来临，我们需要吸取传统政府组织结构的精华，但也要正视传统政府组织结构在新时代下的"水土不服"，并结合数字政府时代的特点，对传统政府组织结构进行重组和再造，建立与数字政府时代相适应的新型政府组织结构。本书认为，要想解决传统政府组织层级制、分散化和包办制的陋习与弊端，需要引入整体政府的理念，整合政府、社会、个人等方面的资源，促进政府组织结构的变革创新，建立与数字政府时代要求相适配的新型政府组织结构。

第二节　整体政府理念在政府组织结构变革的投射

1997年，英国学者佩里·希克斯出版《整体政府》一书，提出整体性治理理论，主张以公民需求为治理导向、以信息技术为治理手段，以整合、协调和责任为治理机制，跨越组织的功能边界，在政策、规章、服务、监督四个方面，对治理层级、功能、公私部门关系及信息系统等碎片化问题进行有机整合与协调，不断从分散走向集中、从部分走向整体、从破碎走向整合，为公民提供无缝隙、非分离的整体性政府公共服务。随后，英国、加拿大、美国、德国、法国、荷兰、日本等国家进行了整体政府建设的探索与实践，目前，整体政府建设渐成国际公共行政改革趋势。[1] "整体政府的核心目的是通过对政府内部相互独立的各个部门和各种行政要素的整合、政府与社会的整合以及社会与社会的整合来实现公共管理目标。"[2] 在整体政府理念的指导下，政府组织结构变革主要体现在行政机构内部纵、横向资源的整合，行政机构之间的跨部门协作和公私资源的整合，进而打造扁平化、整体式和开放、合作的新型政府组织结构。

一、整合纵、横向资源，打造扁平化政府

整体政府理念以功能整合、资源整合为中心，坚持精简、统一、效能原则，以能否体现政府职能转变、能否提高行政效能、能否更好地提供公共服务作为判断标准，推进行政机构内部纵、横向资源的有机整合。通过机构整合、职能整合和技术整合，减少行政层次和行政部门，打造紧凑而富有弹性的扁平化组织结构。

一是实施纵向维度的机构整合，通过授权的方式下放行政权力，建设有限政府。在机构整合上，中央层面统筹规划，合理设置政府机构，把职能相同或相近的机构合并为一个较大部门，解决部门间多头决策、分散管理、重复执法及权力部门化等问题；地方层面合理调整地方政府机构设置，

---

[1] 吴德星. 以整体政府观深化机构和行政体制改革. 人民论坛, 2018 (1上): 49.
[2] 蔡立辉, 龚鸣. 整体政府：分割模式的一场管理革命. 学术研究, 2010 (5): 36.

需统一设置的机构应当上下对口,其他机构则应因地制宜设置。同时,正确处理好中央和地方的关系,通过适当的授权下放权力,将市场监管、社会管理、公共服务等地方性事务交由地方政府承担主要责任。我国这几年的"放管服"改革充分体现了这一点。据统计,从 2013 年至 2017 年 2 月,国务院分 9 批审议通过取消和下放的国务院部门行政审批事项,其中共下放行政审批事项 127 项,持续向市场和社会放权,有效破除了制约创业创新的各种不合理束缚,降低了制度性交易成本,极大激发了市场活力和社会创造力。[①]

二是实施横向维度的职能整合。传统机构设置以部门利益为主,在机构设置时只考虑部门自身利益,设置机构由部门自己决定,缺乏全局观念。现如今行政体制改革对于机构的设置,要从整体优化的原则出发,综合考虑机构设置是否最合理、最有效率、更好地实现政府的服务职能。这就需要通过合并同类型的方法,把职能相同或相近的部门整合为一个部门,不再重复设置,使之运转起来更加协调和高效,同时也便宜对行政机关进行管理以及对行政工作人员进行考核,督促行政机关及其工作人员更好地为公民提供服务。[②]

三是实施纵、横向维度的技术整合。通过信息技术手段,将纵、横向的组织结构有机地串联起来,从物理上打破层级之间、地域之间、系统之间、部门之间、业务之间的界限,形成跨层级、跨地域、跨系统、跨部门、跨业务的整体信息网络系统,改变传统以专业分工、层级管控为特征的金字塔组织结构,转向以流程为中心的由多个工作团队或节点组合而成的扁平化网状结构,提升政府系统的整体能力。

二、强化跨部门协作,打造整体式政府

整体政府理念强调以统一的入口、统一的界面为社会大众提供一体化

[①] 国务院审改办. 2013 年以来国务院已公布的取消和下放国务院部门行政审批事项. (2017-02-10) [2020-04-05]. 人民日报, http://politics.people.com.cn/n1/2017/0210/c1001-29070559.html.

[②] 李景春,李成虎. 整体政府理念及其对优化行政体制改革目标的启迪. 牡丹江大学学报, 2016 (11): 8.

第五章　数字政府下的政府组织再造

的公共服务，从而使社会大众感觉到这是由"一个政府"提供的服务，而不是由"多个政府部门"提供的服务；也不需要社会大众逐一与各个相关的政府部门打交道，只需要在统一入口、统一界面上"下单"，系统后台根据申请事项对应的流程设计，通过数据共享、数据交互、数据核验等技术手段自动进行处理，或者根据事项需要将申请流程分发给相关的政府部门进行审核，相关政府部门应在规定的时限内办结事项，保证申请人可以在规定时限内获得办理结果。这种"前台一站受理、后台协作办理、服务限时办结"的服务模式，有效提升了公共服务的用户感知和用户体验。

实现由政府提供一体化的公共服务，离不开跨部门的协作。"整体政府理念主张，在行政体制改革的过程中以现代的科技网络技术为基础，以资源共享和业务协同为特征，对政府目标、机构、资源进行规划，改变分割管理模式，从而实现跨部门协作。"[1] 这种跨部门的协作主要体现在业务系统的互联互通、信息资源的共享开放和业务流程的衔接协同。当然，"整体政府并不主张打破政府部门原先的组织的边界进行合并，而是在不消除边界条件下的交互协作和一体化的管理方式，构建相关的协同机制。"[2] 要促使职能各不相同的部门之间加强协同合作，打造整体式的组织结构，必然需要在部门之间建立健全统筹协调机制，充分利用统筹协调机制的纵向工作指导和横向工作协调能力，形成合作合力：一方面，可以使政府机构的职能发挥最大作用；另一方面，也提高了政府的行政效能，能为社会大众提供更好的"一点登录、全网通办"的"一站式"服务。

三、整合公私资源，打造开放合作型政府

除了政府机构之间纵、横向的合作、协调和整合，整体政府理念同样注重政府与社会的团结协作，提升政府的整体效能，因为"在现实社会条件下，公共管理目标的实现既不能靠相互隔离的政府及部门，也不能靠成立新的'超级部门'；既不能靠单一的政府主体，也不能靠单一的市场或社会主体。

---

[1][2] 李景春，李成虎. 整体政府理念下深化我国行政体制改革的再思考. 广西社会科学，2017（1）：131.

数字政府：变革与法治

唯一可行的就是围绕公共管理目标，在保留部门的前提下实行跨部门协作，实行公私部门之间、政府与非政府组织之间、中央与地方之间的协作"[1]。

整合公私资源，总的来讲就是要处理好政府与市场、政府与社会的关系，改变传统政府对社会公共服务大包大揽的做法，从"全能政府""无限政府"转为"有限政府""有为政府"，真正做到该管的管住管好、不该管的不管不干预，充分发挥市场在资源配置中的决定性作用，以开放合作的理念，建立健全政府与市场、政府与社会对接合作的平台和渠道；加强公私合作，尤其是要强化政企合作，通过政府购买服务、政府与社会资本合作（Public-Private Partnership，简称PPP）等方式将市场或社会能承担、承担得更好的公共服务事项交由市场或社会，政府专注于履行宏观调控、市场监管、社会管理等行政职能，不断提升自身的行政履职能力，为社会提供更好的公共服务做好顶层设计和政策安排，并通过考核评价、优胜劣汰等机制促使市场或社会提高公共服务的质量，满足社会大众的需要。关于政企合作的内容，本书第七章将进行详细的阐述，在此不展开论述。

通过政府机构内部纵、横向资源的整合，政府机构之间基于业务系统、信息资源、业务流程所形成的部门协同，以及政府作为整体在公共服务供给层面与非营利组织、企业或社区之间合作所形成的公私合作与伙伴关系，不仅可以有效防范传统政府组织结构下的分散化、碎片化、各自为政的问题，打破了部门界限甚至层级界限，使部门或层级成为流程上的节点，减少部门间的横向职责缝隙和纵向环节缝隙，实现了跨层级、跨地域、跨系统、跨部门、跨业务的统一网络体系，为社会大众提供统一入口、统一界面的一体化的公共服务；而且可以吸收更多的市场主体、社会公众参与社会公共服务事务，为完善社会公共服务建言献策和添砖加瓦，打造共建共治共享的社会治理新格局，推动社会公共服务的质量和水平持续提升，不断满足人民日益增长的美好生活需要。

---

[1] 蔡立辉，龚鸣. 整体政府：分割模式的一场管理革命. 学术研究，2010（5）：36.

第三节 数字环境下的整体政府组织再造

数字政府为一种新型的国家治理方式和新型的政府运作模式，组织机构的变革和再造贯穿于数字政府改革建设的始终。从全国各地的数字政府改革建设实践看，比较突出的特点在于坚持以整体政府理念为指导，以打造扁平化、整体式和开放合作的政府组织结构为目标，在组织变革创新方面做了不少积极有益的探索，形成了一些可供参考和借鉴的共性经验。

一、建立专门的数字政府管理部门

在传统条块分割的政府组织结构下，政务信息化项目建设的相关职能分散在各个厅、局、委、办。这种分散建设模式导致"各单位在资源建设上没有一个统一的规划和标准可遵循，而是各干各的，并早已习惯于各自为政的传统模式。可以说，有多少个委、办、局，就有多少个信息系统，每个信息系统都有自己的信息中心，有自己的数据库、独立的操作系统、独立开发的应用软件和用户界面，完全是独立的体系"[1]。由此产生了大量的"信息孤岛"和"数据烟囱"，系统无法互联互通，信息资源无法共享开放，业务流程无法协同，导致根本无法向社会大众提供整体式、一站式的公共服务。在数字政府改革建设中，大家越来越意识到传统的分散建设模式急需改变。理顺体制机制，建立统一高效的数字政府建设管理机制，并成立专业化的、能充分调动各方资源的政务数据统筹管理协调机构，才能更好地推进数字政府建设工作。

从全国各地的实践情况看，目前已经有不少省级行政区域开始整合原有机构的职能，并设立专门的数据管理和政务服务机构作为数字政府改革建设的行政主管机关，负责统筹"互联网＋政务服务"建设、大数据发展规划、数据汇聚共享开放、标准规范编制等相关工作。如贵州省建立了大

---

[1] 竹立家，杨萍，朱敏. 重塑政府："互联网＋政务服务"行动路线图（实务篇）. 北京：中信出版社，2016：226.

数字政府：变革与法治

数据发展管理局，广东省建立了政务服务数据管理局，浙江省建立了大数据发展管理局，湖南省建立了政务管理服务局，吉林省建立了政务服务和数字化建设管理局，安徽省建立了数据资源管理局，山东省建立了大数据局，广西壮族自治区建立了大数据发展局，内蒙古自治区建立了大数据发展管理局，等等。这些机构虽然名称不完全相同，个别机构的名称只突出了"数据管理"，或者在数据管理局的基础上加挂政务服务管理局牌子，但实际上也承担着政务服务的职能，如贵州省大数据发展管理局、山东省大数据局、广西壮族自治区大数据发展局、安徽省数据资源管理局等。此外，这些机构在行政级别上也各有不同，有些作为省人民政府的组成部门，如陕西省政务数据服务局，加挂在陕西省工业和信息化厅；有些作为省人民政府的直属事业单位，如贵州省大数据发展管理局、山东省大数据局等；有些作为省人民政府的部门管理机构，由省人民政府办公厅管理，如广东省政务服务数据管理局、湖南省政务管理服务局、内蒙古自治区大数据发展管理局等。在省级机构调整的带动下，地市层面也对政府机构作出相应的调整，例如广东省积极推进专门的数字政府管理机构的建设，在省级层面组建了由省政府办公厅管理的省政务服务数据管理局，同时在21个地市和121个县区参照省级机构改革，成立政务服务数据管理局，作为地市、区县一级的数字政府改革建设的行政主管机关，推动本地市、本区县的数字政府改革建设各项工作。

从实践效果看，整合现有的分散在各个条线的信息化运营机构，设立专门的数字政府管理机构，统筹推进数字政府改革建设，不仅可以精简政府管理部门的行政编制和人力投入，为政府节省大量的财政成本，而且，设立专门的数字政府管理机构，有利于从全局角度做好数字政府建设的顶层设计、整体规划和标准规范，特别是由专门的数字政府管理机构统筹管理和建设数字政府所需要的基础设施、数据资源和应用支撑能力，能有效地消除过去跨部门、跨层级数据共享和业务协同所面临的障碍，实现政务信息化项目的整体、集约和一体化建设。同时，通过专门的管理机构全面

第五章　数字政府下的政府组织再造

统筹协调各单位的政务信息化需求,并从项目立项、采购、履约和验收等环节对项目进行全生命周期的管控,有利于提高项目的执行效率,提升的项目质量,防止重复建设,并发挥财政的规模效应。

> **广东建立省、市、县三级数字政府建设管理机构**[①]
>
> 广东省成立由省长任组长的"数字政府"改革建设领导小组,组建了由省政府办公厅管理的省政务服务数据管理局,同时,撤并调整省直单位内设的信息中心。在机构职能上,省政务服务数据管理局负责全省"数字政府"相关政策、地方性法规和规章、建设规划的起草和组织实施;负责全省行政审批制度改革、审批服务便民化相关工作;对省级政务信息化项目建设实施集约化管理,负责省财政资金建设的政务信息系统项目立项审批;统筹协调省级部门业务应用系统建设,统筹管理政务云平台、电子政务外网、政务数据资源、政务服务体系、"数字政府"安全保障体系等;负责"数字政府"建设制度设计、项目审批、业务应用系统建设的统筹协调,负责设施平台和数据资源统筹管理等职能。
>
> 按照省政府要求,地市、区县全部参照省级机构进行改革,成立政务服务数据管理局。此举又为广东全省"数字政府"改革建设的部署的纵向贯彻建立了机制保障,改变过去地市统筹较强、省级统筹较弱的状况。省、市、县三级"数字政府"建设管理机构的设立(如下图所示),强化了纵向工作指导和横向工作协调的力度,健全了与全省各地区各部门"数字政府"改革建设工作行政主管机构的工作统筹协调机制,指导全省各地区各部门制定具体工作方案和相关规划,形成"数字政府"省级统筹建设管理体制和省、市、县协同联动机制,各级政府形成合力,稳步、规范推进各项改革。

[①] 逯峰.整体政府理念下的"数字政府".中国领导科学.2019(6):56-57.逯峰.广东"数字政府"的实践与探索.行政管理改革,2018(11):56.

图 5-1

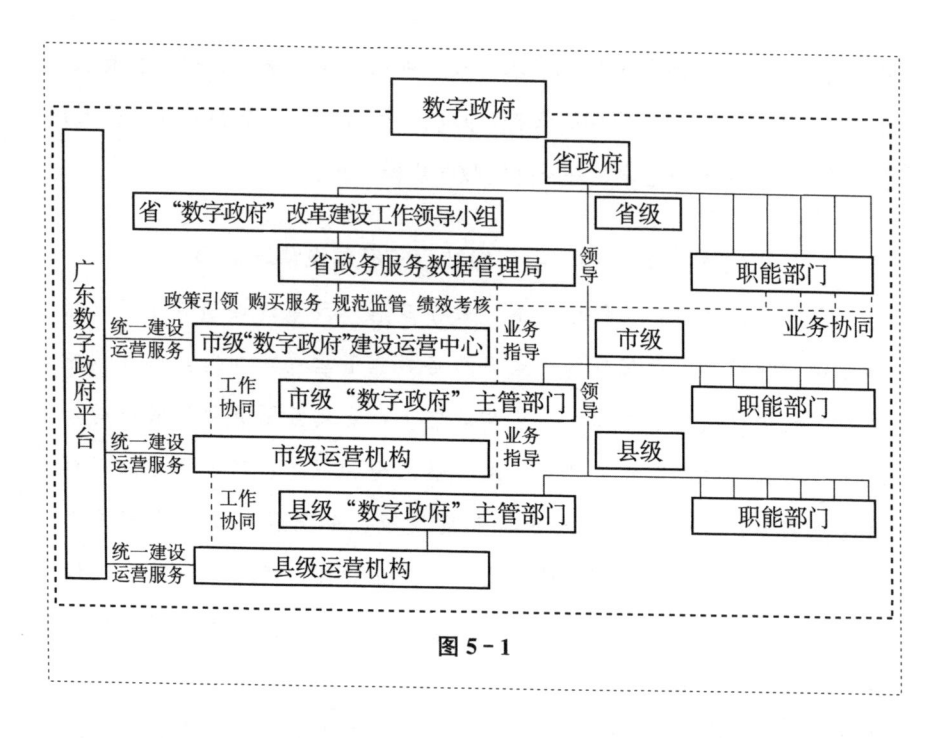

二、数字政府管理部门与业务部门之间、业务部门相互之间的协作

在条块分割、相对独立的行政管理体制下，政务服务模式是窗口式的，一个政府部门一个窗口，导致甚至同一件政务事项涉及不同的政府部门时，需要老百姓在不同的窗口之间跑动，而且每个窗口的流程和材料要求可能还不一样，即使是一样的材料要求，也需要申请办理的老百姓重复提交，甚至有时申请人已经按照告知的要求准备了申请材料，排了很长的队送到窗口时又被告知还有别的材料要补充，而且业务流程往往是串联的，环环相扣，"一步未办结，无法启动下一步"、"一步延迟，步步推迟"，为老百姓办理政务事项带来诸多的不便，增加了老百姓的办事成本。在数字政府语境下，政务服务模式是整体式和平台化的，老百姓可以在统一的平台上获取整体式的政务服务，从而大大地提升了办事效率和办事体验。数字政府之所以能实现整体式和平台化的政府服务，得益于与数字政府建设中强化了数字政府管理部门与业务部门之间、业务部门与业务部门之间的通力协作。

第五章 数字政府下的政府组织再造

一方面，数字政府管理部门与业务部门之间的协作力度得到了不断的强化。数字政府建设的推进，只是设立专门的数字政府管理部门依然不够，还需要发挥数字政府管理部门的统筹协调作用，打造高效、协同、有效的管理模式，实现数字政府的整体、集约、一体建设，而发挥数字政府管理部门的统筹协调作用，离不开数字政府管理部门与业务部门的密切协作。这种协作主要体现为以下内容：

一是统一规划。由数字政府管理部门做好数字政府的顶层设计和整体规划，业务部门按照数字政府管理部门的总体规划，并结合自身业务的发展需要，制定本系统、本单位的数字政府建设规划，作为本单位政务信息化项目建设的行动方向和工作指南，保证各个业务部门的发展方向总体一致，为后续的互联互通和业务协同奠定基础。

二是统一标准。政务服务标准化，尤其是政务服务事项的标准化，是数字政府建设的核心。如果同一个事项，在不同地区出现事项名称、设立依据、受理条件、办理流程、办理时限、提交材料等方面的差异，不仅影响广大群众的办事效率和办事体验，而且将导致跨层级、跨部门的系统无法对接，"同一事项、同一名称、同一标准、同一流程、一网通办"的目标就难以真正实现，各部门之间也无法基于统一的标准开展流程优化再造。因此，由数字政府管理部门统筹梳理并制定数字政府建设的标准规范，各业务部门按照统一的标准规范实施，便于各业务系统之间的有效对接，确保各业务系统之间的兼容性和适配性，避免增加后续系统互联、数据互通、流程再造和业务协同的技术改造与沟通协调的成本。

三是统一实施。由数字政府管理部门根据总体建设规划和各业务部门的建设规划统筹各业务部门的政务信息化需求，统一采购、统一实施、统一运营维护、统一验收标准和流程。对于项目执行过程中需要跨部门协调的事项，由数字政府管理部门建立沟通协调机制，统筹协调解决项目执行的重要问题，实现对政务信息化项目建设实施集约化管理。如此，既可以防止重复建设，节省财政资金，又可以防止分散建设，避免产生新的"信息孤岛"和"数据烟囱",影响一体化政务服务的提供,同时可以提高政务信息化项目的实施效率,及时为社会提供便捷的政务服务。

四是统一监督和评价。由数字政府管理部门对政务信息化项目的建设、实施、安全等情况进行统一监督,统一开展项目的绩效评价,提出整改完善建议,并将监督和评价结果作为后续项目安排的重要依据;各业务部门配合数字政府管理部门做好监督和评价工作,并根据数字政府管理部门的评价结果进行改进和完善,共同做好政务信息化项目的各项工作。

广东省全面推进政务服务事项标准化,实现"三级十统"

广东省全面推进政务服务事项标准化,仅用三个多月时间就完成省、市、县三级政务服务事项"十统一"标准化梳理,实现行政权力事项和公共服务事项的同一事项基本编码、实施编码规则、事项名称、子项拆分、事项类型、设定依据、办理流程、办理时限、提交材料及表单内容要素的"十统一",涉及三级政府超过5 000个部门和机构,建立起全省统一事项库,省、市、县编制实施清单超过90万项,有力支撑了政务服务的跨地区、跨部门、跨层级协同办理,为政务服务标准化打下了坚实基础。

(1)基本编码统一。按照国家编码规则,省、市、县(市、区)对口部门同一事项基本编码统一。

(2)实施编码规则统一。按照国家编码规则,省、市、县(市、区)对口部门同一事项实施编码规则统一。

(3)事项名称统一。省、市、县(市、区)对口部门根据实际办理事项保持同一事项名称统一。

(4)子项拆分统一。省、市、县(市、区)对口部门根据实际办理事项情况,按统一维度进行子项拆分,且拆分子项名称统一。

(5)事项类型统一。省、市、县(市、区)对口部门同一事项,事项类型统一。

第五章 数字政府下的政府组织再造

(6) 设定依据统一。省、市、县（市、区）对口部门同一事项，设定依据统一。

(7) 办理流程统一。办事流程主要用于向办事群众和企业公示的事项办理程序，采用专业工具绘制标准化流程图。如现场办理和网上办理的流程不一致，需分别绘制流程图。

(8) 办理时限统一。办理时限是指省、市、县（市、区）对口部门同一事项自受理申请之日起到办结的时限。在依法依规的前提下，各地可在省级部门设定标准的基础上压缩时限。

(9) 提交材料统一。省、市、县（市、区）对口部门同一事项提交材料统一，每个提交材料都要有明确的法律依据，做到名称规范、形式（原件、复印件）和数量明确，杜绝模糊性表述和兜底条款（如，其他材料）。

(10) 表单内容统一。省、市、县（市、区）对口部门同一事项涉及的申请表单样式统一，涉及的办事结果材料样式统一。

另一方面，业务部门与业务部门之间的协作也在持续强化。互联互通、数据共享和业务协同是数字政府建设中重要的底层技术逻辑，也是决定政府能否向社会大众提供便捷化、高效化、一站式政务服务的基本前提。无论是互联互通、数据共享还是业务协同，都离不开政府各个业务部门之间的密切协作。以工程建设项目审批为例：涉及的审批节点和审批部门较多，办事难、办事慢、多头跑、来回跑等问题较为突出，审批效率不高。为此，广东、浙江、福建等地在数字政府建设中积极推进工程建设项目审批的改革，通过信息技术、部门协作和流程再造，实行工程建设项目的审批"一窗受理、并联审批、实时流转、无缝衔接"。实现"一窗受理、并联审批、实时流转、无缝衔接"，自然离不开跨层级、跨部门、跨系统、跨业务的协作，与项目审批相关的业务部门需要根据信息技术的特点重新梳理业务节点，重塑业务流程，重构跨部门的协作机制，实现部门通、网络通、数据通和业务通。

数字政府：变革与法治

> **广东省全面推进工程建设项目审批"一窗受理"改革**
>
> "一窗受理"采用"前台综合受理、后台分类审批、综合窗口出件"服务模式，每个审批阶段"一家牵头、并联审批、限时办结"和"一份办事指南、一张申请表单、一套申报材料、完成多项审批"，实现工程建设项目审批全流程（包括立项用地规划许可、工程建设许可、施工许可、竣工验收四个阶段和公共设施接入服务）涉及的行政审批、备案以及市政公用服务等事项"一窗口""一站式"服务和管理，打造便捷、高效的办事和营商环境。在"后台分类审批"中，申请人的有关申请材料以电子文档的形式通过工程建设项目审批管理系统分发、流转至各审批部门，做到全程留痕、实时可查；如涉及同一阶段办理的事项需征求相关部门意见的，实行并联审批，审批部门通过系统实现内部审核与征求意见同步办理；各审批阶段的牵头部门需协调相关审批部门按照规定办理的时限要求完成审核、审批、制证等工作，审批结果信息及时提交系统；审批通过后，经申请人签名发放证照或批复文件，申请人可选择现场领取或邮政寄递等方式领取审批结果。
>
> 经过改革，广东省工程建设项目审批制度改革取得了明显的成效，基本建立了全省工程建设项目审批管理制度的框架，基本统一了审批的流程，审批事项由改革之前的106项优化至79项。省和21个地市初步建成了工程建设项目审批管理系统，并完成了国家、省、市三级系统数据对接，基本实现了压减审批时间的改革目标，审批时间由平均200多个工作日压减至100个工作日以内，初步探索出一批可复制、可推广的改革经验。[①]

三、数字政府管理部门、业务部门与社会的协作

数字政府建设的推进，离不开政府主导、政企合作和公众参与。"政府

---

① 广东省工程建设项目审批制度改革新闻发布会．（2019－12－26）[2020－04－06]．http：//zfcxjst．gd．gov．cn/focus/content/post_2728621．html．

第五章 数字政府下的政府组织再造

的主要职能是掌舵而不是划桨,数字政府的建设需要发挥政府、市场主体、社会组织和公众的各自优势和协同共治作用,从关注政府内部组织和管理转向关注政民关系和社会协同,建立各种合作机制,促进跨领域、跨行业的对话互动和公共行动,提升公共价值。"[1] 从实践来看,无论是数字政府管理部门还是业务部门,都在积极尝试通过各种方式与市场主体、社会公众建立协作互动的机制,争取为社会提供更好的政务服务,促进数字经济的繁荣发展。

一是数字政府管理部门、业务部门与社会的协作。

数字政府建设是一项创新工程,也是一项复杂的系统工程。它不单单是各种软、硬件的简单集成,也不是单一的基础设施建设、系统开发、应用建设、运营维护服务,或者说是这几类服务的简单相加,而是牵涉到管理架构、业务架构和技术架构的创新与重构,既需要政府通过政策引导、规范监管、购买服务、绩效考核等手段加强对数字政府建设的统筹协调和组织推进,又需要发挥市场主体的技术优势、渠道优势和专业服务能力,共同参与数字政府项目建设。政企合作,已经成为全球范围内普遍采用的数字政府建设模式。例如,美国等欧美发达国家把政企合作作为发展高新技术、推进智能制造的首选方式。2012年3月,美国政府宣布启动"国家制造创新网络"计划,通过政企合作,建立起15至45家"制造创新机构",最终打造惠及全美国的制造业创新网络,并先后建立增材制造业创新研究所、数字制造和设计技术创新研究所、轻型现代金属制造业创新研究所、先进复合材料制造创新研究所、新一代电力电子制造业创新研究所等五家制造创新研究所。在资金方面,美国政府原则上提供不低于7 000万美元的财政支持,其余则通过融资的方式由企业、社会资本等提供。在经营主体方面,除政府相关部委、机构外,还包括企业、大学、研究中心、非营利组织等社会力量,后者承担直接运营责任。[2] 在我国的数字政府建设中,全

---

[1] 赵涛,马长俊. 数字政府建设的几个原则. 学习时报,2019-06-03(5).
[2] 匡凯平,刘建义. 智能化、组织变革与政府再造. 湖南社会科学,2016(5):103.

数字政府：变革与法治

国各地也在积极探索政府作用与市场作用结合，在项目规划、方案设计、基础设施建设、业务应用开发、运维服务、政务信息资源利用、资金筹措等方面的作用日益显著，政府获取了更专业化、更高效能的产品和服务。各地政府部门在选择政企合作运行模式和管理手段时，基于自身实际，探索形成了多种实现方式。如广东省数字政府改革构建了"管运分离、政企合作"的建设管理新体制，数字广东网络建设有限公司作为建设主体，负责需求对接、系统迁移、数据融合、建设维护、系统运营以及标准制定等。①

通过政企合作，不仅可以将专业的事情交给专业的市场企业，发挥优秀骨干企业的价值，提升政府管理服务水平，而且能实现政府与企业的优势互补，提高政府科学决策的水平，促进数字经济发展。例如，政府在信息数据资源掌握上具有一定优势，企业在前沿信息技术的掌握和服务渠道上具有一定优势，并且也掌握了一定体量的信息数据资源，如果将两者的优势相结合，政府主动将自己直接或间接掌握的公共数据进行必要的脱敏处理后，及时开放给企业，鼓励企业在数字经济治理领域多作探索和尝试，而企业发挥自身的技术、渠道等优势，利用政府公开数据和自有的信息数据资源进行增值开发利用，不仅能深度融合政府、社会及互联网数据资源，运用大数据辅助政府科学决策，提升政府的治理能力，而且将会催生出新产业、新业态和新模式，成为推动数字经济发展的新的增长点。关于政企合作的具体阐述，详见本书第六章，在此不展开论述。

二是数字政府管理部门、业务部门与社会的互动。

数字政府不仅向普通老百姓提供与日常生活息息相关的政务服务，如养老金领取、社保查询、公积金提取等，让群众少跑腿，而且也向企业提供与商事活动有关的政务服务，如企业开办、证照申请、税务办理等，降低了制度性交易成本，持续改善营商环境。从这个维度来讲，企业和社会

---

① 陶勇. 协同治理推进数字政府建设——《2018年联合国电子政务调查报告》解读之六. 行政管理改革，2019（6）：73.

第五章　数字政府下的政府组织再造

大众是政务服务的最终使用者，属于政务服务中的"用户"。数字政府管理部门、业务部门通过信息技术手段为用户提供政务服务，如果用户不来用、不爱用，就会让政府的努力大打折扣。因此，在数字政府改革建设中，应当坚持以"人民"为中心、以提供用户满意的政务服务为目标，借鉴互联网思维，从用户体验角度设计和改进政务服务及应用，以用户"来不来用、爱不爱用"作为检验政务服务成效的标准。聚焦便民、利企和提高政府运转效率，持续强化服务能力建设，从办一件事"跑断腿"到"最多跑一次"，再到"零跑动"，数字政府让群众办事更加舒心，让公共服务更有温度。

办事"少跑腿"　广东网上政务服务有速度、有温度[①]

"早两年以前每年养老资格年审特别麻烦，要回江门才能办。现在能通过小程序在线办理，我方便多了。"去年5月，微信小程序"粤省事"的诞生，让三年前移居杭州和儿子一起生活的江门市退休职工王先生免除了两地奔波之苦。

通过流程再造、实人"刷脸"认证和共享身份证、住户地址、手机号码等信息，广东省依托"粤省事"平台在线办理老年人优待证服务，可为全省老年人减少1 500多万次跑动。

办理老年人优待证，只是"粤省事"可以办理的1 632项民生服务事项之一。截至2020年11月，"粤省事"已实现1 113项事项"零跑动"，实名注册用户突破8 700万人，累计查询和办理业务数十亿件。[②]

作为广东省深化"放管服"改革、推进政府职能转变、增创营商环境新优势的重要突破口，"数字政府"的建设不仅使广东省的民生服务更有温度，也推动了广东省营商环境的改善。

---

① 广东出台政务服务"好差评"管理办法 扫码可打分. (2019-08-16) [2020-04-06]. http://zfsg.gd.gov.cn/xxfb/ywsd/content/post_2584964.html.

② 许嘉惠. 400万、150万、8 700万！. (2020-11-20) [2020-11-21]. https://mp.weixin.qq.com/s/rh5LD7SEBESd22QDj_PIEA.

数字政府：变革与法治

> 在迁移整合各地各部门政府网站、升级改造省政府网上办事大厅的基础上，广东省建成了广东政务服务网，实现政务服务"一网通办"。广东省内市场主体可在网站的企业开办平台提交设立登记、刻章、企业开户意向银行、申领发票等业务申请，刻章、申领发票"并行办理"。广东省开办企业平均办理时间因此由30个工作日压缩到了5个工作日内。截至2019年6月21日，一站式开办企业累计达到92 815家。
>
> 目前，广东政务服务网已上线25个便民利企专题，省级政务服务事项网上可办率超过85%，市县超过60%。

第四节　法律保障赋能政府组织变革创新

习近平总书记在《关于深化党和国家机构改革决定稿和方案稿的说明》中强调："关于坚持改革和法治相统一。改革和法治是两个轮子，这就是全面深化改革和全面依法治国的辩证关系。深化党和国家机构改革，要做到改革和立法相统一、相促进，发挥法治规范和保障改革的作用，做到重大改革于法有据、依法依规进行。同时，要同步考虑改革涉及的立法问题，需要制定或修改法律的要通过法定程序进行，做到在法治下推进改革，在改革中完善法治。"随着信息技术的快速发展和广泛应用，科技的力量必然会对政府组织结构产生深刻影响，政府组织结构应当审时度势，根据技术的发展适时地作出调整和变革，主动适应时代的趋势和要求。全国各地的政府积极探索和推进数字政府建设便充分说明了这一点。当然，政府组织结构的变革是一项宏大而又复杂的系统工程，牵涉到组织形态、组织规模、职能调整、权力配置、运行机制等多方面的考虑和安排，不宜采用"打补丁式"的方法"头痛医头、脚痛医脚"，也不能一蹴而就，需要全盘考虑、按部就班和依法推进，通过建立健全相关法律法规，将政府组织结构变革纳入规范化、法治化的轨道中来，为数字化转型背景下的政府组织变革提供坚实的法律保障。

一、法律支撑打造扁平化、整体式的政府

政府组织变革必须按照法治化的要求依法进行。政府组织从传统的层级制、条块分割制向扁平化、整体式转变，既可能涉及新设部门的权力和职责配置，又可能涉及不同部门的权力和职责并转。为了确保变革后的政府组织能权责明确、协同高效、有序运作，需要有相应的法律制度作为支撑和保障。

政府组织的法治化要求组织法定、地位法定、职权法定和权利利益法定。具体到数字政府的组织变革，设立专门的数字政府管理部门统筹推进数字政府建设已经成为大势所趋，但在机构设立前，各级政府需要按照法

定程序制订相应的机构方案，确保组织法定；同时要通过法律文件明确专门的数字政府管理部门的行政层级、权力配置、职能范围、机构编制等事项，确保地位法定、职权法定和权利利益法定。此外，考虑到该专门机构需要统筹协调同级人民政府的各厅、局、委、办等单位的关系，需要适当提高该专门机构的行政层级，增强其统筹协调能力。而且，从职能来看，政务数据和政务服务密切相关，故比较适宜将数据管理和政务服务的职能同时赋予该专门机构，以减少横向行政沟通成本。

当然，专门的数字政府管理部门也不是超级权限部门，它的主要职责在于以统一的规划设计、统一的标准规范、有序的进度安排统筹管理数字政府改革建设，统一调配本级人民政府各部门、各单位的政务信息化资源，防止重复建设、分散建设和无序建设，避免导致资源浪费、"信息孤岛"和"数据烟囱"。从这个维度来讲，专门的数字政府管理部门更多的是管理者和协调者，它需要综合各业务部门的业务需要和实际需求，根据数字政府的整体规划作出统一的项目安排，而不能直接替代各业务部门自作主张制定政务信息化的需求。同时，各业务部门也有自己的灵活性和自主性，对于基于自身业务特殊需要的政务信息化项目，有权在专门的数字政府管理部门的统一指导下自行安排。此外，各业务部门也可以对专门的数字政府管理部门进行监督，防止其权力的滥用。政府组织变革中的这些权力关系安排，都需要有相关法律制度支撑，确保变革后的政府组织既能各司其职和各尽其责，又能相互监督和相互制约。

二、法律保障促进部门协同、公私协同治理

部门协同是促进政府组织变革、转变政府职能的重要途径，但由于各个部门的职能天生不一样，试图完全打破部门之间的界限是不现实的。整体政府理念也不强制要求彻底打破部门之间的边界，但是需要强化部门之间的协同治理，而这离不开法律制度的保障，尽可能减少人为因素的干扰。例如，随着政务云平台建设的推进，政务数据共享开放的技术障碍逐步消失，法律制度的缺位成为其主要的制约因素。尤其是在政务数据权属问题

第五章 数字政府下的政府组织再造

上,数据权属包括数据的所有权、管理权和使用权,只有明确数据归属于谁、由谁管理、谁能使用、出了问题谁来负责,才有可能确定数据开放的标准、范围和方式。尽管国务院发布的《政务信息资源共享管理暂行办法》(国发〔2016〕51号)对政务信息资源的共享和无偿使用作出了规定,但该办法未明确政务信息资源的权属,导致只能从工作层面协商解决政府部门间的信息共享,难度较大,甚至会出现新的"数据孤岛"。换言之,由于政务数据权属不清晰,数据管理部门认为其所掌握的数据都是不予共享的,甚至据此要求开发单独的系统,最终导致"系统上云、数据隔离",难以发挥大中台的数据驱动能力。特别是"数据上云"之后,数据的运营管理可能会脱离数源单位的控制,使用单位也将广泛增加。若没有相应的法律规范,数据管理主体的责任将变得更加模糊,各个部门都不愿意主动承担相应的责任,从而影响到组织变革中部门协同的有效实现。因此,需要通过完善相关法律法规,明确政务数据权属,建立科学合理的绩效考核机制和利益补偿机制,厘清相关管理机制,促进部门之间的协同,发挥部门协同合力。

政府组织变革作为行政体制改革的重要内容,必然会对政府与社会、政府与个人等公私利益关系产生影响。"行政体制改革的实质是对政府与个人、市场、社会之间的利益关系进行重新调整,并转化为法律对权力和权利的界定、规范、保障和促进,在公权力与私权利之间、个体自由与集体自由之间、个人利益与公共利益之间寻求必要的张力和动态平衡,从而实现个体人权与集体人权的和谐发展。"[1] 如何处理好公私之间的关系,恰当地界定双方的角色定位和职能界面,尽可能让市场和社会能自主调节的事务让位于市场和社会;如何建立公私之间相互信任、平等协商的合作关系或伙伴关系;如何让市场和社会更好地监督和制约行政权力,防止政府职能的"越位""缺位""错位""虚位",保障公私之间的张力和动态平衡,

---

[1] 石佑启,杨治坤.法治视野下行政体制改革探索.宁波大学学报(人文科学版),2008(4):97.

实现公私双方的优势互补和协同治理，也是急需通过建立健全相关法律制度予以保障的现实问题。

三、组织变革的配套保障制度尚待完善

政府组织变革庞大而又复杂，需要方方面面的保障和支撑。只有建立健全相应的配套保障制度，方能发挥制度整合的作用，确保各项保障和支撑资源切实到位。从实践来看，中央和地方政府在这些方面都作出了不少的努力和尝试，制定、实施了相关的法律法规。例如，相比传统政府部门协同的纸质文件传递交互，在数字时代，部门之间的电子化协同已经不可避免地使用到电子签章、电子证照等新技术载体，但使用这些技术载体是否具有法律效力需要得到法律的认可，同时，部门之间的高效化协同离不开共同的工作"语言"，即统一的政务服务事项标准。为此，我国出台了《电子签名法》《政府信息公开条例》《国务院关于在线政务服务的若干规定》等相关法律法规，明确了电子签名、电子证照等电子文件具有和纸质文件同等的法律效力，提出了政务服务事项的标准统一，为进一步推动政府部门的数据共享和业务协同起到了一定推动作用。但是，就目前而言，依然存在一些影响政府组织变革推进的现实难题。

例如，数字政府建设尚未形成全国统一的标准规范体系。部门之间信息系统的有效协同建立在统一的数据、流程、接口等标准体系之上，这就要求有统一的标准规范体系的制度保障，使所有的技术、协议、数据、接口等都遵循统一的标准规范，确保同一信息系统内部、不同的信息系统之间能按照统一的标准规则进行交互，实现门、网、线、端、点等平台相互连通融合；打通上下、左右的关系，纵向到底，横向到边，实现跨层级、跨部门、跨地域、跨业务的信息系统互联互通，保障"少填、少报、少跑、快办"和"一点登录、全网通办、一次办成"。

又如，一些颠覆传统行政法学理论的技术应用已经进入行政实践领域，但现有的法律制度还没来得及作出反应和规制。为实现政府组织变革"精简、统一、效能"的原则，国内已经有不少地方尝试引入自动化行政来替

第五章 数字政府下的政府组织再造

代传统的人工行政。比如，深圳上线企业登记"秒批"系统，通过与多个政府部门的权威数据进行实时校验、多维度比对，全程无人工干预，申请企业可快速取得营业执照。这一技术创新应用，对于打破原有的行政壁垒、整合各部门的资源、优化政府的治理架构、加快推动政府职能转变大有裨益。但是，这种自动化的行政行为是传统行政行为还是有别于传统行政行为的独立行为？自动化行政行为需要具备哪些条件才具备法律效力？自动化行政行为出现错误导致行政相对人权益受损时，应该由谁来负责，行政相对人应按什么程序请求权利救济？现行法律法规无法回应、解决这些问题。政府在开展组织变革时可能会对此做法有所顾虑和担忧，依然需要自上而下地制定相应的政策、法律，明确自动化行政行为的法律性质、适用范围、程序要求、救济途径、法律责任等内容。

第六章

数字政府下的行政程序发展

第一节　数字时代的行政程序挑战

信息、通信与智能技术的兴起，给人类生活带来的变革是全方位的，"表现在公共行政，智能技术将促使行政组织不断互联，行政活动不断融合，行政流程高效和透明化，中心也将由提供服务的行政主体转为接受服务的行政相对人"[①]。以20世纪90年代推行的电子政务建设为起点，行政机关借助技术手段不断地对行政活动的内容与方式进行优化，实现了部分，甚至是全部行政程序的电子化、网络化、非现场化、自动化与智能化。这五化均属于信息化的具体部分，相互关联，又层层推进，共同再造了行政流程，给数字政府时代的行政程序带来了系列挑战。

一、电子化

所谓电子化是指行政过程中的文书、资料、信息，从纸质或实物形式，转化为电子数据形式。从某种角度来说，电子化就是无纸化。电子化为后续的网络化、非现场化、自动化提供了基础，带来了效率的提升与数据处理的变革。但是同时也带来了两层挑战。

第一层挑战是安全，文书电子化增加了文件伪造、泄露等方面的风险。现有技术难以完全保证数字系统不会遭遇入侵，而且在特定情况下，电子

[①] 查云飞. 人工智能时代全自动具体行政行为研究. 比较法研究，2018（5）：167-179.

文件的修改、复制难以像纸质文件一样留下明显痕迹，不通过专业技术手段难以被察觉。[①] 这对于具有法律效力的文件与信息来说都是巨大挑战，需要技术和制度的双重保障。此外，电子化文书还使签章等认证形式电子化，也会带来一定安全风险，同时引发程序机制上的挑战。

第二层挑战是对信息弱势群体获得信息的程序权利的潜在损害。许多老年人或者低文化程度群体难以掌握电子化文书的生成、查询与使用技巧；而文书的全面电子化也会给低收入人群带来一定的经济负担，使他们不得不购入电脑或智能手机等信息工具。

二、网络化

网络化是指在电子化的基础上，通过互联网形式进行信息的电子化传递，实现信息传输的高效性，减少"跑腿"。网络化的安全、对弱势群体保护带来的挑战等与电子化的情形大体一致，但同时还带来了一些更加具体的程序挑战，比如通知的时效与有效性：通知是一项重要的程序制度。传统上文件传递可以通过签收等方式确认传递的时间与有效性。而网络化下的电子化信息传递会产生多样化的通知程序问题。比如一项电子化通知应当以到达相对人的系统（如邮箱）为送达时间，还是应当以相对人已阅并获取信息后为送达时间？如果邮件等电子化通知被判断为垃圾邮件，进入垃圾邮件箱是否影响通知送达的判断？这些网络化的行政程序问题需要全新的制度规范。

三、非现场化

非现场化是指在前两者的基础上进一步通过图像识别等技术的发展，使部分执法事项（如城管通过摄像头远程执法违停）和审批事项（如不见面审批）可以完全远程进行，而无须行政机关工作人员与相对人面对面处理。非现场化的行政方式可以协助执法人员远程监控，极大地提高了行政

[①] 谢硕俊. 论行政机关以电子方式作成行政处分：以作成程序之法律问题为中心. 台大法学论丛, 2016 (4): 1777.

效率。对于相对人来说,改变传统现场申办做法,实现当事人只跑一次腿,甚至零跑腿。

> **东莞、肇庆市推行不动产不见面审批**
>
> 　　东莞、肇庆两市依托一体化政府服务平台中不动产登记在线申请的子系统或构建独立的系统,实现了24小时全天候可在线申请、全程电子化审核,不见面审批。这一系统打通了税务、住建、教育、银行、"粤信签"、统一身份认证平台等系统,实现了数据间的互联互通与共享。应用人脸识别、电子签名、电子证照等技术,打通不动产登记电子证照的签发、下载与管理。在这些技术的支持下,审批的工作时限得到极大地压缩,最快可以实现一天办成。[①]
>
> 　　为了克服传统现场申办延伸到网络所带来的问题,肇庆市的"互联网＋不动产登记"服务平台以不动产"一件事"为主题进行建设,推进业务场景化建设,每个业务场景对应一棵逻辑树,实现智能化、简单化交互式"场景树"引导。企业、群众无须了解事项主管部门,只要按指引点击鼠标,即可轻松在线申办。[②]
>
> 　　另外,在肇庆的不动产"互联网＋不动产"平台中还实现了服务延伸。当事人申请办理不动产业务时,可同时申办水、电、气、网络电视过户,系统数据将直接推送到民生服务企业,关联事项办理"零跑动"。但在之前,相关业务的办理需要到不同的部门分别申请办理,多次跑腿,自然办理时间也相应延长。[③]

　　一体化在线政务服务平台的搭建,便捷了申请人相关业务的申办。零

[①] 广东省政务服务数据管理局. 推行不动产智能化申办、电子化审批(东莞做法). (2020-02-24). http://www.gd.gov.cn/gdywdt/zwzt/szhzy/jytg/content/post_2906192.html.

[②] 广东省政务服务数据管理局. 打造"一次办成一件事"智能精细化政务服务模式(肇庆做法). (2020-02-24). http://www.gd.gov.cn/gdywdt/zwzt/szhzy/jytg/content/post_2906313.html.

[③] 广东省政务服务数据管理局. 推行不动产智能化申办、电子化审批(肇庆做法). (2020-02-24). http://www.gd.gov.cn/gdywdt/zwzt/szhzy/jytg/content/post_2906313.html.

第六章 数字政府下的行政程序发展

> 纸质流转、在线审批、颁发电子证照,以打破不同行政机关之间的"数据孤岛"与"数据壁垒"作为前提,各类政务数据之间须互通共享。这样的变化,不是单纯地将业务从线下直接搬到网上,它以相关数据与技术作为支撑。为了避免传统线下工作方式的弊端延伸到网上,行政机关应当从过去这种"以我为主"式的程序定位与安排中抽离,基于互联网的技术优势,可以设计简化、灵活、迅速且合乎行政目的的行政程序,让行政程序不再局限于行政管理的单方需要,而是以良好的公众体验为目标,建构一套用户友好型的行政程序。

非现场化行政方式新带来的程序挑战主要集中在证据、通知、说明理由等方面。非现场化执法或审批中,大量证据、材料的提交是通过拍照、图像与人脸识别等形式进行的,这些证据与材料形式的效力认定、真实性判断都需要程序机制的进一步完善。而非现场化行政方式也弱化了相对人与公务人员之间的面对面交流,可能带来交流方面的不畅,影响"通知"和"说明理由"这两个重要行政程序制度的实现。杜某良案就在一定程度上反映了这一问题:杜某良每日驾驶机动车在同一地点违反禁行规定,均被电子监控装置抓拍,累计105次,均未得到及时通知。直到他顺带查询违章时才发现,被公安交通部门共处以罚款10 500元的行政处罚。[1] 这其中就涉及在该项非现场行政执法中,通知与说明理由制度未能落实。

四、自动化

自动化则是现阶段行政流程再造的最高形态,是指行政程序中特定环节或所有环节由自动化系统代为处理,而无须人工的个别介入。[2] 从这个角度来说,自动化就是无人化。自动化行政适用于需要作出大量相同或相似行政行为的场景中。交通违章抓拍、"无人干预自动秒批落户"、个人疫情

---

[1] 王乃彬. "同一地点违章百余次被罚万元"事件引发争议. 法制日报,2005-06-06(5).

[2] 马颜昕. 自动化行政的分级与法律控制变革. 行政法学研究,2019(1):80-92.

风险("健康码")的自动化评级[①]、全自动系统完成税收征收等,均属于这类。

一个经典的行政行为作出程序一般包括了立案(受理)、调查、决定、送达等几个环节。相较于传统经典的行政行为作出程序,自动行政行为根据机器与设备的完成程度、人工介入的不同程度,对传统程序带来的挑战亦有所不同,其中部分程序内容的压缩还可能引发当事人程序性权利被机器架空的危险。下文将探讨相应程序所面临的问题。

无人干预自动审批等自动化行政方式体现出批量化作出的特点,程序上体现出从个案程序转向(非真正的)集团程序的特征。[②] 这两者之间最为显著的不同在于不少程序内容出现压缩。例如,无须领导机关负责人签名、特定情况下可以不说明理由、无须事先听证等。[③] 借助代码、指令、算法,由机器全自动进行处理,在提高行政效率与降低成本的同时,也免除了行政机关针对个案进行调查的义务,行政机关完全依赖机器作业,流水线般作出行政行为。在德国法上,针对这类借助机器自动作出的具体行政行为都属于根据行政经验可处理的具备高度同类特征的简单捆绑,德国法也免除了行政机关针对这类程序的听证义务。[④] 另外,机器在自动处理信息作出行政行为的过程中,保留了计算机协议和活动日志,但这些内容对于没有计算机专业背景的当事人而言,与实体文档卷宗并不能简单等同。甚至算法本身的"黑箱"特征,也引发了诸多其他问题,包括算法歧视、算法结果的不可预测性内容。对这些程序步骤与内容的压缩,在提升效率的同时,如若出现算法或机器错误,同样会带给当事人严重的损害后果。

五、智能化

智能化是数字政府下行政活动方式发展的全新阶段,正处于方兴未艾

[①] 查云飞. 健康码:个人疫情风险的自动化评级与利用. 浙江学刊, 2020(3):28-35.
[②] Bull. Der "vollsätndig automatisiert erlassene" Verwaltungsakt. DVBL, 2017:409-416.
[③] 毛雷尔. 行政法学总论. 高家伟, 译. 北京:法律出版社, 2000:445.
[④] 查云飞. 人工智能时代全自动具体行政行为研究. 比较法研究, 2018(5):167-179.

第六章　数字政府下的行政程序发展

之时,是指通过人工智能、大数据等技术的运用,为行政活动提供智能化决策辅助,甚至实现自动化决策。这其中最大的程序挑战就是可能的算法歧视与算法"黑箱"问题。

人工智能算法这样的自动化系统往往在人们的印象中都是客观、中立的,不受主观成见的干扰,也没有自己的利益,自然公正无私。但是很不幸的是,越来越多的研究和实践均表明,自动化决策的过程中,因为社会现有历史数据、技术限制、使用的具体环境等原因,有可能在自动化决策中存在歧视与偏差。[1] 比如,匹兹堡的一个项目利用数据预测儿童遭受父母虐待和疏忽对待的潜在可能性。但由于被标记为贫穷的父母和被标记为疏忽失职的父母在数据上高度重叠,该项目的算法把贫穷的父母和抚养不善的父母不当的联系了起来,甚至使那些因为贫穷而向公共项目寻求援助的父母被标记为对自己的孩子存在威胁性。[2] 又比如从2013年开始,波士顿市通过智能手机的动作感应系统来向市政府报告有关街道行驶时的颠簸情况,以便及时解决道路坑洼问题。然而有趣的是,这个系统的数据显示该市富裕地区的颠簸反而高于贫困地区的,可能导致市政资源向富裕地区转移,引发不公。最后发现是富裕地区的智能手机和应用程序的数量更高,导致了这种偏差。[3]

而所谓算法"黑箱"问题是指,随着机器学习等人工智能算法的发展,部分人工智能算法可以自发学习和演进,其决策方式不是简单的线性一对一,而是变得扑朔迷离。[4] 人们只知道其输出了特定结果,这个结果从统计

---

[1] Batya Friedman, Helen Nissenbaum. Bias in Computer Systems. *Acm Transactions on Information Systems*, 1996, 14 (3): 330-347.

[2] Cordelia Fine. Coded Prejudice: How Algorithms Fuel Injustice. (2018-03-06) [2018-08-27]. https://www.ft.com/content/5e3901a6-208e-11e8-8d6c-a1920d9e946f. Virginia Eubanks. *Automating Inequality: How High-Tech Tools Profile, Police, and Punish the Poor*. New York City: St. Martin's Press, 2018.

[3] Omer Tene, Jules Polonetsky. Taming the Golem: Challenges of Ethical Algorithmic Decision-Making. 19 *N. C. J. L. & Tech.*, 2017: 125-128.

[4] Maayan Perel, Niva Elkin-Koren. Black Box Tinkering: Beyond Disclosure in Algorithmic Enforcement. 69 *Fla. L. Rev.* 181, 2017: 184.

学上看大概率正确,至于为什么得出这个结果,人们却可能一无所知。更广义的"黑箱"还包括一些虽然技术上可能并不"黑箱",但因为缺少足够的对外可解释性,而致使公众缺乏足够了解的一些技术运用。"黑箱"问题的核心在于因为缺少可解释性和可理解性,公众对行政行为的结果缺少可接受性。

从实体上解决算法歧视与"黑箱"问题是十分困难的,此时就需要通过事前认证、告知与事后纠正这样的程序机制予以控制,并为公众提供足够的可接受性。

第二节 正当程序原则的坚持与发展

一、数字政府时代应当坚持和贯彻正当程序原则

前述程序挑战,有一部分属于"规则空白"问题,比如电子化送达的时效认定、电子化证据的形式等。这些空白问题,属于时代发展的必然产物。在现有法理机制下,通过立法完善,制定相适应的具体规则即可对此予以解决,相对比较简单。但是还有一部分问题,核心来源是数字政府发展中的价值冲突,其解决就具有一定的理论难度。这种冲突体现在效率与公平、先进与平等、便利与安全三组价值上[①],分别对应了前述的程序权利压缩、信息弱势群体保护、信息安全三个具体问题。在程序上进行价值权衡,就必然涉及正当程序这一程序法治的核心原则。

正当程序原则规定了行政行为作出的基本程序底线,关乎个人尊严与最低限度的公正。[②] 关于正当程序的具体内容,不同国家、不同时代、不同学者间观点并不完全一致,但是一般认为,公开、通知、听取意见、说明理由、回避、告知、禁止单方接触等构成了正当程序原则的核心要求。[③]

在数字政府的部分早期实践中,由于对程序公正重要性的认识不够,部分环节未能完全贯彻正当程序原则的基本要求。比如杜某良案中,相对人之所以会被接连处罚 105 次而不自知,正是因为其没有及时地被告知。于传统的人力执法,执法人员现场开设罚单并送达当事人,并通过与相对人的直接接触,可以对告知、说明理由、陈述与申辩等程序环节予以现场实施。而自动化行政处罚等新型行政方式所实现的无人化、非现场化,丧失了这种人与人之间的直接接触,使许多程序制度难以良好地落实。

---

① 参见本书第二章第二节的详细探讨。
② 王锡锌. 正当法律程序与"最低限度的公正"——基于行政程序角度之考察. 法学评论, 2002 (2): 23-29.
③ 应松年. 当代中国行政法:上. 北京:中国方正出版社, 2005: 114.

因此，首先需要在理念上认识到，非现场执法、自动化行政等电子化、网络化、非现场化、自动化、智能化的行政活动，并不因为行政方式的改变而降低行政主体的程序义务。其次，应当通过新的技术手段和程序规定发展正当程序原则，并在具体制度上实现应有的程序要求。下面将具体探讨正当程序原则的新发展，并结合行政许可、行政处罚等具体制度分析具体程序制度的完善。

二、数字政府时代正当程序原则的新发展

人工智能、大数据等技术的发展带来治理模式的转变，数字政府背景下行政活动方式的改变也带来了新的变化性与不确定性。为了在这样的变化中保护相对人的基本权利，需要构建一定的程序底线。不管技术如何变化，相对人可以通过程序的保护来获得应有的公正。数字政府时代，正当程序原则还将继续发挥重要作用：一方面，现有的行政程序制度在没有特别理由、未经立法改变之前，应当同样适用于各类新型行政活动；另一方面，正当程序原则的具体内容也产生了相应的发展，提出了一些新的要求。[①]

1. 注意对信息弱势群体的程序保护

技术的飞速发展带来了效率的提升，但是也产生了数字鸿沟：那些没有智能手机、无法便利使用网络或者不懂得使用这些技术工具的人群便成了一种技术弱势群体，他们无法享受数字政府带来的便利，甚至可能形成了一种反向歧视。截至2019年年底，我国还有近5.5亿人无法使用互联网。[②] 其规模不可忽视，时代的发展不应该抛弃这些群体。

因此在数字政府的发展过程中，应当构建对信息弱势群体的程序保护机制，核心是为相对人提供选择机会。对于可能影响信息弱势群体参与行

[①] 也有学者将这种新时代的要求称为"技术性正当程序"。Danielle Keats Citron. Technological Due Process. Social Science Electronic Publishing，2007（6）.

[②] 中国互联网络信息中心．中国互联网络发展状况统计报告．（2019-08-30）［2020-03-01］. http://www.cac.gov.cn/2019-08/30/c_1124938750.htm.

第六章　数字政府下的行政程序发展

政过程的电子化、网络化手段，相对人有相应的选择权，即相对人可以选择使用信息化方式参与行政过程，也可以选择通过纸质等传统形式参与。行政机关在前台与相对人互动的过程中，应当允许相对人以纸质材料提交文件或以纸质方式进行信息送达；并为相对人提供人工服务与面对面服务通道。当然，为了维护数字政府的数据标准一致性，行政机关应当在后台将这些纸质文件转换为电子数据进一步处理。这种相对人选择机制也进一步要求行政机关在推行数字政府过程中，应当注意各种不同群体的需求，保留纸质和人工服务的选项，而不能简单化地一刀切。近年来引发一定争议的 ETC 强制推广事件就可以提供一些借鉴。

2. 注意技术运用中的形式公平

正当程序原则要求程序公正，在形式意义上与平等保护原则是一致的，即同样情形下的同样事情，应当在程序上获得相同的处理，不得考虑不相关的因素。然而人工智能算法存在着个性化、定制化等特征，可以根据对象的不同进行区别化处理。如果发挥这种优势，可以实现良好的精准治理，但是反过来，也会产生程序不平等的问题。为了解决这一问题，应当建立起一系列程序公平的具体要求，从而使新技术平等地适用于每一个体，程序的设计不会特别地不利于特定的人。这些具体要求应当包括：每一个决策都应该适用相同的策略或规则；在识别被决策主体身份前就事先明确决策策略（并且可靠地记录这一策略选择），从而降低通过设计程序来歧视特定个体的可能；每一项决策都可以依据特定的决策策略和特定的输入信息予以重现；如果一个决策中存在一定随机性（比如抽签），那么这种随机信息不能受到任何利益相关方的控制。[1]

3. 提高透明度与可解释性

提高包括人工智能算法在内的各种自动化行政技术手段的透明度和可解释性，是解决算法"黑箱"、提高技术接受度的一种直觉性的解决方式。

---

[1] Joshua A. Kroll, Solon Barocas, Edward W. Felten, etc.. *Accountable Algorithms*. Social Science Electronic Publishing, 2016, 165 (3): 633-705.

因此，虽然部分学者对算法透明的必要性提出异议[①]，但是主流学界[②]、工业界[③]，甚至各国政府[④]都对自动化决策中的透明度与可解释性提出了相应要求，成了一种重要的发展趋势。

所谓透明度和可解释性就是指，当自动化决策可能对相对人的权益产生重大影响时，应当对其作出决定的过程作适当的解释，使自动化决策能够为人类所识别、追踪和理解。[⑤] 在这一要求下，自动化行政等数字政府中的新型行政活动方式中如果在程序、证据等方式中使用了包含人工智能算法等在内的新技术，当这种新技术对相对人的权益产生重大影响时，应当对这种技术影响行政决定的方式作出解释，或者说，至少保有解释的能力。这种程序要求看似全新，但又似曾相识，其制度建设可以部分参考说明理由制度。现行的说明理由制度包括说明事实依据、法律依据以及其他理由。[⑥] 透明度和可解释性在一定程度上可以视为对说明理由制度的拓展，其制度价值是相似的。但其与一般的说明理由不同的是，由于技术的复杂性，如果要求对每一技术细节处处进行事前解释，无疑成本高昂且时间冗长，因此，如前所述，关键是保留解释的能力，而具体解释的环节可以后移至事后，即在相对人存在异议的时候，对个案进行事后监督。

4. 经过评估与认证

一个人完成特定的专业工作前需要进过一定的考试或评估并通过相应

---

① Paul B. De Laat. Big Data and Algorithmic Decision-making. *ACM SIGCAS Computers and Society*，2017.

② Ion Stoica，Dawn Song，Raluca Ada Popa，etc.. A Berkeley View of Systems Challenges for AI.（2017 - 10 - 16）[2018 - 08 - 27]. https：//www2. eecs. berkeley. edu/Pubs/TechRpts/2017/EECS-2017-159. html.

③ IEEE. Ethically Aligned Design V2.（2018 - 01 - 14）[2018 - 08 - 27]. https：//ethicsinaction. ieee. org/.

④ Cathy O'Neil. Audit the Algorithms that Are Ruling Our Lives.（2018 - 07 - 31）[2018 - 08 - 27]. https：//www. ft. com/content/879d96d6 - 93db - 11e8 - 95f8 - 8640db9060a7.

⑤ High-Level Expert Group on Artificial Intelligence. Ethics Guidelines for Trustworthy AI.（2018 - 12 - 08）[2018 - 12 - 20]. https：//ec. europa. eu/digital-single-market/en/news/ethics-guidelines-trustworthy-ai.

⑥ 彭修凯. 论行政程序说明理由制度. 当代法学，2002（6）：8 - 11，115.

第六章 数字政府下的行政程序发展

的认证,特定的技术手段在承担数字政府的特定任务前同样如此。[1] 这种评估与认证程序构成了数字政府背景下正当程序原则的重要一环。比如在声呐电子警察相关案例中,相对人对声呐定位的可靠性提出质疑,作为答辩,行政机关提出了违法鸣喇叭抓拍设备均已通过国家权威机构检测的证据,最终法院采纳了行政机关的观点。[2] 实际上,由于数字政府中各种新技术的高度复杂性,普通人是难以理解,也难以对其进行实质性审查的。这也是为什么部分学者认为将透明度普及普通公众并没有意义。[3] 在这种情况下,专业机构和专业人士的评估与认证,将会起到关键作用。通过它们对技术手段予以测试,交流和发布可能存在的风险[4],满足正当程序的需求,同时提高公众的可接受度。此外,对于有些确实存在可解释性难题,但是又确有存在必要的特定技术,也可以通过一些专业技术工具的使用,在信息不完全的前提下对算法等新技术的实效进行检验[5],从而满足正当程序原则的基础要求。

---

[1] Ryan Calo. *Artificial Intelligence Policy：A Primer and Roadmap*. Social Science Electronic Publishing, 2017.

[2] 王闲乐. 上海首例电子警察抓拍违法鸣笛行政处罚诉讼案宣判. 解放日报, 2019 - 04 - 09 (7).

[3] Paul B. de Laat. Algorithmic Decision-Making Based on Machine Learning from Big Data：Can Transparency Restore Accountability？. *Philosophy & Technology*, 2017.

[4] 宋华琳, 孟李冕. 人工智能在行政治理中的作用及其法律控制. 湖南科技大学学报(社会科学版), 2018 (6)：89.

[5] Joshua A. Kroll, Solon Barocas, Edward W. Felten, etc.. *Accountable Algorithms*. Social Science Electronic Publishing, 2016 (3)：633 - 705.

第三节　典型行政行为的程序完善

一、以行政许可为代表的授益行政行为程序

深圳市 2018 年 5 月发布了关于普通高校应届毕业生引进和落户的一项工作方案，其中引人注目的一点是其中采用了一种被称为"无人干预自动审批"的行政审批方式。该方式取消了现场报到环节，申请引进和落户的申请人通过系统提交学历学位和身份信息，由系统自动核查材料的完整性并比对学历信息，如果申请人提交的材料完整并通过学历信息比对，系统将自动审批，无须人工核查。审批完成后，系统也会自动将相关信息推送给有关部门，相对人凭借电子信息即可去公安机关办理户籍等手续，无须再发放纸质证明。[1] 这就是一项运用了自动化行政的数字政府时代新型的行政审批流程代表。数字政府现阶段行政许可的主要程序发展体现在集中办理、一网通办、不见面审批、自动化审批等几个方面，其背后都是行政方式电子化、网络化、非现场化、自动化、智能化等信息化水平的提高，在具体程序制度上也需要进行相应的完善。

（一）入口启动程序

行政许可作为一项典型的依申请行政行为，其程序启动环节为相对人申请。与过去传统的当面提交不同，数字政府时代允许相对人通过互联网手段提交申请，通过人脸识别、图像扫描等技术方式实现远程身份确认和资料提交。在申请初步受理阶段，可以完全网络化和自动化作出。这也使相对人提交申请不再受到时间和空间限制，并可通过网络随时查询行政许可进度，"24 小时政府"或"不打烊的政府"得到实现。[2] 但正如前述，为了照顾信息弱势群体的行政参与权益，应当避免一刀切的完全电子化，保

---

[1] 参见深圳市政府办公厅 2018 年 5 月 16 日发布的《深圳市人民政府办公厅关于印发深圳市普通高校应届毕业生引进和落户"秒批"（无人干预自动审批）工作方案的通知》（深府办函〔2018〕109 号）。

[2] 宋华琳. 电子政务背景下行政许可程序的革新. 当代法学，2020（1）：80.

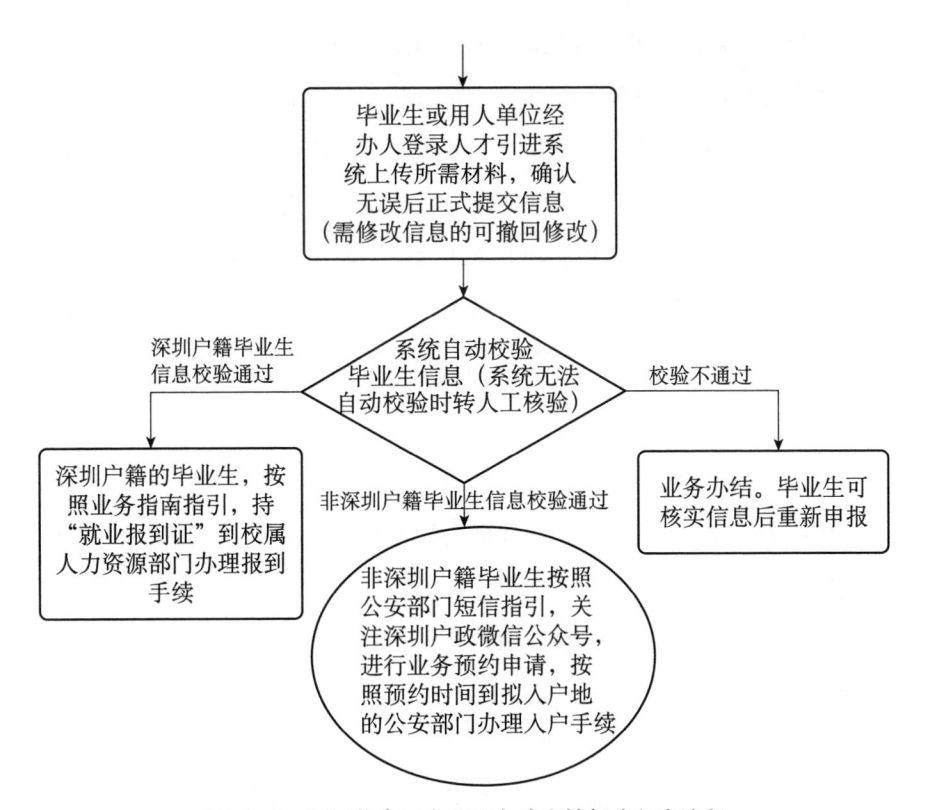

第六章 数字政府下的行政程序发展

```
           ↓
    ┌─────────────────┐
    │ 毕业生或用人单位经 │
    │ 办人登录人才引进系 │
    │ 统上传所需材料，确认│
    │ 无误后正式提交信息 │
    │(需修改信息的可撤回修改)│
    └─────────────────┘
              ↓
    系统自动校验
深圳户籍毕业生  毕业生信息（系统无法  校验不通过
信息校验通过   自动校验时转人工核验）
    ↓              ↓            ↓
┌──────────┐              ┌──────────┐
│深圳户籍的毕业生，按│             │业务办结。毕业生可│
│照业务指南指引，持 │ 非深圳户籍毕业生│核实信息后重新申报│
│"就业报到证"到校属│ 信息校验通过   └──────────┘
│人力资源部门办理报到│    ↓
│手续        │ ╭──────────╮
└──────────┘ │非深圳户籍毕业生按照│
             │公安部门短信指引，关│
             │注深圳户政微信公众号，│
             │进行业务预约申请，按│
             │照预约时间到拟入户地│
             │的公安部门办理入户手续│
             ╰──────────╯
```

图 6-1 深圳落户无人干预自动审批部分程序流程

留行政许可申请提交的人工和纸质通道，为相对人提供选择权。

此外，数字政府背景下行政许可申请提交程序的另一大特征就是，通过中、后台数据的互联互通，政务服务流程的优化，实现了集中办理、一网通办。程序上主要通过线下线上两种渠道实现，线下通过集中式的政务大厅，实现一个大厅，甚至一个窗口统一受理行政许可申请；线上通过一体化在线政务服务平台的建构实现"一次登录，各地漫游"，力图实现国家、省、市、县"四级四同"，推广在不同地区服务事项无差别办理和全国范围内"一网通办"。这些程序上的改进都极大地便利了相对人。

（二）中间审批程序

中间审批程序的主要发展体现在不见面审批和自动化审批上。当相对人提交的材料清晰、明确，不存在争议时，可以无须相对人"跑腿"，直接

165

网上审批。而对于一些事项清晰、规则明确的审批，甚至无须人工干预，系统可以直接自动作出审批，实现审批过程的完全无人化、自动化。但正如前文流程图所示，由于技术发展水平等原因，现阶段人工智能系统还无法像真正的人类一样应对复杂多变的特殊情况，当遇到无法自动识别、校验的情况时，仍然需要快速转换到人工审核程序中，以保证审批程序的顺利进行。因此，在审批程序中仍然必须保留应有的人工程序备份。但即使如此，技术的进步也极大地提高了审批的整体效率，减少了相对人的奔波，也降低了行政系统自身的成本。

（三）出口发证程序

传统上行政许可完成后，行政机关作出准予行政许可的决定的，需要颁发加盖本行政机关印章的许可证、执照、资格证、资质证、合格证书或者其他批准文件或者证明文件。但数字政府背景下，许可证可以以电子证照的形式出现，并实时推送给有关部门，无须相对人另行自我证明。比如深圳的落户程序中，审批通过后，系统将会把人才引进审批文件、"入户人员信息卡"、"农转非指标卡"等相关信息推送至公安部门，并通过系统信息或手机短信的方式将审批结果及后续办理流程告知申请人，不再发放人才审批结果的纸质材料，申请人凭系统信息或手机短信内容可直接办理后续落户手续。申请人如需纸质人才引进审批文件，可通过系统自行打印。①

（四）事后纠正程序

新技术也会带来新风险，数据、系统都存在出现错误的可能，因此，自动化审批等行政许可中也可能出现未知的错误，人工智能偶尔也变成让人啼笑皆非的"人工智障"。因此，应当建立人工抽查、交叉检查、公开监督、相对人反馈应答等监督方式，一旦发现许可错误，及时纠正，以减少技术运用带来的审批错误风险。

---

① 参见深圳市政府办公厅 2018 年 5 月 16 日发布的《深圳市人民政府办公厅关于印发深圳市普通高校应届毕业生引进和落户"秒批"（无人干预自动审批）工作方案的通知》（深府办函〔2018〕109 号）。

二、以行政处罚为代表的负担行政行为程序

声呐电子警察第一案

为了更准确、高效地处罚违法鸣喇叭行为,上海于 2016 年引入声呐技术,在车流量、人流量较大的路口安装声呐"电子警察"。2018 年 5 月 12 日 18 时许,何先生在上海市某十字路口遇红灯停车等待时,突然收到一条市公安局某分局交通警察支队的短信通知,提醒他涉嫌违法鸣喇叭。道路一侧的"违法鸣喇叭"电子显示屏滚动播出其车牌号。

何先生认为,当时他并没有摁喇叭的行为。事后,他几次通过电子邮件与交警支队沟通,希望对此事重新审查。交警支队经过调查,认为声呐"电子警察"记录证据确凿,违法事实认定清楚。同年 6 月 30 日,何先生前往市公安局某分局交通警察支队处理上述事项,交警支队向其出具"交通违法行为处罚事先告知书/确认单"和"公安交通管理简易程序处罚决定书",对何先生作出罚款 100 元的行政处罚决定。何先生虽然在告知书和处罚决定书上签名确认并缴纳罚款,但对处罚决定不服,遂向法院提起诉讼,请求法院判决撤销处罚决定。

一审庭审中,双方当事人围绕何先生违法鸣喇叭的事实是否成立、声呐"电子警察"抓拍是否准确有效等争议焦点展开辩论。何先生认为,当时自己没有鸣喇叭。他是从事汽车声源定位工作的,对声呐系统的准确性和交警支队提供的违法鸣喇叭证据即四张照片存疑。交警支队指出:上海使用的声呐"电子警察"违法鸣喇叭抓拍设备均已通过国家权威机构检测合法。声呐"电子警察"通过声阵列采集设备,采集违法鸣喇叭的声音信号,通过高清摄像机采集车辆图像信号,再分别传输至声源自动识别系统,进行声源定位和图像自动抓拍识别,即通过声呐定位和视频巡查组合认定的方式,确定违法行为后由系统自动生成四张证据照片,包括车牌细节、车辆全景、路况图和声源位置示意图。何先生车辆鸣喇叭产生的点位,就来自他的车辆引擎盖中央,定位很精确,可以确认其违

> 法鸣喇叭。
> 　　上海市第一中级人民法院审理后认为：本案中，交警支队提供的电子监控设备拍摄的照片与告知书相互印证，可以证明何先生于2018年5月12日18时02分实施了在禁止鸣喇叭区域或路段鸣喇叭的违法行为。故交警支队作出处罚决定的主要证据充分。交警支队在作出处罚决定前履行了行政处罚事先告知程序，并将处罚决定送达何先生，保障了何先生的程序性权利。最终一审法院驳回了原告何先生的诉讼请求。①

　　与行政许可为代表的一般性授益行政行为不同，行政处罚等负担行政行为将会对相对人的权利产生结果性的不利影响。因此，其在正当程序上比一般性的授益行政行为的要求更高。在行政处罚的过程中，应当详细说明理由、展示证据，充分保障相对人的申辩权。如前所述，数字政府背景下的新型行政流程通常为了效率会将部分行政程序予以压缩，但在负担行政行为中，这种行政程序的压缩应当非常谨慎，除非得到相应层级的立法程序的明确确认，否则不应减损程序要求。依据行政处罚的不同阶段和程序的不同功能，可以将行政处罚程序区分为识别与输入、分析与决定、输出与实现三个环节。②

（一）识别与输入环节

　　以交通抓拍为代表的部分自动化行政已经很早就进入人们的生活。这种部分自动化行政中无人化的典型环节就在于识别与输入。通过摄像头、测速仪、声呐定位系统等技术设备，对违法人予以识别，固定违法证据，并将之形成数据信息，输入系统，启动行政处罚程序。这一环节中的核心问题在于对输入证据形式的可接受度。

　　在自动化行政处罚的早期运用中，自动化系统生成的证据往往比较简

---

① 王闲乐. 上海首例电子警察抓拍违法鸣笛行政处罚诉讼案宣判，声呐"电子警察"抓拍准确率成焦点. 解放日报，2018-04-09（7）.
② 马颜昕. 自动化行政的分级与法律控制变革. 行政法学研究，2019（1）：80-92.

第六章　数字政府下的行政程序发展

单直接,如交通抓拍中所抓拍到的闯红灯照片。这种证据直接、明了,符合人们的常识,接受度高。但随着技术的进步,越来越多超越人们常识的方式也开始出现,比如前述案例中的声呐电子警察。这种对人们常识的超越,从好的一面正说明了技术进步使自动化行政可以完成那些人工难以完成的任务,但这也挑战了人们的可接受度,人们会本能地对这种新技术手段作为证据的可靠性存在一定怀疑。

如果说声呐电子警察尚且处于"看得见、听得到"这样的常识边缘,人工智能技术的进一步发展将会进一步挑战人们的接受极限。比如人脸识别,人工智能基于各种算法,其对人的识别方式与人类的并不相同,因此,很多时候人眼所无法识别的差异,却可以被人工智能区分;而当人眼为变装所欺骗的时候,人工智能却可能"透过现象看到本质"[1]。这是技术的进步,但也是一个自动化行政"反常识"的证据。

对于有些表面上反常识的证据形式和证明方式,仍然可以通过一定方法予以解释。然而,随着机器学习等人工智能算法的发展,本章前述的"算法黑箱"[2]问题便凸显。人们只知道其输出了特定结果,这个结果从统计学上看大概率正确,至于为什么得出这个结果,人们却可能一无所知。此时,人们的可接受度所受到的挑战将十分巨大。特别是在行政处罚中,如果不能得出一个让相对人可以理解的解释,仅仅用概率上的正确,是无法让相对人满意的。这种可接受性上的缺失,直接影响到行政处罚的教育与利导效果。[3]

更进一步说,算法"黑箱"对行政处罚正当性的影响不仅仅体现在相

---

[1] 比如现在人工智能行人识别算法在识别能力上已经超越了经过熟练训练的人类专家。X. Zhang, H. Luo, X. Fan, et al.. Aligned ReID: Surpassing Human-Level Performance in Person Re-Identification. (2017-11-22) [2020-03-01]. https://arxiv.org/abs/1711.08184.

[2] Maayan Perel, Niva Elkin-Koren. Black Box Tinkering: Beyond Disclosure in Algorithmic Enforcement. *Fla. L. Rev.*, 2017 (69): 181-184.

[3] 关于行政处罚的可接受性现有研究并不充分,但基本理论可借鉴司法判决可接受性的有关研究。易延友.证据法学的理论基础——以裁判事实的可接受性为中心.法学研究,2004 (1): 100.

对人是否主观上接受，更体现为在特定行政处罚中证明标准是否达到。关于行政处罚的证明标准学界尚未有统一观点，但一般认为，像拘留、吊销证照等对相对人的人身、财产权利有重大影响的重大行政处罚案件，应当适用确凿证据标准，也就是需要排除任何合理怀疑。① 那么问题正在于：一个难以被解释、难以被理解的，仿佛来自黑箱之中的人工智能算法所作出的结论，能否构成确凿证据标准的基础？换言之，对这样算法"黑箱"的质疑是否构成一种合理怀疑？从这个角度上看，新技术使用所产生的"黑箱"问题，至少在行政处罚领域中存在巨大的潜在正当程序问题。

为了解决这些问题，需要对行政处罚中新型技术手段的运用格外谨慎，通过透明度与可解释性、评估与认证②等程序机制的完善，逐步提高公众的接受程序，减少违法性争议。

（二）分析与决定环节

在行政许可等领域中，部分行政审批实现了完全自动化，将分析与决定环节也交给了自动化系统作出。与行政许可不同，行政处罚是负担行政行为，其在正当程序上的要求更高。在行政处罚的过程中，应当详细说明理由、展示证据，并听取相对人的申辩。这是现阶段的自动化行政难以做到的。更进一步说，即使技术上可以实现，还需要考虑到相对人的可接受度。行政处罚中行政主体与相对人的关系相对紧张，新技术手段的运用需要更为谨慎，以降低相对人的疑虑。在声呐电子警察案中，当事人的一大不满就在对声呐证据的技术可靠性的怀疑。如果行政处罚实现完全无人化，这种疑虑将更为激化。这种心理上的疑虑和可接受度也应该当被纳入考量范围，正义不仅应得到实现，而且要以人们看得见的方式实现。③ 因此在现阶段应当要求分析与决定环节由人工完成，即通过人工审核后方可作出处罚决定。这也与《道路交通安全违法行为处理程序规定》中所设计的现行

---

① 何海波. 行政诉讼法. 2 版. 北京：法律出版社，2016：431.
② 详见本章第二节.
③ 陈瑞华. 看得见的正义. 北京：中国法制出版社，2000：2.

第六章　数字政府下的行政程序发展

制度精神相一致。[1]

不过数字政府背景下行政活动非现场性、高效性等特征，也使部分程序制度的实现方式可能改变，最典型的趋势在于说明理由、陈述和申辩等程序的重心可能后移，从事前、事中程序变为事后纠正程序。比如一项交通违章处罚，在人力执法时代，执法者在现场处罚时能够即时进行说明理由并在听取陈述、申辩后作出决定。而在自动化行政下，执法者可以事先通过短信等方式进行简单通知，当事人如果不服，可以通过网络平台、行政服务中心等媒介获取违法事实证据材料等更多信息，提出自己的申辩，并要求人工介入，对可能的错误进行纠正。此举在保障相对人程序权利的同时，发挥自动化行政处罚的高效优势。

（三）输出与实现环节

输出与实现主要涉及执行环节，也涉及对相对人的通知。这一环节直接作用于相对人，重要性不可忽视。杜某良之所以会被接连处罚 105 次而不自知，正是因为对其处罚结果并未及时地告知，也难以起到行政处罚应有的教育效果。

技术手段的进步为输出和实现提供了新的便利程序机制，比如通过短信的即时推送来实现及时告知。在声呐电子警察案中，相对人就通过短信、道路电子屏等方式即时获悉了自己的违法情形。[2] 此外，相对人还可以通过网络平台和网络支付等手段远程缴纳罚款、自助消分，从而极大地便利了行政处罚的执行。

---

[1]　参见《道路交通安全违法行为处理程序规定》第 19 条。严格来说该第 19 条所说的是"公安机关交通管理部门"应当对记录内容进行审核，而非一定"人工审核"，但在现在的主流实践中，仍然是通过工作人员的人工审核完成。

[2]　王闲乐. 上海首例电子警察抓拍违法鸣笛行政处罚诉讼案宣判，声呐"电子警察"抓拍准确率成焦点. 解放日报，2018 - 04 - 09 (7).

第四节　内部行政活动的流程再造

行政的条块分割、信息的孤岛一直以来是制约政府内部活动效率的重要因素。以数据化、网络化与智能化为特征的数字时代持续地对传统的行政组织架构与政府的行政行为方式发起挑战。以国务院推进的"互联网＋政务服务"改革为例①，这一改革将打破政府部门的条块式划分模式，地域、层级和部门限制；重组和优化政府业务流程，流程优化又倒逼政务服务部门协同联动。下文以数字化协同政务办公平台与政务服务流程重塑为例，观察内部行政活动如何实现流程的再造。

一、引入数字化协同政务办公平台

政务协同化办公是数字政府改革建设的重要内容之一。数字化协同办公系统是一套基于电子政务云 SaaS 化部署建设的集约化协同办公信息系统。利用政务微信等平台的连接能力，打造统一通讯录，提供办公应用，实现政府部门间跨部门、跨组织、跨地域、跨系统、跨层级的即时通讯和移动办公。数字化协同办公平台着力解决政府机关日常办公不便捷、协同办公效率低、业务联动能力不足等问题。以腾讯与阿里巴巴两大互联网巨头公司分别开发的"粤政易""浙政钉"为代表的数字化协同办公平台，实现了一个平台贯通省内横纵多个部门机关，将百万公职人员串联起来，掌上即可完成沟通与协同办公的设想。②

具体以广东省的"粤政易"协同办公平台为例来看：该平台以"集约化"、"协同化"与"移动化"为特征；按照政府部门内部办文、办事、办会需求，建设一套集约化的协同办公信息系统，实现用户跨部门、跨地域发起音视频会议、图文会话，随时随需、移动化地处理公文流转、行政审

---

① 参见《国务院关于加快推进"互联网＋政务服务"工作的指导意见》（国发〔2016〕55号）

② 澎湃网. 政务钉钉半年暴增 100%，"浙政钉"成政府数字化转型标杆．（2018-12-10）[2020-03-01]. https://www.thepaper.cn/newsDetail_forward_2723154.

第六章　数字政府下的行政程序发展

批、督查督办和内务审批等事务。建立多部门联动、跨部门协作、一体化运行的政务办公平台和机制，以信息系统整合共享促进政务工作协同化、体系化，打破部门业务隔阂。以移动优先的理念，将政务应用逐渐转移到"指尖"，摆脱时间、空间、设备环境约束，轻松实现指尖在线编辑、移动办公，信息流转快捷。目前，广东省内开通该系统的单位已超过1万余家，平台内政务应用数量过百，累计处理公文超过10万份，电子公文交换数量每周达100万＋份/周，办文效率提升40％以上。①

"粤政易"协同办公平台中不少功能的安排都改变了行政机关传统的行为方式，涉及人员联络、办会开会、公文传递、领导批示等内容。比如建立全省统一公职人员电子通讯录，由全省公务员共享，随时随地实现沟通，摆脱了纸质通讯录更新不及时、层层信息填报统计效率低下的问题。基于全省统一电子通讯录的搭建，配合了跨单位会议一键发起通知的功能：线上通知，一键报名，可在移动端审批会议，报名情况实时统计，会议材料实时共享，二维码签到替代纸质签名并实现在线统计，组织办会更便捷，办会效率提升。电子公文交换系统统一了全省电子公文收发入口，并与各级单位OA系统对接，让各类公文在各单位部门间流转、共享、利用，如同收发电子邮件一样简便。涉及涉密文件不上网的情形时，纸质文件的流转进度可在平台跟踪查询，线下"黑盒"流程线上透明化，可跟踪可监控；纸质文件一文一码，有档可查。通过电子通讯录还可将重要指示下达到厅局和地市，扁平化、精准定位接口人。领导批示直接传达，一键快速将批示速递分管领导；批示状态实时可见，可随时发起实时沟通，便于批示件流程追踪。新冠肺炎疫情期间该平台上线疫情上报功能，支持成员创建上报、收集健康信息，改善了过去分散填报、多头填报的问题。

该平台还为领导决策提供了充分的信息与数据支撑。"粤政易"汕尾版率先在全省开通可视化数据视窗功能。第一批开通市直8个主题共58类数

---

① 数字广东．[2020 - 05 - 15]．https：//www.digitalgd.com.cn/construction/government/．

据、288 项数据指标可视化页面，涉及税务决策、脱贫攻坚、财政收支、重点项目、招商引资、经济发展、疫情防控、供电数据等主题。以"脱贫攻坚"为例：在"粤政易"上，可视化的内容不仅提示了全市脱贫攻坚工作倒计时，还提供了脱贫工作有关的统计数据、地域分布，"一户一策"的推进情况，以数据、图表等可视化的方式呈现，为各级领导精准施策提供了重要参考依据。[1] 另外，这一功能还满足了领导移动办公的需求，随时查询、随时处理公文公务。

此外，该平台以知识库、任务管理、日程管理功能的设置为支撑，优化了公职人员日常工作的开展。知识库基于 AI 技术，进行个性化知识推送，一键收录精选集，生成个人知识图谱等内容；预置党的文献、法律法规、专项政策、领导动态四大资源库，聚焦关键字段，为办文、拟文提供参照。任务管理的功能设置有助于工作人员统筹安排工作，直观地与其他人一起推动工作进程，实现任务新建、分配、跟进等内容。

二、重塑以"业务"为中心的政务服务流程

以国家政务平台为枢纽，各地各部门建构的网上政务服务平台实现了全流程一体化在线政务服务。这类平台以"一网通办""一次办成一件事"作为目标，简化与整合政务服务。这类平台的亮点之一在于改变了过去业务办理的思路，从"办事项"向"办事情"发生转变。比如广东政务服务网及相关移动政务服务平台提供了超过 2 000 个"一件事"主题集成服务，涵盖营商环境、粤港澳大湾区、基层减负便民、少数民族和"信用+"等领域。[2]

为了优化办事体验、压缩办理时限，政务服务的模式一改过去以"以部门为中心"的理念，转向以"以用户为中心"。广东省肇庆市"一次办成

---

[1] 陈燕. 汕尾"数字政府"助力抗疫 改革建设实现弯道超车. 南方都市报，2020-04-26.

[2] 莫郅骅，陈燕. 广东一体化"掌上政府"全新升级 超 2 000 个"一件事"主题集成服务向公众开. 南方都市报，2019-10-22.

第六章　数字政府下的行政程序发展

一件事"的智能精细化服务改革便是围绕着以"用户为中心"政务服务模式所进行的一次全新探索。为破解传统事项分类体系与层级划分难以满足办事需求，该市打通卫健、环境、资源、市监等11个市县部门的自建业务系统，尝试整合、优化跨部门跨层级跨领域办事流程。首先，该市对政务服务事项进行全面彻底梳理：以用户为中心，全面分析政务需求，多维度找准用户办事场景，为海量事项构建网上申办全流程导引体系。目前，肇庆已上线651个"一件事"与企业、与民生相关主题，比如"开办理发店""我要办理工伤待遇""办理排污许可证核发业务"等，其中321个主题已实现"在线一站式申办"。其次，深挖政府管理与用户需求之间关系，进行业务的最小颗粒度梳理，做到情形、材料、表单"三个最小颗粒化"。对业务事项所涉的关键要素，按照逻辑关系进行细化，将办事条件、材料要求及内容进行标签化处理，构建口语化、准确的主题问答式"百科词条"。基于政务服务事项标准化基础，按照生命周期、主体类型、办理内容等逻辑关系，精细拆分事项层级、细化办事情形，形成事项的基本逻辑"树状"结构，支持多个办事场景问答交互引导。最后，在"三个最小颗粒化"数据支撑的基础上，推动时限、材料、环节和跑动次数四项指标的缩减。[①]

以开办餐饮店为例：肇庆市"一次办成一件事"改革中将开办餐饮店所需步骤进行拆解，分为办理个体工商户注册，建设项目环境影响评估备案，公众聚集场所投入使用、营业前消防安全检查，食品经营许可证核发这四步。前述业务流程事项如已办理，便可开办面积为500平方米的餐饮店。业务办理人可以选择线上申报或线下办理，简化递交材料数量，最多只需跑动1次，行政机关承诺在20个工作日内核发食品经营许可证。按照过去的流程，申办人至少需要跑动5次并与工商、消防、环境、食药等不同

---

① 广东省政务服务数据管理局. 打造"一次办成一件事"智能精细化政务服务模式（肇庆做法）. (2020-02-24) [2020-03-01]. http://www.gd.gov.cn/gdywdt/zwzt/szhzy/jytg/content/post_2906313.html.

175

的部门分别打交道,准备繁多的材料,经历复杂的程序。现在通过"一件事"主题服务,按照导引图即可轻松在线申办、一次办成,让用户从找"部门"真正变为找"政府"。

总之,政务服务要实现"一网通办""一次办成一件事",就行政流程而言,须配套梳理政府功能与业务之间的逻辑关系,改变过去以部门为中心的线性序列,提升以办理人为中心的业务梳理汇聚水平,按业务流程的自然先后次序进行相应的程序优化整合。

第七章
政企合作：数字政府建设的重要支撑

第一节　我国政务信息化建设模式的发展历程

我国政务信息化建设起步于20世纪的80年代，历经办公自动化、"金字工程"、"政府上网工程"、"三网一库"的建设和发展，我国政务信息化建设快速推进，信息化水平不断提高。进入21世纪以来，我国政务信息化又经过"十一五"的全面建设和"十二五"的转型发展，基本实现部门办公自动化、重点业务信息化、政府网站普及化。跨部门、跨地区共建工程逐步成为政务信息化工程建设的主要形态，成为支撑"放管服"改革的重要平台。同时，随着一体整合大平台、共享共用大数据、协同联动大系统的统筹构建，很大程度上改善了政务信息系统互联互通难、信息共享难、业务协同难的问题，初步形成了"大平台、大数据、大系统"的一体化政务治理新局面，政务信息化日益成为政府高效履职行政的重要手段。

纵观我国政务信息化近四十年的发展历程，政务信息化的建设模式也在摸索实践中不断得到完善，总体而言，政务信息化的建设模式大致经过了政府自建自营、政府采购工程和政府采购服务的三个阶段，当然，在这三个不同的阶段中，各种建设模式并非完全独立使用，实践中也会结合项目的实际情况综合使用。

一、建设模式1.0：政府自建自营

政府自建、自管、自用和自维政务信息化项目是这一阶段的典型特征。

数字政府：变革与法治

从国家出台的政务信息化工程建设规划等政策文件看，这一阶段的时间跨度相对较长，从政务信息化建设的起步阶段到"十二五"国家政务信息化工程建设规划前，我国的政务信息化建设虽然有一些创新的做法，但以政府自建自营模式为主。从实践情况看，政府自建自营的模式包括政府部门自建自营和政府部门下属的事业单位自建自营两种形式。

第一种形式是政府部门自建自营，即直接由政府部门投资负责工程建设，并建立专业团队负责项目的后续运营和维护。例如，根据《国务院办公厅关于进一步推进全国政府系统办公自动化建设和应用工作的通知》（国办发〔2000〕36号）的规定，各地区、各部门务必进一步加强对本单位办公自动化建设和应用工作的领导，把这项工作作为办公厅（室）的基本职能并进一步强化，要有专门机构，保证必要的经费，同时要下大力抓好队伍建设，保持队伍稳定，提高技术和管理水平。《全国政府系统政务信息化建设2001—2005年规划纲要》也提到，各地区、各部门办公厅（室）的主要负责人要亲自抓本部门、本系统的网络化、信息化建设和应用工作，认真贯彻落实《国务院办公厅关于进一步推进全国政府系统办公自动化建设和应用工作的通知》精神，加强督促检查，加大协调指导力度，将办公自动化工作作为办公厅（室）的基本职能，健全机构，充实人员。

第二种形式是政府部门下属的事业单位自建自营，即政府部门设立专门的事业单位，负责政务信息化项目的建设和运营维护。例如，2003年国家电子政务外网平台的建设，根据国家电子政务外网项目初步设计的批复，外网平台由政府部门下属的事业单位国家信息中心承担建设和维护工作，并提供给中央政府部门直接使用。

当然，无论是政府部门自建自营还是政府部门下属的事业单位自建自营，基于专业分工和经济效益最大化的考虑，从实践情况看，政府部门或其下属事业单位也可能会将政务信息化项目的部分工作通过工程招标、政府采购等方式委托给市场主体来辅助完成，但总体上不改变政府部门或其

第七章 政企合作：数字政府建设的重要支撑

下属事业单位主导建设运营的地位。

二、建设模式2.0：政府采购工程

随着我国政务信息化的纵深发展，政府自建自营模式的弊端也逐渐显露出来，例如，对财政预算要求高，增加政府的财政支持压力；需要具备较多的专业技术人员，增加政府的人力资源成本；因技术能力及技术人员的储备不足导致专业化水平和服务质量不高等。于是，探索完善政务信息化工程建设运行新模式显得越来越紧迫。2012年5月5日，国家发展和改革委员会印发《"十二五"国家政务信息化工程建设规划》（发改高技[2012]1202号），明确提出要推进工程建设管理创新，鼓励项目建设单位积极采用服务外包、项目代建等专业化和市场化方式，探索政务信息化工程建设运行的新机制新模式；同时要求有关部门应抓紧研究制定促进部门信息化建设采用共建、代建、服务外包等方式的具体措施，以及与之配套的信息安全保密管理制度，有效促进部门信息化建设的改革发展，合理控制、切实降低建设与运维成本，提高专业化水平和服务质量，确保重要信息系统安全、可靠运行。

新的政策要求带来政务信息化项目建设模式的创新实践，不少政务信息化项目开始探索项目共建、项目代建等创新做法。在这些创新实践中，政府通过工程招标、政府采购等方式将政务信息化项目的建设和运营维护工作交给社会的专业市场主体，项目共建、代建工作完成后，社会方向政府交付项目成果并提供给政府使用，政府按照双方的合同约定向社会方支付费用，项目成果的知识产权和项目资产归政府。这种模式以政府投资建设为主，项目建设成果最终归政府所有。本书称之为"政府采购工程"。

三、建设模式3.0：政府采购服务

我国政务信息化经过"十五"的探索铺路、"十一五"的全面建设和"十二五"的转型发展后，各种理念逐步走向理性和成熟，大家越来越认识到，政务信息化是一项非常复杂而且高度专业的系统工程，单纯靠政府的

数字政府：变革与法治

投资建设并不能有效满足社会的政务信息化需求，需要考虑社会的实际需求，充分发挥市场的作用，实现由政府投资建设为主向政府与社会开展合作共同投资建设的转变。2017年7月31日，国家发改委印发《"十三五"国家政务信息化工程建设规划》（发改高技〔2017〕1449号），明确提出要着力打破传统工程项目建设管理的思维惯性和路径依赖，坚持开放思维，强化机制转变，打破理念束缚，充分发挥市场主体作用，鼓励采用委托代建、以租代建、BOT（Build-Operate-Transfer，即建设—经营—移交）、服务外包等新模式，促进工程建设主体和服务方式的多元化；形成政务公开、数据开放、社会参与的常态化机制，实现由政府投资建设为主向政府与社会投资双轮驱动的机制转变，推动政务信息化创新、集约、高效发展。

这种建设模式下，政府不再像过去那样简单地投入资金和拥有项目的产权，而是更加注重政府与企业之间的合作，允许项目产权归属社会方。政府与社会方开展合作时，由政府通过购买服务、BOO（Build-Own-Operation，即建设—拥有—经营）等新模式向社会方采购服务。本书将这种模式称之为"政府采购服务"。

上述三种模式下，政府均有可能与社会方发生法律关系，但它们之间又存在一些本质上的区别，例如，在政府自建自营模式和政府采购工程模式下，政府完全处于主导地位，社会方并没有主动权，只是按照政府既定的要求和标准提供定制化的产品或服务，项目成果的知识产权和项目资产最终归属政府；而在政府采购服务模式下，社会方享有较大的主动权，社会方可根据市场的实际需求，并按照自身标准研发相应的产品和服务，政府根据自身需要或基于宏观调控、市场监管、公共服务等履职需要，向社会方购买相关产品和服务的使用权。在第三种模式下，政府与社会方各司其职、平等合作，政府从信息化的建设者、管理者和使用者变为信息化的使用者，专注于政务业务的改革和行政管理与服务，而社会方作为具有专业技术力量的市场主体，专注于提供高质量的技术保障服务。数字政府建

第七章　政企合作：数字政府建设的重要支撑

设领域的这种政企合作，与传统的政企合作所强调的行政法律关系不同，它不否认政府的主导作用，但它更强调是一种平等合作的民事法律关系，属于新型的政企合作关系，也是本书所研究的政企合作关系。接下来，本书将重点介绍这种政企合作关系在数字政府建设中的价值意义、实践中的一些创新探索，以及政企合作变革中面临的法律挑战及应对。

第二节　政企合作在数字政府领域的创新实践

中国共产党十八届三中全会指出：建设统一开放、竞争有序的市场体系，是使市场在资源配置中起决定性作用的基础。充分发挥市场在资源配置中的决定性作用，需要政府积极利用社会力量和市场机制，以更加开放的姿态，强化政企合作，把社会和市场的力量集中到数字政府改革建设中来，推动数字政府建设和发展，为推进国家治理体系和治理能力的现代化提供有力的手段。

近几年来，全国各地陆续启动数字政府改革建设，并在政企合作等方面作出了积极的探索和大胆的尝试，取得了积极的成效，涌现出一批创新的案例，如广东的"政企合作、管运分离"建设运营模式、浙江的政企战略合作建设运营模式等典型做法。从全国各地数字政府政企合作的实践情况来看，政企合作的方式主要有政府直接向社会方采购服务、政府向专业化的数字政府建设运营中心采购服务、政府和社会资本合作（Public-Private Partnership，简称PPP）三种。

一、政府直接向社会方采购服务

这种模式下，政府依法向市场中现有的合格主体采购服务。根据我国《政府采购法》及其实施条例的规定，政府采购是指各级国家机关、事业单位和团体组织，使用财政性资金采购依法制定的集中采购目录以内的或者采购限额标准以上的货物、工程和服务的行为。其中，服务包括政府自身需要的服务和政府向社会公众提供的公共服务。从国家和地方的现有立法情况看，虽然政务信息化项目未完全被纳入国家或地方的集中采购目录中[1]，但从实践情况看，政务信息化项目的预算金额通常都在采购限额标准以上。因此，政府在采购政务信息化服务时，应当按照《政府采购法》等相关法

---

[1] 以国务院的集中采购目录为例，目前依然执行《国务院办公厅关于印发中央预算单位2017—2018年政府集中采购目录及标准的通知》（国办发〔2016〕96号）的规定。根据该通知，与政务信息化相关的事项中，只有"云计算服务"被纳入集中采购机构采购项目。

第七章　政企合作：数字政府建设的重要支撑

律法规履行相应的程序，通过招标、竞争性磋商、单一来源等方式向社会方采购服务。

通过检索国家和地方政府采购网，政府直接向社会方采购服务的内容以网络、云服务等标准化的基础设施为主，政府根据自身的履职需要，直接向社会方购买相对比较标准化的产品或服务；政府采购方式包括公开招标、竞争性磋商和单一来源等；参与项目的社会方以电信、联通、移动、腾讯、华为、阿里、浪潮等基础电信运营商和软硬件服务商为主；双方的合作期限从1年到5年不等。例如，浙江政务云资源租赁项目[1]：浙江省人民政府与阿里巴巴集团达成战略合作，根据《浙江省政府购买服务采购管理暂行办法》的规定，已由县级以上人民政府或授权的行政主管部门按规定与相关合作伙伴签订战略合作协议，按协议约定必须向相关政府合作伙伴或特定主体采购服务的，可以采用单一来源方式采购，因此，采购人浙江省大数据发展管理局以单一来源方式向阿里云计算有限公司采购政务云资源服务。再如，江西省吉安市大数据中心平台、政务云服务及二大应用采购项目[2]：吉安市信息化工作办公室通过竞争性磋商方式，选择华为软件技术有限公司与北明软件有限公司（联合体）作为服务提供方，其中，政务云采用"企业投资建设，政府购买服务"方式，由云服务商按采购人指定的地点和指定的时间内完成政务云平台的建设部署，再由采购人与云服务商签订服务期为5年的合同；采购人根据政务云发展的需要，建立云服务商的动态补充和更新机制。

二、政府向专业化的建设运营中心采购服务

在政府自建自营模式和政府采购工程模式下，政府的信息化业务部门"既是信息化的建设者和管理者，又是使用者，导致管理部门与信息技术部

---

[1] 浙江省大数据发展管理局单一来源公示．（2019-07-24）[2020-06-27]．http://www.ccgp.gov.cn/cggg/dfgg/dylygg/201907/t20190724_12527163.htm．

[2] 江西省机电设备招标有限公司关于吉安市大数据中心平台、政务云服务及二大应用采购项目竞争性磋商结果公告．（2019-06-05）[2020-06-27]．http://www.ccgp-jiangxi.gov.cn/web/jyxx/002006/002006004/20190605/6b521263-8373-46d0-88a2-e27eb714bef3.html．

数字政府：变革与法治

门没有清晰的边界，在很大程度上技术变相地主导了政府信息化发展的方向，业务被技术牵着走，形成了重技术、轻业务，重建设、轻应用等怪现象。既干扰了行政机关对政务业务和服务的改革创新，又不能保障技术管理与运营的质量"[1]。有鉴于此，全国各地在推进数字政府改革建设过程中，积极探索摆脱传统机制束缚的创新做法，尝试成立专业化的建设运营中心，并由政府向专业化的建设运营中心采购服务。这一模式中，广东的经验最为突出。作为改革开放的先行地、实验区，广东省委、省政府高度重视数字政府改革建设，率先在全国部署数字政府改革建设，构建"政企合作、管运分离"的建设运营模式，成立了由国有电信运营商和行业领军企业共同出资的混合所有制企业，并赋予其"数字政府"运营中心职能，汇聚优秀技术力量为全省提供"数字政府"建设运营服务。政府部门内设的信息化机构逐步撤销，行政管理职能回归政府部门，技术运营服务职能转交市场化的运营中心。此举一方面改变了业务部门既是建设者又是使用者的状况，使行政机关专注于政务业务的改革，让具有专业技术力量的市场主体保障技术运营服务质量；另一方面由"数字政府"建设主管部门协调、整合政府需求，统一向运营中心购买服务，业务部门对运营中心的服务进行使用和评价。[2] 这种建设运营模式，助力广东数字政府的改革建设取得丰硕成果，将广东打造成为全国数字政府改革建设的样板。随后，全国各地不少地方借鉴广东的做法，成立专业化的建设运营中心，并由政府向专业化的建设运营中心采购服务。对比全国各地现有、已经成立的专业化建设运营中心后可以发现，各地的政企合作模式有相似之处，也有一定的差异，这种差异主要体现在政企合作方的单位性质有所不同，政企各方的出资比例也有所不同。总体而言，主要有如下几种政企合作方式。

一是由国有企业与行业领军企业共同出资设立混合所有制企业，由国有资本合计持股占主导地位，或由行业领军企业合计持股占据主导地位。

---

[1][2] 逯峰. 整体政府理念下的"数字政府". 中国领导科学，2019 (6): 58.

第七章 政企合作：数字政府建设的重要支撑

例如数字广东网络建设有限公司成立于2017年10月，由深圳市腾讯产业投资基金有限公司（持股占比49%）与联通资本投资控股有限公司（持股占比18%）、中移资本控股有限责任公司（持股占比16.5%）、中国电信集团投资有限公司（持股占比16.5%）共同出资设立，其中，中国联通、中国移动和中国电信均为国有企业，合计持股占比51%。又如云南腾云信息产业有限公司，由林芝腾讯科技有限公司（持股占比51%）、云南省信息产业投资集团有限公司（持股占比44%）和云南交投集团经营开发有限公司（持股占比5%）出资设立，除林芝腾讯科技有限公司外，其他公司都是地方性国有企业，合计持股占比49%。

二是由政府、国有企业和行业领军企业共同出资设立混合所有制企业，由国有资本合计持股占主导地位，或由行业领军企业合计持股占主导地位。例如数字海南有限公司成立于2019年10月，由海南省大数据管理局（持股占比30%）、天翼资本控股有限公司（持股占比10.5%）、阿里巴巴（中国）网络技术有限公司（持股占比49%）和太极计算机股份有限公司（持股占比10.5%）共同出资设立。

三是政府与国有企业共同出资设立混合所有制企业，完全由国有资本持股。例如，云上贵州大数据（集团）有限公司由贵州省人民政府国有资产监督管理委员会（持股占比38.24%）、中国贵州茅台酒厂（集团）有限责任公司（持股占比26.47%）、贵州金融控股（集团）有限责任公司（持股占比17.65%）、贵阳市大数据产业集团有限公司（持股占比11.76%）和贵州双龙航空港开发投资（集团）有限公司（持股占比5.88%）共同出资设立。其出资主体中，除贵州省人民政府国有资产监督管理委员会外，其他均为地方性国有企业。

四是由地方国有企业出资设立独资公司，完全由国有资本持股。例如，数字广西集团有限公司，由广西投资集团有限公司全资出资设立，而广西投资集团有限公司是由广西壮族自治区人民政府履行出资人职责的国家出资企业。

数字政府：变革与法治

在上述专业化的建设运营中心中，大部分是能承接各类政务信息化项目的全方位的建设运营中心，能提供政务信息化建设、运营和维护等"一条龙"的服务，如数字广东网络建设有限公司、数字海南有限公司、数字广西集团有限公司等；但也有一些是专门负责某个垂直行业的建设运营中心，专门提供某个领域的政务信息化建设、运营和维护等服务，如云南腾云信息产业有限公司，专门负责智慧化旅游"一部手机游云南"项目的建设开发、平台运营等业务。

广东建立"政企合作、管运分离"的数字政府建设运营新模式

广东积极落实党中央和国务院工作部署，开展"数字政府"改革建设，把"数字政府"建设作为推动经济高质量发展、再创广东营商环境新优势的着力点和突破口，充分发挥省内优秀信息技术企业优势，构建"政企合作、管运分离"建设运营模式，推进各级政府部门政务信息化的职能融合、技术融合、业务融合与数据融合，实现跨层级、跨地域、跨系统、跨部门、跨业务的协同管理和服务，促进部门业务协同融合、数据资源流转通畅、决策支撑科学智慧、社会治理精准有效、公共服务便捷高效、安全保障可管可控，以"理念创新＋制度创新＋技术创新"推动广东"放管服"改革向纵深发展，促进政府职能转变，以集约化、一体化建设模式降低行政成本，提高行政效率，以数据开放释放"数字红利"，提升政府治理体系和治理能力现代化水平。

一是建立"政企合作"新模式。由三大运营商和腾讯公司共同出资组建数字广东网络建设有限公司作为广东"数字政府"的建设运营中心，并由"数字政府"的建设运营中心与华为签订战略合作协议，形成"1＋3＋1"的"政企合作"模式，其中腾讯发挥主导作用。腾讯作为中国最大的互联网企业，具有最活跃的互联网思想思维；腾讯的微信平台也是活跃用户数最多的互联网平台，是互联网的流量汇聚点，也是政府连接群众最好的"连接器"。同时，通过与三大运营商、华为公司合作，可以弥

第七章　政企合作：数字政府建设的重要支撑

> 补腾讯在政府行业经验、网络基础设施方面的短板，形成"强强合作、联合创新"的"政企合作"模式。
>
> 　　二是建立"管运分离"新模式。广东省撤并省信息中心以及各省直单位信息中心，成立广东省政务服务数据管理局，隶属广东省人民政府办公厅，作为广东"数字政府"改革建设工作的行政主管机关，负责全省"数字政府"改革建设的组织、管理、监督。"数字政府"的建设运营交由建设运营中心具体负责，改变以往各个部门既是使用者又是建设者的双重角色，将部门变成服务的使用者、评价者，把原来分布在各个部门的建设能力集中起来，统一建设、统一运营、统一调度，形成建设能力的集约效应，即建立"管运分离"模式。[①]

三、政府和社会资本合作（PPP）

PPP（Public-Private Partnership）最早由英国政府在1982年提出，泛指一种公共服务提供机制，由公共部门和私人部门共同提供公共产品。我国政府从20世纪80年代开始探索在电力、交通、水利等基础设施领域应用PPP模式，并取得了一定的进展。自中国共产党十八届三中全会提出"允许社会资本通过特许经营等方式参与城市基础设施投资和运营"之后，国家出台了系列政策、法律鼓励推广PPP模式。从我国现行的政策、法律的规定来看，PPP被称为"政府和社会资本合作"，如财政部发布的《关于推广运用政府和社会资本合作模式有关问题的通知》（财金〔2014〕76号）将PPP定义为"在基础设施及公共服务领域建立的一种长期合作关系。通常模式是由社会资本承担设计、建设、运营、维护基础设施的大部分工作，并通过'使用者付费'及必要的'政府付费'获得合理投资回报；政府部门负责基础设施及公共服务价格和质量监督，以保证公共利益最大化"；国家发展和改革委员会发布的《关于开展政府和社会资本合作的指导意见》

[①] 逯峰.广东"数字政府"的实践与探索.中国行政管理，2018（11）：56-57.

(发改投资〔2014〕2724号)将PPP定义为"政府为增强公共产品和服务供给能力、提高供给效率,通过特许经营、购买服务、股权合作等方式,与社会资本建立的利益共享、风险分担及长期合作关系"。

可见,PPP是一种通过政府与社会资本合理分担项目风险的运营模式,能够有效解决政府建设运营基础设施或公共事业效率不高,融资成本高、财政支出压力大等问题。相比政府直接采购服务和政府向专业化的建设运营中心采购服务,PPP模式有其独特之处,比如项目合作期限通常不低于10年,一般在10年到30年之间[1],还可能包括"照付不议"条款,以保证购买者采购并支付价款。[2] 这些制度设计有助于化解社会资本对于前期投入过大,以及基础技术平台不具有合理盈利能力的担忧,从而吸引社会资本介入,强化其前期投入的意愿。同时,PPP模式改变了传统公司融资仅能依靠信用或资产抵押的局限,将公司应独自承担的还债义务部分转移到PPP项目之上,实现了借方、贷方、政府共担风险。对于融资方而言,"项目经营的直接收益和通过政府扶持所转化的效益是偿还贷款的资金来源,项目公司的资产和政府方面给予的有限承诺是偿还贷款的安全保障"[3],这将有助于增强融资方的贷款意愿;对于借款人而言,PPP模式通常采取的是有限追索权安排,贷款人通常不能追索到项目借款人除该项目资产、现金流量以及政府所承诺义务以外的资产,投资人通过对项目投资结构和融资结构的设计,还可以将贷款安排成一种非公司负债型融资,无须进入投资人资产负债表;对于政府而言,通过一定的政策扶持保证了项目的合理

---

[1] 财政部《关于进一步做好政府和社会资本合作项目示范工作的通知》(财金〔2015〕57号)规定:"政府和社会资本合作期限原则上不低于10年。"《基础设施和公用事业特许经营管理办法》第6条第1款规定:"基础设施和公用事业特许经营期限应当根据行业特点、所提供公共产品或服务需求、项目生命周期、投资回收期等综合因素确定,最长不超过30年。"

[2] 《PPP项目合同指南(试行)》(财金〔2014〕156号的附件)中提及:产品或服务购买合同中,可以包括"照付不议"条款,即项目公司与购买方约定一个最低采购量,只要项目公司按照最低采购量供应产品,不论购买者是否需要采购该产品,均应按照最低采购量支付相应价款。

[3] 曹珊. 政府和社会资本合作(PPP)项目法律实务. 北京:法律出版社,2016:174.

第七章　政企合作：数字政府建设的重要支撑

回报，从而撬动了大量社会资本投入，缓解了政府的资金压力。① 当然，国家也对PPP项目作出了严格的限制，例如规定每一年度本级全部PPP项目从一般公共预算列支的财政支出责任，不超过当年本级一般公共预算支出的10%；如果是财政支出责任占比超过5%的地区，不得新上政府付费项目。② 根据报道，截至2018年9月中旬，各地累计清理政府和社会资本合作（PPP）退库项目2 148个，涉及投资额2.5万亿元。③

> **智慧城市项目中的 PPP 模式与实践**
>
> 　　广西贵港市平南县智慧城市建设PPP项目，项目预算近5.7亿元，项目内容包括云计算中心、智慧市政、智慧公安、智慧党建、智慧医疗、智慧社区等政务信息化项目。2019年3月，贵港市平南县经济信息中心通过单一来源采购方式，引入广西中科曙光云计算有限公司作为社会资本方，成立项目公司开展建设运营政务信息化综合平台，项目分为政府付费部分和使用者付费部分。其中，政府付费部分合作期为10年，合作内容包括云计算中心、大数据平台、智慧公安、网格化智慧城市管理工程、智慧交通工程、智慧政务综合平台、智慧市政、智慧消防、智慧水务、智慧党建、多规合一信息平台、空天地一体化宏观辅助决策系统、智慧住建、"爱平南"App和智慧旅游；采用"建设—运营—移交"的BOT运作模式，即政府依据合同规定向项目公司支付服务费用。使用者

---

① 袁强，石小兵.PPP模式在数字政府建设中的路径探索.招标采购管理，2020（5）：34.

② 财政部《关于推进政府和社会资本合作规范发展的实施意见》（财金〔2019〕10号）规定："强化财政支出责任监管。确保每一年度本级全部PPP项目从一般公共预算列支的财政支出责任，不超过当年本级一般公共预算支出的10%。新签约项目不得从政府性基金预算、国有资本经营预算安排PPP项目运营补贴支出。建立PPP项目支出责任预警机制，对财政支出责任占比超过7%的地区进行风险提示，对超过10%的地区严禁新项目入库。"财政支出责任占比超过5%的地区，不得新上政府付费项目。按照'实质重于形式'原则，污水、垃圾处理等依照收支两条线管理、表现为政府付费形式的PPP项目除外。"

③ 董碧娟.各地加速清理PPP退库项目 积极进行示范项目整改.经济日报，2018-09-21.

数字政府：变革与法治

> 付费部分合作期为 20 年，合作内容包括智慧医疗和智慧社区，采用"建设—拥有—运营"的 BOO 运作模式，即政府给予项目公司相应的特许经营权，项目公司按市场方式运营，向服务对象或受益人（含政府委办局和事业单位）收取一定的服务费。[①]

  上述数字政府领域政企合作的创新实践各有各的优势，也各有各的不足之处，难以从理论上直接进行判断，但从实践情况看，成立专业化的建设运营中心并由政府向建设运营中心采购服务成为当前的主流合作模式，这可能与该模式既能保障政府的主导地位又能发挥社会方的积极性有一定的关联，从而实现政企之间的均衡合作。当然，无论是哪种政企合作模式，都必然会涉及政企双方的法律关系定位、权利义务边界等法律问题。尤其是数字政府建设领域的政企合作，是一种全新的探索与尝试，与传统的政企合作关系有显著的区别，现行法律法规未必能提供有效的制度供给，需要法律法规的进一步完善，否则将会影响到政企双方采用新型合作模式的动力和积极性。下一节将重点介绍政企合作变革中的法律挑战与应对问题。

[①] 广西相凯工程管理有限公司平南县智慧城市项目（项目编号：GGZC2019-D3-60468-GXXK）单一来源采购公告．（2019-03-11）[2020-03-19]．http：//www.ccgp.gov.cn/cggg/dfgg/dylygg/201903/t20190311_11739413.htm.

第七章 政企合作：数字政府建设的重要支撑

第三节　政企合作在数字政府建设中大有可为

数字政府是对传统政务信息化建设运营理念和模式的变革。在数字政府新时代下，政务信息化建设运营承载的使命不再停留在提升政府办公效率、支撑政府科学决策、为社会提供资讯服务，而是更加注重如何通过"大平台、大数据、大系统"的一体化建设实现主动、精准、整体式、智能化的政府管理和服务，不断推进国家治理体系和治理能力现代化。同时，数字政府对政务信息化建设运营提出了更高的要求，要求用更少的资金投入、更少的人力投入，为政府、企业和民众提供更好的服务。

本书认为，政府自建自营模式和政府采购工程模式是传统政务信息化建设模式的通行做法，难以摆脱分散化、碎片化的问题，无法满足数字政府建设的需要，而在政府采购服务模式下，政府摒弃传统无所不包、无所不能的"无限政府"理念，转变政府职能，简政放权，整合社会资源，发挥市场在资源配置中的决定性作用，通过市场化手段找到最佳的社会合作者。这种政企合作建设模式不仅能有效地降低政府投入成本、提升公共服务质量和效率，而且有利于加快政府职能转变，创新社会治理，推进国家治理体系和治理能力现代化。加强政企合作已经成为推进我国数字政府改革建设的必然趋势和选择。

一、构建"清""亲""平"的政企合作关系

中国共产党十九届四中全会通过了《中共中央关于坚持和完善中国特色社会主义制度 推进国家治理体系和治理能力现代化若干重大问题的决定》，提出要完善政府经济调节、市场监管、社会管理、公共服务、生态环境保护等职能，实行政府权责清单制度，厘清政府和市场、政府和社会关系；深入推进简政放权、放管结合、优化服务，深化行政审批制度改革，改善营商环境，激发各类市场主体活力。该决定为转变政府职能、处理好政府与企业等主体的关系提出了新的要求，也指明了方向。如前所述，数字政府改革建设需要整合政企资源、发挥政企合力，而政企合力的实现，

数字政府：变革与法治

离不开"清""亲""平"新型政企合作关系的构建。

"清"，是指政府与企业的合作边界要清楚。政府改变传统"无限政府"理念下的政企不分，转变政府职能，将政府的信息化职能限定在"需要管理""管得了""管得好"的规划、协调、监督、服务等范围之内，将"不需要管""管不了""管不好"的建设、运营和维护工作交给企业和市场，从而"改变以往各个部门既是使用者又是建设者的双重角色，将部门变成服务的使用者、评价者，把原来分布在各个部门的建设能力集中起来，统一建设、统一运营、统一调度，形成建设能力的集约效应"[①]。企业作为依法成立的市场主体，具有独立的法律人格，在法律法规规定的范围内享有自主经营权，这种自主经营权不因政企合作而受到影响。

"亲"，是指政府与企业的合作程度要密切。合作边界要"清"并不代表合作程度不能"亲"。政务信息化是专业化程度极高的项目，光有政府的政务思维或光有企业的信息技术都不能有效实现政务信息化服务于民生、服务于企业、服务于社会的目标，只有将两者密切融合才能发挥充分发挥数字政府的价值。在政府与企业的密切合作中，政府按照法定程序通过政府采购服务、特许经营、PPP模式等与企业开展合作，企业并不是简单地向政府出售产品或服务，而是作为合作项目的运营者甚至所有者，充分利用自身的技术优势和服务能力，支持政府做好数字政府的整体规划和前沿设计，汇聚行业优秀骨干企业和股东的核心能力，发挥生态合作圈的重要作用，高标准、高质量地完成项目合作，形成企业品牌和社会影响力。

"平"，是指政企双方合作是一种平等的合作关系。政企合作是一种民事法律关系，需要遵循平等自愿、友好协商的契约精神，并严格履行双方的合同约定。国家也对政企之间的平等合作明确提出了一些要求，例如《中共中央、国务院关于完善产权保护制度依法保护产权的意见》规定，认

---

① 逯峰. 广东"数字政府"的实践与探索. 中国行政管理，2018（11）：56.

第七章 政企合作：数字政府建设的重要支撑

真履行在招商引资、政府与社会资本合作等活动中与投资主体依法签订的各类合同，不得以政府换届、领导人员更替等理由违约毁约，因违约毁约侵犯合法权益的，要承担法律和经济责任。又如《财政部关于促进政府采购公平竞争优化营商环境的通知》（财库〔2019〕38号）规定：政府采购合同应当约定资金支付的方式、时间和条件，明确逾期支付资金的违约责任。对于因采购人的原因导致变更、中止或者终止政府采购合同的，采购人应当依照合同约定对供应商受到的损失予以赔偿或者补偿。这些规定，充分体现了"平"的政企合作关系。

二、政企合作让政民互动更紧密

数字政府的政企合作通过引入互联网思维与平台，不仅拓宽了政府与多元主体的接触渠道，而且提供了多维度的信息交互工具。在数字时代，技术发展日新月异，互联网、云计算、大数据、人工智能、区块链等新技术已经被广泛应用到民众日常学习、工作和生活的方方面面，并且已经渗透到政务服务的供给方式上，社会大众对于使用互联网等技术在线进行社交、购物、学习等活动已经习以为常。根据中国互联网络信息中心（CNNIC）发布的第45次《中国互联网络发展状况统计报告》，截至2020年3月，我国网民规模为9.04亿，互联网普及率达64.5%，其中，我国在线政务服务用户规模达6.94亿，较2018年年底增长76.3%，占网民整体的76.8%。[①]因此，在数字政府改革建设中，如果继续采用政府自建自营模式，不仅需要政府投入大量的建设资金和人力资源，而且由于专业分工的原因，政府对新兴技术及技术人才的储备在短期内未必能比得上专业化的市场主体，政府所建设出来的产品和提供的服务也未必能更好地满足数字时代下社会大众的使用习惯。相反，市场主体对用户喜好的洞察，以及对技术更新迭代的了解会更为敏感，运作机制也更为灵活，能更好助力政府实现"以人民为中心"的发展理念。秉承互联网的用户思维，将公共服务嵌入社会大

[①] 第45次《中国互联网络发展状况统计报告》．（2020-4-28-）[2020-07-17]．http：//www.cnnic.cn/hlwfzyj/hlwxzbg/hlwtjbg/202004/t20200428_70974.htm.

数字政府：变革与法治

众已经习以为常的互联网产品，如微信、支付宝等，可以为社会大众提供高效、便捷的公共服务，让百姓少跑腿、数据多跑路，企业和民众可以像"网购"一样高效便捷地获得公共服务；另外，政府可以通过市场主体已有的具有庞大用户群的互联网平台，将公共服务嵌入其中，能快速实现政府与企业、政府与民众的有效对接，极大地降低了社会获得公共服务的交易成本，同时方便政府通过网络渠道及时了解公众的服务需求和实际感受，让政民互动更加方便、更为紧密。

让办事像网购一样方便[①]

广东政务服务网上线中介服务超市专题，对接政府及相关机构项目的招投标，让机构按照统一标准入驻，使项目业主可以像逛超市一样"货比三家"，自主选择。

传统的项目中介服务，由于招标过程不公开透明、缺乏监督，极易产生"红顶中介"现象，形成办事的"中梗阻"。

但在广东政务服务网上，交易过程公开透明，全程留痕，对招标、中标结果及时进行公示，实现"进驻零门槛、办事零等待、群众零跑动"，随时接受群众和网民监督，极大加深了广东"数字政府"在群众心中的正面形象。

三、政企合作让政府决策更科学

政企合作模式中政府提供数据，企业提供连接、治理、共享和应用能力，打通"数据孤岛"，形成了可直接支撑分析决策的数据中台能力，有效收集、合成多元主体的意见并支持政府作出科学、有效的决策。同时，政企合作不仅能强化政府内部的数据整合，而且可以通过专业化建设运营中心的力量，探索与公众企业的数据互认和共享；公共部门信息和统计数据

---

① 如何让办事像网购一样方便？广东"数字政府"：现在我们有这个平台！．（2018-09-20）[2020-06-16]．https：//xw.qq.com/cmsid/20180920B0SHMO00．

第七章 政企合作：数字政府建设的重要支撑

池的扩大能提升数据的精度和数据的质量，数据池的扩大、数据精度和数据质量的提升又扩展了应用场景，基于政务大数据平台，可以在市场监管、信用联合惩戒等多个领域广泛应用多元主体输出的数据作出治理决策。此外，政企合作有利于引入裁量因素算法，提升行政行为的精准度。在裁量情节的细化工作中，行政机关基于其立场和专业知识，对裁量因素及其权重的认识角度与生产经营者等多元共治主体的认识角度具有明显的不同。生产经营者等多元主体则能够较为清晰地认识到不同裁量因素在违法行为中的具体表现形式，以及这些裁量因素对违法行为严重程度的影响；它/他们的意见可以弥补行政机关因其立场和视角而产生的主观判断的局限性。而数据中台为吸收、消化这些外部意见提供了能力：除可通过交互平台向经营者、环境受影响者收集裁量因素及其权重的意见外；还可以通过格式化的设置，记录过往所有的同类处罚，提取"陈述和申辩"中的关键内容进行分析，通过一定的算法计算出多元主体对该类处罚裁量基准的倾向性意见；甚至可以就某一特定事项调取相关群众的反应数据，以作为效果评价的增强数据，提升行政处罚的精准程度。

> **广东疫情大数据建设助力精准救治防控**[①]
>
> 在抗击疫情的战线上，广东远程医疗项目组积极响应疫情防控救治的需要，在省远程医疗平台上紧急研发上线新冠肺炎医疗救治信息直报系统，为赢得本次"抗疫战争"提供坚实的技术支撑。
>
> **疫情信息统一采集，实现全流程追溯管理**
>
> 疫情直报系统从病例统一录入管理、信息可追溯的建设目标出发，在患者入院、好转、转院/出院、集中隔离全流程信息化管理的基础上，完整记录在院患者治疗情况、实验室检查、影像检查等病情变化信息，有效避免了数据漏报、错报等问题。

[①] 广东疫情大数据建设助力精准救治防控．（2020-03-12）[2020-06-16]．http://www.gdhealth.net.cn/html/2020/xinxijianshe_0312/3935.html．

疫情信息系统互联，为指挥决策提供可靠依据

通过信息系统的对接，实现相关环节数据的互联互通，同时充分利用实时地图描绘、发展曲线图、表格统计等丰富的展现形式，在电脑端和手机端为省、市疫情防控指挥工作组提供实时可靠的决策依据，为救治医院治疗患者、跟踪病情提供了强有力的系统支撑，对疫情防控网格化联防联控管理起到了积极作用。

患者病情数据互通，极大提高远程会诊效率

基于广东省远程医疗平台开发的疫情直报系统，实现了用户体系的统一和病历资料的共享。疫情专家组在远程会诊过程中，通过远程医疗平台即可查看患者疫情病历资料，平台将患者的病情变化情况、生命体征变化情况等信息以图形化方式呈现到专家面前，使专家会诊更加精准、全面。疫情个案数据与远程会诊数据的互联互通，大幅节约了医务人员上传资料的时间，提高了远程会诊效率。

四、政企合作让政务管理更集约

在传统政务信息化建设模式下，"由于行政职能和信息化建设管理职能完全没有分离，电子政务系统的建设、管理、运营都由各级政府部门自行负责组织。有的部门由内设信息化机构负责建设管理和运营工作，有的部门则委托企业承担。无论是哪种模式，作为行政机关的政府部门都要投入大量宝贵的人力资源从事与业务无关的技术管理与运营工作"[1]。而通过建立"政企合作、管运分离"的机制，"政府部门内设的信息化机构一律撤销，行政管理职能回归政府部门，技术运营服务职能转交市场化的运营中心。一方面改变了业务部门既是建设者又是使用者状况，让行政机关专注于政务业务的改革，让具有专业技术力量的市场主体保障技术运营服务质量。另一方面由数字政府建设主管部门协调整合政府需求，统一向运营中

---

[1] 逯峰．整体政府理念下的"数字政府"．中国领导科学，2019（6）：58．

第七章 政企合作：数字政府建设的重要支撑

心购买服务，业务部门对运营中心的服务进行使用和评价"[1]。此举不仅可以有效理顺政府与企业在数字政府改革建设中的角色定位，让政企之间各司其职、各尽所能，而且能在政府统一管理和统筹推进下，更好地协助政府解决跨部门、跨系统、跨业务的技术问题，推动数字政府的集约化、一体化建设，实现政务信息化跨层级、跨地域、跨系统、跨部门、跨业务的协同，避免传统模式下的重复建设、"信息孤岛"、"数据烟囱"等问题，实现政务管理的集约化，有效提升政务服务能力。

> **"政企合作、管运分离"让政务管理更集约、政务服务能力更强大**
>
> 2018年，广东数字政府改革率先在全国范围内创新性地采用"政企合作、管运分离"的建设运营新模式，推动政务信息化项目集约化、一体化建设，助力广东"数字政府"改革建设取得积极成效，政务服务能力大幅度提升。网上政务服务综合能力全国排名是衡量各省"数字政府"建设的重要参考，根据国务院办公厅电子政务办委托第三方连续三年发布的调查评估报告显示，广东省网上政务服务综合能力全国排名从2016年第9名升至2018年第1名。

五、政企合作让社会治理更多元

中国共产党十九大报告提出"打造共建共治共享的社会治理格局。加强社会治理制度建设，完善党委领导、政府负责、社会协同、公众参与、法治保障的社会治理体制，提高社会治理社会化、法治化、智能化、专业化水平"。推进政府、市场与社群在国家治理体系中达成多元共治，是中国共产党从历史、实践、制度等多个维度中总结提炼出的重要转型命题。在本质上，这种共治就是要"以人民为中心"，通过发挥法治的统合能力，将

---

[1] 逯峰. 整体政府理念下的"数字政府". 中国领导科学，2019（6）：58.

政府的权威机制、市场的平等交换机制和社群的自治机制予以融合，使国家法与社会成员在互动中的权利规则形成一套规则体系。①

在互联网时代，多元共治对于社会治理结构的稳定和优化将变得更为重要。有学者曾提出，机器相对于人的心智（mind）、平台相对于传统的产品（product）、集群智慧（crowd）相对于核心团队（core）将会成为数字革命改变当下和未来的三股重要力量。② 其中提及的机器算法、平台企业、集群实际上都直接指向多元主体，如果我们的治理体系不能有效适应和对接这些主体，必然会产生重大危机。而政企合作恰恰为解决这一问题提供了条件。通过政企合作，政府通过平台企业向社会大众提供便捷、高效的公共服务，社会大众可以通过平台企业反馈改进和完善政府公共服务的诉求，平台企业根据社会大众的诉求更新迭代产品和服务，政府通过采购服务的形式向平台企业付费购买相应的产品和服务。在这一政企合作过程中，将平台企业的群体用户服务经验与政府权威管治经验相结合，应用于提供公共服务和行政管理，为多元主体协作提供了连接和互动的平台，既调动了各主体的积极性，又弥补了政府在管理技术能力上的不足，提高了社会大众公共服务的获得感，开创一种适应多元共治的全新的社会治理新格局。

> **广东数字政府改革打造"1＋3＋1"政企合作新模式**
>
> 在广东数字政府改革建设中，数字广东公司作为广东"数字政府"运营中心，由三大运营商和腾讯公司共同出资组建，并与华为签订战略合作协议，形成"1＋3＋1"的"政企合作模式"。
>
> 广东的这种政企合作模式，展现出以下三种示范意义：
>
> 一是展现了政府对多元主体的开放态度。"1＋3＋1"模式联结的不仅有互联网企业、运营商，还有设备制造商；不仅有国有企业，还有民营

---

① 杜辉. 面向共治格局的法治形态及其展开. 法学研究，2019（4）：22.
② Andrew Mcafee, Erik Brynjolfsson. *Harnessing Our Digital Future，Machines，Platform，Crowd*. New York City：W. W. Norton & Company，2017.

第七章 政企合作：数字政府建设的重要支撑

企业；其建设运营中心在产权多元化的基础上，正逐步建立规范的现代企业制度和市场化运作机制，其实践或将成为混合所有制改革的一个样板。

二是展现了政府对数字技术的开放态度。政企合作模式展现了政府职能转变和推进"放管服"改革的决心，即政府不再承担系统规划、实施、运维等具体的技术职能，而是将之推向市场，由技术优势企业去承接。这既有利于政府集中精力开展顶层设计，推进"整体政府"，也有利于导入先进的数字技术，使大数据、云计算等新技术服务于政务领域及多元共治。

三是展现了政府对治理赋权的开放态度。政企合作意味着对企业赋予一定的治理职权，这对于打破政府垄断监管，解决政府监管手段不足、监管信息缺乏、目标定位不精确而造成的执法成本高等问题具有重要意义。例如，广东基于大数据平台推出了行政审批中介服务网上超市，集资质管理、信息发布、竞价交易、监督评价等功能于一身，取消了中介服务在省内的地区和部门间执业限制，实际上就是利用网络平台实现相互赋权、多方共治，解决了以往信息不对称导致的"黑中介"顽疾。

第四节　政企合作变革中的法律挑战与应对

数字政府领域政企合作的探索与实践，在一定程度上重构了传统意义上的政企合作关系。有人认为，数字政府领域的政企合作创新探索，对于缓解政府的财政压力、降低公共服务的获得成本、改善公共服务质量和供给效率等方面具有重要的积极意义。但也有人提出：传统商业主体的行动边界得到无限拓展是否会导致政府的原有监管工具在不断萎缩？这是否意味着进入了某种"行政权失效"的状态？[①] 那么，应如何更好地界定政企合作双方的法律关系，明确政企合作双方的权利、义务边界，保障政企双方合法有序地进行合作，这给现行法律法规提出了新的命题和挑战。面对这些新命题和新挑战，我国的立法也应当顺势而为，关切实践需要，积极作出回应和改变，为强化政企合作提供坚实的法律保障，推动数字政府改革建设的再提速和再发展，推进国家治理体系和治理能力的现代化。

一、政企合作关系的法律定位

改革开放以来，我国的政企关系经历了如下三个阶段的发展演变过程。[②]

第一个阶段是扩权让利阶段（1978—1986年）。在这一阶段，政府与企业是上下级行政隶属关系，信息传递是垂直方式。政府编制和推行国民经济计划，而企业被动执行计划，缺乏自主经营权，一切活动都围绕政府转，对市场信号反应迟缓。这种政企关系导致企业没有经营自主权，没有生产的积极性和主动性，严重阻碍了生产力的发展。

第二个阶段是以承包制作为国有企业自主经营方式改革保证阶段（1987—1991年）。这一阶段以中国共产党十二届三中全会《中共中央关于经济体制改革的决定》为标志，政府与企业通过订立承包合同，建立起有法律保护的契约关系。但承包制仍是一种旧企业制度，它只是一般地分开

[①] 何治民. 数字政府，寻找政企合作的边界.（2019-11-15）[2020-04-06]. http://zfsg.gd.gov.cn/xxfb/mtbd/content/post_2675636.html.

[②] 余航. 论中国政企关系的发展演变及改革模式. 科技创业月刊，2006（2）：124.

第七章 政企合作：数字政府建设的重要支撑

所有权和经营权，而不是实行法律所有权和经济所有权的分开，难以使企业成为自主经营、自负盈亏的商品生产者。

第三个阶段是市场改革深化阶段（1992年至今）。在这一阶段，强调政企分开，政府从直接干预企业生产经营等具体事务中转变过来，从全能政府转为有限政府，政府不再过多地干预企业，而是通过市场作用，让企业从事生产和经营活动。但政企分开并不代表政企不进行合作，相反，政企分开后的"政企合作"成为一种新型的政企合作关系，这也是本书所提出和研究的政企合作关系。

政企合作必然会涉及政企双方法律关系的定位问题，厘清政企双方的法律关系是双方开展合作的基础，也是明确双方权利义务边界的前提。那么，这种新型的政企合作关系究竟是一种民事法律关系还是行政法律关系呢？有观点认为，这种政企合作关系是一种行政法律关系，这是因为双方当事人的法律地位并不是完全平等的，行政主体享有行政优益权，例如在缔约中处于优先要约地位，在履行过程中享有监督权和指挥权，同时可以根据国家行政管理的需要单方面解除合同等等。该观点所提出的大致理由包括：从合同当事人看，一方是政府部门，另一方是市场主体；从合同内容看，虽然有些政务信息化的内容与政府部门的自身需要相关，但大部分内容与社会公共服务的提供密切相关，具有公益性；从合作的目的看，政府通过与企业的合作，提高公共服务的供给质量和效率，更好地为社会提供公共服务，以实现社会公共利益的最大化，弥补单独由政府自身提供公共服务的缺陷和不足。[①] 最高人民法院对政府与社会资本合作协议（即PPP协议）的性质也持同样观点：根据《最高人民法院关于审理行政协议案件若干问题的规定》（法释〔2019〕17号）的规定，行政机关为了实现行政管理或者公共服务目标，与公民、法人或者其他组织协商订立的具有行政法上权利义务内容的政府与社会资本合作协议，属于《行政诉讼法》第12条

---

① 刘波，彭谨，李娜. 公共服务外包——政府购买服务的理论与实践. 北京：清华大学出版社，2016：126.

数字政府：变革与法治

第 1 款第 11 项规定的行政协议，适用行政法的调整。至于 PPP 协议之外的政企合作协议的法律关系认定，最高人民法院并无明确的界定。

也有观点认为，数字政府建设领域的政企合作关系是一种民事法律关系，这是因为：政府与市场主体就政务信息化开展合作，其首要目的确实在于为了行政管理和公共服务等公共利益，但是，这一公共利益的实现需要依赖于市场主体的资金、技术和人力等资源的投入。如果简单地以政务信息化具有公益性而认为政企合作法律关系是行政法律关系，进而赋予政府部门行政优益权，这对于需要投入大量资源和巨额成本的市场主体而言并不合理，也不公平，而且与国家现行倡导的构建平等政企合作关系的政策导向也不相符。此外，如果过于强调政企合作关系是一种不平等的行政法律关系而不是一种平等的民事法律关系，也可能会影响市场主体参与数字政府改革建设的热情和积极性。事实上，在数字政府改革建设的政企合作中，无论是政府采购工程还是政府采购服务，根据政府采购的相关法律法规，政府采购合同适用合同法，采购人和供应商之间的权利和义务应当按照平等、自愿的原则以合同方式约定。因此，在开展政企合作过程中，政企双方以向社会提供高质量和高效率的公共服务为共同目标，同时要兼顾企业为实现这一共同目标的投入回报，平等、自愿地对合作事项进行协商谈判，尽可能对等保护双方的合法权益，实现政企双方利益诉求的最佳结合。

本书认为，数字政府领域的政企合作关系，并不能被简单地认为是一种行政法律关系还是一种民事法律关系。尤其是政府与专业化的建设运营中心之间的政企合作关系，既存在民事合作法律关系，又存在指导与被指导的行政关系，这种指导是一种行政指导，是行政机关为实现一定行政目的而实施的指导、劝告、建议等不具有国家强制力且不直接产生法律效果的行为，在经济和行政管理中起到补充和替代、辅导和促进、协调和疏通、预防和抑制等积极作用。[1] 一方面，政府和企业之间存在政府采购民事合同

---

[1] 莫于川. 论行政指导的立法约束. 中国法学，2004（2）：46.

第七章　政企合作：数字政府建设的重要支撑

法律关系，政企双方均应履行双方签订的合同，如政府采购合同；另一方面，政府方，尤其是数字政府改革建设的行政主管部门，为统筹推进数字政府改革建设、实现政务信息化项目建设的集约化管理，可能会通过政策文件等方式指导数字政府的改革建设。这种指导更多的是业务层面的指导，而且不具有国家强制力。因此，政企双方对这种新型合作关系的法律定位要有正确的认识：对企业而言，在享有契约自由的同时，要清晰认识到行政指导的必要性；对政府方而言，除强化合同约束外，可以发挥行政指导的作用，加强对数字政府改革建设的宏观指导和统筹协调，全面推进数字政府改革建设。

二、政企合作权利义务的法律边界

在政企合作过程中，由于角色定位天然有所不同，双方的利益诉求难免会存在一定的冲突。例如，政府作为社会管理者和服务者，优先考虑的是用最少的财政支出实现公共利益的最大化，但企业作为市场主体，除了为政府提供优质的产品和服务，还需要考虑市场竞争和生存发展的问题。"政府在与企业合作的过程中，面对实力雄厚的大企业时，容易被牵着鼻子走，失去主导性；面对小企业时，又存在企业技术能力有限、不稳定等问题。还有，企业作为市场主体，追求更高的利润是其生存的前提，但政府又负有控制成本、用好纳税人的每一分钱的天然职责，两者在合作的同时，其目标又具有竞争性。"[①] 为此，应如何在充分调动企业积极性的同时保持政府的主导性，实现双方利益诉求的最佳结合？本书认为，这需要政企双方明确各自的权利义务边界。

就政府的权利义务而言，政府作为服务的采购主体，有权按照与政府采购相关的法律法规，采取相应的政府采购方式向企业采购服务，并对企业提出相应的服务标准、服务质量要求和考核评价标准，并按照政府采购合同的约定为企业提供相应的支持和协助，支付相应的服务费用。

---

① 逯峰.整体政府理念下的"数字政府".中国领导科学，2019 (6)：58.

就企业的权利义务而言，作为市场主体的企业，包括专门成立的数字政府建设运营中心，在法律上具有独立的法人人格，依法享有自主经营的权利，有权根据自身的经营战略自主开展经营活动。当然，企业也应根据政府采购合同的约定向政府提供符合合同约定的产品和服务，确保信息系统安全、稳定运行，保障系统的运行安全和数据安全，同时应接受数字政府改革建设行政主管部门合理、必要的行政指导。

三、政企合作与发展的法律保障

数字政府改革建设是一项创新工程，政企合作共建数字政府也难免会遇到一些新问题，例如，双方的权利、职责边界可能会存在不清晰、不对等的情况。由于数字政府改革是一项全新的事业，政府和企业的分工和责任边界也需要根据实际需要不断探索，在一段时期内难免出现重复劳动、着力真空等现象。又如，双方在组织目标、结构、管理模式、激励机制等方面可能会存在多种差异，这也难免会造成双方的工作理念和方式上的冲突。再如，由于组织文化的差异，合作中难免会出现认同感低、信任感差、合作成本高等问题。最后，政企合作的政策、法律可能无法事无巨细地面面俱到，加上市场环境时有变化，给企业投资带来更大的风险和更多的不确定性因素，政企双方在诸多不确定性的合法权益上容易出现争议，往往企业在不确定因素面前承担的风险更大。

在数字政府改革建设领域，引起理论界和实务界关注的政企合作政策、法律保障问题主要有如下几个方面：

一是现有规划与建设分离模式的规范体系可能难以满足数字政府改革建设需要。相比传统的政务信息化单一项目采购的模式，数字政府建设强调整体推进、集约建设和持续创新，很难将顶层规范设计与具体建设实施完全分割开来，往往需要采取"小步快跑、快速迭代"的互联网思维来完善系统架构和提升用户感知，边设计、边建设、边完善的情况在所难免。但根据我国现行《政府采购法实施条例》的规定，除单一来源采购外，前期参与项目整体设计、规范编制等活动的服务提供商，不得再参与该项目

第七章　政企合作：数字政府建设的重要支撑

的具体实施，而且现行政府采购法律法规对单一来源采购的适用也设置了较为严格的条件，这可能导致出现规划设计与具体建设实施分离的情况[①]，可能不利于数字政府的整体建设。

二是现行立法缺乏政务数据开放的法律规制，政企合作中难以把握数据开发增值利用的限度。2020年4月9日，中共中央、国务院印发《中共中央 国务院关于构建更加完善的要素市场化配置体制机制的意见》，提出要加快培育数据要素市场，推进政府数据开放共享，提升社会数据资源价值，培育数字经济新产业、新业态和新模式，支持构建农业、工业、交通、教育、安防、城市管理、公共资源交易等领域规范化数据开发利用的场景。目前，政务数据主要还是停留在政府部门内部共享交换的层面，缺乏政务数据开放以及增值利用的法律遵循。政企合作过程中如何加强数据资源的整合，在确保政务数据安全的前提下发挥政务数据的价值、丰富数据产品，依然需要立法的完善。

三是现行立法滞后于技术发展需要，可能会对政企合作开展新技术、新产品的研发运用产生一定的束缚。以智能化在行政审批领域的运用为例：行政审批中的"秒批"服务，通过信息共享、自动比对、核验申请信息，实现基于申请材料结构化、业务流程标准化、审批要素指标化的系统无人工干预智能审批服务，这种完全自动化的行政行为是传统行政行为还是有别于传统行政行为的独立行为？完全自动化行政行为需要具备哪些条件才具备法律效力？完全自动化行政行为出现错误，导致行政相对人的权益受损时，应该由谁来负责？行政相对人应按什么程序请求权利救济？这些问题都是有待立法完善和明确的问题。上述问题，在目前政企合作相关法律法规尚不健全的环境下将更为凸显。参与企业应当如何发挥优势，是否更大程度地参与建设运营，政府和企业都会有所犹豫或顾虑，需要国家完善相关法律法规，为推进政企合作和发展提供坚实的法律保障。

---

① 李哲，石小兵. 推进"数字政府"改革建设的广东探索. 中国财政，2020 (12)：70.

数字政府：变革与法治

本书认为，建立健全保障数字政府政企合作的法律制度应突出如下三个方向：

一是明确政企合作法律关系的定位和政企的权利义务的法律边界，既要认识到政企合作双方之间的关系具有民事法律关系的平等性，构建"清""亲""平"新型政企合作关系，也要认识到政企合作双方之间存在指导与被指导的行政色彩，政府对企业可以进行必要的指导，以确保数字政府改革建设的大方向不会走偏。

二是通过法律法规及契约的方式对企业进行适度授权，强化双方互信，避免职权交叉。例如，将数字政府技术平台纳入新基建的范畴，采取特许经营的方式选定骨干企业承建。此举一方面解决了政务系统分散建设的弊端，另一方面也强化了参与企业对稳定合作的预期，使其在建设前期敢于投入大量资源开展平台建设，并采取"小步快跑""快速迭代"的方式将设计、建设、运营一体化持续推进。又如，在契约中引入适当的项目和价格调整机制，包括调整的申请、评估、议定程序，以确保需求、技术、成本等环境发生变化时能够较为灵活地作出合理的调整，最大限度保障政企合作双方的权益。再如，根据政务数据的性质明确其产权归属或开放增值利用的法律遵循，为丰富政务数据的应用场景提供法律依据；清理影响新技术、新产品在数字政府建设领域运用的法律障碍，在政务平台为新技术、新产品提供更多的应用场景。

三是探索建立有效的政府、企业和社会相互监管制约的机制，强化政府对企业、企业对政府、社会对政企合作的监督和制约，并通过法律法规的形式加以固化，回应社会关切。例如，对政务数据的治理与运营，既需要发挥专业企业的技术能力，又要确保数据安全，因此，在充分授权的基础上必须开展有效的监管。广东已经在这方面探索建立安全运营、安全管理、安全监管的三方工作机制：根据《广东省政务数据资源共享管理办法(试行)》，安全运营由数字政府建设运营中心负责，承担政务数据资源采集、传输、存储、使用、交换、销毁等全生命周期的安全保障工作，落实

第七章 政企合作：数字政府建设的重要支撑

信息系统加密、访问认证等安全防护措施，防止数据泄露和被非法获取；安全管理由政务数据主管部门委托第三方机构负责，对数字政府建设运营中心的数据安全保障工作实施监督、评估、审计，建立安全日志留存和溯源制度，定期上报数据安全风险分析报告，对发现的重大数据安全风险问题第一时间报告并提出整改意见；安全监管由政务数据主管部门会同网信、公安、保密等部门按职能共同负责，承担对省政务大数据中心接入和输出边界的安全态势监管、内容安全监管、失泄密监管，并联合建立政务数据安全事件通报预警与应急响应机制。通过这样的制度设计，进一步明确了各方的权利、义务，使参与企业可以依法依规开展工作。

显而易见，厘清政企合作法律关系和政企合作权利义务边界，强化政企合作和发展的法律保障，可以更好地发挥企业对于推进数字政府改革建设的作用，将政务信息化的工作交给专业的企业来完成，让政府有更多的人力、物力和财力专注于行政管理和公共服务。从这种维度来看，数字政府领域的政企合作并不会导致"行政权失效"，相反，政企合作助力政府更好地行使行政权力，转变政府职能，深化简政放权，创新监管方式，增强政府公信力和执行力，建设人民满意的服务型政府。

第三编 数据治理与数据安全

数据是数字经济和信息社会的核心资源，也是数字政府等治理数字化体系的关键基础。本书第三编（第八章至第十三章）围绕数据展开，对数据权属、政务数据的采集共享与开放利用、大数据的标准化、数据安全等议题进行探讨。除了一般性的理论分析，还将结合具体问题和实践，对特定制度进行具有可操作性的构建。

第八章

数据权属

第一节 数据权属的重要性

大数据时代，数据的重要价值不言而喻。通过对海量数据的应用，数据的巨大价值得以呈现。因此，数据的权属问题自然而然成了一个不可忽视的问题，尤其对于大数据产业的发展，数据权属是其中最重要、最基础、最核心的问题之一。实际上，对数据权属的关注和讨论，最早出现在数字经济发展和数据产业兴起的需求过程中。尤其是近年来，随着大数据产业正处在蓬勃发展的机遇期和孕育期，数据量呈几何倍数增长，数据的广泛使用和市场交易应运而生，国内也建立了专门的大数据交易机构——贵阳大数据交易所，被称为全球第一家大数据交易所。但是，于数据的使用或者交易，一些前提性问题迫切需要得到解决，即"谁拥有这些数据""谁能合法合理地使用这些数据"。随着大数据产业快速发展，对合法合规数据的需求不断扩大，而这正是大数据交易机构开展大数据交易过程中所遇到的难题，也是当前平台无法满足合法合规数据要求的无奈与尴尬。

数据权属除对大数据产业以及市场具有重要作用外，对数字政府建设同样重要。随着电子政务建设的不断深入，行政机关在履职过程中大量采集、获取和储存公民、法人和非法人组织的数据以及其他相关数据。这个过程中政府自然而然成了掌握海量公共数据集合的主体。这些数据集合往往被称为"政务信息资源""政务数据"或者狭义上的"公共数据"。实际上，政务数据是由行政管理部门以及法律法规授权的具有行政职能的事业单位和社会组织在履行行政职责过程中所制作或获取的，以一定形式记录、保存的文件、资料、图表和数据等各类信息资源。从政务数据的来源形式看，政务数据既包括政务部门直接或者通过第三方依法采集的、依法授权管理的数据，又包括因履行职责需要依托政务信息系统形成的信息资源等。由于政务数据是分别掌握在各个政务部门中的，在推动政务数据的共享使用和互联互通过程中，政务数据权属的重要性也逐渐显现。

大数据"争夺战"：顺丰和菜鸟的数据之争

2017年5月31日，菜鸟网络接到顺丰速运发出的数据接口暂停告知。6月1日凌晨，顺丰速运关闭了快递柜的数据信息回传；当天中午，顺丰又进一步关闭了整个淘宝平台物流信息的回传。对此，菜鸟网络发表了关于顺丰暂停物流数据接口的声明，提出，此事发生前，为保护消费者隐私、电话信息安全，菜鸟网络正在根据安全团队的建议对全网物流数据进行信息安全升级，将加强对海淘、快递柜等物流数据的多重交叉验证；但是，顺丰速运及丰巢科技等公司出于各种原因并不配合。顺丰速运则表示，事件并非如菜鸟网络所言，事实是本次菜鸟网络暂停丰巢科技数据接口，表面是以信息安全为由，实际上是一场有针对性的封杀行动，除丰巢科技外，其他平台均未关闭数据接口。顺丰速运强调，菜鸟网络之所以封杀顺丰，背后的原因是阿里方面一直希望顺丰从腾讯云切换至阿里云。在国家邮政局的快速干预与协调下，顺丰速运和菜鸟网络双方表示，将从讲政治顾大局的高度出发，积极寻求解决问题的最大公约数，共同维护市场秩序和消费者合法权益；并同意从2017年6月3日12时起，全面恢复业务合作和数据传输。至此，顺丰和菜鸟的物流数据之争"画上了圆满的句号"。但业界都明白，这两大企业角逐背后，不仅仅是两巨头的数据之争，更是一场数据的话语权与利益之争。[①]

---

① 侯隽. 顺丰 VS 菜鸟：大数据争夺战. 中国经济周刊, 2017 (23)：32-34.

第八章　数据权属

从顺丰速运和菜鸟网络关于物流数据之争可以看出，数据已然成为重要市场资源要素。2019年6月，在阿里巴巴罗汉堂所发布的十大问题中，其中一个问题就是："数据是谁的？谁是真正的受益者？"[①] 中关村数字产业联盟副理事长、DCCI互联网研究院院长刘兴亮认为，菜鸟和顺丰的数据之争，表面上看都是为了用户信息安全，但实际上两家争抢的是大数据："为了抢夺物流数据的控制权，菜鸟和顺丰不惜上演大战，由此可见大数据的重要性。而关闭数据接口的背后，本质上也是顺丰和菜鸟对物流大数据的话语权争夺。"[②]

在新一轮科技革命的引领下，数据将成为大数据时代人类社会一切经济活动、社会活动的基础。数据在当今社会的意义不言而喻，数据权属不清、产权不明，将导致数据的利用规则以及数据权利的边界模糊，难以确保合法合规使用，直接影响数据资源的开发利用。近年来，关于数据的争议问题层出不穷，出现了华为与腾讯的数据之争、顺风与菜鸟之争的接口门事件、新浪诉脉脉案、大众点评诉百度案、淘宝诉美景不正当竞争纠纷案等纠纷或者诉讼案件。各方所争议的核心问题都是数据：数据到底属于谁？谁可以使用数据？

[①] 魏晞. 阿里巴巴罗汉堂发布最关乎人类未来的十大问题.（2019-06-25）[2020-04-17]. http://www.chinanews.com/cj/2019/06-25/8874097.shtml.

[②] 王晶，赵娜. 顺丰菜鸟互撕背后：大数据争夺战已进入前所未有高度.（2017-06-05）[2020-04-18]. http://finance.sina.com.cn/chanjing/cyxw/2017-06-05/doc-ifyfuzny3113242.shtml.

第二节　界定数据权属的作用

大数据时代,数据是数字经济和信息社会的核心资源。数据的确权不仅是数字产业关注的核心问题,也是数字政府建设必须厘清的关键问题。2020年5月11日,中共中央、国务院在出台的《关于新时代加快完善社会主义市场经济体制的意见》中明确将数据作为市场要素,并要求"加快培育发展数据要素市场,建立数据资源清单管理机制,完善数据权属界定、开放共享、交易流通等标准和措施,发挥社会数据资源价值"。

第一,数据权属的界定与个人隐私安全、公共安全、网络安全等密切相关。一方面,随着网络信息技术的蓬勃发展,公民、法人、非法人组织乃至国家机关的行为不断地被数字化和虚拟化,并且呈现出爆发式的增长,数据的流动性和资源属性不断增强;另一方面,由于互联网、云计算、大数据等信息技术的快速发展,通过大规模采集数据、处理和分析数据、挖掘数据所隐含的信息,可以创造巨大的财富价值。但是,这个过程也可能对个人隐私和公共安全造成极大冲击和潜在风险。因此,为了确保在数据安全的前提下更好地开发利用数据,并最大限度降低数据开发利用所可能带来的负面效应,有必要对政府、企业和个人的数据权属作出明确的制度安排,划定数据安全的法律"红线",以此来保障国家信息安全,促进数据产业发展和加强个人隐私与数据保护。

第二,数据权属直接关系数字经济、数字政府能否健康、安全、可持续地发展。目前,在全球信息化和知识经济大发展的背景下,大数据产业经济的发展对数据的依赖程度越来越高,掌握数据就是掌握优先权。[1] 从市场发展的角度看,产权制度是市场经济发展的重要基础,明晰数据所有权,推动数据整合是有效利用数据的非常重要的一个前提。目前数据已然爆发式增长,大数据应用所产生的巨大经济价值不断显现,但数据作为一种资

---

[1] 顾立平,樊舒.数据权属和使用边界研究.科研信息化技术与应用,2018(3):35.

第八章　数据权属

源并未被赋予资产属性,数据所有权或产权尚未被国家法律制度明确认可[1],迫切需要数据确权的制度性安排,从而促进数据产业发展。从数字政府建设的角度看,政府管理要实现数字化、智能化,也迫切需要明确各类数据资源权属的归属,才能打破政府内部部门之间横向的数据资源共享之间的"壁垒",并实现上下级政府及其部门之间的数据资源互联互通。这是提升政府管理理念、实现政府治理能力现代化的内在要求。

为大数据登记确权　激活万亿产值

贵阳大数据交易所在"2016战略部署新闻发布会"上宣布,将推出全球第一个数据资产交易指数——黄果树指数,直观呈现全球大数据资产价值走向,引领大数据产业发展。此外,贵阳大数据交易所还将开展大数据登记确权结算服务,激活大数据万亿元产值。

贵阳大数据交易所执行总裁、九次方大数据创始人王叁寿介绍说:"黄果树指数"全称"贵阳大数据交易所数据产品活跃指数",以贵州"黄果树"来冠名,是目前全球第一个衡量数据资产价值的指数。它是在一定时间范围内,根据数据产品数量、数据产品特定区间内的交易次数、数据产品、交易价格等项目,按照各自在数据交易市场上的重要程度和所占比重构成,运用科学方法而算出的综合性指数。可以有效反映数据产品活跃程度,经由数据商品交易的分类,亦可扩展分析不同行业对数据交易的热络程度与趋势。王叁寿还表示:"贵阳大数据交易所还将开展大数据登记确权结算服务。只有推出大数据登记确权服务,才能彻底激活大数据万亿产值。"

据悉,贵阳大数据交易所自2014年12月31日成立以来,截至2015年年底,已发展华为、京东等三百多家企业成为会员,交易数据10PB;接入一百多家数据源公司,可交易数据高达50PB,涵盖政府、企业等三十种类型。

---

[1] 付伟,于长钺. 数据权属国内外研究述评与发展动态分析. 现代情报,2017(7):160.

> 在大数据时代，国家能力正在发生从"资本密集型"到"技术密集型"，再到"信息密集型"的转移。数据资源成为国家核心战略资产和社会财富，国家信息能力成为重塑国家竞争优势的决定性因素，网络空间的数据主权也正在成为国际竞争的新焦点。"由于电子数据的容易获取、高复制性、交换或散布成本低等特点，在网络空间的不同层面中，数据的脆弱性程度最高。因此，大数据时代，国家必须加快数据使用的立法，明确公民数据使用的界限。这既是对公民个人信息的保护，也是对国家'数据主权'的保护。"
>
> 大数据登记确权结算服务，是将数据视作实际资产的一种。通过贵阳大数据交易所的数据平台，尝试登记数据所有权，然后对数据的使用权、运营权等进行公开竞价，以实现数据的登记确权及变现。①

第三，数据权属的界定关系到未来人类智能社会的公平正义。科技发展和社会进步的目标，应当是让人类生活更文明、更安全、更自由。数据权属即数据产权的归属问题，涉及不同的利益关系人，与各利益相关主体密切相关。在什么情境下如何合法合理合规地使用数据，是近年来数据政策的焦点。在已有的一些数据开放许可协议和商业协议的情况下，数据不知道属于谁、由谁管理、谁能决定开不开放，亦即数据权属的归属不明确的问题，成为阻碍科技创新、大数据产业发展的最大障碍。明晰数据权属问题，保障数据主体对本人数据的占有、使用、收益以及处分的权利，才能实现数据资源的合理配置，发挥数据资源的巨大效能，保护数据相关利益关系人的合法权益，促进数据资源的开放共享。为此，建立和完善数据权属制度，有利于实现数据资源的合法保护和合理利用，提升数据安全管理能力，为真正推动数据资源的开放共享提供法治保障。

---

① 为大数据登记确权 激活万亿产值．(2016－04－26)［2020－04－19］．https：//www.sohu.com/a/71787638_312117．

第八章 数据权属

第三节 数据的分类及权属

数据的类别划分标准较多，根据国家市场监督管理总局、国家标准化管理委员会公布的国家标准《信息技术 大数据 数据分类指南》，可以从技术选型、业务应用和安全隐私保护等维度对数据进行分类。从技术选型的维度，可以按数据的产生频率、产生方式、结构化特征、存储方式、稀疏程度、处理时效性、交换方式等标准进行分类；从业务应用的维度，可以按数据的产生来源、业务归属、流通类型、行业领域、数据质量等标准进行分类；从数据的安全、隐私保护的维度，可以按数据的敏感性、保密性和重要性标准进行分类。下文结合数据权属的划分，主要介绍以下两种分类。

（一）从数据掌握的主体划分

以数据掌握的主体为标准，可将数据分为个人数据、企业数据、政务数据及公共数据。现将这几类数据的定义及权属情况阐述如下。

1. 个人数据

目前，不同国家、地区或者机构对个人数据的界定各不相同。欧盟《通用数据保护条例》将个人数据界定为已识别到的或可被识别的自然人（"数据主体"）的所有信息。美国联邦贸易委员会（FTC）认为，个人数据是能够识别到具体某个人的任何记录的各种信息，例如某个人的年龄、病史、地址或者血型，包括能够识别该个人的信息以及非识别性的个人信息。在我国，工业和信息化部在2013年公布的《电信和互联网用户个人信息保护规定》界定用户个人信息为"电信业务经营者和互联网信息服务提供者在提供服务的过程中收集的用户姓名、出生日期、身份证件号码、住址、电话号码、账号和密码等能够单独或者与其他信息结合识别用户的信息以及用户使用服务的时间、地点等信息"。尽管各地或者不同机构对个人数据的界定表述不完全一致，但是，其判断标准基本一致，即能够识别个人的所有信息。为此，可以将个人数据理解为，能够将公民个人识别出来的数据及公民在使用相关服务中产生的所有数据。

2. 企业数据

根据企业数据的范围大小，可以从广义和狭义的角度对企业数据进行界定。广义的企业数据，是指与企业生产经营相关的包括公司概况、生产信息和经营数据等在内的所有信息、资料。狭义的企业数据，一般只包含公司概况介绍，包括公司经营范围、联系方式、企业规模等，通常是已经公开的一些数据。

3. 政务数据

政务数据一般是指政府在行政管理、行政执法或者向社会公众提供公共服务的过程中所采集、制作或者获取的各种数据资源，如行政许可、行政管理活动中所产生的一些数据。

4. 公共数据

这里所指公共数据，是除行政机关、企业、个人以外的其他社会主体采集、获取或者形成的各种数据资源的总称。公共数据应当是不归属于任何社会主体的各种数据，但其属于公共社会，因此，除涉及国家安全、个人隐私以外的所有公共数据都应该向社会公众进行公开。

（二）从数据的来源划分

以数据的来源为标准，可以将数据分为原始数据与次生数据。现将这两类数据的定义及权属情况介绍如下。

1. 原始数据

原始数据是直接产生于被记录者、未经过任何加工处理的数据，例如银行个人账户数据、使用网络定位所产生的数据、网上购物生成的数据、行政机关接受行政相对人申请所形成的数据，等等。这类数据既可以是个人数据、企业数据，也可以是政务数据或者公共数据。

2. 次生数据

次生数据是根据一定的目的对原始数据进行加工、整合、处理后形成的数据。次生数据不同于原始数据，它是在原始数据的基础上，对原始数

第八章　数据权属

据进行转化、综合及处理，以新形式、新面目呈现并且具有新价值的数据。

（三）各类数据的权属

数据权的归属，是指对数据进行确权并予以确认。数据确权后，即划定了数据相关主体的权利边界，相关的主体就可以在其权利范围内充分行使自身权利，可以对相关数据进行流通、交易、处理等。确权是运用和保护与数据相关的权利的基础，也是保护数据相关主体的利益的重要手段。明晰权利边界、明确合法处理数据行为的范围，既有利于数据产业健康、快速发展，也有利于数字政府建设的推进。但是，数据权属的问题一直是困扰数据流通、数据应用的重要因素。在全国政协社会和法制委员会副主任陈智敏看来，"目前数据权属问题在国际上没有统一、完整、通行的定义，数据的所有权、使用权、管理权、交易权、享有权没有得到法律明确的界定"[1]。正因为如此，才更需要对数据权属的问题进行研究和厘清。

由于数据的性质不同，数据权的归属也不相同。

原始数据，是基于被记录主体而产生的，与被记录主体密切相关，因此，基于原始数据的权利应属于原始数据的生产者——被记录者，即个人原始数据权属于个人，企业原始数据权属于企业，政务原始数据权属于国家。按照这种观点，其他主体要获取和使用这些原始数据，均需要在原始数据权利人同意的范围内，并对隐私安全、使用范围、价格用途等方面作出承诺的前提下，才能行使受限制的数据使用权。这一思路在一定程度上可以解决对原始数据的使用权限和边界问题，但是其他问题接踵而来，如数据使用主体在获取和使用这些原始数据的基础上又形成了新的数据或者新的数据增值方式，那么新的数据权益与原来的数据权属之间有何关系？相关权属又应当如何分配？

对于次生数据，其处理者对次生数据享有财产权，依不同情形这些财产权可以表现为所有权、著作权或者邻接权等。

---

[1] 崔国强. 大数据：为高质量发展"赋能". 经济日报，2019-05-19（4）.

政务数据的所有权应该属于国家：各级政府部门只是履行政府的行政管理职能，其在履职过程中所掌握的数据不应当属于该部门，而应当属于国家。当然，在对政务数据实施管理的过程中，企业可以根据行政管理部门的授权，对政府所管理的数据进行运营。这样可以实现政务数据的所有权归国家，管理权归地方政府，开发运营可以授权企业进行。

公共数据可被视为无主数据或者全民所有数据，原则上除涉及国家安全、个人隐私的数据以外，任何公民都可以合法合理进行使用。

总之，按照上述数据权归属的判断方法可以尝试形成以下观点：原始数据之上的权利属于数据的生产者，次生数据之上的权利属于数据的加工者，国家数据之上的权利属于国家，公共数据之上的权利属于所有公民。当然，实践中的数据确权更复杂，不仅需要明确数据权的归属，还需要构建确保产权明晰的数据交易规则，而这些需要进一步的探索、实践。

贵阳大数据交易所推出《数据确权暂行管理办法》及《数据交易结算制度》

当前，大数据产业发展面临四大瓶颈。首先就是数据的权利类型没有明确，无法确定对其适用所有权法、产权法、知识产权法中的哪种法律；其次是数据权利究竟属于数据生产者（个人、企业、政府）还是数据持有者（企业、政府）存在争议；再次是数据的控制和使用权利界限不明，如何分离尚不明晰；最后是数据通过互联网非常容易复制，权属保护很困难。

贵阳大数据交易所总结实践经验，正式出台《数据确权暂行管理办法》。该办法指出，贵阳大数据交易所交易的数据不是底层数据，而是基于底层数据，通过数据的清洗、分析、建模、可视化出来的结果。这彻底解决了数据如何保护隐私及数据所有权的问题。贵阳大数据交易所执行总裁王叁寿对大数据登记确权作了详细阐述：大数据登记确权，是将数据视作实际资产的一种，通过贵阳大数据交易所的数据平台，尝试登记

第八章 数据权属

数据所有权,然后对数据的使用权、运营权等进行公开竞价,以实现数据的登记确权及变现。在王叁寿看来,如果数据无法确定权利归属,也就无法进行交易,大数据产业的万亿元产值也就无法开发。

贵阳大数据交易所本次推出的《数据确权暂行管理办法》,通过对数据交易中的所有权管理,实现对数据主权的可控、可管,真正实现了具有安全保障的数据开放,进一步深化了数据的变现能力,从整体上提升了我国大数据产业的发展水平,为解决数据发展迫切待解决的现实问题提供了典范案例。[①]

[①] 贵阳大数据交易所推出《数据确权暂行管理办法》及《数据交易结算制度》. (2016-10-08) [2020-04-20]. http://www.cbdio.com/BigData/2016-10/08/content_5312280.htm.

第四节　国家数据主权与政务数据国家所有权

大数据时代,社会发展进入高度信息化、数字化的新形态。"大数据堪称智能交通、智能电网、智慧城市等国民经济运行和社会发展高度依赖的信息基础设施'血液'。这些重要的信息系统、基础设施网络化智能化程度越高,安全也就越脆弱;速度越快,风险也就越大。"[1] 随着网络信息技术的发展,人类越来越倚重以大数据为支柱的基础设施,数据安全已然不仅仅关系个人隐私、企业商业秘密,更事关国民经济运行安全和社会稳定。于是,对国家数据主权以及政务数据国家所有权的讨论应运而生。

(一) 国家数据主权

随着互联网的兴起和发展,国家主权的概念从实体空间逐渐蔓延到虚拟空间,人们开始关注和热议信息主权、网络主权等互联网时代新的主权体现形式。而随着大数据时代的到来,数据主权延展了国家主权的内涵。

1. 国家数据主权的产生和内涵

随着科学技术的发展,传统国家主权的范围逐步扩大,国家主权概念的内涵与外延也不断得到扩充。随着大数据时代的到来,国家独享"绝对主权"的时代已经终结,既有的信息主权无法适应国家需要对海量数据进行管理的实际情况,数据主权的概念应运而生。目前,国内外学术界从不同的角度试图对数据主权进行界定,但并未形成统一的意见。传统的主权概念将国家主权定义为对内的最高统治权和对外独立权。传统的国家主权理论认为,国家主权是一个国家的固有属性,是一种以国家为范围的对内最高统治权和对外独立权;国家主权以国家的地理疆界为界限,不可转让、不可分割、不受限制。一些学者沿袭传统的主权概念,试图从传统主体的角度阐释数据主权,从对内最高统治权的角度进行界定,认为数据主权的主体是国家,是一国独立自主地对本国数据加以管理和利用的权利。[2] 有学者认为,"基于主权国家

---

[1] 吴世忠. 大数据时代的安全风险及政策选择. 瞭望, 2013 (32): 61.
[2] 曹磊. 网络空间的数据权研究. 国际观察, 2013 (1): 56.

的固有权力,数据主权是特定国家的最高权力在本国数据领域的外化,其以独立性、自主性和排他性为根本特征"[1]。也有观点认为,数据主权除包含对内控制权外,还应涵盖对外独立性这一层次。因此,其将数据主权定义为"……国家对数据和与数据相关的技术、设备、服务商等的管辖权及控制权,体现域内的最高管辖权和对外的独立自主权、参与国际事务的合作权"[2]。有学者则将捍卫数据主权上升为一种原则,即数据主权原则"对内体现为一国对其政权管辖地域内任何数据的生成、传播、处理、分析、利用和交易等拥有最高权力;对外表现为一国有权决定以何种程序、何种方式参加国际数据活动,并有权采取必要措施,以保障本国的数据权益免受其他国家的侵害"[3]。不难看出,数据主权是国家主权内涵的进一步延展和扩充,但是,理论界目前的界定并不能完全阐明和凸显数据主权的特殊性。

国家主权所覆盖的空间呈渐进式发展,并非一成不变的。实际上,大数据时代,网络技术的发展给传统的国家主权注入了新的内涵,即可认为是一国国家主权在网络空间的自然延伸,并相应诞生了网络主权、数据主权等概念。网络主权可以从对内和对外两个角度呈现:对内,国家有权独立自主地发展、监管本国的互联网事务;对外,国家有权防止本国互联网受到外部的入侵和攻击,保证国家安全不受侵犯。正如有学者提出的,"大数据时代,数据主权应该是国家主权在网络空间的核心表现。数据主权是指国家享有对其政权管辖地域内的数据生成、传播、管理、控制、利用和保护的权力"[4]。当前,我国愈加重视网络主权,在 2015 年制定的《国家安全法》中明确提出,要"加强网络管理,防范、制止和依法惩治网络攻击、网络入侵、网络窃密、散布违法有害信息等网络违法犯罪行为,维护国家

---

[1] 孙南翔,张晓君. 论数据主权——基于虚拟空间博弈与合作的考察. 太平洋学报,2015(2):65.

[2] 吴沈括. 数据跨境流动与数据主权研究. 新疆师范大学学报(哲学社会科学版),2016(5):115.

[3] 齐爱民,盘佳. 数据权、数据主权的确立与大数据保护的基本原则. 苏州大学学报(哲学社会科学版),2015(1):67.

[4] 肖冬梅,文禹衡. 数据权谱系论纲. 湘潭大学学报(哲学社会科学版),2015(6):71.

网络空间主权、安全和发展利益"。"网络主权"的提出和实践，深刻表明我国对互联网时代主权观的扩展和维护。相应地，数据主权的意识也应被提到与网络主权意识同样的高度。对此，有学者将数据主权概括为，"在大数据、云计算背景下，一国对本国的数据及本国国民的跨境数据拥有所有权、控制权、管辖权和使用权，是国家数据主权和个人数据权利的总和，体现为对内的最高数据管控权和对外的数据处理权"①。

（二）政务数据国家所有权

政务数据是指行政机关在依法履行职责过程中制作或者获取的，以一定形式记录、保存的各类数据资源。一般而言，政府各个部门在履行行政管理职责的过程中持有大量原始数据，包括道路交通数据、气象数据、农业数据、电力数据、司法案件数据、商品消费数据、出入境数据，等等。政务数据是行政机关在履行行政管理职责过程中所产生或者获取的数据，从政务数据产生的角度看，其在直接层面归属于产生的行政主体，整体上应当归属于国家。与个人数据和企业数据不同，政府及其部门作为公权力机关所采集或者形成的数据具有公有物品的属性，具有公共物品非竞争性与非排他性的特点，属于国家数据的重要组成部分，国家可以实现对政务数据资源的统一调配。与此同时，基于其公共性、公益性，政务数据本质上应当属于人民。因此，政府数据除涉及国家秘密、个人隐私的数据外，应当由全体公众共享和开放。近年来，各地探索制定的相关法规、规章明确了政务数据的权属，如《福建省政务数据管理办法》第3条规定，"政务数据资源属于国家所有，纳入国有资产管理，并遵循统筹管理、充分利用、鼓励开发、安全可控的原则"。《重庆市政务数据资源管理暂行办法》第4条规定，"政务数据资源属于国家所有。""政务数据资源管理遵循统筹管理、集约建设、充分应用、安全可控的原则"。《广东省政务数据资源共享管理办法（试行）》第4条规定，"政务数据资源所有权归政府所有"。

---

① 杜雁芸．大数据时代国家数据主权问题研究．国际观察，2016（3）：8.

第八章 数据权属

第五节 数字政府建设中政务数据权属的现状及问题

　　清晰明确的数据权益归属，是数据得以流通、联通、应用乃至交易的前提，也是大数据产业发展的重要基础。当前，世界各国都在积极探索并努力尝试构建数据权属的规则。我国的数据产业实践走在世界前列，具备较好的产业基础实践；同时，近年来我国数字政府建设方兴未艾，积累了宝贵的政务数据共享开放的实践经验。这些产业实践和政府实践为我国探索构建统一的数据产权制度奠定了扎实的基础。其中，政务数据是整个大数据的重要组成部分，是具有高价值的数据集合，具有不可估量的经济、社会价值。厘清政务数据的权属，是数字政府建设的前提，对于政务数据的开放共享和开发利用具有重要意义。但从目前的实际情况看，我国政务数据权属不明、责权边界不清的问题，仍然是制约政务大数据效能发挥的主要障碍之一；政务数据资源缺乏归属、使用、管理等统一明确的规定，导致政务数据资源存在"归属部门私有"的倾向，使用中界限不明、管理上相互制约等现象依然存在。政务数据共享主体的公共性、共享客体的特殊性以及共享行为的差异性等因素，都直接决定了政务数据共享仍存在较多障碍，政务数据资源向社会开放利用非一朝一夕即可实现。

　　国务院印发的《促进大数据发展行动纲要》（国发〔2015〕50号）明确要求，"加快法规制度建设……积极研究数据开放、保护等方面制度，实现对数据资源采集、传输、存储、利用、开放的规范管理，促进政府数据在风险可控原则下最大程度开放，明确政府统筹利用市场主体大数据的权限及范围。制定政府信息资源管理办法，建立政府部门数据资源统筹管理和共享复用制度……研究推动数据资源权益相关立法工作"。2020年3月30日，中共中央、国务院印发《关于构建更加完善的要素市场化配置体制机制的意见》，进一步明确要求加快培育数据要素市场，"探索建立统一规范的数据管理制度，提高数据质量和规范性，丰富数据产品。研究根据数据性质完善产权性质"。在国家政策的指引下，有的地方立法机关或者行政机

数字政府：变革与法治

关主动制定关于政务数据共享以及政务数据开放利用的法规、规章，为地方探索推动政务数据共享开放提供了制度保障。在国家法律规范对此仍未明确的背景下，引入和推广政务数据共享协议、政务数据开放协议，或许可以成为目前推动政务数据共享开放的可行之路，真正体现从权力本位到责任本位、从监管到服务的理念转变，实现政府数据共享开放的法治之路。目前，贵阳、深圳、广州、上海等地已经尝试在政府数据开放平台上，通过同意"授权许可协议"或者"服务条款"等方式，规范政务数据的共享与开放；而在行政机关内部，早已通过"政务数据共享协议"实现政府部门内部之间的数据共享。

　　政务数据权利为一种新型数据权利，随着信息技术的发展，其权利范围应当不止于所有权和使用权，仍然有许多权利内涵须在不断发展中被认可和形成。对此，笔者建议国家尽快出台相关法律法规，明确数据的所有权、使用权、共享管理权，统一对数据权利进行定性，并且厘清政府各部门关于其在履职过程中所采集或者获取的政务数据的权力、责任边界，既明确政府部门对其所掌握的数据具有开发利用的权利，又对其他政府部门提供的政务数据具有"附条件限制"的使用权；还针对政务数据的开放应用形成分级分类开放的制度设计，为政务数据的共享开放乃至数字政府建设提供法治保障。

第九章

政务数据采集

第一节 政务数据采集的作用

大数据产业是以数据的生产、采集、存储、加工、分析、服务为主的相关经济活动。近年来，我国互联网信息技术快速发展，信息产业迅速壮大，国家信息化发展水平日益提高。这一方面积累了丰富的数据资源，另一方面对数据资源的采集、挖掘和应用水平不断深化，政务信息化水平也不断提升。从信息论的角度看，政府的工作实际上是一个信息资源不断产生、开发、利用与管理的过程：一方面，政府及其部门在处理行政管理和公共服务事务的过程中不断产生和形成各类政务信息；另一方面，政府部门在日常运作过程中不断从公民、法人或者非法人组织中采集各类信息。这个过程中，政府自然积累并掌握着大量政务信息资源。数据是数字政府建设的基础，也是社会治理智能化的基础。没有高质量的政务数据资源，难以有效实现数字政府建设的目标。在"互联网＋电子政务"的浪潮下，大部分省份（如吉林、浙江、安徽、福建、山东、河南、广东、广西、重庆、贵州等）专门设立了政务服务数据管理机构，该机构的一项重要职责是，负责统筹推进"数字政府"的改革建设，组织协调推进政务数据资源共享和开放，统筹政务数据资源的采集、分类、管理、分析和应用等工作。

数据承载事实、体现民意，政务数据的采集汇聚，在政府政策的制定、社会风险的防范、民众意见的表达、行政监管效果的体现等方面都能发挥

数字政府：变革与法治

巨大的作用。数字政府的建设，乃至国家大数据战略的实现，首先要实现全面、准确而高质量的数据采集，这样才能对相关数据进行分析研判并指导政府行为。例如，在应对新冠疫情防控工作中，国家卫生健康委高度重视通过信息化支撑疫情防控工作，要求强化疫情防控数据采集、分析、应用，采用网络直报方式，支撑新型冠状病毒感染引发的肺炎疫情数据填报和逐级统计，不断提高数据报送的质量、效率；同时，强化卫生健康部门与工信、公安、交通运输等部门的信息联动，形成公路、铁路、民航、通讯、医疗等疫情相关方多源数据监测、交换、汇聚、反馈机制，利用大数据技术对疫情发展进行实时跟踪、重点筛查、有效预测，为科学防治、精准施策提供数据支撑。与此同时，北京、广东、江苏、湖南、福建、河北等省市在防疫工作中也逐渐探索形成了"大数据＋网格化"的管理模式，利用大数据、人脸识别等智能手段，全面落实城市的社区、街道等网格单元内的数据管理和信息收集，帮助区域内政府、企业以及相关人员完成数据信息的收集、处理与分析工作，助力地方的疫情防控工作。这些做法，有利于进一步完善城市的数据系统以及基层的数据信息采集，促进优化现有的城市公共治理系统、应急管理系统、公共卫生管理系统等，必将对未来智慧城市的建设发挥积极的作用。

广东："数字政府"助企复产复工

整合36.4亿条核心数据　满足103类防控数据共享需求

"在本次疫情防控过程中，广东'数字政府'政务大数据中心集约化支撑能力和各部门高效的数据共享机制优势得到充分释放。"省政务服务数据管理局有关负责人对记者说。

他介绍，疫情出现后，广东在极短时间内建立起了疫情数据共享工作需求报送和协调机制，统一汇聚各部门疫情防控最新明细数据，整合形成部门所需的结果数据，横向依托省政务大数据中心将实时数据按需自动分发到各防控职能部门，纵向分发到下级相关部门；并建立每日数据更新对账机制，进一步提高一线单位主动防控、精准预防的能力。

第九章　政务数据采集

"粤省事"推出了"粤康码"服务，并在汕尾市率先试点。市民通过"粤康码"完成体温登记后，即可显示最新一次检查的地点、时间和体温结果；全市各场所检测人员通过"粤省事"进入检测员端绑定场所后，就可以通过扫码检测并登记公共场所人员体温，无须再手工登记被检查人员的相关个人信息。"粤康码"通过信息化手段实现体温检测结果联网、结果互认、轨迹跟踪，极大地减轻了检测人员的登记压力，减少了市民重复测量体温，提高了疫情排查效率。这一服务随后向全省推广。

在珠海，针对数量较大且需重点关注的居家隔离人群这一特殊群体，珠海市政务服务数据管理局上线了"居家隔离防控服务平台"，为隔离人员提供健康自查上报、求助社区网格员和体温检测三项服务。其中，通过健康自查上报功能将相关数据第一时间推送给对应的社区网格员，社区网格员可针对特定症状为市民提供服务；而体温检测的位置共享服务，能精准定位居家隔离人员的位置，便于根据体温变化第一时间进行处置。

截至2月14日，广东省政务大数据中心已收集全省各地各部门疫情防控数据需求近600项，围绕人的基础信息（工作单位、教育背景、社保医保、房产登记等）、生活信息（用水、用电、用气、有线电视等）、出行轨迹（火车民航、客运水运、ETC信息、入粤申报信息等）等，统一汇聚、整合国家、省直、中直驻粤部门、各地市以及公共服务企业等42家单位与防控相关的113类共36.4亿条核心数据，全面满足54个防控应用场景中的103类疫情防控数据共享需求，为有序开展企业复工复产提供支撑。[1]

---

[1] 吴哲．广东："数字政府"助企复产复工．南方日报，2020-02-17（7）．

第二节　政务数据采集的范围

政务数据资源是政府部门以及法律法规授权的具有行政职能的事业单位和社会组织在履行职责过程中制作或获取的，以一定形式记录、保存的文件、资料、图表和数据等各类信息资源等。进入大数据时代以来，在数字化的环境下，政府信息资源已经逐渐将数字化的形式作为记录方式，使记录方式不仅包括传统的印刷型出版物、缩微型出版物，也包括网页、数据库、电子邮件、电子期刊等。随着政府职能的不断扩充深化以及电子政务建设的快速发展，政府信息资源快速数字化。数字化的政府信息资源，又为政务信息的快速流动提供了可能和便利。"十二五"期间，我国近三百个城市进行了智慧城市试点，政府有关部门在履职过程中采集了信用、交通、医疗、卫生、就业、社保、地理、文化、教育、科技、资源、农业、环境、安监、金融、质量、统计、气象、海洋、企业登记监管等领域的数据集，并推进建立政府与企业、行业协会、科研机构、社会组织等社会主体互动的大数据采集形成机制。我国已成为产生和积累数据量最大、数据类型最丰富的国家之一。目前，我国正在推进政务数据采集体系建设，有的部门已经在本行政系统内统一数据采集内容和标准，有的地方通过智慧城市建设统筹政务数据的采集内容。但与此同时，政务数据的采集仍面临着电子政务环境下更加动态多变的采集环境，呈现政务数据资源来源广泛化、种类多样化、增长快速化等特点，极大扩展了政府信息资源采集对象的范围，增加了实施难度。

农业农村数据采集体系将于 2025 年建成

2019 年 12 月 25 日，农业农村部、中央网络安全和信息化委员会办公室印发《数字农业农村发展规划（2019—2025 年）》（以下简称《规划》），对新时期推进数字农业农村建设的总体思路、发展目标、重点任务作出明确部署，擘画了数字农业农村发展新蓝图。

第九章 政务数据采集

《规划》提出：到 2025 年，数字农业农村建设取得重要进展，有力支撑数字乡村战略实施。农业农村数据采集体系建立健全，天空地一体化观测网络、农业农村基础数据资源体系、农业农村云平台基本建成。数字技术与农业产业体系、生产体系、经营体系加快融合，农业生产经营数字化转型取得明显进展，管理服务数字化水平明显提升，农业数字经济比重大幅提升，乡村数字治理体系日趋完善。

《规划》明确了五项主要任务：构建基础数据资源体系，重点建设农业自然资源、重要农业种质资源、农村集体资产、农村宅基地、农户和新型农业经营主体等五类大数据，夯实数字农业农村发展基础；加快生产经营数字化改造，推进种植业信息化、畜牧业智能化、渔业智慧化、种业数字化、新业态多元化、质量安全管控全程化，提升农业数字化生产力；推进管理服务数字化转型，建立健全农业农村管理决策支持技术体系和重要农产品全产业链监测预警体系，建设数字农业农村服务体系、农村人居环境智能监测体系、乡村数字治理体系，推进乡村治理现代化；强化关键技术装备创新，加强关键共性技术攻关，强化战略性前沿性技术超前布局和技术集成应用与示范，加快农业人工智能研发应用，提升数字化发展引领能力；加强重大工程设施建设，实施国家农业农村大数据中心建设、农业农村天空地一体化观测体系建设、国家数字农业农村创新等重大工程项目，提升数字农业农村发展支撑能力。[①]

---

① 马爱平. 农业农村数据采集体系将于 2025 年建成. 科技日报, 2020-01-22 (4).

第三节 政务数据采集的原则

在大数据时代，政府已然成为社会数据信息的中心枢纽。人们既是数据的生产者，又是数据的消费者。政府同样如此。随着科技的进步、互联网的发展以及数字经济的不断兴起，收集使用个人信息现在已然成了一种普遍现象。在对个人数据信息采集过程中，无论是政务数据采集，还是商业数据采集，都容易出现数据采集的完整性、隐私性、准确性等方面的问题，数据安全与个人信息保护之间的矛盾始终是个难题。例如，个人用户在网络平台上产生、使用的很多数据往往会被网络平台管理者、经营者采集、存储，甚至分析、流通，而个人用户往往处于不知情状态，难以有效采取措施保护个人信息安全。但是，个人用户所产生或者形成的数据，被政务部门作为政务数据采集，与被商业主体作为商业数据采集，两者之间存在一定的差异。"政府数据共同的来源渠道有政务公开数据、公众互动数据和用户行为数据等，部分来自部门之间数据共享交换、现场采集或数据上报，共同的特点就是随政府部门公共职能而产生，具有行业业务特性。"[1]政务数据是政务部门基于公共的目的，通过依法履行职责而进行数据采集活动所形成的，具有公共性、公益性、法定性等特点。

为规范政务数据的采集活动，国家、地方相应制定了相关的政务数据资源管理制度，对涉及个人数据信息的采集对象、采集内容、采集范围、采集标准、应用处理以及使用限制等均有较明确的规定。如在疫情防控中，各地政府建立了"健康码"的机制，并作为疫情防控的重要工具；但也有一些地方探索常态化应用"健康码"管理，根据"健康码"的数据进行评价以及判断个人、小区、企业是否存在风险。这一行为是否属于过度收集信息、是否侵犯公民的隐私权或个人信息，也引发了社会广泛关注和讨论。而商业数据采集，往往是通过用户同意 App 或者网站的隐私政策途径要求

---

[1] 鲍静，张勇进，董占广. 我国政府数据开放管理若干基本问题研究. 行政论坛，2017（1）：29.

用户授权,在未对用户进行充分明示的情况下大量获取用户个人信息,与个人信息密切相关的如通话记录、短信、位置信息、录音设备、视频设备等关系个人隐私的部分信息经常被越权读取。被视为网络数据安全基本原则之一的"知情同意"原则,在实际商业应用中经常出现被滥用的现象。

数字经济的发展,催生了个人数据信息保护与个人数据信息利用之间的平衡需求,应对个人利益和公共利益进行调和。对此,2020年5月通过的《中华人民共和国民法典》专门对个人信息保护作了详细规定,尝试厘清个人信息的保护与利用之间的边界。如其第111条规定,"自然人的个人信息受法律保护。任何组织或者个人需要获取他人个人信息的,应当依法取得并确保信息安全,不得非法收集、使用、加工、传输他人个人信息,不得非法买卖、提供或者公开他人个人信息";第1035条规定,"处理个人信息的,应当遵循合法、正当、必要原则,不得过度处理,并符合下列条件:(一)征得该自然人或者其监护人同意,但是法律、行政法规另有规定的除外;(二)公开处理信息的规则;(三)明示处理信息的目的、方式和范围;(四)不违反法律、行政法规的规定和双方的约定。""个人信息的处理包括个人信息的收集、存储、使用、加工、传输、提供、公开等"。《网络安全法》第41条第1款也规定,"网络运营者收集、使用个人信息,应当遵循合法、正当、必要的原则,公开收集、使用规则,明示收集、使用信息的目的、方式和范围,并经被收集者同意"。在《民法典》出台以前,各地也探索建立健全政务数据采集的制度,并尝试厘清政务数据采集的基本规则。如《贵阳市政府数据资源管理办法》第16条第1款规定,"行政机关应当根据本机关履行职责的需要,依法采集政府数据,明确采集数据的目的、范围、方式、格式和流程……";《广东省政务数据资源共享管理办法(试行)》第13条第1款规定,"政务部门应当遵循合法、必要、适度原则,按照法定范围和程序,采集公民、法人和其他组织的数据信息";《上海市公共数据和一网通办管理办法》第18条也规定了数据采集的原则,明确"公共管理和服务机构应当遵循合法、必要、适度原则,按照市级责任部门的采集规范要求,在公共数据资源目录的范围内采集公共数据,并确保数据采集的准确性、完整性、时效性"。从这些规定可以看出,我国法律以及地方探索建立的制度对于包括个人信息在内的网络数据的采集、使用等行为,确立了"合法、正当、必要"的基本原则,并且明确了"知情同意""不得泄露或者篡改其收集、存储的个人信息"等要求,既明确了"公"法权限又保护了"私"人隐私,有助于厘清政务数据采集的边界,增强对个人信息保护的法治保障。

第四节　被采集对象的权益保护

近年来，随着互联网事业和数字经济的发展，个人信息安全问题逐渐成了社会公众关注的热点问题。无论是商业数据采集还是政务数据采集，同样面临个人信息安全保护的问题。从数字政府建设的角度看，在政务数据采集过程中，一方面，需要规范政务部门的数据采集行为；另一方面，被采集人的权益保护同样不可忽视。对此，《中华人民共和国民法典》于第1034条第1、2款明确规定，"自然人的个人信息受法律保护"。"个人信息是以电子或者其他方式记录的能够单独或者与其他信息结合识别特定自然人的各种信息，包括自然人的姓名、出生日期、身份证件号码、生物识别信息、住址、电话号码、电子邮箱、健康信息、行踪信息等"；并在第1038条第2款规定，"信息处理者应当采取技术措施和其他必要措施，确保其收集、存储的个人信息安全，防止信息泄露、篡改、丢失；发生或者可能发生个人信息泄露、篡改、丢失的，应当及时采取补救措施，按照规定告知自然人并向有关主管部门报告"。《网络安全法》第41条第2款也规定，"网络运营者不得收集与其提供的服务无关的个人信息，不得违反法律、行政法规的规定和双方的约定收集、使用个人信息，并应当依照法律、行政法规的规定和与用户的约定，处理其保存的个人信息"。这些规定，为被采集人的权益保护提供了法律依据。此外，各地在探索建立政务数据资源管理制度过程中也对行政机关采集数据提出了要求。如《贵阳市政府数据资源管理办法》第16条第2款规定，"行政机关采集政府数据不得侵害被采集对象的合法权益"；《上海市公共数据和一网通办管理办法》还尝试进一步明确被采集人的权利和义务，其第20条规定，"公共管理和服务机构在法定职责范围内采集数据的，被采集人应当配合"。"公共管理和服务机构因履职需要，采集法律、法规未作规定的数据的，应当取得被采集人同意"；此外，还规定当被采集对象认为所采集的个人数据存在错误、遗漏等情形时的异议处理制度。

数字政府：变革与法治

全国政协委员马进：建议规范人脸识别数据采集，加强数据监督

"刷脸"付款、"刷脸"进门、"刷脸"购物……当人脸识别技术被广泛应用时，个人信息安全该如何得到保障？

2020年全国"两会"期间，全国政协委员、致公党上海市委专职副主委、秘书长马进拟提交一份提案，建议我国制定人脸识别技术应用管理办法，规范人脸识别数据采集、存储，并加强对人脸识别数据使用的监督。提案指出，人脸识别是利用AI技术基于人的脸部特征信息进行身份识别的一种识别技术。自苹果公司将人脸识别开始用作身份认证以后许多公司，包括国内的银行、保险等金融机构，争相效仿。然而，目前我国人脸识别技术的应用还存在一些问题，比如，人脸识别技术认证能力参差不齐；人脸识别的应用流程不够规范；人脸识别的法律效力尚未确认；对人脸识别的数据保护不足；人脸识别应用尚未被普遍接受等。

针对上述问题，马进在提案中建议，尽快对人脸识别技术应用制定相关的管理办法，使该领域监管做到有法可依、有章可循。在制定管理办法时，应着重考虑以下几方面问题：

第一，要规范人脸识别数据采集、存储。由于人脸识别数据库关系到公民隐私和国家安全，有必要对建立人脸识别数据库进行必要的规范。为建立人脸识别数据库，对居民进行数据采集前应当进行提示，确保居民的知情权。用于公共事业的人脸识别数据库，可由政府部门或由国家监管部门向符合条件的公司发放牌照委托制作。

第二，要加强对人脸识别数据使用的监督。对于在人脸识别数据库的基础上新建大的应用或者敏感应用，均应纳入审批事项。对于建设中小型的应用，应该实行备案制度。人脸识别数据使用单位应当有严格的内控制度，建立内部审批流程，并且建立台账。每条数据使用，应当在系统中留下相应痕迹，以备相关部门查询。

第三，要明确对人脸识别软、硬件进行认证。建议对人脸识别系统软、

第九章 政务数据采集

硬件进行专业认证，可以采用分级的制度。各单位可以根据实际应用采购相应等级的系统，用于合同交易、内部控制等不同等级的应用。认证可以采用国家机关认证或者第三方认证的方式，如果采用第三方认证，则必须加强对第三方的监管。

第四，要确认人脸识别数据的法律效力。鉴于目前现实中在金融交易行为中已经大范围将人脸识别作为身份认证的依据，建议对于使用符合资质的人脸识别系统作为人脸识别身份认证的予以法律确认，即用户在人脸识别系统中"刷脸"，可以视同本人签名，以减少后期合同纠纷的产生。

第五，要对监视系统的应用进行限制。利用人脸识别技术对嫌疑人进行监视，是一项较为敏感的应用。建议如需在公共场合建立监视系统，只能由国家机关或其授权的单位统一建设；如需在私有区域建立监视系统，且需要用到人脸识别系统的，需要向有关主管部门进行备案。

第六，要设置相应罚则严惩违法行为。由于人脸识别技术的应用较为敏感和重要，建议采用修改《刑法》等相关法律或出台相关司法解释等方式，对利用人脸识别技术进行违法犯罪的行为以及不法分子进行严惩。[1]

---

[1] 栾晓娜. 全国政协委员马进：建议规范人脸识别数据采集，加强数据监督.（2020-05-18）[2020-06-12]. https：//www.thepaper.cn/newsDetail_forward_7447345.

第五节　政务数据的采集方式及要求

政务数据采集是政府数据信息资源管理活动的重要环节。根据《政务信息资源共享管理暂行办法》的规定，政务信息资源主要通过政务部门直接采集、第三方依法采集、因依法授权管理和因履行职责需要依托政务信息系统采集等方式。《上海市政务数据资源共享管理办法》第12条也规定了政务数据的采集方式，即"行政机构应当以数字化方式采集、记录和存储政务数据资源，非数字化信息应当按照相关技术标准，开展数字化改造"。《广东省政务数据资源共享管理办法（试行）》第12条规定，"政务数据资源可以通过下列方式获得：（一）依照法律、法规规定采集有关数据；（二）因履行公共管理和服务职责需要，通过业务系统、监测、测量、录音、录像等方式产生有关数据；（三）因履行公共管理和服务职责需要，通过协商等合法方式向公民、法人和其他组织获取有关数据"。此外，对于公共数据的采集，《上海市公共数据和一网通办管理办法》第19条也作了规定，即"公共管理和服务机构在法定职责范围内，可以直接采集、委托第三方机构采集，或者通过与自然人、法人和非法人组织协商的方式，采集相关公共数据"。根据政务数据采集的规定，可以将政务数据采集主要归纳为三种方式：一是由政务部门依法直接采集，二是依法委托或者授权第三方采集，三是通过协商等合法方式采集。

政务数据的采集是一项巨大的系统工程，任何政府数据信息资源管理机构都难以单独完成这项任务。为此，国务院专门制定了《政务信息资源共享管理暂行办法》，各地也根据实际情况相应建立了政务数据资源管理的制度，建立起了一套政务数据采集的制度机制。第一，建立政务数据资源采集汇聚制度。政务数据资源目录是政务数据资源管理的基础，是政务数据资源采集、汇总、共享、开放、应用的依据。国家发改委、中央网信办专门印发了《政务信息资源目录编制指南（试行）》。各地陆续成立了专门的政务服务数据管理机构，组织制定本地统一的政务数据采集汇聚规范。

第九章　政务数据采集

第二，建立政务数据资源统一目录管理制度。一方面，由政务服务数据管理机构统一编制本地的政务数据资源目录清单，另一方面，分解形成各政务部门的政务数据资源采集责任清单，实现政务数据采集的目录化、责任化。第三，规定了谁主管、谁采集、谁负责的原则，如《政务信息资源共享管理暂行办法》规定，"按照'谁主管，谁提供，谁负责'的原则，提供部门应及时维护和更新信息，保障数据的完整性、准确性、时效性和可用性，确保所提供的共享信息与本部门所掌握信息的一致性"。第四，确立了"一次录入"的要求。在政务数据采集的过程中，"多头采集""重复采集"是社会公众反映强烈的问题。在电子政务环境下，为了推动政府数据信息资源的共享，避免重复采集和建设带来的不便与浪费，各地探索规定，政务部门采集政府数据应当遵循"一数一源""一源多用"的原则：一方面，以统一社会信用代码作为标志，明确自然人的统一社会信用代码为身份证号码，法人和非法人组织的统一社会信用代码为登记管理部门赋予的唯一机构编码；另一方面，明确政务部门有政务数据资源采集需求时，除法律、法规另有规定以外，可以通过共享方式获取的政务数据资源或者确认的政府数据，不得重复采集、多头采集。

"城市大脑"平台上线　疫情信息尽在掌握

2020年2月，海淀区基于大数据分析的"城市大脑疫情防控平台"上线试运行。返京人员的来源地、是否经由疫区、是否与确诊病例同过车、驻留时长……这些信息通过该平台都能查询出来，为政府部门提供决策依据，防止出现重大传染事件。

据了解，该平台是海淀区国有企业中海纪元根据实际疫情防控需要开发而成的，借助海淀城市大脑的"时空一张图""AI计算平台"等资源和成果，同时接入了融信数联公司、百度公司、微芯公司、第四范式等科技公司的平台数据，实现疫情大数据的采集和分析。

"我们从企业和社区两个维度，采集人员基本信息、出行情况、居住社区、工作单位、健康状况、经由疫区等六大类信息。针对重点人员、高

数字政府：变革与法治

危疑似人员、密切接触人员，按照北京市卫健委分级分类防控要求，每日采集关键体征指标，并跟踪处理记录信息。"中海纪元项目负责人介绍，数据采集完成后，经过自动统计和分析，就可以了解海淀区内各街镇、小区、重点场所内的重点人员数量、主要来源地、活动轨迹等信息，并提供重点人流预警服务，防止出现重大传染事件。

"比如，正处在隔离观察期的人员，或是针对确诊病例及疑似病例，该平台将进行重点监控，并跟踪轨迹，如发现聚集或外出等违规事件，系统就会实时预警，把信息推送给街道或防控小组相关管理人员，即时采取措施，开展防控工作。"上述负责人介绍，通过轨迹分析还可以最大限度了解重点人员的活动范围，做到早发现、早隔离。[①]

[①] 王斌. 北京海淀"城市大脑"上线采集防疫大数据. 北京青年报，2020-02-14 (5).

第六节　政务数据采集存在的问题及对策

随着数字政府建设的推进，政务数据采集成了政务数据形成的一项重要的基础性工作。面对数字政府改革建设的目标以及用大数据提高社会治理智能化水平的要求，政务数据采集工作仍面临着不少困难和问题，亟待研究解决。

1. 政务数据采集的职责划定问题

政务数据采集是大数据时代的新事物，与传统的信息收集、处理存在本质上的区别。现有大多数信息机构（如统计部门、信息中心）主要负责经济数据的搜集和处理，但搜集和处理社会信息以及其他方面信息的机构较少。此外，由于政务数据涉及的部门多、范围广、数据散，各政务部门容易出现数据采集职责不清的问题，有的部门也缺乏政务协同意识，习惯于传统工作模式，数据创新的积极性不高。随着互联网信息技术的发展以及各地陆续推动数字政府建设，各地对政务数据资源重要性的认识不断增强，越来越多的地方建立专门的政务数据服务管理机构，负责统筹、协调、指导和监督本行政区域内政务数据资源管理工作。在推进政务数据采集过程中，首先应当厘清政务数据资源主管部门以及政务数据采集部门的职责：明确政务数据资源主管部门按照国家《政务信息资源目录编制指南（试行）》等规定组织编制本地政务数据资源目录规范，明确数据采集的具体要求；同时还要明确各政务部门按照"谁主管、谁采集、谁负责"以及"一数一源""一源多用"的原则，依据责任清单采集政务数据。此外，针对政务数据采集中可能出现错误的实际问题，应当建立政务数据疑义、错误快速校核机制，及时对政务数据开展校核，确保政务数据采集的质量。

2. 政务数据采集的真实性、准确性和完整性问题

长期以来，我国政府部门采集信息往往通过层层填写、汇总统计报表等方式进行，加上各政务部门往往缺乏主动、全面采集数据信息的动力机制，在缺乏有效监督的情况下，难以保证采集的数据信息的真实性、准确

性和完整性。"政府数据生产、开放重在规范数据的采集、存储、利用和传播环节，数据内容管理重在确保数据的准确性、一致性和时效性。在数据生产和收集阶段，要实现跨部门、跨机构的数据整合与分析，从源头上保证数据质量，解决数据生产和收集部门的工作难度。"[1] 为打破一些政府部门条块分割的"数据烟囱"，应当建立政务数据采集清单制度，形成政务数据资源目录，加强对政务数据采集主体的监管，明确政务部门依法采集政务数据资源的职权，健全数据采集、发布、维护的规范和程序，确保数据的正确性、完整性、时效性。同时，建立政务数据资源管理审核机制，加强对政务数据资源的目录编制以及数据审核、发布、更新等的管理，确保政务数据的准确性、完整性和合规性。

3. 政务数据采集中的"多头采集""重复采集"问题

由于政务部门之间的行政职权不同，各个政府部门在政务数据采集方面大都独立运行。为此，政务数据提供者经常要向不同的政务部门多次提供相同的数据信息。这既影响行政办事效率，又影响社会公众对政府形象的评价。"数据协同是实现部门协同的重要环节，是推进政府部门数据治理体系和治理能力现代化的基本要求。"[2] 电子政务的推进以及数字政府的建设，一个重要的要求就是实现政务数据资源的共享与互联互通，体现在政务数据采集中是要求实现"一次录入、多次使用"的目标。"互联网＋政务服务"是建设服务型政府的重要支撑，在推动数字政府建设过程中，应当明确政务部门采集政务数据资源应遵循"一数一源""一源多用"原则，实现本地区政务数据的一次采集、共享使用；除涉及国家安全或者法律法规有明确规定外，要求相关政务部门要充分利用共享数据资源，不得通过其他方式重复采集，以提高政务数据资源的利用效率，努力做到利企便民。

---

[1] 陈亮. 政府数据开放的几个待解难题. 人民论坛, 2019 (12): 66.
[2] 鲍静, 张勇进. 政府部门数据治理：一个亟需回应的基本问题. 中国行政管理, 2017 (4): 29.

4. 政务数据采集标准不统一的问题

长期以来，各个政务部门对本部门的数据资源采集有自身的标准，各政务部门的数据采集标准也存在差异，存在数据采集口径和更新周期不同的问题；另外，各地各级政府的电子政务发展以及数字政府建设的进度各异，建立的政务数据平台也不尽相同，实践中不利于政务数据采集的标准化、统一化和规范化。为此，应当按照国家政务信息资源相关标准进行政务数据资源的采集、存储等工作，消除政务数据资源格式、标准不统一的问题，实现政务系统和政务数据采集的标准化。

此外，伴随着电子政务和数字政府建设进程的逐步推进，政务数据的采集也面临着许多其他新挑战、新课题。例如，面对数字时代政务活动由线下逐渐向线上转移的趋势，如何依托线上政务服务平台，推进线上线下政务数据集成融合的问题，促进实现线上线下统一标准、统一办理平台、统一数据采集？又如，通过线上采集个人数据信息，如何确保个人真实身份和真实意思表示？通过当前非常流行的"人脸识别""指纹识别"等方式是否可以确认和认证？如何通过区块链等信息技术解决政务数据采集的存证、公示和修正等问题？这些新问题，本质上是伴随着新的网络技术的迅速发展而来的新问题。应当尊重科学技术不断向前发展是社会潮流的客观规律，一方面，要"推进数据采集的自动化与智能化，构建泛在感知的社会管理基础网络，加快人工智能、大数据、空间信息等新技术在社会基层部门和场所的布局应用，从源头上提升政府数据质量"[1]；另一方面，在实践探索中不断通过建立健全制度来明确行为的边界以及相关法律责任，真正为数字政府建设，乃至数字经济发展提供坚实的法治保障。

---

[1] 丁波涛. 政府数据治理面临的挑战与对策——以上海为例的研究. 情报理论与实践，2019（5）：45.

第十章

政务数据共享

第一节　政务数据共享的作用和意义

大数据、云计算、区块链、人工智能等新兴技术的产生应用，为建设数字政府提供了坚实的技术基础，也为"互联网＋政务服务"的推广和实施提供了强大动力。数据是国家重要的基础性战略资源，政务数据是整个社会数据资源中数量最庞大、种类最齐全、质量最优质、价值最可观的部分。政府充分利用好政务数据，加快政府数字化转型，能够有力推动数字政府以及智慧城市的建设，助力政府快速提升政务行政效率、社会治理能力和公共服务水平。发挥好政务大数据的作用，一个关键环节在于推进政务数据的共享，打破政务数据之间的壁垒。这样才能真正实现互联互通、信息共享，充分释放数字红利。

近年来，国家陆续出台了相关的政务数据共享政策，以支持和推动政务数据共享作为数字政府建设的一个重要着力点。2015年9月，国务院印发《促进大数据发展行动纲要》，明确将"大力推动政府部门数据共享"作为促进大数据发展的一项主要任务，并提出实施政府数据资源共享开放工程。2016年3月，国务院《政府工作报告》中明确提出推行"互联网＋政务服务"、实现部门间数据共享的工作目标。2020年4月，中共中央、国务院印发《关于构建更加完善的要素市场化配置体制机制的意见》，明确提出加快培育数据要素市场，推进政府数据开放共享，充分挖掘数据要素价值。

第十章　政务数据共享

2020年5月,中共中央、国务院出台《关于新时代加快完善社会主义市场经济体制的意见》,进一步明确将数据作为市场要求,要求推进数字政府建设,加强数据有序共享,依法保护个人信息。可以说,推进政务数据的共享利用已提上国家政策以及大数据国家战略的议程。在数字政府建设中推动落实数据共享,是抓住了政务大数据发展的关键与核心。通过政务数据的共享,可以打通各政务部门之间的数据"鸿沟",有效激活各政务部门"沉睡"的数据,从而为政务大数据的深度挖掘应用提供基础条件。同时,政务数据共享的推动与实现,必将在政务数据资源上迈出打破"数据孤岛"的关键一步,给政府治理能力的提升带来新动能,促进提升政务服务能力。正如2018年4月13日习近平总书记在海南省政务数据中心考察时指出,各级党委和政府要强化互联网思维,善于利用互联网优势,着力在融合、共享、便民、安全上下功夫,推进政府决策科学化、社会治理精细化、公共服务高效化,用信息化手段更好感知社会态势、畅通沟通渠道、辅助决策施政、方便群众办事,做到心中有数。

动动指尖就把事情办好　广东做政务服务移动化的倡导者和先行者

看病买药忘带医保卡?入住酒店没带身份证?企业办税忘带营业执照?曾经,这些琐事可能会让人头大。但自从有了微信小程序"粤省事"和"粤商通",凭"手机亮证"通通都可解决。这些,都得益于广东"数字政府"建设不断提速。

作为全国首个政务服务小程序、广东"数字政府"改革的首个重要成果,"粤省事"主要面对个人用户,通过将29个部门202个系统的数据打通,解决了一揽子办事难、办事慢、多头跑、来回跑等问题。同时,"粤省事"还关联了87种个人电子证照,将人民群众最常用的驾驶证、社保卡、出入境证、居住证等电子凭证集中到一部手机,与实体证件具备同等效力。

"我们依托广东在移动信息化方面的发展能力,基于手机终端,搭建

数字政府：变革与法治

> 了一整套应用服务，希望企业、群众，包括政府内部各部门都能通过指尖就可以把事办好。"省政务服务数据管理局相关负责人说。
>
> 近年来，广东陆续推出"粤系列"移动服务平台，除了"粤省事"，还包括全国首个涉企一站式移动服务平台"粤商通"、全国首个基于小程序的电子签章平台"粤信签"、全国首个集省市县政务地图数据中台"粤政图"、全国领先的联通政府各部门的协同办公平台"粤政易"、全国最大的省级一体化政务服务平台广东政务服务网、全国集成度最高的政务终端广东政务服务一体机等。①
>
> 2018年，广东省网上政务服务水平综合能力跃居全国第一。截至2020年11月，"粤省事"注册用户超过8 700万，上线1 632项政务服务，关联87种电子证照，其中1 113项服务实现群众办事"零跑动"，2020年累计业务量达48亿笔。"粤商通"注册用户突破400万名，相当于每3个广东市场主体就有1家在使用"粤商通"，累计上线服务事项857项，覆盖大量市场主体。2020年8月，"粤政易"上线，已为广东省21个地市、11万个组织总计超过150万名用户开通账户，接入政务应用600多项，推动行政效能整体提升。②

在国家以及各地大力推动数字政府建设的过程中，各级政府普遍着重对政务数据共享进行顶层设计，统筹推进政务数据共享的进程；与此同时，各政务部门对政务数据的共享和应用的实际需求也呈现了快速增长的态势，客观上也极大地推动了政务数据共享的发展进程。政务数据共享在实践中的一个突出例子，莫过于浙江的"最多跑一次"改革。这一改革既包括政府服务群众的前台界面改造，也包括后台政府内部的工作流程优化、信息共享、资源整合等内容，通过推进政府内部的数据信息联通建设，打破部

---

① 肖文舸. 打造一体化数字政府的"广东样本". （2019-11-29）[2020-05-14]. http：//news. southcn. com/gd/content/2019-11/29/content_189662243. htm.

② 许嘉蕙. 400万、150万、8 700万！. （2020-11-20）[2020-11-20]. https：//mp. weixin. qq. com/s/rh5LD7SEBESd22QDj-PlEA.

第十章 政务数据共享

门数据壁垒,实现各类政务数据的共享和使用,实现群众和企业"少跑腿"甚至"不跑腿"的改革成效。2019年10月24日,习近平总书记在主持中央政治局第十八次集体学习时指出,要探索利用区块链数据共享模式,实现政务数据跨部门、跨区域共同维护和利用,促进业务协同办理,深化"最多跑一次"改革,为人民群众带来更好的政务服务体验。可以说,在可预见的将来,政务部门将更多地利用区块链、大数据等技术实现政务数据的互通共享,推动政务数据资源在政府部门之间的广泛流动、大量交换和实际应用,发挥政务数据共享在政府治理能力中的巨大潜能。

第二节 政务数据共享的基本原则

政务数据共享的基本原则,是政府及其部门推进政务数据共享的基本遵循和工作指导。根据《政务信息资源共享管理暂行办法》的规定以及各地探索政务数据共享实践的情况,政务数据共享的基本原则主要包括以下几项。

(一)政务数据共享范围的确定原则:以共享为原则,以不共享为例外

政务数据共享范围的确定原则,是政务数据共享的重要原则,直接决定了政务数据共享的范围和内容。《政务信息资源共享管理暂行办法》明确规定,政务数据共享遵循"以共享为原则,不共享为例外"的原则,要求各政务部门形成的政务信息资源原则上应予共享,涉及国家秘密和安全的,按相关法律法规执行。《上海市政务数据资源共享管理办法》也规定了政务数据资源"全面共享"的原则,要求政务部门应当在职能范围内提供各类政务数据资源共享服务。

在政务数据资源共享中为贯彻"共享为原则、不共享为例外"的原则,根据《政务信息资源共享管理暂行办法》以及各地的规定,普遍将政务数据资源进一步细化分类,主要分为无条件共享、有条件共享、不予共享等三种类型。其中,具有基础性、基准性、标识性的政务数据资源,可以提供给所有政务部门共享使用的,属于无条件共享类;数据内容敏感,只能按特定条件提供给相关政务部门使用,并且应当按照相关数据管理规定使用的政务数据资源,属于有条件共享类;不宜提供给其他政务部门共享使用的政务数据资源属于不予共享类。在此基础上,还针对某些特殊的数据资源共享进一步明确了具体要求,如对于各政务部门履行职责均需要使用的人口信息、法人单位信息、电子证照信息等基础数据资源,应当根据整合共建原则进行集中建设或者统一接入,实现基础政务数据的统筹管理、及时更新,在各政务部门之间实现无条件共享;对于同一主题领域,如健康保障、社会保障、食品药品安全、安全生产、价格监管、能源安全、信用体系、城乡建设、社区治理、生态环保、应急维稳等的数据资源,应当由相关政务部门共建形成

第十章 政务数据共享

主题政务数据资源,并通过共享平台予以共享;对于列入不予共享类的政务信息资源,明确要求必须有法律法规或国家政策的依据。

(二)政务数据共享的数据使用原则:需求导向、无偿使用

政务数据资源虽然由不同的政务部门所采集或者掌握,但其均属于国家所有,因此,推动政务数据共享,需要明确根据政务数据的需求导向共享使用,即相关政务部门因履行行政职责需要使用共享数据的,可以提出明确的数据共享需求和数据使用用途,相关共享数据的产生和提供部门应当及时响应并无偿提供使用。

(三)政务数据共享的数据标准原则:统一标准、统筹建设

为便于政务数据的应用,推动政务数据共享应当实现政务数据的标准化,在开展政务数据资源的采集、存储、交换和共享工作中,必须按照国家政务信息资源的相关标准,坚持"一数一源"、多元校核,确保政务数据的真实性、准确性和规范性,并在此基础上由各级政府统筹建设政务数据资源的目录体系和共享交换体系。

(四)政务数据共享的安全原则:建立机制、保障安全

确保在安全可控的基础上共享政务数据,这是政务数据共享的"底线"。推动政务数据共享的过程中,应当统筹建立健全政务数据资源共享管理的制度机制,明确各政务部门以及政务数据共享平台的管理职责,要求对共享数据资源,进行合法、合理使用,禁止滥用,禁止泄露国家秘密、商业秘密和个人隐私,加强对共享政务数据的采集、共享、使用全过程的身份鉴别、授权管理以及安全保障,确保政务数据资源的安全。如《辽宁省政务数据资源共享管理办法》规定,政务数据资源管理部门应当会同网信、公安、保密等部门建立健全政务数据资源共享安全管理制度,制定政务数据资源安全工作规范,通过制度的方式保障政务数据共享的安全。《广东省政务数据资源共享管理办法(试行)》则规定了政务数据资源共享的安全责任主体,明确政务数据资源安全管理实行统一领导和分级管理,按照"谁主管谁负责,谁使用谁负责"的原则,落实政务数据主管部门和政务部门的安全责任。

249

数字政府：变革与法治

广州市政府信息共享平台

在政务数据开放共享方面，广州市政府走在全国前列。截至2017年6月，广州市已归集51个部门405个主题约17.6亿条数据，建立企业、个人、事业单位、公共组织和政府等五类信用主体约5.4亿条数据的信用主体库。此外，广州市还推动各部门加快数据共享梳理工作，已完成对市财政、教育等83个部门1 157个信息系统3 520个信息资源的登记注册工作，并且正在修订第二版政府信息共享目录。

在数据平台建设方面，早在2006年，广州市就已经启动信息共享平台搭建，但直到2016年7月广州市信息共享工作才进入快速发展阶段，为广州社会治理政府公共服务平台、城市社区网格化服务管理、综合治税等三十多个专项应用提供了有效支撑，推进了跨部门业务协同和政务服务流程优化。

2016年7月1日起，《广州市政府信息共享管理规定实施细则》正式实施，明确了包括户籍、婚姻、出生死亡、企业和个体户等16类基础信息将纳入政府信息共享范畴，行政机关可以依法通过信息共享程序获得信息。信息共享的大门打开了，"互联网＋网格化"在内的诸多社会管理也开启了新的模式。

广州市政府信息共享平台是广州市统一政务信息平台的重要组成部分，汇集全市政务信息资源，是全市统一的数据共享交换的核心枢纽以及政务信息资源的管理服务中心。目前已接入113家单位，含1个省级政府部门，广州市全部11个区级政府、68个市级政府部门和33家银行企业；自然人基础信息库涵盖1 843万条自然人的学历、工作单位、婚姻、参保登记、公积金等方面的信息，法人基础信息库涵盖174万家企业、机构的开业登记、年检、税务登记、参保登记等方面的企事业单位和个体户信息。①

---

① 何婉璇.广州市政府信息共享平台.（2017－06－02）［2020－04－18］.http：//www.gd.gov.cn/zwgk/zdlyxxgkzl/xzsp/content/post_2653203.html.

第三节　政务数据共享目录管理

《政务信息资源目录编制指南（试行）》对政务数据资源目录作出了界定，即指"通过对政务信息资源依据规范的元数据描述，按照一定的分类方法进行排序和编码的一组信息，用以描述各个政务信息资源的特征，以便于对政务信息资源的检索、定位与获取"。通过政务数据共享目录，可以从源头上对政务数据进行详细标识和分类，能够有效解决政务数据共享开放中的数据分类、元数据、共享开放属性、安全级别、使用要求、更新周期等等，便于政务数据共享使用。可以说，政务数据资源目录是实现政务信息资源共享、业务协同和数据开放的重要管理制度，是政务数据资源汇聚、共享、开放、应用的重要依据。因此，推进政务数据共享，需要对政务数据资源实行统一的目录管理。国家发展和改革委员会、中央网信办专门制定了《政务信息资源目录编制指南（试行）》，以加快建立政府数据资源目录体系，推进政府数据资源的国家统筹管理。地方也根据当地数字政府的建设情况以及政务数据共享的实际情况，不断细化政务数据共享目录管理制度，开展政务数据资源目录编制，努力建立数据准确、完整、规范、统一的数据目录管理机制。如《重庆市政务数据资源管理暂行办法》提出了政务数据资源目录编制的目录清单、需求清单、责任清单"三清单模式"，实现政务数据资源目录的统一管理、发布、更新等服务，支撑政务数据共享和业务协同。

> **北京打造"目录区块链"系统　10分钟解决数据共享难题**[①]
>
> 针对共享难、协同散、应用弱等长期梗桔问题，北京市经信局利用区块链将全市53个部门的职责、目录以及数据高效协同地联结在一起，打造了"目录区块链"系统，为全市大数据的汇聚共享、数据资源的开发利用以及营商环境的改善提升等提供了支撑。

[①] 北京打造"目录区块链"系统　10分钟解决数据共享难题．（2019-11-12）[2020-04-19]．https://www.thepaper.cn/newsDetail_forward_4932100．

数字政府：变革与法治

一直以来，部门之间的数据共享都是难事。部门之间的数据共享难，也直接让企业、百姓办事格外费劲。以前，北京市税务局需要数据，首先得确定数据在哪个部门；数据在国资委找到后还要进行反复沟通，甚至"谈判"；沟通中，一方担心"怎么给才安全""需要花费多少工作量""数据到底用在哪了"，另一方也担心"沟通协调多久""数据质量可不可靠"。于是，在如此漫长的协调中，共享流程也就无疾而终。

"目录区块链"

2018年，北京市经信局、市委编办和市财政局牵头政府各相关部门借助大数据、区块链、云计算、人工智能等新技术，打造北京市的"目录区块链"，真正破解了数据共享应用难题。

让数据在10分钟内实现共享的正是这个"目录区块链"。具体而言，各部门的"职责目录"一一对应，形成全市"数据目录"一本大台账，利用区块链的分布式存储、不可篡改、合约机制等特点，建立起北京市"目录区块链"，将各部门目录"上链"锁定，实现了数据变化的实时探知、数据访问的全程留痕、数据共享的有序关联。这样一来，哪个部门有哪些数据一目了然，申请共享的渠道也更通畅。

老百姓成直接受益者

游走在大数据里的"目录区块链"串起了各个部门，也依靠共享的力量解决了城市运行和治理中长期存在的难题，让老百姓成为直接受益人。

"办证难"是北京不动产登记给人留下最深刻的印象。该业务2018年办理需5天，还得提供户口本等一大堆纸质材料；而现在，只要一个环节一次性即可办结。"这背后，是'目录区块链'调度下的全市各部门数据有序运转。"北京市经信局这位负责人解释，通过"链"上实时调用公安、民政等多个部门的户籍人口、社会组织等标准数据接口，实现了减材料、减流程、减时间。

与此同时，北京市正逐步实现道路停车电子收费，为市民提供车位查询、停车缴费、电子票据开具等服务。实际上，是"目录区块链"的调度，让路段、车位、车辆、管理员、缴费、票据等实现了"人—企—物"数据的联动。

"'目录区块链'的身影无处不在，已成为北京大数据行动计划的'定海神针'，时刻彰显着北京的'大数据力量'。"北京市经信局这位负责人说，下一步，北京市还将在深化拓展"目录区块链"应用的基础上，加快建设以信用、证照等核心政务数据为代表的"数据区块链"，并通过集成多方安全计算、联邦计算等新技术范式，夯实大数据和区块链安全保障体系，在国家科技创新中心建设的征程上，不断完善区块链、大数据集成创新的"北京模式"。

在国家政策的号召下，各地在开展政务数据共享的实践过程中，也通过立法探索建立健全政府数据目录管理制度。如《贵阳市政府数据共享开放条例》规定，政府数据实行分级、分类目录管理，即将政务数据目录细化为政府数据资源目录以及共享目录、开放目录；同时规定目录的编制职责，即行政机关依照国家、省的政务信息资源目录编制指南以及标准，在职责范围内编制本辖区、本机关的目录，并且逐级上报大数据行政主管部门进行汇总；并且规定了目录的审核审定机制，即目录应当经大数据行政主管部门审核、同级人民政府审定，市级共享目录、开放目录应当按照规定公布；此外，还具体规定了政务数据目录的调整机制：一方面，要求行政机关应当对所提供的政府数据进行动态管理，确保数据真实、准确、完整；另一方面，对于特殊情形下确需对政务数据进行更新、修改的，也明确了具体的调整方法，即对于由于法律法规修改或者行政管理职能发生变化等原因，涉及政务数据目录需要进行调整的，行政机关应当自相关情形发生之日起一定期限内对政务数据进行更新、修改；对于由于经济、政治、文化、社会和生态文明等实际情况发生变化，涉及政府数据也发生变化的，行政机关应当及时更新。针对政务数据可能不准确的问题，还按照"谁提供、谁编制、谁负责"的原则，建立了政务数据疑义、错误核校机制，即

数字政府：变革与法治

政府数据的使用主体对政务数据共享目录或者所获取的数据有疑义或者发现存在错误的，应当及时反馈政府数据提供部门予以核校。这些制度机制的建立，不仅为各地政务数据共享目录管理提供了有益的经验借鉴，而且通过立法为政务数据共享管理提供了坚实的法制保障，推动破解政务数据共享的难题。

政务大数据：不愿、不敢、不能共享咋解决[①]

北京市西城区西长安街街道地处首都功能核心区，该街道于2016年筹备创立了全国首个基层政府大数据中心，力求打通数据平台间的壁垒，将"政务网"上分散的数据合零为整，让"沉睡的数据"发挥更精准的治理效益。

公共服务窗口节省三成人力，服务、管理不再"疲于奔命"

"以前执法队员每天奔波不停，治理的效果却并不理想。现在通过大数据，大大降低了执法成本。"西长安街街道城管一队教导员张岩对大数据应用效果赞不绝口。

贤孝里胡同曾是市区两级常年挂账的脏乱点，其中一个突出问题就是露天烧烤：从晚上6点到凌晨2点，胡同里常常喧嚣杂乱、乌烟瘴气。据张岩介绍，以前一接到举报，执法人员就要立刻赶到现场去处理，"每次行动安排两组人，至少6名干部、2辆车、4名保安，然而，违法人员跟执法人员'打游击'，很难根治。用上大数据平台之后，现场有什么情况，通过电脑就能看得一清二楚。现在这条胡同的违法数较此前降低了90%"。

从"疲于奔命"到"应付自如"，原因就在于西长安街街道应用大数据平台，实现了社会治理的精准化。"我们将涉及的13个市级、区级垂直业务系统打通，相关数据汇集到街道的大数据中心。大量数据汇集、共享加上科学的分析，就能快速发现和解决问题。"西长安街街道办事处副主任董立明说。

[①] 贺勇. 政务大数据：不愿、不敢、不能共享咋解决？. 人民日报，2018 - 05 - 11 (11).

第十章 政务数据共享

"在社会综合治理方面，大数据的应用尤其有效。"西长安街街道综治办干部赵丽敏介绍，西单商圈核心区每天人流量近二十万，高峰期有四十多万，给管理带来很大难题。西长安街街道建立了一套实时监控及人群聚集风险实时分析技术体系，对于可能出现的拥挤踩踏事故进行预警。"根据固定探头捕捉到的人流信息，计算出人群流量、密度和步行速度等参数。一旦超出预警标准，立即报警。"

西长安街街道党工委书记陈振海介绍，大数据中心投入使用后实现了基层人员重心下移，街道公共服务大厅窗口节省人力36%。这些节约出来的人力将公共服务延伸到居民家中，深受群众好评。

第四节　政务数据共享平台建设

政务数据共享,是推进数字政府建设的关键,需要以建设跨部门协同共享平台为重点,统筹整合政务信息化工作,打破数据资源"部门化"壁垒,促进政府部门间业务协同。2017年12月,习近平总书记在中共中央政治局第二次集体学习时强调,要统筹规划政务数据资源,以推行电子政务、建设智慧城市等为抓手,以数据集中和共享为途径,推动技术融合、业务融合、数据融合,打通信息壁垒,形成覆盖全国、统筹利用、统一接入的数据共享大平台,构建全国信息资源共享体系,实现跨层级、跨地域、跨系统、跨部门、跨业务的协同管理和服务。实际上,随着电子政务建设的进程,各地不少政府部门早已开展了电子化、信息化、系统化的实践探索,也相应建设形成了不同的业务工作系统。这对于推动电子政务建设、提高政府信息化水平无疑发挥了重要的作用。但是,进入大数据时代后,传统的政务数据共享平台建设无疑无法完全适应数字政府建设的目标要求,同时也暴露出了一些问题,如政府部门往往根据自身的业务工作需求,相应建设了符合自身实际的业务系统,其主要目的是提高本部门的办公信息化、电子化水平。但是,基于各部门的业务系统建设缺乏统筹规划,有的部门希望突出本部门采集数据信息的正确性和重要性或者意图保证本部门的"信息话语权"等因素,各级各部门往往各自建设各自的电子政务系统或者数据库,甚至同一个政务部门专门针对不同业务工作建设了不同的业务系统,普遍出现系统独立、标准不一、重复建设、基础信息交叉重叠,以及运行、维护难度大、费用高等问题,不利于政府数据信息资源共享与应用,也不符合数字政府的建设目标以及业务系统之间数据共享畅通、业务协同的新要求。对此,《"十三五"国家政务信息化工程建设规划》提出了构建形成大平台共享、大数据慧治、大系统共治的顶层设计,指导我国政务信息化建设的发展,并规划建成全国一体化的国家大数据中心。"构建国家数据共享交换工程、国家公

第十章 政务数据共享

共数据开放网站、服务平台和国家政务数据中心的统一大平台,是我国政务信息化发展的必然要求"[1]。这不仅能够满足政务部门之间对政务数据资源的共享需求,而且为政务数据向社会公众开发利用提供了平台和载体。近年来,国家也在推进全国一体化政务服务平台建设,作为实现"一网通办"的关键载体,也是建设数字政府的重要内容,以有力促进政务服务跨地区、跨部门、跨层级协同共享,推动政务服务"一张网""一盘棋",为企业添动力,让群众更省心。[2]

随着云计算技术的兴起和发展,政务系统"云端化"成了近些年数字政府建设的一个趋势,在一定程度上有助于解决不同政务系统之间的数据信息交互问题。但是,不同政务系统之间错综复杂的关系,仍会制约政务大数据作用的充分发挥。对于如何从根本上解决政务部门业务系统运维难、业务创新难、重复建设等问题,有技术专家针对数字政府大平台建设提出了依据"大平台微应用"架构思路建设数字政府业务中台:"通过业务中台的逐步建设,政府部门不同的信息系统会按照不同的业务沉淀、整合,这样更有利于政府信息资源的汇聚,如不同政府部门的办公系统都采用办公中心定制化而成,所有数据都在办公中心汇聚,政府部门的政务服务系统采用审批中心定制化而成,行政审批数据不再分散在各部门而自动汇聚到审批中心,这样有利于大数据红利的释放。"[3] 可以说,推进政务数据共享平台建设过程中,除了建立共享数据库、实现政务数据之间的共享,应当强化数据中台能力的建设,充分发挥政务大数据的应用作用。这也是国家规划建成全国一体化国家大数据中心、各地提出建立省市县一体化大数据中心的一项重要考虑因素。

---

[1] 周德铭. 构建政务数据共享开放大平台. (2017-09-05) [2020-04-18]. http://www.xinhuanet.com/info/2017-09/05/c_136584301.htm.
[2] 卫婧,王晓燕. 全国一体化政务服务平台打造政务服务"一张网". (2020-06-02) [2020-06-10]. http://leaders.people.com.cn/n1/2020/0602/c178291-31732674.html.
[3] 崔树红,刘全力,唐立庭. 数据时代背景下"数字政府"技术架构研究与应用分析. 信息系统工程, 2019 (7): 27.

广东发布政务数据共享管理办法 建省市县一体化大数据中心[①]

广东"数字政府"建设再次向前迈出一步。2018年11月，广东省出台政务数据资源共享管理办法（以下简称"办法"），提出政务数据资源共享遵循"共享为原则，不共享为例外"，实现跨部门、跨地区、跨层级数据共享。同时，广东正在建设省市县一体化政务大数据中心，为政务数据共享提供技术和平台保障。

数据共享　实现群众办事更便利

此次办法的制定，是为解决当前政务数据资源条块分割、标准不一、"信息孤岛"突出、开发利用水平低等问题，进一步规范政务数据资源编目、采集、共享、应用和安全管理，促进政务数据资源深度开发利用，为优化营商环境、便利企业和群众办事、激发市场活力和社会创造力、建设人民满意的服务型政府提供有力支撑。

"希望通过办法解决以前各部门数据共享中角色不清晰的问题，同时明确所有共享的数据资源归政府所有。"时任广东省政务服务数据管理局处长[*]陈峻华介绍，政务数据共享最终是要实现企业、群众办事少提交材料、避免重复提交材料，因此各政府部门要以共享优先的原则来获得政务数据。如果共享数据库里有这个数据了，原则上讲就不能再通过其他方式重复采集。政务数据共享还要解决以往部门间数据共享流程特别冗长、复杂、烦琐的问题，实现数据及时、高效共享，让共享难不再是普遍存在的问题。

办法也为电子证照应用提供保障。例如，广东已签发了出生医学证明、居住证、身份证等多种证件的电子证照，办法为这些电子证照的使用效力提供了政策保障。

陈峻华表示，政务数据共享是为了让数据流动起来，支撑各类业务和

---

[*] 现为副局长。——作者注
[①] 陈燕.广东发布政务数据共享管理办法 建省市县一体化大数据中心.南方都市报，2018-12-14（16）.

第十章 政务数据共享

服务的需要，包括老百姓办事的民生类服务需求，诸如企业开办、不动产登记等提升营商环境的服务和应用需求，以及各部门之间提高行政效率的业务需求。

"政务数据共享要提供鲜活、高质量的数据资源。"数字广东网络建设有限公司副总工兼数据管理与开发部总经理程晶带领团队负责省政务大数据中心的建设和运营。他介绍，以前数据汇聚共享可能一次性就完了，后续没有更新，但数据在后续使用过程中已经旧了。"今后数据就像血液一样，通过数据治理，不断会有新的数据提供，保证数据及时、高质量，这就是鲜活。"

程晶介绍，省政务大数据中心除了提供政务数据共享平台，还将为各地各部门提供公共平台建设能力，它们将从寻求数据共享渠道中解放出来，去关注上层的数据应用。

第五节　政务数据共享存在的问题及对策

政务数据共享，是数字政府建设的关键点，也是推进政府改革、提升治理能力的重要支撑。在近年国家和各地大力推动数字政府建设过程中，政务数据共享取得了很大的突破，但是政务数据"不愿共享、不敢共享、不能共享"的情况仍然不同程度地存在，亟待破解。

一是政务数据共享的顶层设计仍然不足。

"当前我国对政务大数据认识不够，其价值被严重低估，而在自上而下由国家力量推动社会变革的模式中，顶层设计的缺乏将难以带动整个社会就政务大数据开放与共享而进行的积极合作与参与。"[1] 政务数据是政府的基础性战略资源，是一切政务应用的前提和基础，但是各政务部门对政务数据共享的重大意义认识不足，工作中重采集轻应用、重复采集、标准不统一等问题依然长期存在。面对数字政府建设对于充分采集各类政务数据、提升整合多数据源的能力以及形成数据治理能力的客观要求，政务数据共享顶层设计的不足，一方面，难以对某一地区的政务大数据中心、共享平台与交换平台、政务数据主题库、数据归集等进行统筹规划、统一建设；另一方面，各政务部门极易从部门工作角度考量政务数据的采集共享工作，难以完全做到基于整体性政府、服务型政府的角度考虑实现政务数据应用的最大化效果，这都不利于政务数据共享的推进。对此，建议各地强化数据治理的意识，培养领导干部的大数据思维，加强对政务数据共享的统筹规划，建立享有政务数据共享职权的政务数据管理专门机构，健全政务数据共享的领导和协调机制，推进建设省市县一体化的大数据中心，整体推进、综合协调各政务部门的数据共享管理，以此带动数字政府建设的进程。

二是政务数据共享的内驱动力相对不足。

当前，政务数据共享主要依靠自上而下的政策推动，尤其是国家以及

---

[1] 翁列恩，李幼芸. 政务大数据的开放与共享：条件、障碍与基本准则研究. 经济社会体制比较，2016（2）：118.

第十章 政务数据共享

省级政府的强力推进,但各政务部门主动推进政务数据共享的动力仍较欠缺。这种"被动式"的政务数据共享模式,既不能满足数字政府建设的客观要求,实践中也会造成政务数据共享的部门协同性不强、数据质量无法保障等问题。导致出现这些问题的原因是多方面的:既有政务部门对于政务数据共享责任机制不健全导致在政务数据共享中的责任难以清晰界定的隐忧,也有数据采集不准确、数据保存不完整、数据收集不全面等原因导致数据质量不高而可能给上级机关及领导带来决策风险的担心;还有目前对于各政务部门的数据共享缺乏长效的激励和保障措施以及严格的约束措施。此外,有的部门认为推动数据共享需要投入额外的人员以及经费,而相关推动数据共享的工作成果无法体现在工作绩效考核体系当中,从而也降低了推进这项工作的积极性和主动性。对此,不少地方通过立法的方式破解政务数据共享内驱动力不足的问题。如《广东省政务数据资源共享管理办法(试行)》建立政务数据共享监督考核制度,将政务数据共享工作与绩效考核机制挂钩,明确规定"政务数据主管部门应当组织制定政务数据资源共享管理考核方案,可委托第三方机构,围绕政务数据资源质量、共享交换程度、应用支撑能力等方面开展评估并公开结果。省级政务部门政务数据资源共享管理情况纳入省级政府机关绩效考核内容"。《上海市政务数据资源共享管理办法》则通过建立政务数据共享工作效能监督制度,为各政务部门落实政务数据共享工作提供了制度保障;其中明确针对不按照规定将本部门资源目录和掌握的政务数据资源提供给其他部门共享、不按照规定随意采集政务数据资源、故意提供不真实不准确不全面的资源目录和政务数据资源、对获取的共享数据资源不当管理等情形,规定由网上政务大厅建设与推进工作领导小组给予书面通报、责令其限期改正或者采取其他处理措施。《江苏省政务信息资源共享管理暂行办法》则明确了责任主体,规定各政务部门主要负责人是本部门政务信息资源共享工作的第一责任人。

三是政务数据共享的各类标准不统一。

数字政府：变革与法治

实现政务数据共享，首先需要不同部门将政务数据的采集标准、数据技术标准、共享协议标准等进行统一。但是，目前推动政务数据共享的一个重大技术难点在于"没有统一的技术标准、数据标准、接口标准，加上政务系统代码不一、质量参差，难于实现数据统一标准的格式化归统"[①]。同时，由于各部门在推进电子政务建设过程中整体规划往往不强，不同部门建设的业务系统和工作信息平台在设计开发中的源代码标准以及系统安全协议等各不相同，政务数据共享以及数据库和业务系统之间的互联互通必然面临不小的技术难题。此外，不同层级、不同部门所建设的系统标准以及数据采集标准不统一，对于同一事项、同一信息的认定标准未必完全一致。这些因素，成了导致政务数据共享难的重大技术障碍。对此，不少地方政府，尤其是省一级政府，在贯彻执行《政务信息资源目录编制指南（试行）》的基础上，针对本地的实际情况，明确由政务数据资源主管部门会同相关政务数据工作机构按照国家的相关要求，统筹组织制定本地区统一的政务数据资源共享的标准和规范，细化政务数据资源编制要求，明确政务数据资源的分类、格式、属性、责任方、共享类型、共享方式、使用要求、更新时限等内容。

四是政务数据共享的专业人员不足。

包括政务数据共享在内的政务数据管理是一项专业性很强、难度较大的系统工程，并且几乎涉及所有的政务部门，需要足够的技术能力作为支撑。但是，在一级政府及其部门现有的组织架构中，虽然一般均设置了类似于信息化的内部工作机构，但是整体上政府部门的政务数据管理技术力量较为薄弱，远远无法满足政府数据共享乃至数字政府建设的要求。为解决这一问题，不同地方也开展了不同的探索。如上海市注重政务数据共享的机构与人员保障，在《上海市政务数据资源共享管理办法》中明确作出规定：一方面，要求行政机构指定专门机构和专人负责政务数据资源共享

[①] 周雅颂.数字政府建设 现状、困境及对策——以"云上贵州"政务数据平台为例.云南行政学院学报，2019（2）：123.

第十章 政务数据共享

工作,并将数据资源管理员的信息向市经济信息化委备案;另一方面,规定市经济和信息化委员会应当定期组织开展政务数据资源共享工作业务培训。广东省注重发挥政务数据服务第三方的专业技术支撑作用,明确政务大数据运营中心和第三方机构为政务数据资源管理工作提供技术支撑。

五是政务数据共享平台建设有待完善。

当前,政务数据共享平台建设还存在建设进度不一、"一张网"整体服务能力不强、平台数据集约化程度不高、不同政务系统之间兼容难度较大等问题,直接影响着政务数据共享的实际效果。为推动政务数据共享平台建设,国家以及地方将建设政务数据共享平台作为数字政府建设的重要突破口。2019年5月,国家政务服务平台上线试运行,实现与各省以及国务院各部门政务服务平台的联通,"标志着以国家政务服务平台为总枢纽的全国一体化政务服务平台框架初步形成"[1]。各省也加快推进政务服务"一张网"建设,推动政务服务"一张网"和"应上尽上、全程在线"工作。如广东省充分发挥"数字政府"改革建设集约化优势和基础支撑,全线升级广东政务服务网,全力打造一体化的"掌上政府",打通政务服务"最后一米",有效提升了政务服务效率。

广东政务服务网全线升级 全力打造一体化的"掌上政府"[2]

2019年以来,广东深入贯彻落实国家一体化在线政务服务平台建设部署,充分发挥"数字政府"改革建设集约化优势和基础支撑,以打造整体协调、灵活高效的"掌上政府"为努力方向,对广东政务服务网及相关移动政务服务平台进行了全面的优化升级,取得了良好的效果。

升级三大能力,全面提升用户使用体验

广东政务服务网针对不同使用群体的个性化需求进行了提升。一是事

---

[1] 全国政务服务"一张网"整体服务能力显著增强.(2020-05-29)[2020-06-03]. http://www.xinhuanet.com/politics/2020-05/29/c_1126049800.htm.
[2] 广东政务服务网全线升级 全力打造一体化的"掌上政府".(2019-10-23)[2020-06-12]. http://www.gd.gov.cn/zwgk/zdlyxxgkzl/xzsp/content/post_2653203.html.

项精细化梳理让在线政务服务更精准。从便利企业和群众的角度,按照办事情的情形对提交材料、办理环节作了进一步细化,让申请人在线办事更清晰、更明白。二是智能化搜索让在线政务服务更便捷。全面升级服务搜索引擎,强化用户行为数据分析,按热度进行服务搜索结果主动推送。全新上线 AI 智能客服,支持申请人语音提问,由智能客服进行精准分析匹配答案。三是场景化引导让政务服务更清晰。升级办事指南呈现方式,针对高频、复杂事项发布直观生动的多媒体办事指南,对免提交材料设置主动提醒。周传世表示,随着"数字政府"改革的不断推进,信息技术红利将进一步释放,在不久的将来,在广东工作生活只需拿起手机就可实现"指尖一键办","掌上政府"将以其高度的灵活性和智能化特征,给企业和群众办事带来更加幸福的体验。

联通"三大平台"持续拓展移动服务功能

广东是全国政务服务移动化的倡导者和先行者,在这次广东政务服务网升级中,高度重视移动端在支撑一体化平台功能拓展的关键作用。按照"政务服务掌上集成"的目标,针对群众、企业和公务员三个不同群体与政务服务网的实际业务联系,通过加强平台与"粤省事""粤商通""粤政易"移动平台的全面对接,有效整合不同类型的政务服务平台功能和优势,进一步释放在线服务的整体效能。用户只需通过"粤省事"进行"刷脸"认证,即可登录广东政务服务网,统一认证账号也可以在"粤商通"平台通用,实现一次登录、全渠道通行。针对公积金、社保、护照通行证、户政、行驶证驾驶证、助残、税务等热点业务,政务服务网均提供"粤省事"二维码,实现民生高频服务手机扫码办理,PC端与移动端随意转换。

第十一章
政府数据[①]的开放利用

第一节 大数据时代的新课题：从信息公开到数据开放

随着近年数据技术发展和数字经济的深化，政府数据开放逐渐受到世界各国的重视。据统计，开放数据运动已覆盖 79 个国家和地区。[②] 英国开放知识基金会通过调查发现，英国和美国的政府数据开放情况在七十余个国家和地区中分别位居第一和第二，而后依次是丹麦、挪威和新西兰。[③] 在政府数据开放浪潮的影响下，我国进行了相关尝试，但仍处于探索阶段。2015 年 8 月 31 日，国务院印发《促进大数据发展行动纲要》，指出，"在依法加强安全保障和隐私保护的前提下，稳步推动公共数据资源开放"，"逐步实现信用、交通、医疗、卫生、就业、社保……企业登记监管等民生保障服务相关领域的政府数据集向社会开放"[④]。2016 年 3 月，国务院出台《中华人民共和国国民经济和社会发展第十三个五年规划纲要》，要求"制

[①] 政务数据与政府数据是相互关联、高度重合、许多时候可以相互替代但又在特定领域上存在一定区别的两个概念。一般来说，政府数据的概念范围相对政务数据更大，且由于政府信息开放制度的影响，在数据的开放利用层面一般更多的使用"政府数据"这一概念。

[②] 杨敏，夏翠娟，徐华博. 开放数据许可协议及其在图书馆领域的应用. 图书馆论坛，2016（6）：91-141.

[③] 姜桂兴. 全球开放数据运动蓬勃发展. （2015-03-30）[2020-06-15]. http://www.cssn.cn/dzyx/dzyx_xyzs/201503/t20150330_1566110_2.shtml.

[④] 人民网. 国务院印发促进大数据发展行动纲要. （2015-09-05）[2020-06-15]. http://politics.people.com.cn/n/2015/0905/c1001-27545655.html.

定政府数据共享开放目录,依法推进数据资源向社会开放。"① 2019 年中国共产党十九届四中全会通过的《中共中央关于坚持和完善中国特色社会主义制度 推进国家治理体系和治理能力现代化若干重大问题的决定》也提出"推进数字政府建设,加强数据有序共享"。2020 年 3 月和 5 月,中共中央、国务院连续发布《关于构建更加完善的要素市场化配置体制机制的意见》《关于新时代加快完善社会主义市场经济体制的意见》,要求"加快培育数据要素市场,建立促进公共数据开放和数据资源有效流动的制度规范","建立数据资源清单管理机制,完善数据权属界定、开放共享、交易流通等标准和措施,发挥社会数据资源价值。推进数字政府建设,加强数据有序共享,依法保护个人信息"。

政府作为各类政务数据的收集者、加工者和传播者,所掌握的数据占我国信息数据资源的 80% 左右。和社会数据相比较,政务数据在权威性和时效性上存在天然的优势,具有巨大的开发潜力和利用价值。② 中央网信办、国家发改委、工业和信息化部于 2018 年联合印发的《公共信息资源开放试点工作方案》中,对政府数据开放进行了描述,即将与公众生活需要、企业利用需求密切相关的公共数据资源通过统一平台进行公布。作为整合公共数据资源向社会开放,促进数据增值利用和创新应用的重大措施,政府数据开放有以下几个要素:(1) 可获取性和可访问性 (availability and access),要求数据可以被便利地获取,具有完整性、真实性、可用性;(2) 再利用和再发布 (reuse and redistribution),社会对数据能够以方便和可修改的方式使用,进行再利用和再传播;(3) 普遍性 (universal participation),数据开放应当具有普遍性,在一般情况下应当尽量避免限制使用对象范围或只允许部分个人和组织使用的情况。③

---

① 中华人民共和国国民经济和社会发展第十三个五年规划纲要. (2016-03-17) [2020-06-15]. http://www.xinhuanet.com/politics/2016lh/2016-03/17/c_1118366322.htm.
② 王小丽. 公共作品利用的法律完善——以开放数据为视角. 河南财经政法大学学报, 2018 (3): 114-122.
③ 杨孟辉. 开放政府数据:概念、实践和评价. 北京:清华大学出版社, 2017: 11.

第十一章　政府数据的开放利用

政府数据开放是政府信息公开的延伸与深化，但两者存在着较大差异：首先，制度目的不同。政府信息公开侧重强调公众的知情权，重心在于"知"；而政府数据开放的重心放在"应用"，强调数据开放后的可利用性。其次，对象不同。数据的范围比信息的范围更加广泛。数据可以是原始的、一手的、未经处理的个体数据或数据集；信息则是经过加工处理，甚至被解读过的，具有特定含义的数据。[1] 再次，范围和程度存在差异。什么是符合政府数据开放要求的"开放"？英国开放知识基金会指出，开放的条件包括方便获取、允许再散布和再利用、无技术限制、简要署名标识、原件完整、无差别待遇、不限目的、明示许可方式等。[2] 美国的"开放政府数据"研讨会提出，开放应当具有八项原则，即全面开放、数据完整、即时发布、便民使用、机器处理、不作限制、公开格式、不需另外申请授权。[3] 从整体上看，政府对数据开放的要求要比信息公开的要求更高。最后，参与主体不同。政府数据开放的利益结构要比政府信息公开的利益结果更为复杂。政府信息公开主要涉及行政机关和申请公开主体；而政府数据开放除了涉及行政机关、申请开放主体，还涉及数据利用主体和数据权属主体。

---

[1]　郑磊. 开放政府数据研究：概念辨析、关键因素及其互动关系. 中国行政管理，2015 (11)：13-18.
[2]　Open Knowledge Foundation. Open Definition. (2010-03-04) [2020-06-15]. http://opendefinition.org/od/.
[3]　The 8 Principles of Open Government Data. (2007-12-08) [2020-06-15]. http://opengovdata.org/.

第二节　开放利用政府数据的价值

为什么要开放和利用政府数据？这需要探求其中存在哪些价值。总体而言，政府数据开放利用具有政治、经济、社会的价值。

一、政治价值

政府数据开放利用的理论基础之一是开放政府理念。开放政府理念源自20世纪50年代美国的信息自由立法，认为公众使用政府信息应当是常态，并且在特殊情形下才被限制使用。2009年美国奥巴马政府公布《开放政府指令》后，进一步拓展了开放政府理念，指出：在大数据环境下，开放政府需要和信息技术紧密结合，在内涵上除了透明这一传统要素，还应增加促进政府创新、合作、参与、效率、弹性等要素。[1] 此后，美国、英国、挪威、墨西哥、印度尼西亚、菲律宾、南非等八个国家在2011年发起"开放政府联盟（OGP）"，其纲领性文件《开放政府宣言》强调："要用系统的方法收集、公开各种公共服务和活动的数据。公开不仅要及时主动，还要采用可供重复利用的格式。"[2]

政府数据开放利用的政治价值体现在有助于增强政府透明度、加强问责、提升政府公共决策水平、强化工作效能。[3] 如斯洛伐克在2009年建立网站，向社会开放公共采购数据，既有利于公众获取利用相关数据，也有利于公民和社会组织监督政府行为，促使政府更加透明。[4] 再如，巴基斯坦一个社会组织"治理和公共问责中心"通过利用政府开放的预算、教育、卫生、警察和法律数据，向公民展示重要的治理问题，促使政府积极回应公众意见。[5]

---

[1] 迪莉娅. 大数据环境下政府数据开放研究. 北京：知识产权出版社，2014：20.
[2] Open Government Declaration. (2011-09-30) [2020-06-15]. https://www.opengovpartnership.org/process/joining-ogp/open-government-declaration/.
[3] 郑磊. 开放的树林 政府数据开放的中国故事. 上海：上海人民出版社，2018：20.
[4] 迪莉娅. 大数据环境下政府数据开放研究. 北京：知识产权出版社，2014：24.
[5] World Bank. World Bank Support for Open Data：2012—2017. (2017-11-1) [2020-06-15]. https://documents.shihang.org/zh/publication/documents-reports/documentdetail/760871509531665876/world-bank-support-for-open-data-2012—2017.

二、经济价值

数据资产理念也是政府数据开放利用极为重要的理论支撑之一。2002年由英国标准协会（BIS）制定的信息安全管理体系标准 BS 7799 指出，信息也是一种具有重要价值的资产，需要妥善保护。[①] 在 2013 年美国总统奥巴马发布了名为《开放数据政策——将信息作为资产管理》的备忘录，其中要求政府必须在数据的整个生命周期内都把它作为一种资产来管理，以提高运营效率、降低成本、改善服务、支持任务需求。[②]

让数据资源使用有法可依——全国人大代表建议"数据资产"入法[③]

"数据资产立法应提上议事日程。""数据资产的确权具有一定的复杂性。""规范数据资源的确权、维权。"……"两会"期间，全国人大代表就如何通过立法规范数据资源使用展开讨论。

随着新一代信息技术的飞速发展，数字经济已成为经济发展的重要引擎，并深刻影响着人们日常生活的方方面面。4月9日公布的《中共中央 国务院关于构建更加完善的要素市场化配置体制机制的意见》将数据纳入生产要素范围，明确加快培育数据要素市场。政府工作报告也提及培育技术和数据市场的内容。

"数据要素市场的培育，首先就涉及数据资产的确权问题，而数据具有虚拟性、可复制性、可加工、可传输等特点，从而使确权具有一定的复杂性。"全国人大代表、重庆市大数据应用发展管理局副局长杨帆建议，加快出台数据法，或在即将出台的个人信息保护法、数据安全法中进一步对数据权属问题予以明确，包括数据使用权、数据收益权、数据共享权、数据知情权、数据更正权等。

[①] 迪莉娅. 大数据环境下政府数据开放研究. 北京：知识产权出版社，2014：21.
[②] 杨孟辉. 开放政府数据：概念、实践和评价. 北京：清华大学出版社，2017：125.
[③] 张泉，张双山. 全国人大代表建议"数据资产"入法. (2015-05-27) [2020-06-15]. http://www.xinhuanet.com/politics/2020lh/2020-05/27/c_1126041533.htm.

数字政府：变革与法治

> "我们必须重视数据资产的立法工作。"全国人大代表、全国人大宪法和法律委员会委员孙宪忠说，有别于传统的土地、人力等市场要素资源，数据要素市场完善过程需要在法律制度、政策措施、市场监管等各方面进一步开展理论创新和实践验证，这其中，法制保障是至关重要的一环。

以往人们考虑生产要素时，常想到土地、劳动力、资本，却忽略信息和技术的重要作用。当把政府数据视为国家和社会的重要资产时，可以发现：(1) 开放政府数据经济价值高而边际成本低。而随着大数据时代的到来，电子政务和智慧城市的建设将促使越来越多的行政领域需要收集、处理海量数据，如公共安全管理中的多渠道数据采集、公共交通方面的全景式调控、公共卫生医疗方面的实时监测、精准识别，等等。这些数据具有极大的经济价值。而政府开放的数据中，占据极大比重的是具有公共物品属性的基础数据。公共物品的非竞争性决定了政府基础数据使用者的增加并不会对数据开发、利用产生影响，也不会导致成本的叠加，边际成本很低，相对于基础数据的庞大收集和处理成本而言，甚至可以忽略不计。[1] (2) 仅依靠政府开发利用数据，效率较低。从实际情况来看，政府在开放数据的开发和利用上存在"三无"倾向。这里的"三无"指的是无动力、无意向、无效率。无动力指的是由于政府收集和处理各种数据是从公共利益出发的，具有非营利性，故与社会个人和组织相比，政府欠缺挖掘数据价值的积极性。以我国的裁判文书公开为例：2014 年建立的"中国裁判文书网"在公开的内容上目前仅限于对文书的简单聚合和组织，缺乏属于增值开发的编辑和处理，在性能上逊色于私营的数据库。[2] 无意向指的是，一直以来，政府在公开信息或开放数据上仍持相对保守的态度，在日常实践

---

[1] 冉从敬，陈传夫，贺德方. 公共部门信息增值利用的社会责任研究. 中国软科学，2014 (12)：48 - 59.

[2] 王小丽. 公共作品利用的法律完善——以开放数据为视角. 河南财经政法大学学报，2018 (3)：114 - 122.

第十一章　政府数据的开放利用

中大多不愿主动进行。在这种行政惯性的引导下，就更谈不上开发利用了。对数据进行开发和利用，不仅增加工作量，而且不一定有明显的回报。对政府机关而言这是吃力不讨好的事情。[①] 无效率指的是由于政府垄断海量的数据，即使进行了开发和利用，也有可能利用垄断地位造成"寻租"问题，导致交易成本的增加和社会资源的浪费。因此，开放政府数据，有利于促进社会对政府数据的再利用，提高数据资产使用的效率，释放数据红利。

政府数据开放利用可以促进数据产业及其相关产业的发展，为商贸注入能量；还可以发现潜在市场，推动创新创业。如美国政府开放的土地交易、房屋交易、房屋整修、社会治安等数据被房产交易公司进行开发和再利用，通过房产房贷信息平台为社会公众提供更为合理的房屋估值服务。再如为促进深圳、江门两地文化旅游市场交流合作，推动文化旅游资源的共享和开发，深圳市和江门市于2020年5月联合举办深圳—江门文旅数据创意赛，通过应用政府开放数据，充分挖掘深圳、江门两地文化旅游资源优势，加强粤港澳大湾区城市合作，推动两地文化旅游资源整合。[②]

三、社会价值

数据开放浪潮催生了公民的数据权利意识。数据权利理念发自于英国，将数据权利视为信息社会的一项基本公民权利，强调公民获取和利用政府数据的权利。[③] 通过政府数据开放，社会和公众能够更为充分地获取信息，缓解了政府和社会信息不对称的问题，同时也促进社会公众参与政府的社会治理和公共服务。如丹麦开放的公共设施数据被用于开发公共厕所显示网站 findtoilet.dk，帮助公众便利地找到厕所，从而鼓励那些有膀胱问题而不敢出行的人群出行。[④] 韩国的移动应用程序"诈骗电话号码查询"利用国

[①] 王小丽. 公共作品利用的法律完善——以开放数据为视角. 河南财经政法大学学报，2018（3）：114-122.
[②] 江门开平市政务服务数据管理局. 应用政府开放数据 助力文旅数据创意赛.（2020-05-14）[2020-06-15]. http://www.kaiping.gov.cn/jmkpsxzzz/gkmlpt/content/2/2051/post_2051629.html#3427.
[③] 迪莉娅. 大数据环境下政府数据开放研究. 北京：知识产权出版社，2014：22.
[④] 杨孟辉. 开放政府数据：概念、实践和评价. 北京：清华大学出版社，2017：13.

家警察厅的公共数据，显示诈骗电话号码，查看欺诈账号，为公众提供互联网诈骗案件的信息和欺诈索赔服务。韩国网站"CATCH JOB"通过将国民养老金数据中的公司信息进行可视化，为公众提供公司年薪、人数、劳动力等数据，便于求职者了解就业信息。[1]

不想"生活大爆炸"，你需要"危险地图"[2]

2012年，中国大陆的刘春蕾和同伴们基于百度地图API，开发、上线了以"为公众提供住房周边危险源的查询服务"为宗旨的"危险地图"（www.weixianditu.com，后发展为上海青悦）。用户键入地点，"危险地图"就会呈现出该地点周围5公里或10公里之内的"危险源"。"危险地图"中列出了全国多个地区6 000多个"污染源"，包含涉铅企业、危险废物处理厂、石化炼油化工、飞机场、环保部重点污染监控点等多种类型。其中，垃圾焚烧厂超过80家，垃圾填埋场超过200家，涉铅企业超过1 600家，全国重点污染源超过11 000个。上述数据的来源既包括官方公布的数据，比如环保部的年度重点监控企业名单，也包括用户贡献的内容——用户可以通过随手拍的形式，在微博上报自己发现的污染源，如果信息属实，也会被添加在这份"危险地图"上。

深圳2019年开放数据应用创新大赛数据创意赛前10名[3]

作为深圳市积极贯彻国家大数据战略、深入推进一流智慧城市建设和数字政府改革的重要活动，开放数据应用创新大赛在广东省、深圳市政府及相关部门的指导支持下，在全球范围内征集基于开放数据的大数据创新应用解决方案，内容涉及疫情防控、环境保护、民生医疗、社会治

---

[1] 天府大数据国际战略与技术研究院. 2018全球大数据发展分析报告. (2019-08-09) [2020-06-15]. http://www.199it.com/archives/881455.html.

[2] NGOCN. 不想"生活大爆炸"，你需要"危险地图". (2015-08-19) [2020-06-15]. http://ngocn.blog.caixin.com/archives/132929.

[3] 深圳开放数据应用创新大赛. 深圳开放数据应用创新大赛数据创意赛前10名公示. (2019-08-15) [2020-06-15]. https://opendata.sz.gov.cn/sodic2019/info_news/info1421.htm.

第十一章 政府数据的开放利用

理等领域，有力推进政府数据开放共享，提升公共数据资源价值，培育数字经济新产业、新业态和新模式。

数据创意赛综合排名前 10 名（入围决赛选手）

团队代号	作品名称
T00537	iSPark——大数据驱动的智能路内停车管理
T00451	基于语义标注的深圳市政府数据开放平台搜索引擎优化
T00304	基于体验数据的智慧通勤
T00769	城市火灾隐患动态预测系统
T00380	政务服务大厅——数据驱动决策智能化
T00399	星眼
T00522	小区罗盘
T00407	企业信用评价指标体系
T00626	厕所联盟
T00471	东部景区智慧出行

第三节　我国政府数据开放利用发展现状

一、不断推进的政府数据开放利用立法进程

目前国家层面并没有对政府数据开放进行专门立法，对其进行调整的依据只是《政府信息公开条例》（以下简称《条例》）。2019年4月3日修订的《条例》第8条规定："各级人民政府应当加强政府信息资源的规范化、标准化、信息化管理，加强互联网政府信息公开平台建设，推进政府信息公开平台与政务服务平台融合，提高政府信息公开在线办理水平。"该规定的内容较为宏观与原则。

地方在政府数据开放立法方面进行了一定探索，但存在两大问题：一是政府数据开放的制度供给不足。目前，贵州、天津、海南、上海等制定了相关法规、规章，但这些法规、规章或者仅规定了政府数据资源的管理办法，或者只是制定了数据发展或智慧城市的建设规划，并未对政府数据开放进行详细规定。[①] 而在已经施行的政府数据开放地方立法中，除《上海市公共数据开放暂行办法》规定得较为详细全面外，大部分立法还是将重点放在数据共享上，较少涉及数据开放。二是政府数据开放的重要目的——"应用"，存在被忽略的现象。在相关立法规定中，数据管理被赋予更多的权重，数据开发利用机制和促进规定得到的关注不多。这导致实践中政府数据的开发应用缺少法律依据。尤其是数据使用授权机制的缺失，已经成为社会和企业开发利用政府数据的阻碍，减损了政府数据的应用可能和开发价值。不少大数据企业在调研中提出，由于存在立法空白，企业既不清楚如何获取政府数据，也不知道如何使用政府数据，担忧触碰法律红线，因而抑制了开发和创新的动力。

[①] 曹雨佳.政府开放数据生存状态：来自我国19个地方政府的调查报告.图书情报工作，2016 (14)：94-101.

表 11-1 目前国内政府数据开放利用相关立法

综合性立法	地方性法规有《贵州省大数据发展应用促进条例》《天津市促进大数据发展应用条例》《海南省大数据开发应用条例》《贵阳市健康医疗大数据应用发展条例》 地方政府规章有《福建省政务数据管理办法》《福建省电子政务建设和应用管理办法》《贵阳市政府数据资源管理办法》《北京市政务信息资源管理办法（试行）》《重庆市政务数据资源管理暂行办法》《上海市公共数据和一网通办管理办法》《成都市公共数据管理应用规定》《浙江省公共数据和电子政务管理办法》《浙江省公共数据开放与安全管理暂行办法》
专门性立法	《湖北省政府信息公开规定》《广东省政务公开条例》《上海市公共数据开放暂行办法》《贵阳市政府数据共享开放条例》《贵阳市政府数据共享开放考核暂行办法》《贵阳市政府数据共享开放实施办法》《上海市政务数据资源共享管理办法》《湖北省政务信息资源共享管理暂行办法》《宁夏回族自治区政务数据资源共享管理办法》

二、飞速发展的政府数据开放利用实践

自 2015 年国务院出台《促进大数据发展行动纲要》以来，我国的政府数据开放实践迅猛发展。2019 年下半年复旦大学发布的《中国地方政府数据开放报告》提出，截至 2019 年上半年，我国已有 82 个省级、副省级和地级政府上线数据开放平台。与 2018 年报告同期相比，新增了 36 个地方平台。其中，41.93％的省级行政区、66.67％的副省级城市和 18.55％的地级城市已推出了数据开放平台。可见，政府数据开放平台已逐渐成为一个地方数字政府建设的"标配"[①]。

从地理分布上看，我国东南沿海地区的省级数据开放平台已经逐渐相连成片，并向内陆地区不断扩散。广东省和山东省省内的各地市都推出了数据开放平台，形成我国最为密集的省级"开放数林"。全国开放数据集总量也从 2017 年的 8 398 个迅速增长到 2019 年的 62 801 个，增长近七倍。开放数据集的容量与 2018 年报告同期相比，呈现出爆发式增长，一年之内增幅近 20 倍。[②]

[①②] 复旦大学数字与移动治理实验室. 中国地方政府数据开放报告（2019）. (2019-05-28) [2020-06-15]. http://www.199it.com/archives/882027.html.

数字政府：变革与法治

有学者为衡量我国政府数据开放发展的速度，对多个省级政府数据开放平台进行了评估，发现：在发展速度方面，排名前三位的是广东、贵州、上海；在政府开放数据利用方面，从整体访问量来看，上海市的数据集访问量增长数量最多，广东省的同比访问量提升最大；从下载量来看，省级政府数据开放平台中广东省和浙江省的同比增量较高。"开放广东数据服务网"最晚上线，然而其访问量和下载量在一年内激增，有赶超北京的趋势。[①]

广东成政府数据开放大省[②]

2019年5月，复旦大学联合国家信息中心数字中国研究院发布了《2019中国地方政府数据开放报告》（以下简称《报告》）。《报告》中指出：数据开放平台成广东各地市标配，而全国只有两个省份辖内各地市都已推出了数据开放平台。广东已成为政府数据开放大省。

广东平台量占全国26.83%

《报告》显示，截至2019年上半年，我国已有82个省级、副省级和地级政府上线了数据开放平台。其中，广东各地市都推出了数据开放平台，加上省级平台，全省共有22个数据开放平台，占到了全国的26.83%。

与2018年报告同期相比，2019年全国新增了36个地方数据开放平台，其中广东就贡献了10个，分别是茂名、珠海、韶关、河源、汕尾、清远、潮州、揭阳、云浮、汕头等。这说明广东政府数据开放加速了，数据开放平台成标配。在标准规范建设方面，广东在2018年出台了《电子政务数据资源开放数据技术规范》，规范了电子政务数据资源开放数据的分类组织方式、元数据、数据格式等，规范了政务数据资源开放数据管理的角色与职责、管理过程、政务数据资源开放内容、数据开放各环节的管理要求等内容。

---

① 沈晶，韩磊，胡广伟. 政府数据开放发展速度指数研究——基于我国省级政府数据开放平台的评估. 情报杂志，2018，37（11）：156-163.

② 陈强. 广东成政府数据开放大省.（2019-05-31）[2020-06-15]. http://finance.sina.com.cn/roll/2019-05-31/doc-ihvhiqay2722477.shtml.

第十一章　政府数据的开放利用

> **广深佛平台数据容量大**
>
> 为量化政府数据开放水平,《报告》团队建立了一套评价数据开放平台的指标体系,包括准备度、平台层、数据层、利用层四个维度及下属多级指标,再计算出各地的开放森林指数。得分结果显示,广东在全国13个省级行政区平台中排名第八,比2018年下降了4位。
>
> 地级(含副省级)开放数林指数分值方面,深圳、广州进入全国"十强",总排名分别为全国第四和第十,而且深圳市一年提升了16位名次,进步迅速,获得《报告》"数飞猛进"奖;另外,江门、佛山、东莞、潮州进入全国前"二十强"。
>
> 《报告》指出,目前,各地平台间数据容量差异显著,约1/5的地方平台上开放的数据容量超过1亿,而近1/3的地方平台上开放的数据容量仍在10万及以下。但记者注意到,数据容量排名前十的地方平台,深圳、广州、佛山均榜上有名,三个平台上开放的数据量分别达261 293万、61 159万、33 191万,分别排在全国第二、第五和第十。
>
> 此外,在报告统计的前十位优质数据集列表中,来自广东各地市的数据集占到了一半,广州开放的"商事主体个体年报基本信息"、佛山开放的"双定户超定额信息"、广州开放的"区域气象站观察实况"、东莞开放的"工商登记信息"、深圳开放的"热带气旋数据"均榜上有名。

尽管我国的政府数据开放实践突飞猛进,取得了较大的成绩,但依然存在比较大的提升空间。当前政府数据开放实践中存在的一些问题包括:

(1) 数据开放范围有待进一步明确。目前一些政府部门对数据开放范围仍然持相对保守的态度。这其中有出于数据安全和个人隐私因素的考虑,如有些部门认为一些数据比较敏感,开放可能激发反面舆情,产生不利效果;也有数据权属、类型规定不清的原因,由于权属交织或不明晰导致数据开放难度增加。在此背景下,政府数据开放范围的划定并不明晰,体现在两方面:一是相关立法和规范性文件对"政务数据""政务信息资源"的规定范围大小不一。最大的范围除了政府部门的数据还包括事业单位、社会组织、公共企业的数据,而最为狭窄的范围仅包括政府部门和事业单位的数据。规定范围不同,政府数据开放范围在不同地区也会出现巨大差别。二是立法中大多将政府开放的数据进行分级分类,常见分类为"无条件开放的数据"和"有条件开放的数据",但这两种分类之间的界限并不分明。在政府部门保守态度的影响下,实际操作中容易出现大部分有价值的数据被划入"有条件开放的数据"的情况,削弱数据获取和开发的便捷性。

(2) 数据开放程序需要完善。这主要表现在两方面:一方面,程序上缺少对政府数据开放申请及时响应的规定。大数据产业对数据时效性的要求极高,希望快捷、便利获取数据,以免拖累产品应用的开发周期和进度。英国在政府数据开放程序方面既建立"点击—使用"制度,提高数据再利用的积极性,又设定开放数据共用协议的时效制度,以应对数据开发利用的复杂性。而我国立法中涉及数据开放申请响应机制的规定较少,仅《贵阳市政府数据共享开放条例》对数据开放目录的异议规定了回应时限。另一方面,申诉程序也存在缺失,导致对政府数据相关权益主体在权利受到侵害时的救济不足。除《上海市公共数据开放暂行办法》在第21条规定"数据纠错"制度外,大部分地方处理此问题时,或参照《条例》第41条的规定,或根本没有对此问题进行规范。

(3) 数据应用影响力有待增强。政府数据开放的主要目的在于开发数据价值,使其被社会和市场充分利用。从对地方政府数据开放平台浏览、下载、开发应用情况的调查可以看出,政府数据的应用并未形成数量上的优势,社会和市场对政府数据开发、利用的积极性没有被激发。据调研,不少大数据相关企业的代表提出,大量有价值的数据没有开放,而开放的数据质量不高。截至2016年1月,青岛和武汉的数据集平均下载量仅为9次和1次,北京、上海、青岛、武汉政府数据的应用仅为59个。[①] 造成这

---

① 曹雨佳. 政府开放数据生存状态:来自我国19个地方政府的调查报告. 图书情报工作,2016 (14):94-101.

第十一章 政府数据的开放利用

一情况,一方面是因为相关立法不完善。由于缺少数据开放的规则,政府担忧开放数据可能导致国家秘密和个人隐私泄露,容易触碰法律底线、引发社会问题。一些政府工作人员认为开放数据是吃力不讨好的事情。另一方面是因为政府对开放数据应用的宣传和促进力度不足。社会公众对政府数据开放了解不多,尚未发现政府数据这一"富矿"挖掘的巨大潜力。

第四节　政府数据开放利用法律制度的具体内容

一、政府数据开放利用过程中的多元主体

（一）数据管理主体

政府数据开放的管理主体主要是各地的大数据管理部门。自2014年始，广东、浙江、贵州率先进行设立机构管理大数据发展的尝试。在2018年党和国家机构改革后，各地更是纷纷设立大数据管理机构。大数据管理机构主要承担两大职能：一是整合政府数据资源，改变"数据烟囱""数据孤岛"的现象，推动政务数据的汇聚、共享、开放；二是引导、管理和促进数字产业、数字经济的发展。大数据管理机构的组建往往以政务数据资源丰富的部门为基础，有的依托挂牌于省信息中心，有的隶属于经信委或发改委的。[①] 其在政府数据开放中的主要职责包括指导协调、统筹推进本市公共数据开放、利用和相关产业发展；指导、监督、考核本地区公共数据开放管理工作；负责汇总管理市级开放目录及资源信息，对数据使用情况进行全流程监督等。[②]

（二）数据开放主体

政府数据开放主体主要指提供数据的各政务部门，如《上海市公共数据开放暂行办法》第9条规定："市人民政府各部门、区人民政府以及其他公共管理和服务机构（以下统称数据开放主体）分别负责本系统、本行政区域和本单位的公共数据开放。"

（三）数据平台/数据运营主体

数据平台/数据运营主体的职责主要包括对汇聚的政务数据开展清洗、

[①] 据报道，"为了增强协调能力，有的省份和城市直接任命政府副秘书长来兼任首席数据官……合肥市成立了数据资源工作领导小组，采用双组长机制，市委书记、市长都是组长，需要部门间协调配合的事务，就通过小组议事来沟通……数据资源局成立前召开动员大会，作为组长，市委书记还放了'狠话'：不交数据就交帽子，虽然不能直接免职，但换换位置还是可以的"。程姝雯.政府设"首席数据官"成新潮流.南方都市报，2017-09-02（16）.

[②] 《上海市公共数据开放暂行办法》第5条，《广西公共数据开放管理办法（征求意见稿）》第8条。

第十一章　政府数据的开放利用

脱敏、脱密等处理；对政务数据进行整理、聚合，形成可供开放开发的数据集；建设、运营政务数据开放开发平台；收集数据应用需求，评估需求的合规性、合理性，等等。

虽然政府所掌握的数据资源体量庞大，但开放开发数据并不能仅仅依靠政府部门。从数据采集到数据开放，其后隐藏着诸多数据处理流程，需要借助外部的技术和手段。这些技术性强、复杂、专业的数据处理过程，急需强有力的外部支撑。因此，政企分工合作成为促进政府数据开放利用、激发数据要素潜力的重要举措。在数据平台和数据运营的过程中，政府摒弃大包大揽的传统行政思维与工作模式，转为着力划定数据采集、共享和利用等环节的业务规则与责任红线，专注谋划能够确保提高数据质量和规范性、有助于丰富数据产品的数据管理制度以及分级分类等安全保护制度。企业需要秉持"安全设计""隐私设计""伦理设计"等现代数据治理理念，聚焦、投入技术工具与解决方案的创新研发与全流程合规风控，承担政府数据的运营工作。[①] 在实践中，一些地区就采用政企合作模式，如广东形成"1+3+1"的"政企合作"模式。

广东省数据开放开发模式：政企合作[②]

广东"数字政府"是广东省政务服务数据管理局管理的电子政务项目，采取的是"政企合作、管运分类"的模式。这种机制为社会公共治理提供了新思路，它的意义在于，科技企业和政府部门协同合作，发挥技术和行政统筹的力量，解决政府服务和治理中数据孤岛、数据应用的问题。

这两年广东"数字政府"的进步，得益于"政企合作、管运分离"的协同机制。2018年10月，广东省政务服务数据管理局成立，作为广东

[①] 吴沈括. 释放数据要素潜力亟待升级政企分工合作.（2020-06-29）[2020-06-15]. https://www.secrss.com/articles/23458.

[②] 何治民. 数字政府，寻找政企合作的边界.（2019-11-01）[2020-06-15]. https://www.nfcmag.com/article/8986.html?toPc=1.

数字政府：变革与法治

"数字政府"的政府方。与之前作为省经信委下面的二级局的广东大数据管理局的组织架构不同，政务服务数据管理局是隶属省办公厅的单独部门，是副厅级单位，局长由广东省政府副秘书长兼任。

升格的组织架构背后是行政资源整合能力的提升。广东省政务服务数据管理局陈峻华处长，曾是广东大数据管理局电子政务处处长，对此感受颇深：以往用一个处的力量去协调各省直部门开展电子政务工作，现在政务服务数据管理局可以用省办公厅的名义发文，协调能力提升。

数字广东网络建设有限公司是广东"数字政府"的建设运营方，由腾讯和三家运营商共同出资成立，负责全省政务云、政务大数据中心的建设。

广东"数字政府"建设的"政企合作"内容主要有两大块：数字政府平台建设和数据治理、应用。平台建设主要是指全省政务云和政务大数据中心一体化建设。全省政务云是作为数字政府建设的"物理基础"，而大数据中心一体化建设是"打通神经网络"。

在全省政务大数据中心的建设中涉及多个主体。具体来说，政务服务数据管理局以购买服务的方式，建立人口、空间地理、社会应用信息等公共基础数据库，建设统一身份认证、统一电子印章、统一共享交换平台等八大公共应用支撑，为数据应用提供基础平台。同时，各政府部门根据业务发展需要，自行采购数据，并将部门的数据库与全省政务大数据中心对接。

数字政府建设，核心是数据治理。数据治理涉及收集、存储、分析、应用、销毁等多个环节，涉及多方参与。以一个业务应用的建设为例：某政府部门根据应用计划，发布数据需求。数据公司要分析这些数据的分布和价值，形成数据治理任务单。政府部门根据反馈编制目类后，再接入大数据中心。最后由数据公司以数据服务产品的形式交付给政府部门。

第十一章　政府数据的开放利用

> 在这个过程中，数据公司实际上承担了数据分析和治理的功能，网络科技巨头已然成为政务数据治理的新型主体。在政企合作的框架下，政府的行政权不是弱化而是增强了。以往的政务信息化工作，由政府全部包揽，反而做不好。现在把建设和运营交给专业科技公司去做，政府可以更加专注于行政协调和指导监督，行政职能更加强化了。
>
> 对政务数据治理的过程中，互联网科技公司所触达的数据越来越庞大，而它们早已在各自商业领域积累了大量用户数据，于是，市场人士担心，这可能会加速垄断的出现。如何从制度上牵制这些参与政务数据治理的科技公司？广东省政务服务数据管理局成立了"数字政府"改革建设专家委员会，"超过3 000万元的项目立项，一定要有专家委员会的副组长参与评审"。为了确保数据安全，该局对数据进行安全和权限严格分级管理，数据公司必须获得政府授权才能处理相关数据。

（四）数据使用主体

政府开放数据的使用主体主要是公民、法人和非法人组织：一方面，通过数据的获取、使用和反馈，参与数据治理；另一方面，通过开发利用数据，进行创新创业，促进社会、经济的发展。

二、政府数据开放的范围

（一）政府数据开放的原则

为推动数据开发应用，释放数据红利，政府数据开放的原则一般是"开放为原则，不开放为例外"。如《贵州省大数据发展应用促进条例》第27条规定："实行公共数据开放负面清单制度。除法律法规另有规定外，公共数据应当向社会开放；依法不能向社会开放的公共数据，目录应当向社会公布。"但也有地方立法持较为审慎的态度，这可能是因为政府开放的数据应当是社会和公众切实需要的，而不是简单地"数据泄洪"。冗余囤积的数据一样会给公众带来困扰，也增加了数据泄露的安全风险，因此，政府数据开放也需秉承"最小披露"（minimal disclosure）的原则。[1] 如《上海市公共数据开放暂行办法》第4条规定的原则就包括"需求导向、安全可控"。

（二）哪些政府数据需要优先开放

在2013年6月，美国、英国、德国、法国、日本、意大利、加拿大和俄罗斯八国集团首脑在北爱尔兰峰会上签署了《开放数据宪章》，明确了14个重点开放数据领域（见表11-2）。[2] 其中有的利于开发创新，蕴藏着巨大的经济和社会价值；有的利于制定社会政策，促进公众参与；有的对于提高政府透明度、完善政府问责机制有积极作用。

表11-2　《开放数据宪章》明确的14个重点开放数据领域

具体数据领域	数据集实例
公司	公司注册/商业登记数据
司法与犯罪	犯罪统计、安全数据
地球观测	气象/天气、农业、林业、渔业、狩猎等数据
教育	学校名单、学校表现等教育性能数据
能源与环境	污染程度、能源消耗等数据
财政与合同	交易费用、合约、招标、地方和国家预算等数据
地理空间	地形、邮政编码、国家地图、本地地图等数据
全球发展	援助、粮食安全、采掘业、土地等数据
政府问责与民主	政府联络点、选举结果、法律法规、薪金、招待等数据
健康	处方、效果等数据
科学与研究	基因组、研究和教育活动、实验结果等数据
统计	国家统计、人口普查、基础设施、财产、从业人员等数据
社会流动性与福利	住房、医疗保险、失业救济等数据
交通运输与基础设施	公共交通时间表、宽带接入点和普及率等数据

在我国，国务院于2015年发布的《促进大数据发展行动纲要》中也提出信用、交通、医疗、卫生、就业、社保、地理、文化、教育、科技、资

---

[1] 宋华琳. 中国政府数据开放法制的发展与建构. 行政法学研究，2018（2）：35-46.
[2] G8. Open Data Charter and Technical Annex. (2013-06-18) [2020-06-15]. https://www.gov.uk/government/publications/open-data-charter/g8-open-data-charter-and-technical-annex.

第十一章 政府数据的开放利用

源、农业、环境、安监、金融、质量、统计、气象、海洋、企业登记监管等民生保障服务相关领域的政府数据应当优先向社会开放。①《贵阳市政府数据共享开放条例》第 20 条规定，社会公众和市场主体关注度、需求度高的政府数据，应当优先向社会开放。《上海市公共数据开放暂行办法》第 10 条要求政府相关部门根据当地经济社会发展需要，确定年度公共数据开放重点。与民生紧密相关、社会迫切需要、行业增值潜力显著和产业战略意义重大的公共数据，应当优先纳入公共数据开放重点。同时，还需要回应社会需求，促进公众参与，在确定公共数据开放重点时，政府应当听取相关行业主管部门和社会公众的意见。自然人、法人和非法人组织还可以通过开放平台对公共数据的开放范围提出需求和意见建议。

（三）哪些政府数据不应当开放

国外一般为不开放的政府数据划定了数据开放豁免范围，主要包括个人数据、身份证明文件、法律规定不开放的数据，受专利权、商标权等权利保护的数据，涉及国家安全的数据，等等。如英国规定"豁免开放的数据有：（1）信息中的个人数据；（2）依据信息获取法（包括英国和苏格兰的信息自由法案）未经信息提供者同意及出版业没有披露的信息；（3）政府部门或公共部门组织的标志、徽章和国家武器，除非它们形成文档或者数据集的一个组成部分；（4）军事徽章；（5）信息提供者没有授权许可的第三方权利；（6）其他的知识产权，包括专利、商标和设计权；（7）身份文件，例如护照"②。

在我国的立法中，同样规定了不应当开放的数据范围。向社会开放数据应当遵循保密、信息公开、网络安全领域法律法规的要求。具体而言，国家秘密不在数据开放之列。《政府信息公开条例》第 14 条规定："依法确定为国家秘密的政府信息，法律、行政法规禁止公开的政府信息，以及公

---

① 人民网. 国务院印发促进大数据发展行动纲要.（2015-09-05）[2020-06-15]. http://politics.people.com.cn/n/2015/0905/c1001-27545655.html.

② 迪莉娅. 政府数据开放许可适用研究. 图书馆，2014（6）：91-93.

开后可能危及国家安全、公共安全、经济安全、社会稳定的政府信息，不予公开。"至于商业秘密、个人隐私则视具体情况而定。《政府信息公开条例》第15条规定，"涉及商业秘密、个人隐私等公开会对第三方合法权益造成损害的政府信息，行政机关不得公开。但是，第三方同意公开或者行政机关认为不公开会对公共利益造成重大影响的，予以公开"。《贵州省大数据发展应用促进条例》也有类似条款，其第27条规定："依法不能向社会开放的公共数据，涉及特定公民、法人和其他组织重大利益关系的，经申请可以向该特定对象开放。"

（四）影响政府数据开放范围的其他因素

跨区域的开放、互通和分享是大数据的特性，地方立法不免具有局限性，与大数据特性不一致，有可能阻碍产业发展，还有可能成为地方保护手段。[①] 对于"政务数据""政府信息资源"等对政府数据开放范围影响巨大的根本性定义和分类，需要从国家层面进行统一规定，才能避免由于地域规定不同而数据开放范围存在差异的问题，打破地方立法局限对大数据产业发展的阻碍。

三、政府数据开放的具体机制

（一）政府数据开放分级分类

一般而言，政府数据的开放分为非开放类、无条件开放类、有条件开放类。2019年制定的《上海市公共数据开放暂行办法》首次规定了分级开放的制度：数据开放主体应当按照分级分类规则，结合行业、区域特点，制定相应的实施细则，并对公共数据进行分级分类，确定开放类型、开放条件和监管措施。其中规定，对于涉及商业秘密、个人隐私，或者法律法规规定不得开放的公共数据，列入非开放类；对数据安全和处理能力要求较高、时效性较强或者需要持续获取的公共数据，列入有条件开放类；其

[①] 程姝雯，钱柳君. 时建中呼吁加快全国性大数据立法：地方立法或阻碍大数据行业发展．（2018-12-16）[2020-06-15]. http://shuju.blogchina.com/681669685.html.

第十一章　政府数据的开放利用

他公共数据列入无条件开放类。非开放类公共数据依法进行脱密、脱敏处理，或者相关权利人同意开放的，列入无条件开放类或者有条件开放类。[①]不同的级别和分类决定了政府开放数据获取的方式不同。无条件开放类的政府数据可以通过数据下载或者接口调用的方式直接获取，而对于有条件开放类的政府数据，数据开放主体应当通过开放平台公布利用数据的技术能力和安全保障措施等条件，公民、法人和非法人组织需要进行申请，经由数据开放主体审核与授权后才能获取。

(二) 政府数据开放目录管理机制

政府数据开放采用目录管理机制。数据开放主体依照需要重点开放的领域和分级分类的要求，制定政府数据开放目录。在制定政府数据开放目录时，还应听取专家和公众的意见，回应社会的需求。政府数据开放目录中需要注明数据领域、数据摘要、数据项和数据格式等信息，明确数据的开放类型、开放条件和更新频率等。通过共享等手段获取的公共数据，不纳入数据开放主体的开放清单。[②] 有的地方立法采用正面清单的模式，如上海、天津等；有的地方立法采用负面清单的模式，如贵州。政府数据开放目录制定完毕后，应当经大数据管理部门会同数据开放主体审查后通过数据平台公布。政府数据开放目录并不是一成不变的，当有关法律、法规作出修订或者行政管理职能发生变化时，应当予以修订，而且还需要不断动态调整。大数据管理部门和数据开放主体要对尚未开放的公共数据进行定期评估，及时更新开放清单，不断扩大公共数据的开放范围。[③]《贵州省大数据发展应用促进条例》第 27 条甚至要求依法不能向社会开放的公共数据，目录也应当向社会公布。

(三) 政府数据开放的法律程序

为规范政府数据开放过程，需要通过法律程序明确数据开放的步骤、

---

① 《上海市公共数据开放暂行办法》第 11 条.
② 《上海市公共数据开放暂行办法》第 12 条.
③ 《上海市公共数据开放暂行办法》第 12 条、第 13 条，《广西公共数据开放管理办法（征求意见稿）》第 15 条.

途径等内容，主要包括以下几个步骤。

首先是政府数据的预开放阶段，应进行安全审查，以避免造成违背保密要求、威胁国家安全的后果。网信部门、大数据管理部门、网安部门需要在政府数据开放前进行分级分类安全测评、风险评估，完善安全防护、应急处置等措施，保障数据开放环节安全可靠。如《贵州省大数据发展应用促进条例》第29条规定："实行公共数据共享开放风险评估制度。提供公共数据的单位应当按照法律法规和保密、安全管理等规定，对公共数据进行风险评估，保证共享开放数据安全。""'云上贵州'管理机构应当对通过该平台共享开放的公共数据进行风险审核，发现可能存在风险时，应当及时告知提供单位；提供单位应当及时处理并予以反馈。"

其次是政府数据的开放和获取阶段，依据数据的不同类型设定开放步骤和要求。无条件开放的数据依托数据开发平台直接开放。有条件开放的数据一般需要经由提出申请——规范性审查——需求审核——开放审批——签订数据使用协议等步骤。通过对福建、上海、天津、贵州等地的立法进行总结，一般步骤要求如下[①]：

（1）提出申请。公民、法人和非法人组织通过数据开放平台提出获取有条件开放类数据的需求，说明申请数据项的内容、用途、应用场景、使用时限、安全保障措施和申请的紧急程度等。

（2）规范性审查。大数据管理部门对公民、法人和非法人组织提出的数据获取申请在一定时限内进行规范性审查。

（3）需求审核。数据开放主体对公民、法人和非法人组织申请中的数据项的内容、用途、具体要求等事项在一定时限内进行审核并答复。无正当理由和依据，数据开放主体不得拒绝合理的数据开放需求。

（4）开放审批。大数据管理部门在一定时限内对数据开放主体的答复内容进行线上审批。

---

① 《天津市促进大数据发展应用条例》第22条、第23条，《海南省大数据开发应用条例》第24条、第25条第26条，《上海市公共数据开放暂行办法》第11条、第14条、第15条.

第十一章 政府数据的开放利用

(5) 签订数据授权使用协议。审批通过后,数据开放主体应当与符合条件的公民、法人或非法人组织签订数据授权使用协议,明确数据使用的条件和具体要求,并按照协议约定通过数据下载、接口访问、数据沙箱等方式开放数据。

此外,尽管各地对(2)(3)(4)步骤中大数据管理部门和数据开放主体的审查审批时间规定不同,但一般不超过10天。《广西公共数据开放管理办法(征求意见稿)》对每个审核步骤规定的时限一般为2~5天,《吉林省促进大数据发展应用条例(征求意见稿)》则统一规定"行政机关以及公共管理和服务机构应在接到申请10个工作日内予以答复"。

最后是政府数据开放后的质量校核与反馈阶段,赋予公众参与和反馈权利,为其提供救济渠道。(1)获得数据有误情形。数据使用主体对获取的开放数据有疑义或发现存在错误、遗漏等问题的,应及时通过数据开放平台向数据开放主体提出异议,数据开放主体经基本确认后,应当立即进行异议标注,并由数据开放主体和大数据管理部门在各自职责范围内及时处理并在一定时限内进行反馈。① (2)开放数据侵害权益情形。公民、法人或非法人组织认为开放数据侵犯其合法权益的,也可以提出异议并提交相关证据材料。数据开放主体收到相关证据材料后,认为必要的,应当立即中止开放,同时进行核实。根据核实结果,分别采取撤回数据、恢复开放或者处理后再开放等措施,并及时反馈。②

(四)政府数据的开发利用机制

政府数据的开发利用机制是推动大数据与实体经济深度融合的重要抓手:一方面,为政府和企业提供规则,规范数据资源开发利用方式,降低风险,进一步释放数据红利;另一方面,促进政府和社会对大数据资源的多元化应用,增加数据利用弹性,推动大数据在实体经济中的应用融合从"物理反应"到"化学反应",实现经济的高质量发展。因此,这一制度主

---

① 《上海市公共数据开放暂行办法》第21条.
② 《上海市公共数据开放暂行办法》第22条.

要包含以下几部分内容。

1. 定价机制：政府开放数据都是免费获取吗

《开放数据宪章》中规定政府开放数据应当是主动披露和免费获取的。然而，这一理想政策在我国并没有取得预期效果，政府开始逐渐意识到数据开放的成本和效率问题，因此，政府数据的开发利用绕不开数据的定价问题。

政府收集、制作、复制、发布数据要付出一定的成本，需要进行适当的补偿，可以收取一定的费用。但对这种费用的额度是否应当进行限制呢？有观点认为，政府收集、处理数据时使用的是税金，人们厌恶对同一件事情交两遍的费用。英国《守护人》杂志技术编辑 Charles Arthur 提出："我们对于英国陆地测量局、英国水文测量办公室、皇家邮政等机构已经投入大量资金，而接着我们不得不为获得它们的数据付费，这样的规则看起来很奇怪，我们憎恨为一件东西付两次费用。"[1] 在我国，同样有类似案例受到社会争议。据报道，作为一家提供标准文献信息共享免费服务的国家级科研机构，中国标准化研究院以电子邮件方式向公众提供标准文献信息每页成本仅为 0.5 元，其却自定标准收取 3 元、4 元的服务费。[2] 欧盟的《公共部门信息再利用指令》要求在收费方面，以边际成本为限。[3] 无论公共部门的数据被以哪一种形式进行开发利用，不免产生市场竞争秩序的问题。在我国公共部门和其他机构的数据开发利用业务并存的情况下，更要注意数据开发利用的垄断问题，构建良好的竞争制度。

因此，在政府数据利用的定价机制上，一则，政府收集、制作、复制、发布数据要付出成本，需要进行适当补偿，可以收取一定费用。有学者提出，应当建立政府开放数据的五层定价体系。第一步，先对政府数据进行

---

[1] 冉从敬，陈传夫，贺德方. 公共部门信息增值利用的社会责任研究. 中国软科学，2014（12）：48-59.

[2] 腾讯网. 标准化研究院敛财千万的奥秘.（2015-10-25）[2020-06-15]. http://view.news.qq.com/original/intouchtoday/n3323.html.

[3] 陈美，付明雪. 公共部门信息再利用指令对公共数据开放的影响. 图书馆学研究，2018（5）：53-57.

第十一章 政府数据的开放利用

分类，对公共属性的政府数据施行免费开放，而对准公共属性的数据需要支付一定的费用；第二步，对准公共属性的数据根据利用的目的划分边际成本定价的范围，对非营利性使用采用边际成本定价政策，对商业性使用采用其他定价方式；第三步，对商业性使用的政府开放数据，根据数据价值竞争性的大小选择市场定价或者成本定价；第四步，对于难以判断数据价值竞争性高低的，以用户的数据消费能力作为替代标准，对数据消费能力强的用户施行市场定价，对其他用户依据具体情形选择全成本、部分成本和促进再利用的成本定价；第五步，具体根据数据应用场景、加工难度、数据量等因素具体判定。[①] 二则政府与企业共同开发数据，也需要依据开发利用的价值贡献度，合理分配开发利益。如《福建省政务数据管理办法》中规定，在共同开发数据情况下，政府可以获得收益，所得收益作为国有资产经营收益，缴入同级财政金库。

2. 数据开放主体和数据使用主体的权利与义务

（1）域内外相关实践。

数据开放主体和数据使用主体的权利与义务常常体现在数据平台规定的利用规则和数据授权使用协议中。数据利用规则和数据授权使用协议能够"有效地排除或降低既有法律规定对政府数据使用上的限制，增强政府数据利用的弹性，从而在法律层面上真正落实开放数据原则，使公众能够对政府数据在最大范围内进行多元化应用而不受法律的潜在阻碍和限制。"[②] 因此，数据开放走在前列的各国都很重视数据利用规则和数据授权使用协议的制定。目前国际上常用的类型主要有知识共享许可、开放数据共用。各国的政府数据授权使用协议基本上在这两种类型上进行增减修改形成。另外也有部分国家（如英国）自行设计相关制度。这些规则对数据使用主体的权利、义务进行了明晰界定，对开发利用行为进行了规范和限制（见下表）。

[①] 范佳佳. 中国政府数据开放许可协议（CLOD）研究. 中国行政管理，2019（1）：23-29.
[②] 裘雅心. 浅谈公众授权于开放政府资料中扮演角色.（2014-06-06）[2020-06-15]. http://creativecommons.tw/in-depth/849.

表11-3 域外政府开放数据授权使用协议中数据使用人的权利和义务

组织	对象	许可类型	内容	对权利约束程度	适用国家
知识共享许可（知识共享组织Creative Commons发布）	应用范围广泛	CC0	不保留任何权利（著作权、数据库权、其他专有权利）	弱	美国、英国、澳大利亚、新西兰、挪威、加拿大、奥地利、意大利、希腊等
		署名许可（CC-BY）	对出处署名，允许传播、改编、再创作，商业、非商业使用皆可	弱	
		署名—相同方式共享（CC-BY-SA）	对出处署名，允许传播、改编、再创作，商业、非商业使用皆可，再利用产物需遵守相同许可条款	中	
		署名—禁止演绎（CC-BY-ND）	对出处署名，允许传播，商业、非商业使用皆可，但内容不得发生改变	中	
		署名—非商业性使用（CC-BY-NC）	对出处署名，允许传播、改编、再创作，不得用于商业领域	中	
		署名—非商业性使用—相同方式共享（CC-BY-NC-SA）	对出处署名，允许传播、改编、再创作，不得用于商业领域，且再利用产物需遵守相同许可条款	强	
		署名—非商业性使用—禁止演绎（CC-BY-NC-ND）	标注原作者姓名，允许下载，在署名情况下传播，内容不得发生改变，且不得用于商业领域	强	
开放数据共用协议（开放知识基金会OKF发布）	仅针对数据库	公共领域贡献与许可（Public Domain Dedication and License, PDDL）	不保留任何权利	弱	法国
		共享署名许可（Open Data Commons Attribution License, ODC-By）	对出处署名，允许复制、传播、演绎	弱	
		开放数据库许可（Open Database License, ODC-ODb L）	对出处署名，允许复制、传播、演绎，再利用产物需遵守相同许可条款，不应使用任何方式限制共享	弱	

续表

组织	对象	许可类型	内容	对权利约束程度	适用国家
自行制定的数据开放许可		开放政府许可（Open Government License，OGL）	对出处署名，允许复制、传播、演绎，再利用产物需遵守相同许可条款，不收取费用	中	英国
		非商业使用政府许可（Non-Commercial Government Licence）	不得用于商业领域，不收取费用	中	
		收费许可（Charged Licence）	针对数据库，收取一定费用	弱	

目前我国政府数据开放实践中，数据开放主体常通过数据平台的"网站申明""版权声明""资源使用协议"对权利、义务进行规范。[①] 相当部分数据平台的相关规定限制政府开放数据的复制、传播，但也有个别数据平台简单地对政府开放数据的开发和利用进行了规定。以佛山市南海区的"数说南海"为例，其制定的"南海区政务数据资源使用协议"第四部分是权利与义务，具体内容如下表所示。

表 11-4　南海区政务数据资源提供和使用双方的权利与义务

用户	权利	免费获取、使用、开发数据
	义务	不得传播、转让；对出处署名；注明数据更新日期；注明受使用协议条款约束；使用备案、配合调查
	责任	开发利用数据时，若侵犯他人合法权益，由用户承担全部法律责任
"数说南海"平台	权利/权力	数据的所有权、终止数据提供权、收费浏览和下载权，修订、中止、终止部分或全部网站、网络服务
	义务	提供数据资源
	免责	不对数据完整性、准确性、及时性作任何承诺或担保；不对用户基于提供的数据进行开发利用、使用链接网站内容和隐私政策的后果承担责任

[①] 黄如花，李楠．开放数据的许可协议类型研究．图书馆，2016（8）：16-21．

(2) 具体的权利、义务。

从对我国各地相关立法的梳理来看，数据使用者在权利方面：第一，有申请获得政府数据的请求权；第二，有政府开放数据的使用权，涉及复制、更改、编辑、传播、集成等具体内容，需要视具体场景而定；第三，有开发利用数据的收益权。对政府开放数据增值再利用的合法收益受到法律保护。在义务方面：第一，有署名的义务，在使用政府开放数据时，应当注明数据的来源和获取的日期；第二，有付费的义务，部分政府开放数据的获取需要支付一定的费用；第三，有保护数据安全、不滥用数据的义务；第四，有定期向数据开放主体报告开发利用情况的义务。

对于数据开放主体和政府数据平台（运营方）而言，在义务方面：第一，有提供符合规定标准、经脱敏脱密处理的数据的义务；第二，有更正、处理有错误、脱漏数据的义务；第三，有监管政府数据使用的义务，包括追踪数据的使用是否符合利用规则和授权使用协议，以及对数据的去向进行登记上报等。在权利方面，第一，有数据收益的权利，包括经济收益和社会收益；第二，有责任豁免的权利，即按照数据豁免清单开放政府数据，对个人信息做好去标识化处理，与使用者签订许可协议，掌握数据使用目的，及时向政府开放数据管理部门上报数据的使用情况，并依法履行许可协议规定的其他责任义务与信息法律制度。在此情况下，被许可人在使用开放数据过程中出现安全问题或遭受损失问题，数据开放主体对此免责，监管部门向相关被许可人问责。[①]

（五）政府数据开发利用的促进机制

政府数据开放的重要目的在于公共数据得到有效应用，为社会和经济发展带来巨大价值。仅注重开放数据，忽略开发、应用，容易落入"为开放而开放"的陷阱。促进政府开放数据的开发与利用，需要由政府建立数据开放、应用的制度环境，吸引个人与组织参与开发利用。

---

① 范佳佳. 中国政府数据开放许可协议（CLOD）研究. 中国行政管理，2019（1）：23 - 29.

第十一章　政府数据的开放利用

一是政府开放数据开发、利用的行政指导。政府数据的开发、利用主要有三种模式：政府主导、企业主导和个人主导。由于我国政府数据开放尚处于起步阶段。政府主导促进开放数据的开发、利用作为主要模式将持续一段时间。政府数据资源开发、应用的行政指导制度，可以采取示范项目、信息通报会、社会培训、数据利用指导等多元形式进行。如美国白宫科技政策办公室、商务部与纽约大学在 2014 年联合举办开放数据圆桌会议，会议中有二十多个利用政府数据的公司和机构就开放政府数据的需求、可操作性等要求开展结构性对话沟通。[1] 2013 年英国商业、创新和技能部成立了"开放数据协会"，并设立 800 万英镑的开放基金。英国还有面向公众组织的关于数据文化的展览，每年以不同的主题展示当今数据开放的广泛应用，审视人在数据环境中的中心位置。[2] 笔者曾在调研中了解到不少与大数据相关的中小企业代表也反映希望政府面向企业开展大数据应用的培训，特别是针对政府开放数据应用案例的学习培训。

二是数据开发、应用的政府公私合作制度。政府通过 PPP 公私合作的方式，运用政府采购、外包等手段促进增值数据的开发利用和维护。如美国要求政府逐渐"将履行公共任务之外的数据加工和赢利机会交给企业"[3]。再如《吉林省促进大数据发展应用条例（征求意见稿）》在第 41 条规定，"省、市（州）人民政府及其有关部门应当落实政府购买服务政策，加大对大数据应用产品和服务的采购力度"。

（六）政务数据开放利用的监管机制

对政府数据开放进行的监管意义主要有四：一是有利于提升政府开放数据的质量，保障社会公众获得的数据具有准确性、完整性、可靠性，既"能用"又"好用"；二是能够防范政府数据开放的安全风险，避免出现国

---

[1] 曾娜. 政务信息资源的权属界定研究. 时代法学，2018（4）：29-34.
[2] 李平. 开放政府数据从开放转向开发：问题和建议. 电子政务，2018（1）：85-91.
[3] 冉从敬，陈传夫，贺德方. 公共部门信息增值利用的社会责任研究. 中国软科学，2014（12）：48-59.

家秘密、商业秘密和个人隐私数据遭到泄露、篡改、滥用等问题；三是规范政府开放数据的使用行为，促进政府数据的深度开放和开发利用；四是有助于消解部门利益带来的自利性，督促和推动政府数据开放工作，提升数据资源开放利用的效能。[1]

从其他国家的相关实践来看，美国、英国、加拿大、澳大利亚等国家十分重视这一问题，通过政策法规和专门机构来对数据质量、数据利用、数据安全风险和数据绩效进行监管。[2] 而在我国的实践中，地方政府在履行政府数据开放监管责任方面仍存在极大改进空间。有学者分析，主要问题表现在以下几个方面：一是监管意识缺乏，重开放轻监管。无论是在政策法规、组织机构还是在具体措施上，对政府数据开放的监管都较少涉及，对数据质量、敏感数据处理、开放数据的侵权和维权都缺少指导与监督。二是责任边界模糊，监管效率不足。纵向的上下级政府和横向的同级政府部门之间监管责任边界都存在不明晰的现象，容易出现"九龙治水"或推诿扯皮的问题。三是监管主体单一，社会参与不足。政府开放数据具有公共性、复杂性，需要政府与企业、社会组织、第三方机构和社会公众协同监管。而当下参与机制和协同机制仍不健全，也缺乏相关激励机制。四是评估和监督机制不完善，缺少督促动力。[3] 相当部分省市在政策措施方面未制定政府数据开放的评估考核与问责机制。[4] 因此，《促进大数据发展行动纲要》《国家信息化发展战略纲要》等一系列国家政策文件在提出加快政府数据开放要求的同时，也强调要"提高政府服务和监管水平""健全大数据安全保障体系与审慎监管"[5]。

---

[1] 陈朝兵. 政府数据开放中的监管责任、实践困境与优化路径. 情报杂志，2019（10）：184-190. 迪莉娅. 政府开放数据的监管模式研究. 情报理论与实践，2018（5）：22-26.

[2] 陈朝兵，郝文强. 美英澳政府数据开放隐私保护政策法规的考察与借鉴. 情报理论与实践，2019（6）：159-165.

[3] 陈朝兵. 政府数据开放中的监管责任、实践困境与优化路径. 情报杂志，2019（10）：184-190.

[4] 毛子骏，郑方，黄膺旭. 政策协同视阈下的政府数据开放研究. 电子政务，2018（9）：14-23.

[5] 人民网. 国务院印发促进大数据发展行动纲要.（2015-09-05）[2020-06-15]. http://politics.people.com.cn/n/2015/0905/c1001-27545655.html.

第十一章 政府数据的开放利用

政府数据开放监管贯穿数据全生命周期和开放全流程,包含事前、事中和事后的监管,主要涉及数据质量、数据安全、数据利用、开放评估等内容。

1. 事前监管:数据质量和平台建设

在数据质量方面,政府监管主要涉及数据是否经脱敏脱密等处理,是否符合开放类型、格式、标准等问题。如《深圳经济特区数据条例(征求意见稿)》要求建立数据质量管理体系,通过制定数据质量标准,建立数据质量控制机制、数据质量评估机制和定期监督检查,对数据质量进行持续监测,确保数据的真实性、准确性、完整性、时效性。[①] 在平台方面,政府监管主要涉及是否符合统一建设和安全保障要求等。

2. 事中监管:数据利用和安全风险防范

在数据利用方面,监管需要以用户为中心,对于政府开放数据的需求和使用者是否符合一定的资质和安全要求进行审查,如《广西公共数据开放管理办法(征求意见稿)》规定要对数据使用者的需求申请进行规范性审查、需求审核。此外还需要规范数据的使用行为,如《浙江省公共数据开放与安全管理暂行办法》第28条规定:"公共数据开放主体应当对受限开放类公共数据的开放和利用情况进行后续跟踪、服务,及时了解公共数据利用行为是否符合公共数据安全管理规定和开放利用协议,及时处理各类意见建议和投诉举报。"

在安全监管方面,主要围绕政府数据开放的风险进行防范,具体措施包括设立专门的组织机构或指定数据专员对政府开放数据的管理和服务进行安全风险评估;对政府数据的目录管理和分级分类进行检查等。如《福建省大数据发展促进条例(草案送审稿)》第59条规定:"省人民政府大数据主管部门应当建立健全数据资源使用的监管制度。省、设区的市人民政府大数据主管部门应当会同有关政务部门加强政务数据使用情况的监督检查。"

3. 事后监管:考核评估机制

政府数据开放成效的考核与评估本身不是目的,而是旨在"以评促建、

[①] 《深圳经济特区数据条例(征求意见稿)》第77、78、79条.

以评促改、以评促管"①。为动态调整政府数据开放发展重心,推动政府数据资源开发利用,一些地方的立法或实践在行政体系中引入数据开放的评估和问责机制,将影响政府数据开放的几个重要指标进行量化,在政府的绩效考评中纳入数据质量情况、数据开放情况、数据应用情况等内容,定期考核评分,以此来倒逼政府部门积极推动数据开放目标达成,维护公众对政府数据开放的需求。如《吉林省促进大数据发展应用条例（征求意见稿）》中规定,政府相关部门"应当定期收集、分析公共数据需求情况和使用情况,逐步扩大公共数据共享、开放的范围和深度。并会同相关部门建立评估机制,制定评估办法,定期评估全省公共数据共享、开放水平,也可以委托第三方机构评估,评估结果应向社会公布"。

> **政府数据开放 广东强调应用场景,以评促建**②
>
> 广东涉及"政府数据开放"的政策,从数量到完备度在全国各省份中均处于前列。截至2018年年底,广东省政府数据统一开放平台"开放广东"已开放超过1.39亿条政府数据,网站来访IP超过70万个,数据下载次数28万次,数据API被调用次数达2 000万次。
>
> 广东还在推动各部门对可开放政务数据的统一编目、数据挂接,实现可开放数据的自动推送,逐步提高政府开放数据的质量和更新频率。2017年4月,广东政务信息化主管部门支持编制的数据开放和共享系列地方标准已正式实施。省府办公厅将"政府数据开放"纳入广东省2018年度政府网站考评,由省级部门整合部门政府数据,以评促建。据了解,广东接下来将以应用场景为抓手,强化数据开放模式,依托"开放广东",在优化营商环境、社会信用体系建设等方面,通过数据开放支撑金融机构,探索更好地服务中小微企业。

---

① 王冰洁. 评估：社会组织管理领域成功的创新之举——中国社会组织评估十周年高峰论坛侧记. 中国社会组织, 2018(22): 24-26.

② 南方都市报. 政府数据开放准备度之地方政策篇. (2019-03-18)[2020-06-15]. http://zfsg.gd.gov.cn/xxfb/mtbd/content/post_2262523.html.

第十一章　政府数据的开放利用

（七）政务数据开放利用的责任机制

1. 开放利用政府数据的相关法律责任

依据主体的不同，此类责任可以分为政府部门的法律责任、数据平台/数据运营方的法律责任、数据开发利用主体的法律责任。在政府部门方面，常见的违法违规情形包括：(1) 未按照规定编制和更新数据开放目录；(2) 未及时提供和更新应当开放的数据；(3) 提供的数据不符合规范，无法使用（未进行脱敏、脱密等处理或格式不规范）；(3) 未落实开放数据的安全保护责任和监管责任；(4) 违规开放或使用涉及商业秘密和个人隐私的政府数据；(5) 未按照规定处理自然人、法人和非法人组织的异议或者告知；(6) 不符合统一标准、新建独立开放渠道或者未按照规定将已有开放渠道纳入开放平台等。[①] 在开放数据的过程中出现未履行数据开放职责行为的，应先由大数据管理部门或者有关主管部门责令限期改正；逾期不改正的，给予通报批评；情节严重的，还需要对直接负责的主管人员或者其他直接责任人员由监察机关依法予以处分；造成损失的，需要承担赔偿责任；构成犯罪的，依刑法的相关规定追究刑事责任。[②]

政府数据开放平台或数据开放的运营方应当履行数据管理和安全保护的职责。常见的违法违规行为包括：(1) 未依法依规记录数据开放和利用的全程行为；(2) 未依法依规处理自然人、法人和非法人组织的异议或者告知；(3) 未按照规定采取安全保障措施；(4) 利用政府数据获取非法收益；(5) 侵犯国家利益、社会公共利益和商业秘密、个人隐私等他人合法权益；(6) 运营方未履行委托协议规定的其他义务等。[③] 针对这些行为，应当由大数据主管部门责令改正；情节严重的，对直接负责的主管人员和其他直接责任人员依法给予处分，造成损失的，还应当依法赔偿和追究刑事责任。

---

① 《上海市公共数据开放暂行办法》第42条、第45条.
② 《福建省大数据发展促进条例（草案送审稿）》第62条.
③ 《上海市公共数据开放暂行办法》第44条.

数字政府：变革与法治

数据利用主体既包括公民、法人和非法人组织，也包括开发利用数据的政府部门。数据利用主体在使用获取的政府数据时，应当遵守法律法规的规定，遵循数据开放平台制定的规则或签订的数据授权使用协议的要求，不得损害国家利益、社会公共利益和他人合法权益。常见的违法违规情形包括：(1) 未履行数据授权使用协议规定的义务；(2) 侵犯商业秘密、个人隐私等他人合法权益；(3) 利用政府数据获取非法收益；(4) 不当使用政府数据损害国家利益、社会公共利益和商业秘密、个人隐私等他人合法权益；(5) 未履行安全保障义务等。[①]数据利用主体存在这些行为的，应当视具体情形，承担相应的法律责任。

蚂蚁微贷清算案[②]

朗动公司运营的"企查查"通过发布和向特定用户推送的方式，发布了针对蚂蚁微贷清算的企业信息，引发媒体广泛关注，媒体均围绕蚂蚁微贷是否存在清算行为进行了报道。朗动公司运营的"企查查"平台构建了以企业数据为内容的大数据生态系统。蚂蚁微贷为原始数据主体，朗动公司利用信息抓取技术，从全国企业信用公示系统抓取涉及蚂蚁微贷的企业数据，经过分类整理供"企查查"用户查询，因此，朗动公司推送的企业信息的准确性和时效性将直接影响蚂蚁微贷的企业声誉和竞争性优势。

朗动公司推送的涉及蚂蚁微贷的清算信息，因推送方式的设置问题，引发公众将历史清算信息误认为即时信息；在推送内容的准确性上，也与作为其数据来源的全国企业信用公示系统存在偏差。朗动公司采取容易引人误解的方式推送涉及蚂蚁微贷清算信息的行为，造成了蚂蚁金服、蚂蚁微贷商誉上的损失。此外，朗动公司在其公开声明中，并未对蚂蚁微

[①] 《上海市公共数据开放暂行办法》第43条.
[②] 楼奇，朱腾飞，吴晓洪. 数据利用的法律责任.（2020-05-29）[2020-06-15]. http：//www.tylaw.com.cn/CN/news_content.aspx?contentID＝00000000000000002772 &Lan＝CN&MenuID＝00000000000000006.

第十一章 政府数据的开放利用

> 贷清算信息是历史信息且推送内容不完整的问题予以纠正,造成了媒体的新一轮关注,进一步扩大了误导性信息对蚂蚁金服、蚂蚁微贷的负面影响。
>
> 　　法院经审理认为:公共数据为促进经济发展的重要生产要素,应当鼓励市场主体对公共数据的利用和挖掘。但同时,对公共数据的利用应当合法、正当,不得损害其他主体的合法权益,特别是不能损害数据原始主体的合法权益。法院最终判决朗动公司的行为构成不正当竞争,应当承担相应的民事责任。

2. 开放利用政府数据的责任豁免机制

由于目前缺乏法律法规、方法细则等依据进行规范,即使企业对于开发政府数据的愿望很强烈,政府也不敢"吃螃蟹",生怕稍有不慎就引发不良后果,触犯法律,引发社会不满。实践中不少政府工作人员对政务数据开放利用存在担忧:"数据开放利用,不仅增加工作量,而且未必有明显的回报,还要担责任,是吃力不讨好的事情。"一些政府部门工作人员反映,政务数据属于国家重要资源,是无形资产,目前缺少完整的数据价值管理体系和数据交易体系,包括数据价值评估、数据成本管理、数据交易规则等,对数据开发的利润分配也缺乏合规的指导,没有找到一条释放数据价值的最优路径。一些受访的政府部门工作人员提出:"没有明确的规则,政务数据的开放利用有极大可能导致国有资产流失。"在这种情形下,需要通过建立数据开放利用的责任豁免机制,来打消政府部门及其工作人员的疑虑和担忧,鼓励先行先试、创新应用。目前地方立法中对责任豁免条款也有所尝试,如下表所示。

表11-5　地方政府数据开放立法中的责任豁免条款

文件名称	具体条款
《上海市公共数据开放暂行办法》第46条	数据开放主体按照法律、法规和规章的规定开放公共数据,并履行了监督管理职责和合理注意义务的,对因开放数据质量等问题导致数据利用主体或者其他第三方的损失,依法不承担或者免予承担相应责任

续表

文件名称	具体条款
《深圳经济特区数据条例（征求意见稿）》第 100 条	市数据统筹部门应当建立健全容错机制。公共管理和服务机构在利用数据创新管理和服务模式时，出现偏差失误或未能实现预期目标，但未违反法律法规的强制性规定，符合国家确定的改革方向，决策、实施程序符合本条例的规定，且未损害公共利益、未影响自然人实体权益的，依法予以免责或者减轻责任。
《福建省大数据发展促进条例（征求意见稿）》第 47 条	政务部门及其工作人员在推动数据开放利用过程中因先行先试、尚无明确限制的探索性试验出现失误的，或者因政策界限不明确、政策调整影响未达到预期效果的，同时符合以下条件，给予容错：（一）决策和实施程序符合规定；（二）个人和部门没有牟取私利；（三）未与其他单位或者个人恶意串通，损害公共利益和他人合法权益。经确定予以容错的部门或者个人，免予行政追责和效能问责，在绩效考核、职务晋升、职称评聘等方面不受影响。

第十二章

大数据的标准化

随着全球步入大数据时代，开发利用大数据将成为未来世界各国夺取新一轮竞争制高点的重要抓手。大数据是以容量大、类型多、产生获取速度快、应用价值高为主要特征的数据集合。对数量巨大、来源分散、格式多样的数据进行采集、存储和关联分析，从中发现新知识、创造新价值将是这一代信息技术和服务的新业态。但现实中面临的问题是，各行各业是从不同渠道收集数据信息，由于信息质量有别、采集标准不同、统计口径不一、端口接入各异、安全隐私性等问题，这些海量的数据资源难以打通整合，严重制约大数据的利用。发挥大数据的作用，其前提是统一标准。曾有学者判断："大数据领域的标准化工作是支撑大数据产业发展和应用的重要基础。"[1] 大数据标准化事关数据收集、处理、交换、应用，信息整合、数据仓库建设等大数据生命周期的全过程，没有数据的标准化也很难建立起多个数据源之间的关系。可以说大数据标准化是研究数据治理中的基础性重要问题。

在国际上，以 ISO/IEC JTC1、ITU-T、IEEE BDGMM 等为代表的国际组织或机构已专门就大数据标准化问题展开研究，并推出了一系列的国际标准。[2] 在我国从中央到地方也已经行动起来。国务院《关于促进大数据发

---

[1] 陆晟，刘振川，汪关盛，等.大数据理论与工程实践.北京：人民邮电出版社，2018：209.
[2] 比如 ISO/IEC 20546 Information technology-Big Data-Overview and Vocabulary；ISO/IEC TR20547-2 Information Technology-Big Data Reference Architecture-Part 2：Use Cases and Derived Requirements；ISO/IEC 20547-3Information Technology-Big Data Reference Architecture-Part 3：Reference Architecture 等。

数字政府：变革与法治

展行动纲要》（国发〔2015〕50 号）系统地部署了对于"推进大数据标准体系建设"的安排，并明确"加强大数据标准化顶层设计，逐步完善标准体系，发挥标准化对产业发展的重要支撑作用"的要求。在工业和信息化部、国家标准化管理委员会的领导下，先后成立的全国信息技术标准化技术委员会大数据标准工作组、全国信息安全标准化委员会大数据安全标准特别工作组专门负责制定和完善我国大数据标准体系、大数据相关标准的研究、申报各类标准等工作。目前工作组已发布 6 项国家标准，涉及大数据术语、大数据技术参考模型、数据管理能力成熟度评估模型等内容。[①] 在这一国家政策的引领之下，以广东、贵州、浙江等为代表的省市纷纷就数据标准化这一问题展开探索并推出了相应的地方标准。[②]

日渐丰富的大数据标准化实践让我们对这一主题有了感性的认识，但我们仍有必要回归理性思考，解答大数据为什么要实现标准化、到底何谓大数据标准化，为什么要搭建大数据标准体系、如何搭建等这类大数据标准化本身的问题。与此同时，大数据标准是否得到执行、如何执行的问题，还与法律密切相关。标准与法律有着怎样的关系？大数据标准化会给法治带来怎样的意义？这些都是本章需要回答的问题。

[①] GB/T 35295—2017《信息技术 大数据 术语》、GB/T 35589—2017《信息技术 大数据技术参考模型》、GB/T 34952—2017《多媒体数据语义描述要求》、GB/T 34945—2017《信息技术 数据溯源描述模型》、GB/T 35294—2017《信息技术 科学数据引用》、GB/T 36073—2018《数据管理能力成熟度评估模型》。

[②] 中国电子技术标准化研究院，全国信息技术标准化技术委员会大数据标准工作组．大数据标准化白皮书．（2018－03－29）．http：//www.hackliu.com/wp-content/uploads/file/20180331/1522478616912065.pdf♯page＝69&zoom＝100，0，97.

第十二章　大数据的标准化

第一节　为什么大数据要实现标准化

首先，大数据有别于传统理解上的数据。它是一种规模大到在获取、存储、管理、分析方面大大超出了传统数据库软件工具能力范围的数据集合。[①] 由于大数据存在领域广泛、存储处理方式多样，如果不就大数据的定义、相关术语、分类、架构等进行统一描述，在此基础上发展出来的大数据产品技术也会有着完全不同的要求。尽管针对传统的数据管理、处理、表示已经形成了相对成熟的标准及其体系，但传统数据的标准并不可直接、完全地套用到大数据之上，因为大数据需要能够提供高效存储、快速计算、多维关联、深度分析、趋势预测和辅助决策等的技术或平台作为大数据价值功能发挥的重要支撑。大数据已经与诸如关联数据库、数据挖掘等这类技术产生交集，大数据背景下已经或还将继续产生越来越多的新技术和新应用，比如实时大数据分析、非关系型数据库、非结构化大数据统一表示等。而传统数据标准均不涉及这些内容。大数据语境之下发展出来的新技术与新应用正面临着要求不同、缺乏统一规范的问题，亟待实现相关内容的标准化。

除此之外，我们再来看三个真实的例子：

"'填表抗疫'——北京、江苏、广东等多地基层干部向记者反映，防疫期间一天要填报十几份表格，这些表格由不同部门下发，内容基本相同，只是格式、体例稍有差异。"[②]

"一个人，六个码。武汉在全市推行'健康码'实名认证管理。此后，武汉市民唐玉琳先后按照社区要求申领了微信湖北健康码、支付宝武汉健康码、全国防疫信息健康码以及社区电子通行证四个不同的'电子凭证'。除此之外，她为了能够在武汉解封后返回广州上班，还注册了广东省的

---

① 麦肯锡咨询公司对大数据的定义//霍雨佳. 大数据科学. 四川：电子科技大学出版社，2017：15.

② 新华社. 揭抗疫中的形式主义：工作人员凌晨两点还在填表 内容越来越多. （2020-02-13）[2020-06-27]. http://www.nbd.com.cn/articles/2020-02-13/1407804.html.

数字政府：变革与法治

'粤康码'和广州市的'穗康码'，每天要在不同的软件上分别打卡。""一位市民要申领五六个健康码，这并不是湖北和武汉独有的现象。仅江苏一个省，就有南京'宁归来'、苏州'苏城码'、无锡'锡康码'等十几个不同的健康码。""国家卫健委人口家庭司司长杨文庄曾公开回应称，各地健康码尚不能互认主要有三个原因：……各地健康码生成的标准不一……"[①]

"'现在采集数据非常难，接入口多，数据庞杂，没有统一标准，不仅故障率高，耗能也非常大。'市政协委员、广东维睿新科技有限公司总经理张静良表示，因为业务关系，其公司负责市教育系统和部分政府单位的电脑运营和维护服务。他举例，仅市一级教育系统，就有70多个不同的计算机系统，这些系统之间不能共享数据，必须重复申报。其他部门也存在这样的问题。"[②]

以上的例子反映了在大数据采集、共享阶段标准不统一所引发的问题与麻烦。一是数据重复收集，造成资源浪费。由于信息共享不足或无法实现共享，相应单位为满足业务需求，不得不另行采集数据。二是信息共享难以实现充分与及时，直接影响着相关工作开展的效率，也给使用者带来了不小的麻烦。如果大数据采集、共享实现了标准化、统一化，操作人员对同一类数据管理与使用行为秉持着相同的理解，那么以上问题便可迎刃而解。

国内各行各业正在积极开展的数字化工作，不仅涉及单位自身的数据，同时还会涉及跨部门、跨行业甚至跨国界的协同合作。在这个过程中，数据治理工作的重要性日趋凸显。中国科学院院士、大数据标准化工作组组长梅宏教授就数据治理的重要性作过如下评价："大数据治理体系建设是我们国家实施大数据战略的重要保障，是发挥大数据作用、做大做强数据产业的重要因素，也是关键基础，大数据治理体系建设已经成为发展的重

[①] 陆柯言.一个人六个码 健康码为什么这么难统一？.（2020-03-12）[2020-06-27］.https：//tech.sina.com.cn/roll/2020-03-12/doc-iimxyqvz9892575.shtml.

[②] 王晓丹.政协委员建议：统一大数据采集标准.佛山日报，2018-01-16（A04）.

第十二章 大数据的标准化

点。"[1] 而数据治理以提高数据的质量（比如准确性和完整性）、保证数据安全（比如保密性、完整性及可用性）、推进数字资源在各机构/部门间的高效整合、对接和共享，充分发挥数据的资产价值为其目标。[2] 数据治理涉及元数据管理、主数据的管理、数据标准、数据管理成熟度评估、数据资产、数据治理架构等内容。可以看到，这其中的数据标准是数据治理中的一个重要的环节，同时每个数据治理的环节也离不开确立的数据标准，否则便难以实现数据治理的基本目标。

---

[1][2] 陆晟，刘振川，汪关盛，等．大数据理论与工程实践．北京：人民邮电出版社，2018：199.

第二节 大数据标准化与大数据标准

一、何谓大数据标准化

按照国家标准《标准化工作指南 第1部分：标准化和相关活动的通用术语》（GB/T 20000.1—2014）（以下简称"《标准化和相关活动的通用术语国家标准》"）3.1中的定义，"标准化"是指"为了在既定范围内获得最佳秩序，促进共同效益，对现实问题或潜在问题确立共同使用和重复使用的条款以及编制、发布和应用文件的活动"。这一定义从标准活动所追求的价值、标准对象、特征进行理解。标准化的范围包括了制定、发布、实施，制定前的研究和实施后的修订、修改，标准就是在这样的活动中产生的。[①]有研究者在这一国家标准的基础上衍生出了对数据标准化的理解。在他看来，数据标准化是"通过制定、发布和实施大数据相关标准，以获取'最佳秩序和效益'为目的将数据组织起来，进行采集、存储、应用及共事的一种手段"[②]。还有的研究者认为，"数据标准化是一个使相关范围内不同类型的全部数据符合已制定的约定或程序，以确保不同数据源间的数据一致性和兼容性的过程"[③]。

实际上，虽然"大数据"与"数据"只有一字差，但"大"的出现足以使那些已经相对成熟的传统数据标准很难套用到大数据的标准之上。比如 NoSQL 数据存储系统和 GFS 文件系统这样的诸多大数据新技术与新应用需要专门针对大数据技术的标准来予以规范。[④]

对大数据标准化的理解，总结起来可以归结为以下三点。

第一，标准化的对象为大数据，区别于过于传统的数据。大数据以数

[①] 国家标准化管理委员会. 标准化基础知识培训教材. 北京：中国标准出版社，2004：4.

[②] 张宏军编著. 作战仿真数据工程. 北京：国防工业出版社，2014：250.

[③] 全国信息技术标准化技术委员会SOA分技术委员会，工业和信息化部电子工业标准化研究院. 智慧城市实践指南——SOA支撑解决智慧城市核心问题. 北京：电子工业出版社，2013：34.

[④] 韩晶，王健全. 大数据标准化现状及展望. 信息通信技术，2014（6）：38-42.

第十二章　大数据的标准化

据体量大、数据类型多样、存取流转速度快、价值密度低、价值质量高为其显著特征。过去针对传统数据所采用的采集、存储等的处理方式，其技术和平台都已经发生了明显变化。因此，大数据的标准化首先要对大数据本身形成统一的认识，这涉及大数据的定义、分类以及数据模型等内容。大数据需要能够有效解决其高效存储、快速计算、多维关联、深度分析、趋势预测和辅助决策等的技术能力，标准化还涉及与大数据有关的技术、平台、安全与隐私等周边问题。大数据的重要价值之一在于，挖掘大数据隐藏的客观规律，预测事物及行为发展变化的趋势，支持行业或产业作出正确的判断与决策。大数据已经在通信、金融、医疗、政府等领域形成相对固定的应用场景，在这类特定领域中又产生了对大数据的独特要求，比如在银行领域，在大型节假日等高峰期，需要相关大数据系统处理具有较高的时效性，能够使每秒需要处理的事务数已经超过十万条；银行的信用卡消费相关业务中，需要对实时处理的各类数据进行真伪校验和欺诈识别，对数据的质量也提出了更高的要求。[1] 在特定领域所形成的大数据源、数据量、数据模型、存储模式、数据开放等内容也是大数据标准化的重要内容。

第二，大数据的标准化以实现大数据的高效整合、对接和共享为其目标。相关大数据系统之间实现了互连、互通、互操作，信息在跨部门、跨领域、跨平台安全共享才有可能实现。

第三，大数据的标准化包括了标准的制定、发布、实施，标准体系化等一系列活动。

二、何谓大数据标准

《标准化和相关活动的通用术语国家标准》第5.3条将标准规定为"通过标准化活动，按照规定的程序协商一致制定，为各种活动或其结果提供规则、指南或特征，供共同使用和重复使用的文件。"《中华人民共和国标准化法》（2017年修订）第2条第1款也对"标准"进行了界定，认为标准

---

[1] 林旺群、高晨旭、陶克，等．面向特定领域大数据平台架构及标准化研究．大数据，2017（4）：46-59.

是特定领域需要统一的技术要求。从这两个理解来看，标准具有如下特征：第一，标准是标准化活动的成果，标准须经由一定的程序产生，程序中要体现协商一致性。第二，标准的内容涉及技术，它应当反映最新的技术水平和公认的技术规则，应当具备一定的科学性。

大数据标准便是大数据标准化活动的产物之一，它是围绕着大数据本身，或就大数据管理、技术、安全与隐私、平台或工具等内容展开，经过特定的程序所形成的技术规范或指引。

另外，根据《标准化和相关活动的通用术语国家标准》第3.6、5.3条的规定，标准化可以根据其涉及的地理、政治或经济区域的不同范围，分为国际、区域、国家和地方标准化四类，对应标准可以分为国际标准、区域标准、国家标准、行业标准、地方标准、企业标准这六类。国际标准、区域标准、国家标准可以公开获得，必要时须以修正或修订的形式与最新技术保持同步，因此，它们可以成为公认的技术规则。

具体到我国，按照《中华人民共和国标准化法》（2017年修订）第2条的规定，标准被界定为特定领域需要统一的技术要求。标准的类型包括了国家标准、行业标准、地方标准、团体标准、企业标准。其中，国家标准分为强制性标准、推荐性标准，行业标准、地方标准是推荐性标准。就标准的效力而言，强制性标准必须执行。国家鼓励企业自愿采用推荐性标准。

对于不同类型的标准的效力，1990年国家技术监督局制定的《企业标准化管理办法》规定得更加明确。该办法第17条规定："国家标准、行业标准和地方标准中的强制性标准，企业必须严格执行……推荐性标准，企业一经采用，应严格执行；企业已备案的企业产品标准，也应严格执行。"这也就意味着凡是企业采用的标准，无论标准在性质上是否具有强制性，企业都必须严格执行。

第三节　大数据标准化的实践

大数据的标准化涉及标准的编制、发布和应用整个过程。下文将从国际、国内两个维度观察大数据标准化的实践情况。

一、国际组织和商业机构对大数据标准化所作的努力

以 ISO/IEC JTC1、ITU-T、IEEE BDGMM 等为代表的国际机构，是相应国际组织下设的专门从事大数据标准化的组织。还有像 NIST/TPC 这类非营利性的公司。从它们的机构设置与工作安排中，我们能大致窥见目前这些具有代表性的标准化国际组织对于制定大数据标准的哪些内容进行了尝试。

（一）ISO/IEC JTC1

ISO/IEC JTC1（以下简称"JTC1"）是国际标准化组织与国际电工委员会的第一联合技术委员会，是专门负责大数据基础性国际标准的专门委员会。JTC1 的标准制定工作由各分委员会（SCs）来完成。在这些分委员会之下，针对特定的领域设置了特别工作组（WGs）或研究组（SGs）。[1] 比如，ISO/IEC JTC1/SC32（以下简称"SC32"）是这一联合技术委员会之下专门负责制定和促进内部标准数据管理和交换领域的分技术委员会。SC32 下设 WG1 电子业务工作组、WG2 元数据工作组、WG3 数据库语言工作组、WG4 SQL 多媒体和应用包工作组。

SC32 主要的工作任务在于研制信息系统环境内及系统之间的数据管理和交换标准，为跨行业、跨领域协调数据管理能力提供技术性支持。目前SC32 主要就《SQL 对多维数组的支持》《SQL 对 JSON 的支持》《数据库语言新技术设计说明第 1 部分：SQL 对流数据的支持》等国际标准或技术报

---

[1]　关于对 JTC1 组织架构的介绍，参见 International Electrotechnical Commission. ［2020－03－17］. https：//www.iec.ch/dyn/www/f? p＝103：29：14024847405883：：：FSP＿ORG＿ID，FSP＿LANG＿ID：3387，25♯4。

告展开研制。这些文件侧重于数据库访问接口、流数据访问接口等标准内容。①

另外，ISO/IEC JTC1/WG9（以下简称"WG9"）属于 JTC1 的工作组，主要负责大数据"基础性"国家标准的制定。这些标准将会成为整个 JTC1 大数据工作的基础与参照。其具体工作包括：制定大数据基本性的标准，例如参考架构和术语、识别大数据标准化中的缺失；与 JTC1 其他的标准组织合作，分析正在进行的标准项目或探索新的标准项目，推动大数据标准化进程。②

WG9 目前已经推出了四项国际标准（见表 12-1），还有 1 项关于大数据参考架构的框架与应用（ISO/IEC TR20547—1）正在制定中。该标准主要介绍大数据参考架构的整体框架以及在大数据参考架构基础上进行系统设计的应用过程。从 WG9 的标准制定工作来看，它侧重于统一对大数据的认识、规范大数据平台架构的内容。

表 12-1 WG9 已推出的国际标准信息表③

国家标准名称	推出时间	主要内容	价值与贡献
ISO/IEC 20546 信息技术 大数据 概述和术语	2019.02	大数据的基本概念和重要术语	对于统一产业和用户对大数据的认识、一致化技术和标准词汇有重要意义
ISO/IEC 20547—3 信息技术 大数据 参考架构 第 3 部分：参考架构	2020.03	大数据通用架构，包括用户视图和功能视图	由于大数据本身纷繁多样，各种商业、开源版本共存，定义一个通用标准并作为各种实现共通的基础架构，对于提高各版本之间的兼容性、功能模块的互操作性以及上层应用的移植有重要意义

---

① 中国电子技术标准化研究院，全国信息技术标准化技术委员会大数据标准工作组．大数据标准化白皮书．（2018-03-29）．http://www.hackliu.com/wp-content/uploads/file/20180331/1522478616912065.pdf#page=69&zoom=100,0,97.

② 光亮，张群．ISO/IEC JTC1/WG9 大数据国际标准研究对中国大数据标准化的影响．大数据，2017（4）：20-28.

③ 同①．参考时对表格中相关标准已进行更新，特此说明．——引者注

续表

国家标准名称	推出时间	主要内容	价值与贡献
ISO/IEC TR20547—2 信息技术 大数据 参考架构 第2部分：用例和需求	2018.01	大数据典型用例及导出对大数据系统的要求	为用户构建大数据系统提供参考借鉴，并从典型应用中提炼出大数据系统的通用要求
ISO/IEC TR20547—5 信息技术 大数据 参考架构 第5部分：标准路线图	2018.02	大数据当前的国际标准、标准化存在的缺失以及今后的发展路标	综述大数据标准化情况，识别标准缺失，提出标准发展路标

除了以上介绍的JTC1的这两个组织，ISO/IEC JTC1/SC27（信息安全技术分委员会）已发布涉及大数据参考架构的安全与隐私标准（ISO/IEC 20547—4)[1]、《云计算—参考架构》。ISO/IEC JTC1/SC38也正在推进对云计算概述和词汇的标准制定。[2]

（二）ITU-T

ITU-T为国际电信联盟电信标准化部门，其下设的多个技术研究组（SGs）就国际电信专门领域标准化展开研究并制定标准建议书。其中展开大数据标准化的研究组有负责云计算和可信网络基础设施之未来网络研究的SG13、负责多媒体的SG16、负责安全问题的SG17，以及负责物联网、智慧城市和社会的SG20。[3]

国际电信联盟（ITU）曾在2013年发布了一篇题为《大数据：今天巨大，明天平常》的技术观察报告。该报告曾从大数据面临的挑战出发看ITU-T可能开展的标准化工作。这些标准内容包括：高吞吐量、低延迟、安全、灵活和规模化的网络基础设施标准，网络数据分析，垂直行业平台

---

[1] 光亮，张群.ISO/IEC JTC1/WG9大数据国际标准研究对中国大数据标准化的影响.大数据，2017（4）：20-28.
[2] 中国电子技术标准化研究院.云计算标准化白皮书．［2014-06-27］.http://www.cac.gov.cn/files/pdf/baipishu/CloudStandardization.pdf.
[3] 关于ITU-T组织架构的介绍，参见ITU.［2020-03-17］.https://www.itu.int/en/ITU-T/about/Pages/framework.aspx。

的互操作，多媒体分析，开放数据标准等。[1]

就 ITU-T 具体展开的工作来看，多个技术研究组（SGs）分别或共同就数据网络、开放系统通信和安全性、全球信息基础架构、Internet 协议、下一代网络、未来网络及云计算等多项议题提出推荐建议。比如 SG13 在 ITU-T 建议书的 Q 系列和 Y 系列中发布了大量的推荐标准，内容涉及使下一代网络（以太网和多协议标签交换）中两种主要技术之间能够互通的标准[2]；SG17 制定了移动互联网服务中的大数据分析安全要求和框架、大数据即服务的安全指南、电信大数据生存周期安全指南等推荐标准。[3]

（三）IEEE BDGMM

IEEE BDGMM 为电子电机工程师学会旗下的大数据治理与元数据管理标准委员会，主导大数据标准化的工作。该组织追求的目标在于能够实现来自多元化域存储库的异构数据集之间的数据集成或混搭，并使数据可通过机器可读且可操作的标准数据基础结构发现、访问和使用。

该组织期待推出的成果有：(1) 在 IEEE 赞助的会议或共同举办的研讨会上收集、分析和确定相关的用例、需求和潜在解决方案并形成书面材料；(2) 基于前述书面材料，更详细地框定问题、找出课题，形成白皮书；(3) 来自大数据治理和元数据管理相关最佳实践的参考架构概念和解决方案，用以规划数据互操作基础设施，使不同领域数据库之间的数据融合成为可能；(4) 识别和启动与大数据治理和元数据管理相关的 IEEE 标准活动，这些活动包括建议的实践、指南、制定项目授权请求、在适当的 IEEE 标准委员会内招募工作组等。[4]

---

[1] 中国电子技术标准化研究院，全国信息技术标准化技术委员会大数据标准工作组．大数据标准化白皮书．（2018－03－29）［2020－06－27］．http：//www.hackliu.com/wp-content/uploads/file/20180331/1522478616912065.pdf♯page=69&zoom=100,0,97.

[2] 关于 ITU-T SG13 提出的大数据标准化建议内容，参见 ITU-T SG13.［2020－03－17］．https：//www.itu.int/ITU-T/recommendations/index_sg.aspx？sg=13。

[3] 全国信息安全标准化技术委员会大数据安全标准特别工作组．大数据安全标准化白皮书．［2020－06－27］．https：//www.tc260.org.cn/file/dsj2018.pdf.

[4] IEEE SA.（2020－03－17）．https：//standards.ieee.org/industry-connections/BDGMM-index.html.

第十二章 大数据的标准化

(四) NIST

NIST（美国国家标准化研究所）是一家测量标准实验室，为美国商务部的非监管机构。该研究所中成立了 NBD-PWG（大数据与公共活动工作组），聚焦于对大数据形成共识定义、分类法、安全参考架构与技术线路图。工作组的目标为创建与供应商无关的、与技术和基础架构无关的可交付成果，以使大数据利益相关者能够在最合适的计算平台和集群上进行选择，选择最佳的分析工具，以满足其处理和可视化需求；同时允许大数据增值服务提供商和利益相关者之间以一致和安全的方式获取数据。①

在 NBD-PWG 的工作中，大数据互操作性框架（NBDIF）报告是其最为重要的成果。大数据互操作性框架的核心是面向各个角色，包括但不限于系统协调者、数据提供者、大数据应用提供者、大数据框架提供者、数据消费者等在内的主体，为其定义一个由标准接口互联的、不绑定技术和厂商即可实现的、模块可替换的大数据参考架构（NBDRA）。② 这一报告目前有三个版本，最新版本囊括了大数据术语的定义和分类、用例和要求、安全和隐私、大数据相关架构、技术路线、参考架构接、采用和（传统技术）现代化等内容。

(五) TPC

TPC（资源描述框架工作组）是一家非营利性组织。该组织的正式成员将参与 TPC 所有方面的活动，包括制定基准标准和制定战略方向。该组织的成员除了微软、戴尔、IBM、英特尔等国际知名计算机公司，还有像阿里巴巴、华为、联想这类中国企业。该组织致力于开发以大数据为中心的基准标准，并将客观、可验证的数据传播给行业。该组织推出了多项数据标

---

① Wo Chang, Robert Marcus, Chaitanya Baru, NIST Big Data Public Working Group (NBD-PWG) /Subgroups Progress Report. (2013-09-04) [2020-03-27]. https://bigdatawg.nist.gov/_uploadfiles/M0212_v1_3404467806.pdf.

② 中国电子技术标准化研究院，全国信息技术标准化技术委员会大数据标准工作组. 大数据标准化白皮书. (2018-03-29) [2020-06-27]. http://www.hackliu.com/wp-content/uploads/file/20180331/1522478616912065.pdf#page=69&zoom=100, 0, 97.

准，其中，TPC-HS是第一个行业标准基准，用于为TeraSort（TeraSort是基于Hadoop的大数据系统性能的测试套件之一）做负载的大数据系统测评；PC-BB则是用于测评基于Hadoop的大数据分析系统。[1]

就国际组织或商业机构推出的标准来看，标准类型包括国际标准与行业标准，内容覆盖的范围较广：既有从大数据的术语、参考架构这类基础性标准到大数据的安全与隐私、管理模块、SQL接口等这类针对具体特征、特定模块、接口标准的基本能力要求，更有从特定的应用情景出发，提供或统筹大数据的基础平台，推动上层应用向大数据平台转移，形成端口到端口的标准体系。

二、我国大数据标准化的总体工作

我国标准化工作的总体内容可以分为纯粹行政性工作、科研性工作、制定性工作这三大类，分别交由不同的组织来负责制。

（一）纯粹行政性工作

根据《中华人民共和国标准化法》（2017年修订）第5条的规定[2]，全国标准化的纯行政性工作由国家标准化管理委员会负责。该委员会的主要职责在于就国家标准下达计划、批准发布，审议发布标准化的重要文件；协调、指导和监督行业、地方、团体、企业标准工作；代表国家参加国际标准化组织；承担国务院标准化协调机制日常工作等。2018年国务院机构改革之后，该委员会的职责被划入国家市场监督管理总局，对外保留牌子；与大数据有关的标准化行政性工作则由工业和信息化部承担。

到地方一层，以广东省为例：对于广东省地方标准化的行政性工作，由广东省市场监督管理局负责，该机关内设标准化处。与大数据有关的标

---

[1] TPC.［2020-03-17］.http：//www.tpc.org/information/benchmarks.asp.
[2] 《中华人民共和国标准化法》（2017年修订）第5条规定："国务院标准化行政主管部门统一管理全国标准化工作。国务院有关行政主管部门分工管理本部门、本行业的标准化工作。"县级以上地方人民政府标准化行政主管部门统一管理本行政区域内的标准化工作。县级以上地方人民政府有关行政主管部门分工管理本行政区域内本部门、本行业的标准化工作。"

第十二章 大数据的标准化

准化的行政性工作则由广东省工业和信息化厅负责。

（二）科研性工作

科研性工作主要交由标准化研究院这类科研机构负责。比如，中国标准化研究院，主要针对国民经济和社会发展中全局性、战略性和综合性的标准化问题开展研究。就大数据标准化的研究主要由工业和信息化部直属事业单位中国电子技术标准化研究院负责。中国电子技术标准化研究院主要以电子信息技术标准化工作为核心，通过开展标准科研、检测、计量、认证、信息服务等业务，面向政府提供政策研究、行业管理和战略决策的专业支撑，面向社会提供标准化技术服务。中国电子技术标准化研究院目前承担了 55 个 IEC、JTC1 的 TC/SC 国内技术归口和 17 个全国标准化技术委员会秘书处的工作。

此外，诸如中国标准化协会、中国通信标准化协会这类行业组织，就其业务范围来看，同样承担了标准化的科研性工作。中国通信标准化协会下设的 TC1 互联网技术工作委员会 WG6 工作组、TC8 网络与信息安全标准技术工作委员会都在专门从事大数据标准化的研究。

针对地方标准、企业标准的研究工作则由各地标准化研究院负责，比如广东省标准化研究院。

（三）制定性工作

制定性工作包括起草、技术审查等。按照《中华人民共和国标准化法》（2017 年修订）第 16 条的规定，制定性工作由标准化技术委员会或专家组负责。[①] 关于标准化技术委员会的有关规范为《全国专业标准化技术委员会管理办法》（国家质量监督检验检疫总局令第 191 号）。其中，全国信息技术标准化技术委员会主要负责数据标准化的研制与应用，为跨行业、跨领域

---

① 《中华人民共和国标准化法》（2017 年修订）第 16 条规定："制定推荐性标准，应当组织由相关方组成的标准化技术委员会，承担标准的起草、技术审查工作。制定强制性标准，可以委托相关标准化技术委员会承担标准的起草、技术审查工作。未组成标准化技术委员会的，应当成立专家组承担相关标准的起草、技术审查工作。标准化技术委员会和专家组的组成应当具有广泛代表性。"

的数据管理能力提供标准化的支撑。

全国信息技术标准化技术委员会下设 17 个分技术委员会和 21 个工作组,其中,2014 年 12 月成立的大数据标准工作组主要负责制定和完善我国大数据领域标准体系,组织开展对大数据相关技术和标准的研究,申报国家、行业标准,承担标准制定、修订计划或任务。该工作组下设总体、国际、技术、产品和平台、工业大数据、政务大数据、服务大数据共 7 个专题组,负责大数据领域不同方向的标准化工作。目前,该工作组已发布 6 项国家标准,3 项国家标准正在报批阶段,15 项国家标准正在研制。[1]

2016 年 4 月成立的大数据安全标准特别工作组负责数据服务、技术等方面安全标准的研制,目前正在推出《大数据服务安全能力要求》(GB/T 35274—2017)、《大数据安全管理指南》(GB/T 37973—2019)、《数据安全能力成熟度模型》(GB/T 37988—2019)、《数据交易服务安全要求》(GB/T 37932—2019) 等国家标准。[2]

就地方的标准化工作而言,同样以广东为例:该工作由广东省大数据标准化技术委员会承担,它负责制定本省大数据标准体系架构,组织大数据技术标准的制定、修订及应用研究等基础工作。该委员会经原广东省质量技术监督局(现已并入广东省市场监督管理局)批准于 2017 年成立,工业和信息化部电子第五研究所为该委员会承担秘书处工作。它是广东省制定大数据标准、实施大数据技术标准战略、引领大数据产业发展的重要平台。

三、我国大数据标准化的具体实践——以地方数字政府的标准化为例

我国的数字政府建设起步于 20 世纪 90 年代,经历了信息化时代,正在步入数据化时代,未来还将朝着智能化的方向发展。信息化时代的数字政府建设利用了不断演进的互联网技术与普及的网络,实现了政府的无纸化办公和政务

---

[1] 中国电子技术标准化研究院、全国信息技术标准化技术委员会大数据标准工作组. 大数据标准化白皮书. (2018 – 03 – 29) [2020 – 03 – 27]. http://www.hackliu.com/wp-content/uploads/file/20180331/1522478616912065.pdf#page=69&zoom=100,0,97.

[2] 中国信息通信研究院. 大数据白皮书. (2019 – 12 – 10) [2020 – 03 – 27]. http://www.caict.ac.cn/kxyj/qwfb/bps/201912/P020191210402477346089.pdf.

的信息化，再到政务信息上云、办公与服务上网；数据化时代的数字政府突出了数据资源化的显著特征，并且将围绕着数据展开多维度创新。未来智能化时代的数字政府将利用大数据、云计算、物联网、人工智能、5G等技术重塑其决策、服务与治理的模式，基于平台的发展，政府服务将更为普惠化、精准化、个性化。①可以说数据化与智能化时代的数字政府离不开大数据的基础支撑，数字政府的标准化可以说是大数据标准化中的一种具体应用场景。

截至2019年11月我国已有10个省级地方政府出台并公开数字政府规划计划②，我们以广东省为例展开。

广东省政府率先在全国部署了"数字政府"的改革建议，并发布了《广东省"数字政府"建设总体规划（2018—2020年）》（粤府〔2018〕105号）。该规划中指出，"'数字政府'是对传统政务信息化模式的改革，包括对政务信息化管理架构、业务架构、技术架构的重塑"。细化到对"数字政府"总体架构的安排上则包括了前述三个架构的内容。其中，管理架构应体现"管运分离"的建设运营模式，以由新设立的省政务服务数据管理局统筹管理和"数字政府"建设运营中心统一服务为核心内容；业务架构对接国家机构改革和"放管服"改革要求，包括管理能力应用和服务能力应用，突出"整体协同"；技术架构采用"四横三纵"的分层设计，实现全省"数字政府"应用系统、应用支撑、数据服务、基础设施、安全、标准、运行管理的集约化、一体化建设和运行（见下表）。

表12-2 广东省"数字政府"架构

架构类型	目标	内容
管理架构	构建"统一领导、上下衔接、运作高效、统筹有力、整体推进"的全省"数字政府"改革建设组织管理体系	总体原则为"管运分离" 省政务服务数据管理局作为"数字政府"改革建设工作的行政主管机构 充分发挥优秀骨干企业的技术优势、渠道优势和专业运营服务能力，共同参与"数字政府"项目建设

---

① 张建锋. 数字政府2.0. 北京：中信出版社，2019：41-42.
② 宋岩. 我国数字政府建设进入全面提升阶段.（2019-12-06）[2020-03-27]. http://www.gov.cn/guowuyuan/2019-12/06/content_5459127.htm.

续表

架构类型	目标	内容	
业务架构	突破传统业务条线垂直运作、单部门内循环模式，以数据整合、应用集成和服务融合为目标，以服务对象为中心，以业务协同为主线，以数据共享交换为核心，构建"纵向到底、横向到边"的整体型"数字政府"业务体系	管理能力应用	协同办公应用
			经济调节应用
			市场监督应用
			社会治理应用
			公共服务应用
			环境保护应用
		服务能力应用	政务服务应用
			决策保障应用
			跨域协作应用
技术架构	集约共享分层架构模型	"四横"	应用层
			应用支撑层（省统一身份认证中心、可信电子证照系统、非税支付平台、社会信用公共平台、移动政务应用平台、数据共享平台、地理信息公共平台、智能客服平台共八大应用支撑平台）
			数据服务层（基础信息库、主题库、专题库、政务数据资源目录等）
			基础设施层（大数据、政务云、政务网）
		"三纵"	安全（管理、保障、技术支撑）
			标准（标准化工作机制与建立标准体系）
			运行管理（监督与评估）

就《广东省"数字政府"建设总体规划（2018—2020年）》中所规范的标准化内容来看，分为建立标准化工作机制与建立标准化体系两方面。就"数字政府"标准化工作的情况来看，广东省政务服务数据管理局于2019年专门就"数字政府"标准化工作管理制定规范。[①] 该办法中对"数字政府"标准化工作进行了界定："围绕'数字政府'改革要求和总体架构，开展与'数字政府'网络建设、平台建设、政务系统开发、数据资源管理、安全管理、数据开放共享、运行维护等相关的一系列标准化活动。"该办法适用于

---

① 《广东省"数字政府"标准化工作管理办法（试行）（征求意见稿）》.

各级政府部门、"数字政府"运营中心，以及参与"数字政府"建设的企事业单位、社会组织及个人。该办法就标准化工作的组织管理、类型与范围、公开与实施、宣贯与评价及保障等内容进行了规范。

另外，广东省政务服务数据管理局对广东省"数字政府"团体标准实施归口管理，对广东省"数字政府"相关的全部企业标准和工程标准实施备案管理。相应地，该局还就"数字政府"团体标准管理进行了专门规范。[1]

就具体的"数字政府"标准制定情况而言，目前广东省政务服务数据管理局已经就电子政务大数据开放与共享、"粤省事"移动政务服务平台、广东政务服务网的有关数据的标识编码、采集、共享等技术或管理内容推出共计24项地方标准（见下表）。比如《政务信息资源标识编码规范》（DB44/T2109—2018）就政务信息资源的分类编码原则和方法、分类编码、标识符、提供方代码、标识符管理等内容进行了统一。[2] 此外，还研制了"政务服务一体机"、"粤政易"、"粤监管"、数据治理等重点地方标准。另外，广东省政务服务数据管理局采纳了与国家"互联网＋监管"系统、国家政务服务平台数据编码与整合、接入、共享开放、安全与隐私保护、服务协同、电子印章、身份认证等在内的39项各类标准。

表12-3 广东"数字政府"标准体系的规划与地方标准内容

一级分类	二级分类	标准
总体框架	总体框架	—
	通用术语	
	标准化工作指南	—

---

[1] 参见《广东省"数字政府"团体标准管理规范（试行）（征求意见稿）》.
[2] 《政务信息资源标识编码规范》（DB44/T2109—2018）、《电子政务数据资源开放数据技术规范》（DB44/T2110—2018）、《电子政务数据资源开放数据管理规范》（DB44/T2111—2018）、《广东政务服务网办件过程数据采集规范》（GDZW 0013—2019）、《广东政务服务网办件过程数据采集接口规范》（GDZW 0003—2019）、《粤省事移动政务服务平台 第1部分：总体规范》（GDZW 0001.1—2019）、《粤省事移动政务服务平台 第2部分：数据规范》（GDZW 0001.2—2019）等．

续表

一级分类	二级分类	标准
基础设施	一体化数据中心	—
	"1＋N＋M"政务云平台	广东省"数字政府"政务云平台建设规范
		粤省事移动政务服务平台第1部分：总体规范
		粤省事移动政务服务平台第2部分：数据规范
		粤省事移动政务服务平台第3部分：功能规范
		粤省事移动政务服务平台第4部分：建设规范
		粤省事移动政务服务平台第5部分：运营规范
		粤省事移动政务服务平台第6部分：安全规范
	统一电子政务网络	广东政务服务网UI风格统一规范
		广东政务服务网申办受理平台界面设计（UI）规范
		广东政务服务网办件过程数据采集规范
		广东政务服务网办件过程数据采集接口规范
业务	业务库	—
	业务流程和规则	—
	数据产生规则	—
	业务事项目录	广东省政务服务事项目录管理 第1部分：编码要求
		广东省政务服务事项目录管理 第2部分：要素要求
		广东省政务服务事项目录管理 第3部分：接口规范
	业务功能目录	—
	业务数据目录	—
数据	信息分类编码	—
	数据资源语义描述	—
	数据资源目录体系	—
	数据质量管理	—
	数据交换共享	—
	数据开放	—
	数据隐私保护	—
	大数据开发利用	—

第十二章　大数据的标准化

续表

一级分类	二级分类		标准
应用	基础支撑标准	省统一身份认证中心	广东省统一身份认证平台接入规范（公众侧）
			广东省统一身份认证平台接入规范（政务侧）
		可信电子证照系统	广东省电子证照 第1部分：总体规范
			广东省电子证照 第2部分：编码规范
			广东省电子证照 第3部分：接口规范
			广东省电子证照 第4部分：实施规范
			广东省电子证照 第5部分：数据标准
		非税支付平台	—
		社会信用公共平台	—
		移动政务应用平台	—
		数据共享平台	—
		地理信息公共平台	—
		智能客服平台	—
	应用开发共性组件		—
	应用系统平台接口标准		广东省统一物流服务平台接入规范
			广东省统一电子印章平台接入规范
			广东省业务系统接入智能网关规范
	应用系统技术要求标准		—
安全	物理安全		—
	数据安全		—
	网络平台安全		—
	应用系统安全		—
	管理安全		—
管理	软件开发管理		—
	项目管理		—
	运维管理		—

数字政府：变革与法治

从目前"数字政府"建设第一梯队省份[①]的标准化工作来看（见下表），各地根据实际工作需要不同程度地推出了各类地方标准，很好地统一了当地推进"数字政府"建设的系列工作。与此同时，搭建"数字政府"的标准体系也几乎成为多地共识，但区别在于除广东、浙江省之外，在"数字政府"工作处于领先阶段的不少省市对于标准体系如何搭建的问题，仍缺乏明确与清晰的规划。这也在一定程度上反映了目前一些省市着眼于标准的局部突破，以解决迫切现实需求为主的工作思路。对数据标准化工作缺乏全局性、系统性布局，这也是未来标准化工作需要重点突破的地方。

表12-4 "数字政府"建设第一梯队省份的标准化工作汇总

省份	顶层设计文件	内容规划	具体实践
北京	《北京市推进政务服务"一网通办"工作实施方案》（京政办发〔2018〕26号）	规范网上办事标准，推动政务服务数据交换共享标准化建设	推出了涉及政务信息资源、政务办公终端、政务数字证书等在内，与格式、技术、接口有关的地方标准
上海	《全面推进"一网通办"加快建设智慧政府工作方案》	加快技术标准体系建设	推出了涉及网上政务大厅、"一网通办"的数据交换、平台接口等在内，与格式、技术有关的地方标准
浙江	《浙江省数字化转型标准化建设方案（2018—2020年）》	构建围绕大系统、大数据、大平台、大集成建设，涵盖经济调节、市场监管、公共服务、社会治理、环境保护、政府运行等领域的数字政府标准体系框架	推出了包括各类数据库规范、政务办事"最多跑一次"工作规范等在内的地方标准

[①] 在中国软件测评中心发布的《2019年中国数字政府服务能力评估总报告》中，就省级政府的数字政府服务能力一项得分排名，北京市、上海市、浙江省、福建省、广东省、四川省与贵州省这七个省市位列第一梯队。张薇.中国省级第一梯队"数字政府"建设路线一览.(2019-12-11)［2020-03-27］.http://www.cbdio.com/BigData/2019-12/11/content_6153373.htm，2019-12-11.

续表

省份	顶层设计文件	内容规划	具体实践
福建	《福建省电子政务综合试点实施方案》（闽发改数综〔2018〕265号）	以该省电子政务总体框架、电子政务技术体系、国家电子政务标准体系（草案）、数字福建信息化标准体系等为基础，规划设计了该省电子政务标准化的总体框架	推出了政务信息资源目录分类与管理、电子政府信息数据交换等地方标准
广东	《广东省"数字政府"建设总体规划（2018—2020年）》（粤府〔2018〕105号）	建立务实有效的"数字政府"标准化工作机制，建立并不断完善"数字政府"标准体系	推出24项地方标准，采标39项
四川	《四川省加快推进"互联网＋政务服务"工作方案》（川府发〔2017〕50号）	为网上服务事项设标准；构建统一框架、统一标准、统一交换的四川网上政务服务平台	推出了涵盖政务公开管理运行全过程的地方标准《政务公开组织管理规范》等9项标准是全国首个省级政务公开系列地方标准
贵州	《贵州省政务信息系统整合共享工作方案》（黔府办发〔2017〕58号）	完善标准，加快构建政务数据共享标准体系	推出了包括政府数据、政务云、政务服务、政府服务网等在内的涉及术语、分类、技术、要求等的地方标准

第四节　大数据需要在哪些方面实现标准化：
　　　　大数据标准体系的搭建

从以上大数据标准化的实践来看，大数据涉及各方面的内容，标准化工作也具有广泛性。在未来，随着大数据的发展，标准化的对象也会愈加复杂。大数据领域的标准通常具有相关的关联性，互相补充、互相衔接、互相制约。为了防止标准之间存在的不配套、不协调、互相矛盾及组成不合理的问题，为追求标准之间的最佳秩序，大数据标准有必要实现体系化。大数据标准化体系的搭建过程本身也是在促进人们思考大数据到底哪些方面有必要进行标准化。

一、国家政策文件中对大数据标准体系化所作的安排

（一）中央文件的部署

中央层面的政策文件中，有三份涉及对数据标准化内容的全局性安排，分别为国务院办公厅于 2015 年 7 月发布的《关于运用大数据加强对市场主体服务和监管的若干意见》（国办发〔2015〕51 号）、国务院印发的《促进大数据发展行动纲要》（国发〔2015〕50 号）、全国人大审议通过并于 2016 年发布的《国民经济和社会发展第十三个五年规划纲要》（以下简称"十三五规划"）。

国务院办公厅的文件中最早布局了关于建立大数据标准体系化的要求。就该文件安排的内容来看，大数据标准体系的内容包括了大数据的基础标准、技术标准、应用标准和管理标准等四大类；就大数据中的政府信息这一块内容提出了加快建立信息采集、存储、公开、共享、使用、质量保障和安全管理的技术标准，同时强调引导建立企业间信息共享交换的标准规范，促进信息资源开发利用。

国务院的文件则在原有四大类标准基础上进一步细化，强调推进数据采集、政府数据开放、指标口径、分类目录、交换接口、访问接口、数据质量、数据交易、技术产品、安全保密等关键共性标准的制定和实施；专

第十二章 大数据的标准化

门就政府部门、事业单位等公共机构的数据标准和统计标准的建设问题提出要求；强调加快建立大数据市场交易标准体系。

"十三五规划"中专章确立了实施国家大数据战略的规划，将大数据作为一种基础性战略资源，从数据资源共享开放和开发应用两个维度发力，助力产业转型升级和社会治理创新。此外，规划中还专门指出，要"完善大数据产业公共服务支撑体系和生态体系，加强标准体系和质量技术基础建设"。

（二）地方文件的跟进

在中央文件的布局下，多个地方政府也先后推出地方的大数据发展布局政策，比如《广东省促进大数据发展的行政计划（2016—2020年）》（粤府办〔2016〕29号）、《数字山东2019行动方案》（鲁政办字〔2019〕45号）、《山西省大数据发展规划（2017—2020年）》（晋政发〔2017〕5号）等。

广东的文件中同样提及了加强大数据标准规范体系建设的要求，具体从以下方面展开：构建大数据产业标准和统计指标双重体系；加快建立公共机构的数据标准和统计标准体系，推进大数据采集、管理、共享、交易等标准规范的制定和实施；统一政务数据编码、格式标准、交换接口规范；研究制定一批基础共性、重点应用和关键技术标准。

广东的文件强调将大数据的标准进行再划分，具体分为两类：一类是针对数据本身及对数据进行管理的标准，另一类则是数据统计标准。就数据本身的标准而言，包括数据编码、格式标准、交换接口规范等事项；就数据管理而言，则涉及大数据采集、管理、共享、交易这四个环节。对数据本身进行标准规范应当率先在政务数据中实现。

山东的文件中也在布局"健全标准规范体系"的基本要求，并提到"健全完善全省数据共享、业务管理、技术应用、政务服务、安全运维、系统集成等标准规范，构建具有山东特色的政府数字化转型地方标准体系"。除此之外，提出政府网站管理模式应当按照集约规范、标准统一、信息共享、业务协同、权责明晰标准予以建设。

无论是中央文件中还是地方文件中，标准体系的内容均包括了对数据本身及数据管理与技术标准的要求，具体从采集、管理、共享、交换、交易等环节进行展开。此外，这些文件中普遍地还涉及将电子政务这一应用场景中的大数据标准化的问题。

二、学界关于大数据标准体系内容的讨论

在大数据标准体系化建设的过程中，不仅官方在发声，学术界也在贡献智识。

（一）从数据共享的层面讨论大数据标准体系的搭建

有研究者在智慧城市建设的背景下，在数据共享的层面讨论了大数据标准体系化的内容问题。在他看来，大数据标准化的核心问题是数据管理的基础标准。这些标准涉及的内容为信息视图、数据模型、数据元与信息分类编码。信息视图标准与用户有关，它是业务流转和应用对接过程中的信息载体格式标准及约定；数据模型标准则是通过抽象、归纳、概括、分类等方法对数据的结构和关系进行统一设计描述，依次从概念、逻辑到物理进行逐层落实并逐级分解的标准和约定；数据元标准是指通过定义、标识、表示及允许值等系列属性描述的数据单元标准和约定；信息分类编码标准则是根据信息内容的属性或特征，将信息依据一定的根据对其进行区分和归类，并建立起一定的分类系统和排列顺序，以便管理和使用的标准及约定。该研究者认为，通过以上这些数据标准，可以实现数据归类指标的一致，数据资源共享平台能够提供多个异构的数据源之间的数据快速整合功能，实现不同应用系统的互连互通。[1]

还有的研究者以数据本身的标准化为视角讨论数据共享中的标准体系的内容。这位学者认为，大数据标准体系除了数据本身、数据分类与编码

---

[1] 全国信息技术标准化技术委员会 SOA 分技术委员会，工业和信息化部电子工业标准化研究院. 智慧城市实践指南——SOA 支撑解决智慧城市核心问题. 北京：电子工业出版社，2013：34-35.

第十二章 大数据的标准化

标准化的标准，还应当拓展到对元数据与数据元的关注。

就标准体系而言，可分为三个层次，依次为指导标准、通用标准与专用标准。

指导标准与标准的制定、应用和理解等方面相关，可以包括标准体系化及参考、标准化指南、数据共享概念与术语、标准一致性测试方法等内容。

"通用"二字意味着通用标准应当涵盖数据共享活动中具有共性的相关内容。通用标准还可再细分为三类：数据类标准、服务类标准、管理与建设类标准。具体来说：(1) 数据类标准的内容涉及元数据（如元数据标准化基本原则和方法、元数据内容、元数据 XML/XSD 置标规则）、分类与编码（如数据分类与编码原则与方法、数据分类与编码等）、数据内容（如数据元目录、数据元标准化原则与方法、数据模式描述规则和方法、数据交换格式设计规则、数据图示表达规则和方法、空间数据标准等）。这些元数据、数据内容服务于元数据及数据本身的规范化、建库、共享与应用。(2) 服务类标准为数据共享的相关活动提供行动约定，其内容包括数据发现、数据访问、数据表示、数据操作等事项。数据的发现涉及数据元注册与管理、目录服务、数据与服务注册；数据访问则事关数据访问服务接口、元数据检索和提取协议、Web 服务应用等；数据表示又与数据可视化服务接口规范相关联；数据操作则关涉到数据分布服务、信息服务集成等内容。通过前述标准内容的示例可以发现，服务类标准涉及数据的发布、表达、交换和共享等多个环节。(3) 管理与建设类标准的作用在于服务系统建设，规范其运行。就管理标准而言，涉及质量管理规范、数据发布管理规则、运行管理规定、信息安全管理规范、共享效益评价规范、工程验收规范等。建设标准则涵盖了数据中心建设规范、数据中心门户网站建设规范等。

专用标准是以通用标准为基础而制定出来的以满足特定领域数据共享需求的标准，具体反映了特定领域数据的特点。涉及针对环境数据所制定的元数据内容、数据分类与编码、数据模式、数据交换格式、数据元目录

数字政府：变革与法治

标准、数据图示表达规范等。①

从学者讨论的大数据标准体系的内容来看，它们共同聚焦于数据共享维度之下数据标准体系内容标准的搭建。这一视角较好地回应了实践中大数据利用时所遇到问题，具有针对性。学者所提出的标准内容更多地已经深入到了数据本身与数据管理中的细节事项，以技术性内容见长，发挥出了自身的专业优势，但其不足之处在于，既然是要搭建针对整个大数据产业的数据标准体系，就不能仅仅将视角聚焦于数据管理的其中一个环节，而是应当覆盖数据管理的整个过程。另外，从国际组织和商业机构对数据标准化的经验来看，统一对大数据的基础性认识是大数据标准体系化率先需要解决的地基性内容；标准内容除包括数据本身之外，推动上层应用与大数据平台的对接，实现大数据平台接入的统一，同样是大数据标准体系化需要关心的问题。此外，公共数据、政务数据与企业间的数据内容与特征存在着明显不同，需要针对不同领域与行业的大数据专门标准。比如，ITU-T 提出关于《云计算—参考架构》的标准建议便是仅适用于电信行业的大数据标准。

（二）大数据标准体系全局性的搭建

还有的研究者从我国大数据行业发展的情况出发，从大数据标准化工作的内容、标准化实施工作的原则和范围切入，搭建了大数据标准体系。该大数据标准体系包括了基础标准、数据表示标准、数据处理标准、数据存储标准、数据处理标准、数据服务标准、数据安全和隐私标准、行业大数据应用标准、大数据产品测试标准这八大类。② 其中，基础标准主要涉及大数据术语、大数据参考架构、大数据平台架构标准、架构内各类接口的统一描述。这些内容属于大数据标准体系的地基性内容。

数据的表示、处理、存储、服务、安全和隐私标准则将大数据全生命

---

① 张宏军．作战仿真数据工程．北京：国防工业出版社，2014：251-253．
② 以下关于标准体系的介绍，参见韩晶，王建全．大数据标准化现状及展望．信息通信技术 2014（6）：38-42。

第十二章　大数据的标准化

周期中的各个环节全部纳入考量。数据表示为数据处理、存储、服务等行为所要针对的对象统一形式，数据表示的标准涉及数据编码、元数据、非结构化数据统一表示、大数据集统一描述规范等内容。数据处理标准则包括了数据质量评估、数据采集、数据组织等的行为标准。数据存储标准囊括了非关系型数据库规范、非结构数据管理系统规范等大数据背景下的新型存储系统相关内容。数据服务标准则包括了大数据开放、大数据分析、可视化服务等在内的标准化描述与接入。数据安全与隐私标准则包括了数据存储、传输、挖掘等环节的安全，个人信息开放隐私保护的规范。

此外，挖掘大数据隐藏的客观规律、预测事物及行为的发展变化是大数据核心的功能之一。行业大数据应用、大数据产品测试则是充分利用大数据的表现。行业大数据应用标准，主要针对智慧城市、电子政务、金融、通信、电子商务、医疗等典型的大数据领域，就其特定领域大数据的基础、技术、平台、应用、安全、质量等方面进行规范。大数据产品测试标准则包括大数据产品的测试场景、测试指标、测试工具等。对大数据产品进行测试的目的在于确保数据与应用的质量与可靠。①

三、我国标准化机构提出的大数据标准体系及内容

（一）"国家队"版本

关于大数据标准化的"国家队"版本，由全国信息技术标准化技术委员会大数据标准工作组提出。"国家队"版本结合国内外大数据标准化情况、国内大数据技术发展现状、大数据参考架构及标准化需求，根据数据全周期管理、数据自身标准化特点、当前各领域推动大数据应用的初步实践，以及未来大数据发展的趋势，提出了这一版本的大数据标

---

① 有学者还提出专门面向特定领域的大数据标准体系，理由在于特定领域的应用对大数据提出了更高的要求，比如，航空航天领域的在轨通信卫星 7×24 小时不间断地向地面发送图像影片资料，同时地面基站需要实时向太空卫星发送各类指令数据，这就要求相关大数据系统具有高稳定性，数据具有更高的可靠性，需要建构一套相对独立的标准体系。特定领域的标准体系具体可分为基础、技术、平台、应用、安全、质量这六大分类。林旺群，高晨旭，陶克，等．面向特定领域大数据平台架构及标准化研究．大数据，2017（4）：46-59．

准体系框架。①"国家队"的这一版本也是历经了数次修正、完善。这一过程本身也反映了我国对大数据认识的不断深化。②

就标准体系的内容来看，分为基础、数据、技术、平台和工具、管理、安全和隐私、行业应用这七大类。

1. 基础标准

基础标准为整个标准体系提供包括总则、术语、参考模型等地基性内容支撑。除了已经推出的大数据术语、技术参考模型的标准，基础标准还将就大数据参考架构中的框架和应用指南、用例和需求、标准路线图、接口等内容展开（见表12-5）。

表12-5 "国家队"版本中基础标准内容汇总

序号	一级分类	二级分类	标准名称	国家标准编号	状态
1	基础	总则	信息技术 大数据标准化指南		拟研
2		术语	信息技术 大数据 术语	GB/T 35295—2017	发布
3		参考架构	信息技术 大数据 技术参考模型	GB/T 35589—2017	发布
4			信息技术 大数据参考架构 第1部分：框架和应用指南		拟研
5			信息技术 大数据参考架构 第2部分：用例和需求		拟研
6			信息技术 大数据参考架构 第5部分：标准路线图		拟研
7			信息技术 大数据 基于参考架构下的接口框架		在研

---

① "国家队"版本的数据标准体系介绍，参见中国电子技术标准化研究院，全国信息技术标准化技术委员会大数据标准工作组．大数据标准化白皮书．[2020-04-01]．http：//www.hackliu.com/wp-content/uploads/file/20180331/1522478616912065.pdf#page=69&zoom=100,0,97,2018-03-29．张群，吴东亚，赵菁华．大数据标准体系．大数据，2017（4）：38-42。

② 中国电子技术标准化研究院于2014年首次发布《大数据标准化白皮书》，书中首次公布了大数据标准体系的框架。随后2015年全国信息技术标准化技术委员会对大数据标准体系框架进行修订，形成大数据标准体系框架2.0版本征求意见稿。此后，2016、2018年又在此基础上有所完善。全国信息化标准委员会大数据标准工作组，中国电子技术标准化研究院．大数据标准化白皮书，2016，2018。

第十二章 大数据的标准化

2. 数据标准

数据标准主要是针对底层数据的相关要素的规范，分为数据资源和数据交换共享两部分，其中，数据资源包括数据元素、元数据、数据字典和数据目录等，数据交换共享包括数据开放共享和数据交易。已推出的标准主要集中在对数据资源的规范，内容具体涉及数据元素格式记法，元数据注册系统框架、分类，注册系统元模型与基本属性，数据定义的形成、命名和标示原则，注册，实现元数据注册系统内容一致性的规程等。我国目前在传统数据背景下研制的一些相关数据资源类别的标准同样适用于大数据环境。在研标准的内容则集中在对互操作性元模型框架、大数据开放共享、数据交易服务平台的规范。准备展开的研究则关注开放大数据集，数据交易中的概念、流程、技术、评估等内容（见下表）。

表 12-6 "国家队"版本中数据标准内容汇总

序号	一级分类	二级分类	标准名称	国家标准编号	状态
1	数据	数据资源	信息技术 数据元素值表示—格式记法	GB/T 18142—2017	发布
2			信息技术 元数据注册系统（MDR）第1部分：框架	GB/T 18391.1—2009	发布
3			信息技术 元数据注册系统（MDR）第2部分：分类	GB/T 18391.2—2009	发布
4			信息技术 元数据注册系统（MDR）第3部分：注册系统元模型与基本属性	GB/T 18391.3—2009	发布
5			信息技术 元数据注册系统（MDR）第4部分：数据定义的形成	GB/T 18391.4—2009	发布
6			信息技术 元数据注册系统（MDR）第5部分：命名和标识原则	GB/T 18391.5—2009	发布
7			信息技术 元数据注册系统（MDR）第6部分：注册	GB/T 18391.6—2009	发布
8			XML 使用指南	GB/Z 21025—2007	发布

续表

序号	一级分类	二级分类	标准名称	国家标准编号	状态
9	数据	数据资源	信息技术 实现元数据注册系统内容一致性的规程 第1部分：数据元	GB/T 23824.1—2009	发布
10	数据	数据资源	信息技术 实现元数据注册系统内容一致性的规程 第3部分：值域	GB/T 23824.3—2009	发布
11	数据	数据资源	信息技术 互操作性元模型框架（MFI）第1部分：参考模型	GB/T 32392.1—2015	发布
12	数据	数据资源	信息技术 互操作性元模型框架（MFI）第2部分：核心模型	GB/T 32392.2—2015	发布
13	数据	数据资源	信息技术 互操作性元模型框架（MFI）第3部分：本体注册元模型	GB/T 32392.3—2015	发布
14	数据	数据资源	信息技术 互操作性元模型框架（MFI）第4部分：模型映射元模型	GB/T 32392.4—2015	发布
15	数据	数据资源	信息技术 互操作性元模型框架（MFI）第5部分：过程模型注册元模型	GB/T 32392.5—2018	发布
16	数据	数据资源	信息技术 互操作性元模型框架（MFI）第7部分：服务模型注册元模型	GB/T 32392.7—2018	发布
17	数据	数据资源	信息技术 互操作性元模型框架（MFI）第8部分：角色与目标模型注册元模型	GB/T 32392.8—2018	发布
18	数据	数据资源	信息技术 互操作性元模型框架（MFI）第9部分：按需模型选择	GB/T 32392.9—2018	发布
19	数据	数据资源	信息技术 元数据注册系统（MDR）模块	GB/T 30881—2014	发布
20	数据	数据资源	信息技术 通用逻辑（CL）：基于逻辑的语言族框架	GB/T 30880—2014	发布
21	数据	数据资源	信息技术 元数据属性		在研
22	数据	交换共享	信息技术 大数据 开放数据集基本要求		拟研
23	数据	交换共享	信息技术 大数据 开放数据集标识管理		拟研

续表

序号	一级分类	二级分类	标准名称	国家标准编号	状态
24	数据	交换共享	信息技术 大数据 政务数据开放共享 第1部分：总则	GB/T 38664.1—2020	发布
25			信息技术 大数据 政务数据开放共享 第2部分：基本要求	GB/T 38664.2—2020	发布
26			信息技术 大数据 政务数据开放共享 第3部分：开放程度评价	GB/T 38664.3—2020	发布
27			信息技术 大数据 开放共享 第4部分：政府资源目录体系		拟研
28			信息技术 数据交易服务平台 通用功能要求	GB/T 37728—2019	发布
29			信息技术 数据交易服务平台 交易数据描述	GB/T 36343—2018	发布
30			信息技术 数据交易 通用概念描述		拟研
31			信息技术 数据交易 交易流程描述		拟研
32			信息技术 数据交易 数据管理规范		拟研
33			信息技术 数据交易 技术规范		拟研
34			信息技术 数据交易 风险评估		拟研
35			信息技术 数据交易 交易质量评估		拟研
36			信息技术 数据交易 数据价值评估指引		拟研

3. 技术标准

技术标准针对的是大数据相关技术，以大数据参考架构中大数据应用提供者的相关活动为对象，内容包括大数据集描述、大数据处理生命周期和互操作等大数据相关技术。大数据应用提供者的职责在于通过在数据生命周期中执行特定操作，满足系统协调者规定的要求，以及安全性和隐私性的要求。大数据应用提供者的角色执行活动包括数据的收集、预处理、分析、可视化和访问。

已推出的标准中，涉及多媒体数据语义描述、信息技术中科学数据引用、数据溯源描述模型、数据库语言 SQL 框架内容；在研标准的内容涉及信息技术中大数据分类指南、数据质量评价指标、通用数据导入接口规范等内容。未来还将就信息技术中的数据质量检测、通用数据导入接口测试规范、大数据的分析总体技术要求、可视化工具通用要求的标准内容展开研究（见表 12 - 7）。

表 12 - 7　"国家队"版本中技术标准内容汇总

序号	一级分类	二级分类	标准名称	国家标准编号	状态
1	技术	大数据集描述	多媒体数据语义描述要求	GB/T 34952—2017	发布
2			信息技术 大数据 数据分类指南	GB/T 33872—2017	发布
3			信息技术 数据质量评价指标	GB/T 36344—2018	发布
4			信息技术 数据质量检测		拟研
5			信息技术 科学数据引用	GB/T 35294—2017	发布
6			信息技术 数据溯源描述模型	GB/T 34945—2017	发布
7		处理生命周期技术	信息技术 通用数据导入接口规范	GB/T 36345—2018	发布
8			信息技术 通用数据导入接口测试规范		拟研
9			信息技术 大数据 分析总体技术要求		拟研
10			信息技术 大数据 可视化工具通用要求		拟研
11			信息技术 数据库语言 SQL 第 1 部分：框架	GB/T 12991.1—2008	发布
12		互操作技术	信息技术 大数据 互操作技术指南		拟研

4. 平台和工具标准

平台和工具标准以大数据参考架构中大数据框架提供者的相关活动作为规范对象，具体就大数据相关平台和工具进行规范。大数据框架提供者的职责在于为大数据应用的提供者在创建具体应用时提供使用的资源和服

第十二章 大数据的标准化

务，它扮演着云提供商、数据中心的角色。

这部分分别从系统级产品和工具级产品两类展开。一般而言，系统级产品包括实时计算产品（流处理）、数据集市产品（OLAP）、数据仓库产品（OLTP）、非结构化数据存储检索产品、数据挖掘产品、全文检索产品、图计算和图检索产品等；工具级产品有平台基础设施，预处理类产品，存储类产品，分布式计算工具，数据库产品，平台管理工具类产品的技术、功能、接口，应用分析智能工具等。就已推出和在研的标准的内容来看，更多针对数据库、非结构化数据管理产品，而非就大数据级的相关产品研制标准。针对实时计算产品、分布式计算工具这类系统级或工具级的产品尚无具有针对性的标准（见表12-8）。

表12-8 "国家队"版本中平台和工具标准内容汇总

序号	一级分类	二级分类	标准名称	国家标准编号	状态
1	平台和工具	系统级产品	信息技术 大数据存储与处理系统功能要求	GB/T 37722—2019	发布
2			信息技术 大数据 存储与处理系统功能测试要求	GB/T 38676—2020	发布
3			信息技术 大数据 分析系统功能测试要求	GB/T 38643—2020	发布
4			信息技术 大数据 分析系统功能要求	GB/T 37721—2019	发布
5			信息技术 大数据 系统通用规范		在研
6			信息技术 大数据 面向应用的基础计算平台基本性能要求		在研
7		工具级产品	关系数据管理系统技术要求	GB/T 28821—1012	发布
8			关系数据库管理系统检测规范	GB/T 30994—2014	发布
9			分布式关系数据库服务接口规范	GB/T 32633—2016	发布
10			非结构化数据表示规范	GB/T 32909—2016	发布
11			非结构化数据访问接口规范	GB/T 32908—2016	发布

续表

序号	一级分类	二级分类	标准名称	国家标准编号	状态
12	平台和工具	工具级产品	非结构化数据管理系统技术要求	GB/T 32630—2016	发布
13			实时数据库通用接口规范	GB/T 34949—2017	发布
14			非结构化数据查询语言		拟研
15			智能硬件通用大数据接口规范		拟研

5. 管理标准

管理标准贯穿于数据生命周期的各个阶段，支撑起了整个数据标准体系。该部分由数据管理、运维管理和评估三方面组成。数据管理标准囊括了数据管理能力模型、数据资产管理以及大数据生命周期中处理过程的管理规范；运维管理标准包含大数据系统管理及相关产品等方面的运维及服务等方面的内容；评估标准则包括了设计大数据解决方案评估、数据管理能力成熟度评估等。目前已经推出的数据管理能力成熟度评估模型标准是管理领域的首个国家标准，该标准用于评估各地大数据发展状况，帮助和指导相关组织、单位定位数据管理等级、加强数据管理能力、提升数据资产价值（见表12-9）。

表12-9 "国家队"版本中管理标准内容汇总

序号	一级分类	二级分类	标准名称	国家标准编号	状态
1	管理	数据管理	信息技术 大数据 资产管理指南		拟研
2		运维管理	信息技术 大数据 系统运维和管理功能要求	GB/T 38633—2020	发布
3		评估	信息技术 大数据 解决方案基本评估规范		拟研
4			数据管理能力成熟度评估模型	GB/T 36073—2018	发布

6. 安全和隐私标准

安全和隐私标准同样贯穿于数据生命周期的各个阶段，它是大数据标准体系中不可或缺的内容。大数据具有容量大、类型多、存取速度快、应用价值高的四个特性，在大数据的应用场景中，除了要关注大数据本身的安全和系统安全，同时还需要关注基础软件安全、交易服务安全、安全风险控制、电子货币安全、个人信息安全、安全成熟度等方面的内容。已推出的国家标准中就数据库管理系统的安全评估、技术要求，安全技术信息安全管理体系，公共及商用服务信息系统个人信息保护等内容制定了规范。正在开展对个人信息保护有关内容标准的研制（见表12-10）。

表12-10 "国家队"版本中安全和隐私标准内容汇总

序号	一级分类	二级分类	标准名称	国家标准编号	状态
1	安全和隐私	要求	信息安全技术 数据库管理系统安全评估准则	GB/T 20009—2005	发布
2			信息安全技术 数据库管理系统安全技术要求	GB/T 20273—2006	发布
3			信息技术 安全技术信息安全管理体系要求	GB/T 22080—2008	发布
4			信息技术 安全技术信息安全管理实用规则	GB/T 22081—2008	发布
5			信息技术 安全技术信息安全管理体系实施指南	GB/T 31496—2015，IDT	发布
6			信息安全技术 大数据参考架构 第4部分：安全和隐私		拟研
7			信息安全技术 大数据安全分级指南		拟研
8			信息安全技术 大数据安全参考架构		拟研
9			信息安全技术 数据脱敏指南		拟研
10			信息安全技术 大数据平台安全技术要求		拟研
11			信息安全技术 大数据跨集群安全技术框架		拟研
12			信息安全技术 个人信息保护管理要求		在研
13			信息安全技术 移动智能终端个人信息保护技术要求	GB/T 34978—2017	发布

续表

序号	一级分类	二级分类	标准名称	国家标准编号	状态
14	安全和隐私	检测评估	信息安全技术 隐私保护评估方法		拟研
15		方法指导	信息安全技术 大数据中的隐私保护框架		拟研
16			信息安全技术 个人信息保护指南		在研
17			信息安全技术 公共及商用服务信息系统个人信息保护指南	GB/Z 28828—2012	发布

7. 行业应用标准

行业应用标准是从大数据为各行各业所能提供的服务的视角出发所制定的规范，根据各个领域特征所形成的专有数据标准，包括了工业、政务与服务这三大领域（见下表）。目前，这一标准领域围绕着工业大数据的参考架构制定国家标准，接下来将就工业大数据平台、工业大数据系统测试、工业大数据管理、工业大数据采集与存储等方面研制标准，通过工业大数据的标准化，全面支撑我国智能制造、工业互联网建设。

表12-11 "国家队"版本中行业应用标准内容汇总

序号	一级分类	二级分类	标准名称	国家标准编号	状态
1	行业应用	工业大数据	信息技术 大数据 工业应用术语		拟研
2			信息技术 大数据 工业应用参考架构	GB/T 38666—2020	发布
3			信息技术 大数据 产品要素基本要求		立项
4			信息技术 工业大数据 工业订单元数据规范		拟研
5			智能制造 对象标识要求		立项
6			智能制造 制造对象标识解析体系应用指南		立项
7		政务大数据	信息技术 电子商务大数据 采集规范		拟研
8			信息技术 电子商务大数据 仓库模型规范		拟研

续表

序号	一级分类	二级分类	标准名称	国家标准编号	状态
9	行业应用	政务大数据	信息技术 电子商务大数据 应用指标体系		拟研
10		服务大数据	信息技术 服务大数据 运维服务元数据		拟研
11			信息技术 服务大数据 教育行业督导平台技术规范		拟研
12			信息技术 服务大数据 电力行业运行数据运维技术规范		拟研

这一"国家队"版本中,参照大数据的参考架构,并结合我国的大数据标准化实践,提出了包含 7 个一级分类、19 个二级分类在内的大数据标准体系。其中,发布、报批、立项、申报、在研以及拟研制的大数据相关国家标准达 104 项。这些标准以系统协调者、大数据应用提供者、大数据框架提供者作为规范对象;覆盖了大数据定义、参考架构这类地基性的内容,同时也有数据资源采集、数据处理共享、数据技术、数据管理、数据安全和隐私这类覆盖大数据生命周期的处理行为;更扩展到大数据平台、大数据应用等内容。这一标准体系可以说体现了我国对大数据标准化的最新成果。但针对这些内容的标准化情况,我们也发现,我国在大数据的开放共享、数据交易、数据安全、系统级产品、管理和评估等方面的标准仍有很大的提升空间。

(二)"地方队"版本

"地方队"的版本中,我们选择以广东省为例。《广东省大数据标准体系规划与路线图(2018—2020)》是全国范围内最早提出并公开的方案。该方案由广东省大数据标准化技术委员会工作组编制,并于 2018 年 9 月正式发布。

就该方案的内容来看,涉及大数据标准体系建设的原则与框架内容两方面。就标准体系建设的原则来看,该方案全面梳理国际标准、国家标准、行业标准及地方标准,结合大数据技术及产业发展现状与趋势分析,根据

数字政府：变革与法治

广东省大数据产业发展需求而定，遵循"急用先行、成熟先上""面向需求、注重实效""资源整合、统筹规划"三项基本原则。

就大数据标准体系的框架内容来看，共分为三个层次：第一层次的内容分为基础、技术、安全、工具、应用、管理共六类标准。第二、三层次的内容在相应前一层次的基础上分别展开。

1. 基础类标准

基础类标准主要就是总则、术语、参考架构、元数据、元素集、语义分析、分类分级等内容，为整个标准体系提供通用的地基性标准。

在关于地方标准制定修订的建议中，涉及这部分的有14项，覆盖了总则、术语、元数据、元素集、通用要求的内容。制定、修订的最优级别的标准分别为涉及教育、医疗、金融、交通领域元数据规范或元素集的具体标准。此外，还有涉及大数据通用数据资源规范、采集要求、存储格式通用要求、资源描述及信息数据编码标准规范、非结构化数据管理术语、非结构化数据查询语言规范、大数据总体规划等内容的标准。

2. 技术类标准

技术类标准是对与大数据相关的技术进行标准化的规范。其又可细分为数据质量标准、数据处理与分析关键技术标准、检测与评估标准三类。数据质量可以分为通用数据、主数据、事务数据、产品数据这四类；数据处理与分析关键技术可分为数据收集、预处理、分析、可视化等环节所涉及的关键性技术；检测与评估是就数据挖掘过程中使用的算法和工具模型、风险、登记保护等进行检测或评估。

目前关于地方标准的制定、修订建议中就通用数据、主数据的质量内容，数据收集与分析关键性技术、模型评估和风险检测提出制定、修订建议，共有28项标准建议，占最大比重。其中，通用数据质量评估方法、质量分级方法、质量筛选技术要求，数据分析中基于大数据的语音合成和语义分析及对话控制技术要求，基于大数据分析的智能客服引擎技术、声纹识别技术要求，交通大数据预测能力模型、交通大数据分析与测试方法，

第十二章 大数据的标准化

基于大数据智能客服分级评估等标准，被列为这一部分中最为优先的标准制定、修订行列。

3. 安全类标准

安全类标准针对的是通用的安全和大数据环境下隐私数据的保护，可细分为通用要求与行业安全两类标准。通用安全标准不区分传统数据的语境与大数据的语境，强调的是信息安全技术的系列标准。行业安全标准重点针对人工智能、电子政务、工业互联网、健康医疗等各行业与信息主体的利益密切相关的隐私数据。

《广东省大数据标准体系规划与路线图（2018—2020）》建议目前应当从通用安全、健康医疗领域的行业安全两方面制定标准，共涉及 4 项标准建议。其中，广东省健康医疗数据脱敏技术规范、医疗大数据安全规范与测试方法这两项内容被列为这一部分中最为优先级别的标准制定内容。

4. 工具类标准

工具类标准主要是对数据使用过程中的过程性工具和终端应用类工具进行规范，可细分为系统类工具标准与应用类工具标准。系统类工具又可再分为平台基础设施、预处理工具、存储类工具、分布式计算工具、数据库、平台管理类工具等；应用类工具又可细分为应用分析工具、可视化工具等。

目前关于这一部分标准的制定建议主要围绕着系统类工具中的数据库展开，具体涉及医疗行业中的数据中心建设规范、医疗大数据平台建设规范，共有制定、修订标准的建议 4 项。

5. 应用类标准

应用类标准从发挥数据价值的角度出发，将应用分为数据开放、共享、交易、访问、行业应用等环节。其中，数据的开放标准又可细分为数据开放总则、目录和平台等内容；数据交易细分为通用要求与区块链等内容；数据的行业应用标准则根据《广东省促进大数据发展行动计划（2016—2020 年）》（粤府办〔2016〕29 号）文件的布局，目前细分为政务、工业、商务、教育、医疗等领域或行业的大数据应用。

关于地方标准的制定、修订建议中有25项涉及这一类内容，围绕数据开放、共享、交易、行业应用展开。其中，针对大数据交易的通用要求、教育大数据应用的标准被列为这一类中最优级别的标准制定、修订内容。这些内容涉及数据交易定价方式、学生上网行为分析方法基准规范、高等学校毕业生就业能力评测标准、教育领域大数据行为分析的密码应用技术要求、教育领域大数据环境的身份识别安全规范等六项内容。数据开放中的电子政务数据开放总则、政务信息系统开放互联兼容性评测规范，数据共享、医疗大数据的应用中所涉内容标准等共计10项被列为次优级的制定、修订标准建议。

6. 管理类标准

管理类标准主要分为数据运维和数据治理两个部分，它是大数据标准的重要支撑。其中，数据运维可细分为数据库维护、运行维护、运行安全以及大数据系统与相关工具等方面的运维及服务等内容；数据治理包括数据资产管理、大数据解决方案设计、数据管理能力成熟度评价等内容。

涉及这部分标准的制定、修订建议共有7项，覆盖了管理类标准中数据运维和数据治理这两部分内容。数据运维的标准围绕从大数据系统和云平台运维管理规范、大数据运维安全保障指南、大数据管理与运营中心规划导则的内容展开；数据治理则围绕大数据园区管理与运营、银行金融数据治理评估规范、云端数据治理能力成熟度模型维度展开。但制定、修订这些标准的建议在整个大数据标准体系中优先位次相对靠后。

将"地方队"版本与"国家队"版本进行比较，我们可以发现，尽管两个版本的大数据标准体系在框架搭建方面略有不同，但均囊括了大数据三个层次的内容，分别为：(1) 与大数据有关的总则、基础性术语、参考架构，与数据资源相关的元数据、数据元、元素级、分类分级、语义分析等事项。"地方队"版本中将之统统置于"基础标准"之下；"国家队"版本拆分为"基础标准"与"数据标准"两类。(2) 与大数据运作有关的内容，

第十二章 大数据的标准化

法院在具体裁判案件时直接援引标准作为法律进行判决。比如，辽宁省沈阳市皇姑区人民法院在一起因电梯噪声引起的商品房买卖合同纠纷案的判决书中写道："根据《中华人民共和国合同法》第六十条、第四十四条、第一百零七条，《社会生活环境噪声排放标准》（GB22337—2008）第4.2.1条之规定作出判决。"[①]

另一种互动关系表现为，标准与法律之间互相融合，可细分为法律引进标准、标准吸收法律这两个面向。就第一个面向而言，有的法律笼统地规定了标准，但并未指明具体的标准。比如《民法典》第511条规定，当事人对合同标的的"质量要求不明确的，按照强制性国家标准履行；没有强制性国家标准的，按照国家推荐性标准履行；没有推荐性国家标准的，按照行业标准履行；没有国家标准、行业标准的，按照通常标准或者符合合同目的的特定标准履行"。《贵阳市政府数据资源管理办法》（2019年修改）第8条规定："行政机关应当按照贵州省政府数据分类分级的相关要求，对政府数据分类分级，并按照相关标准进行管理。"有的法律中还指明了具体的标准名称。比如《水污染防治法实施细则》第21条规定，"生活饮用水地表水源一级保护区内的水质，适用国家《地面水环境质量标准》Ⅱ类标准；二级保护区内的水质，适用国家《地面水环境质量标准》Ⅲ类标准"。有的法律甚至直接引入了标准的文本或具体的标准内容。我国《环境噪声污染防治法》（1997年）属于这种类型：该法律以附件的方式引进了《中华人民共和国城市区域环境噪声标准》，使标准的具体内容进入了法律之中。

就第二个面向而言，有的标准以法律为依据而研制。比如《国家信息安全技术 个人信息安全规范》（GB/T 35273—2020）开篇便提道："本标准针对个人信息面临的安全问题，根据《中华人民共和国网络安全法》等相关法律，规范个人信息控制者在收集、储存、使用、共享、转让、公开披露等信息处理环节中的相关行为……"有的标准则将法律原则和具体法律

---

① 辽宁省沈阳市皇姑区人民法院（2016）辽0105民初2855号民事判决书．

规范转化为标准的内容。比如《农药使用环境安全技术导则》（HJ 556—2010）这一行业标准，该标准在第 6.2.2 条中要求"农药废弃物不应擅自倾倒、堆放。对农药废弃物的容器和包装物以及收集、贮存、运输、处置危险废物的设施、场所，应设置危险废物识别标志，并按照《危险化学品安全管理条例》、《废弃危险化学品污染环境防治办法》等相关规定进行处置"[①]。

二、从标准与法律的关系看大数据标准化对大数据法治的意义

就标准与法律的这两类互动关系来看，标准表现出了以下两方面的功能。

第一，标准延伸了法律的规范作用。虽然标准与法律同样具有规范性，但其规范作用的对象并不相同。法律是有关人的权利、义务的规定，体现公平正义的价值取向，而标准是对生产、管理、服务的技术性要求，反映科学性与合理性。标准与法律结合之后，则标准具有了法律的强制力，被法律援引的标准具有了法律规范的角色。此处以《贵阳市政府数据资源管理办法》（2019 年修改）为例：该法中多处引进标准。其中第 8 条规定："行政机关应当按照贵州省政府数据分类分级的相关要求，对政府数据分类分级，并按照相关标准进行管理。"类似的规定还有该法的第 9 条、第 20 条、第 26 条。这里对政府数据进行分类分级管理就得由《政府数据 数据分类分级指南》（DB 52/T 1123—2016）这一地方标准来予以明确。在这一标准中，对数据按照主题、行业和服务三个维度进行分类；政府数据根据敏感程度不同被分为了公开数据、内部数据与涉密数据三类，分别对应着不同的管控要求。只有关于政府数据分类分级的标准，才能根据不同数据的类型与级别采用控制程度有别的数据管理措施。如何分类分级这就是一个技术性问题，法律法规本身并不涉及这一内容。标准的技术性使法律规范的内容得以落地。

第二，标准补充了法律之不足。就个人信息安全保护的规范来看，《个人信息保护法》尚未出台，虽然民法和刑法中存在公民个人信息保护的有

---

① 柳经纬. 标准与法律的融合. 政法论坛，2016（6）：18-29.

第十二章　大数据的标准化

关规定,《网络安全法》这类有关网络治理的笼统规范中涉及了个人信息保护要求,但这些法律规范均缺乏具体可操作的个人信息保护规则。由全国信息安全标准化技术委员会归口的《国家信息安全技术 个人信息安全规范》(GB/T 35273—2020)这一国家标准则较好地弥补了现有立法之不足,在一定程度上反映了监管态度,为个人信息保护提供了具有操作性的指引。

一方面,《网络安全法》中率先出现了个人信息这样的概念,比如其第41条第1款规定,"网络运营者收集、使用个人信息,应当遵循合法、正当、必要的原则,公开收集、使用规则,明示收集、使用信息的目的、方式和范围,并经被收集者同意"。但对于如何理解该法中提出的"个人信息"一词,实际上法律没办法事无巨细地作出解释。但在《国家信息安全技术 个人信息安全规范》这一国家标准中,第3.1条便就这一术语给出了相应的定义,并就如何判定是否属于个人信息、个人信息的类型进行了详细列举。虽然该标准属于推荐性国家标准,但对于选择采用这一标准的各类组织或部门而言,必须按照标准的内容来执行,故实际上这一推荐性的标准同样获得了强制力。该标准对于《网络安全法》中所保护的"个人信息"起到了规范的补充作用。

另一方面,从《国家信息安全技术 个人信息安全规范》这一标准的设立目的来看,其"旨在遏制个人信息非法收集、滥用、泄露等乱象,最大限度地保障个人的合法权益和社会公共利益"。就该标准所规范的事项而言,涉及个人信息主体的权利,个人信息收集、存储、使用、委托处理、共享、转让、公开披露,个人信息安全处置与安全管理等。就其适用范围而言,各种组织的个人信息处理活动,主管监管部门、第三方评估机构等组织对个人信息处理活动的监督、管理与评估活动,都在这一标准的适用范围内。该标准自其颁布之日起,已成为企业个人信息保护合规工作可实际依赖的唯一标准,相关监管部门也倾向于将该标准作为衡量企业个人信息保护水平的重要标尺。这一标准设立的目的、适用范围、规范内容看起来都具有"准法律"的属性,弥补了现有法律之不足。

第十三章

数据安全：数据治理的"压舱石"

第一节 数据安全的严峻形势

随着大数据技术的发展及广泛应用，数据安全问题日益成为学界和社会关注的热点与重点。我国面临着不容忽视的数据安全问题，数据安全问题已经成为数字政府和数字经济发展的瓶颈。

一、现象：数据安全事故频发

当前数据安全事故的规模、频次逐年上升，危害程度也日趋严重。有研究机构针对2019年1月至2020年5月的数据安全问题报道进行整理和分析，发现数据安全事故涉及领域广泛，涉及数据的非法采集与盗卖、破坏系统运行、网页篡改、传播违法信息、非法使用数据资源等多种不同情况。报告中还显示，在数据安全事故的违法主体中，政企本身违法的情况占76.2%，内部人员违法违规的情况占12.9%，个人或组织攻击入侵的情况占10.9%。此外，建设、运维、管理疏漏是导致数据安全事故的最主要原因，在报告收录的案例中占62.4%。这些数据安全事故造成极其不良的影响，侵害了个人利益、公共利益和国家利益。[1]

---

[1] 从十大行业百则典型案例看国内网络安全行政执法动向. (2020-07-01)[2020-07-01]. https://www.secrss.com/articles/23549.

第十三章 数据安全：数据治理的"压舱石"

表 13 - 1　部分数据安全案例[①]

具体案例	关键词	涉及条文
张某身为公职人员，自 2017 年 4 月以来利用职务便利查询、下载 5 万余条公民个人信息，通过 QQ 聊天寻找买家并销售，获取非法利益 23 万余元	公职人员非法出售个人信息	《网络安全法》第 64 条、《刑法》第 253 条
某妇幼健康管理平台的运营单位采取安全管理和技术防护措施不到位，导致部分新生儿个人信息泄露	建设、运维、管理缺失，未履行安全保护义务	《网络安全法》第 21、59 条
某党政机关门户网站未采取防止入侵等技术保护措施，致使黑客入侵时网站首页被植入淫秽色情网站链接和图片	建设、运维、管理缺失，黑客攻击	《网络安全法》第 21、59 条
某数据中心存在应急处置制度不完善、部分网络日志少于 6 个月、为部分未提供真实身份的用户提供接入服务等违法行为，导致 DNS 地址被篡改，用户访问时 IP 被劫持至涉黄涉赌网站	建设、运维、管理缺失，网页被篡改	《网络安全法》第 21、24、59 条

二、根源：数据安全治理不到位

有学者认为，"数据安全三分靠技术，七分靠管理"[②]。尽管当下数字政府、数字经济、智慧社会、智能制造等领域正在如火如荼地进行建设，但数据安全治理方面仍处于起步阶段，较为薄弱，治理力度和重视程度不足，主要体现在未形成完善的数据安全治理法律制度和缺少协同性、持续性。在法律制度方面，数据安全治理相关规范系统性不足，应对日益严峻的数据安全形势和高发的数据安全漏洞时已是捉襟见肘。如数据交易、跨境流动、数据共享开放等方面都缺乏法律制度的有力支撑。在协同性和持续性方面，部门之间和地域之间的数据安全治理水平程度不一，协同性不佳，难以应对跨地域作案的网络攻击和数据犯罪。[③]

[①] 从十大行业百则典型案例看国内网络安全行政执法动向．（2020 - 07 - 01）[2020 - 07 - 01]．https://www.secrss.com/articles/23549．

[②] 惠志斌．美欧数据安全政策及对我国的启示．信息安全与通信保密，2015（6）：55 - 60．

[③] 王淳，马海群．我国数据安全治理体系及路径研究．图书馆理论与实践，2018（1）：5 - 9．

第二节 数据安全的内涵拓展

国家标准《信息安全技术 数据安全能力成熟度模型》（GB/T 37988—2019）认为，数据安全是"通过管理和技术措施，确保数据有效保护和合规使用的状态"。2020年6月提交全国人大常委会审议的《数据安全法（草案）》中对数据安全的定义是："……通过采取必要措施，保障数据得到有效保护和合法利用，并持续处于安全状态的能力。"从这两个定义可以看出数据安全的内涵包括数据自身的安全和数据使用的安全。这一内涵的范围是随着信息技术的发展而不断拓展的。

近三十年来，我们的生活走过了以软件为中心的网络时代，正在经历以数据为中心的大数据时代，即将迈入以应用为中心的物联网时代。在网络时代计算机互联、信息互通，主要的安全威胁是对信息的攫取和对网络运行的干扰，数据安全的内涵主要是保护数据的可用性、完整性和机密性。而在大数据时代，数据的规模和效用都发生了质的变化，主要的安全威胁则发展为大数据应用造成的不良后果，数据安全的内涵由静态趋向动态，增加了数据的合法合规使用这一新内容。[①] 2018年《纽约时报》《卫报》《观察者报》曝光的剑桥分析公司事件，就是数据使用安全方面的最好例子。

剑桥分析公司事件[②]

2018年3月17日，《纽约时报》《卫报》《观察者报》曝光了一家名为"剑桥分析"的数据分析公司及其关联公司"战略通讯实验室"，称这两家公司窃取并私自保留了5 000万Facebook用户数据。

2016年夏天，这家公司曾在2016年美国总统竞选期间为现任总统特朗普提供数据分析服务。该公司声称它们是基于选民心理画像来定位目标选民，但一些评论家表示剑桥分析公司所谓"选民心理画像定位"的说

[①] 郭旨龙. 网络安全的内容体系与法律资源的投放方向. 法学论坛，2014（6）：35-44.
[②] Facebook和剑桥分析公司事件始末．（2018-03-28）[2020-07-01]．腾讯网，https：//new.qq.com/omn/20180328/20180328G1JI45.html.

第十三章 数据安全：数据治理的"压舱石"

> 法只是对真相的一种掩饰，认为 2016 年 11 月特朗普赢得了总统大选后，"大选的颠覆性结果让'数据已死'的标题党满天飞。但这种观点和当时的民意调查一样，都是对当时情况的一种误读。数据不死，不仅没死，还威力无边。关键在于你如何使用数据，如何扭转常规的政治倾向去理解数据"。

如果以代际来归纳数据安全的内涵的话，可以说，网络时代的数据安全是第一代，包含系统、软件和数据的安全，是静态的安全，主要防护的对象是关键基础性设施、数据载体（软件）和数据自身；大数据时代的数据安全为第二代，除了传统的静态安全，还包含数据使用的安全、内容的安全。

第三节 数据安全风险的主要类型

依据不同的标准,可以将数据安全风险进行以下分类。

一、依据数据安全引发的问题分类

对数据安全可以放在总体国家安全观下进行观察。总体国家安全观是一种整体的安全理念,强调安全问题多维度的建构,包含11种安全,覆盖了国家和社会的各个领域,要求兼顾内部和外部安全、传统安全和非传统安全。[1] 以数据安全引发的问题为标准,对照总体国家安全观中包含的11种安全,可以发现,数据安全风险涉及政治安全、军事安全、经济安全、文化安全、社会安全、科技安全等领域。

(1) 数据安全引发的政治风险。在一般情况下,人们往往有一种错觉,认为数据是客观、中性的。然而,数据实际上"并不是中立的,其控制、使用和调节始终处于权力的操练之下"[2]。数据的控制和操纵背后隐含着特定的政治目的,当点对点的通信绕过对信息的原有控制,出现了大规模的网络政治动员时,就有可能造成政治上的风险,影响国家和社会的稳定。[3]

(2) 数据安全引发的军事风险。数据安全风险在军事方面主要体现在网络战已经成为新的作战方式。攻击军用通信枢纽和指挥系统、关系国计民生和社会运行的关键基础性设施,将使指挥失灵,社会瘫痪。

(3) 数据安全引发的经济风险。金融是对电子信息技术依赖度极高的领域,数据是金融系统最为核心的资产。"数据的获取、融合、计算和分析,涵盖了用户的消费习惯、现金借款习惯、银行消费记录等众多方面。"[4]

---

[1] 陈文清. 总体国家安全观的生动实践和丰富发展. (2018-04-17) [2020-07-01]. http://www.xinhuanet.com/politics/2020-04/17/c_1125869162.htm.

[2] Birkinshaw P.. *Freedom of Information: the Law, the Practice, and the Ideal*. Cambridge: Cambridge University Press, 2010: 369-710.

[3] 弗朗西斯·福山. "后事实"世界的兴起. 中国新闻周刊, 2017 (5): 22-23.

[4] 数据泄露事件频发,金融科技行业如何保护用户隐私和数据安全? (2019-04-16) [2020-07-01]. 中国日报网, https://baijiahao.baidu.com/s?id=16309607466431 72559&wfr=spider&for=pc.

第十三章　数据安全：数据治理的"压舱石"

数据安全隐患将使金融系统变得脆弱，极易引发经济动荡、秩序混乱。

（4）数据安全引发的文化风险。大数据时代的信息爆炸，推动不同的价值观或信仰进行交流、碰撞、渗透、融合。一些域外的数据库或数据披露，可能会进行无声的话语权转化和冲击，同样容易引发意识形态上的安全问题，影响社会凝聚力、国家认同感和文化归属感。[1]

（5）数据安全引发的社会风险。一方面，如数据污染、数据篡改等数据使用方面的安全问题可能会在一定程度上导致公众对政府数据的错误认识，产生对政府的负面印象，激化社会矛盾；另一方面，数据泄露也侵害公民的生命和财产，给公众生活带来巨大困扰。

（6）数据安全引发的科技风险。"科学数据是国家科技创新发展和经济社会发展的重要基础性战略资源，是信息时代传播速度最快、影响面最宽，开发利用潜力最大的科技资源。"[2] 倘若科学数据的安全未得到保障，将损害国家科技利益，进而影响国家的科技实力和应对国内外挑战的能力。

> **安防监控设备存在漏洞被境外 IP 控制**[3]
>
> 2015 年 2 月 27 日，某省公安厅特急通知称：某省各级公安机关使用的 A 公司监控设备存在严重安全隐患，其中部分设备被境外 IP 地址控制。A 公司于 2 月 27 日连夜发表声明称：某省互联网应急中心通过网络流量监控，发现部分 A 公司设备因弱口令问题（包括使用产品初始密码和其他简单密码）被黑客攻击，导致视频数据泄露等。
>
> 以视频监控等为代表的物联网设备正成为新的网络攻击目标。物联网设备广泛存在弱口令、未修复已知漏洞、产品安全加固不足等风险，设备接入互联网后应对网络攻击的能力十分薄弱，为黑客远程获取控制权限、监控实时数据并实施各类攻击提供了便利。

---

[1] 夏义堃. 论政府数据开放风险与风险管理. 情报学报，2017（1）：18-27.

[2] 潘毅.《科学数据管理办法》发布 保障科学数据安全.（2018-04-04）[2020-07-01]. https://baijiahao.baidu.com/s?id=1596820406701701300&wfr=spider&for=pc.

[3] 宋豪新. 聚焦近年来全球十大典型数据安全事件.（2017-05-19）[2020-07-01]. http://www.xinhuanet.com/politics/2020-04/17/c_1125869162.htm.

> **棱镜计划**[①]
>
> 美国国家安全局合约外判商的员工爱德华·斯诺登披露棱镜计划。棱镜计划（PRISM）是一项由美国国家安全局自2007年起开始实施的绝密电子监听计划，该计划的正式名号为"US-984XN"。
>
> 根据报道，泄露的文件中描述PRISM计划能够对即时通信和既存资料进行深度的监听，许可的监听对象包括任何在美国以外地区使用参与计划公司服务的客户，或任何与国外人士通信的美国公民。美国国家安全局在PRISM计划中可以获得数据电子邮件、视频和语音交谈、影片、照片、VoIP交谈内容、档案传输、登入通知，以及社交网络细节。综合情报文件"总统每日简报"在2012年在1 477个计划中使用了来自PRISM计划的资料。
>
> 根据斯诺登披露的文件，美国国家安全局可以接触到大量个人聊天日志、存储的数据、语音通信、文件传输、个人社交网络数据。美国政府证实，它确实要求美国公司威瑞森（Verizon）提供数百万私人电话记录，其中包括个人电话的时长、通话地点、通话双方的电话号码。
>
> 据《华盛顿邮报》报道，"棱镜"项目2007年启动。参议员范士丹证实：美国国家安全局的电话记录数据库至少已有7年，项目年度成本为2 000万美元。自奥巴马上任后日益受重视。2012年，作为总统每日简报的一部分，项目数据被引用1 477次，美国国家安全局至少有1/7的报告使用项目数据。

二、依据数据安全涉及的范围分类

依据数据安全涉及的范围，可将数据安全风险分为三个层次：国家安全风险、公共安全风险、个人信息安全风险。

[①] 棱镜门．（2013－12－12）［2020－07－01］．https：//baike.baidu.com/item/%E6%A3%B1%E9%95%9C%E9%97%A8/6006333?fr=aladdin．

第十三章 数据安全：数据治理的"压舱石"

1. 国家安全风险

涉及国家秘密的数据泄露将引发国家安全方面的风险。有时是数据直接泄露，如下述案例中黄某为满足私欲，蓄意泄露涉及密码通信的相关数据，给国家安全利益带来巨大损失。有时是间接的泄露，如在政府数据开放过程中，可能单一的数据集并不一定会引发安全问题，但是不同数据集之间的汇集、整合和分析则可能产生巨大的情报价值。此外，我国在信息技术水平，特别是信息基础设施安全防控水平方面，相较于西方发达国家，在很长一个时期内都将存在着明显的劣势。习近平总书记曾指出：国家关键信息基础设施面临较大风险隐患，网络安全防控能力薄弱，难以有效应对国家级、有组织的高强度网络攻击。[1] 如网络基础设施、PC端、移动终端及其操作系统多由国外引进，大数据平台的基础软、硬件系统也尚未实现自主研发。这种软、硬件方面的技术短板，极易留下嵌入式病毒、后门、密码隐患等。一旦信息技术设施受到攻击，将会极大威胁国家数字主权和国家整体安全。

> **黄某间谍案**[2]
>
> 黄某，生于1974年7月28日，四川省自贡市人，计算机专业，曾在某涉密科研单位工作。为了泄私愤和满足物质上的欲望，黄某竟然主动向境外间谍机关提供15万余份资料，其中绝密级国家秘密90项、机密级国家秘密292项、秘密级国家秘密1 674项，对我国党、政、军、金融等多个部门的密码通信安全造成难以估量的损失。

2. 公共安全风险

"信息流引领技术流、资金流、人才流，信息资源日益成为重要生产要

---

[1] 杨莘．透析国家安全视野中的大数据发展问题．(2016-11-09) [2020-07-01]. http://theory.people.com.cn/n1/2016/1109/c40531-28846681.html.

[2] 第三个全民国家安全教育日，这些典型案例让人触目惊心！．(2018-04-05) [2020-07-01]. 央广网，https://baijiahao.baidu.com/s?id=1597802512578585634&wfr=spider&for=pc.

素和社会财富，信息掌握的多寡成为国家软实力和竞争力的重要标志。"①数据安全意味着交流安全、生活安全、市场安全，与社会发展、公众生活存在着紧密联系。没有数据安全，公共安全也就岌岌可危。②

3. 个人信息安全风险

政务数据中包含着大量的个人信息，既包括一般信息，也包括敏感信息。数据安全隐患将可能导致个人信息的泄露和滥用。如卡内基-梅隆大学的计算机科学家亚历山德罗·阿奎斯蒂和拉尔夫·罗格斯利用社交网站等各类开放数据，成功推测出 1989—2003 年间美国境内 8.5% 的新出生人口的 9 位社保号（接近 500 万人）。③

三、依据数据安全针对的对象分类

依据数据安全针对的对象，可以将数据安全风险分为数据自身的安全风险和数据滥用的安全风险。

数据自身的安全风险是网络时代的传统数据安全风险，表现形式主要包括数据泄露、数据窃取、数据损坏、攻击关键基础设施等行为。

数据滥用的安全风险具体表现为数据操纵、数据污染、数据恶意挖掘和数据不当二次流通等。④

---

① 高美. 中央网信领导小组成立，网络安全升至国家安全战略. (2014-02-28) [2020-07-01]. http://theory.people.com.cn/n/2014/0228/c49150-24489530.html.
② 郭旨龙. 网络安全的内容体系与法律资源的投放方向. 法学论坛，2014 (6)：35-44.
③④ 夏义堃. 论政府数据开放风险与风险管理. 情报学报，2017 (1)：18-27.

第十三章 数据安全：数据治理的"压舱石"

第四节 政务数据安全管理的法律制度

一、立法概况

目前国家层面数据安全立法涵盖面小，效力层次较低，主要法律依据是《网络安全法》，同时还有部分法规、规章和规范性文件进行细化规定，主要从数据管理、信息系统安全、监测预警和应急处置等方面提供法律保障：在数据管理方面，指出数据保护需采取数据分类、重要数据备份和加密等措施；在平台运行方面，要求建立安全等级保护机制；在数据跨境流动方面，要求关键信息基础设施运营者在中国境内收集产生的个人信息和重要数据应当在境内存储；在监测预警和应急处置方面，要求建立安全监测预警和信息通报制度、定期演练等。此外，《电子商务法》《治安管理处罚法》《未成年人保护法》《侵权责任法》对个人信息保护和入侵计算机信息系统的行为有个别规定。目前还有一系列的数据安全立法正在制定过程中，包括"数据安全法""网络安全等级保护条例""个人信息和重要数据出境安全评估办法""关键信息基础设施安全保护条例"等。

表13-2 国家层面数据安全立法及规范性文件

领域	法律	法规	规章	规范性文件
数据安全与个人信息保护	《网络安全法》《电子商务法》《治安管理处罚法》《未成年人保护法》《侵权责任法》	《计算机信息系统安全保护条例》	《规范互联网信息服务市场秩序若干规定》《电信和互联网用户个人信息保护规定》	《信息安全等级保护管理办法》《科学数据管理办法》

由于数据已经成为重要的市场要素，政府试图将大数据资源、技术与实体经济进行深度融合。从2016年开始，我国先后批复建设贵州、京津冀、珠江三角洲、上海、河南、重庆、内蒙古八个国家级大数据综合试验区。[1]

---

[1] 梁倩，班娟娟．国家大数据综合试验区有望扩容．(2018-06-25) [2020-07-01]．http://www.xinhuanet.com/fortune/2018-06/25/c_1123029099.htm.

地方政府在大数据立法方面极力先行先试。贵州、天津、海南、上海、深圳等地纷纷开展促进大数据发展的立法工作（见表13-3）。作为国家首个大数据综合试验区，贵州的大数据立法走在全国前列。《贵州省大数据安全保障条例》是数据安全方面的首部地方性法规。从整体上看，地方立法大多在大数据综合立法中规定部分涉及数据安全的条款，专门性立法仅《贵州省大数据安全保障条例》《贵阳市大数据安全管理条例》两部，涉及数据安全职责、监督管理、法律责任等内容。

表13-3　有关数据安全的地方立法

	地方性法规	地方政府规章
综合性立法（部分条款涉及）	《贵州省大数据发展应用促进条例》《天津市促进大数据发展应用条例》《海南省大数据应用和开放条例》《贵阳市健康医疗大数据应用发展条例》	《福建省政务数据管理办法》《福建省电子政务建设和应用管理办法》《贵阳市政府数据资源管理办法》《北京市政务信息资源管理办法（试行）》《重庆市政务数据资源管理暂行办法》《上海市公共数据和一网通办管理办法》《成都市公共数据管理应用规定》《浙江省公共数据和电子政务管理办法》
专门性立法	《贵州省大数据安全保障条例》《贵阳市大数据安全管理条例》	

二、立法主要内容

（一）数据安全保护的原则

安全与发展并重是数据安全治理的基本原则。2014年2月27日习近平总书记在中央网络安全和信息化领导小组第一次会议上指出：网络安全和信息化是事关国家安全和国家发展、事关广大人民群众工作生活的重大战略问题，要从国际国内大势出发，总体布局，统筹各方，创新发展，努力把我国建设成为网络强国。网络安全和信息化是一体之两翼、驱动之双轮，必须统一谋划、统一部署、统一推进、统一实施。做好网络安全和信息化工作，要处理好安全和发展的关系，做到协调一致、齐头并进，以安全保发展、以发展促

第十三章　数据安全：数据治理的"压舱石"

安全，努力建久安之势、成长治之业。①《网络安全法》第3条规定："国家坚持网络安全与信息化发展并重，遵循积极利用、科学发展、依法管理、确保安全的方针。" 2020年7月征求意见的《数据安全法（草案）》第12条中也规定："国家坚持维护数据安全和促进数据开发利用并重，以数据开发利用和产业发展促进数据安全，以数据安全保障数据开发利用和产业发展。"

（二）数据安全治理主体

维护数据安全是政府、组织、公民共同的责任，需要各个主体协同治理。《数据安全法（草案）》第9条规定，"国家建立健全数据安全协同治理体系，推动有关部门、行业组织、企业、个人等共同参与数据安全保护工作，形成全社会共同维护数据安全和促进发展的良好环境"。

在政府方面，立法对安全治理职责的规定如下表所示。

表13-4　立法中对于数据安全监管部门的规定

名称	内容
《网络安全法》	第8条　国家网信部门负责统筹协调网络安全工作和相关监督管理工作。国务院电信主管部门、公安部门和其他有关机关依照本法和有关法律、行政法规的规定，在各自职责范围内负责网络安全保护和监督管理工作。 县级以上地方人民政府有关部门的网络安全保护和监督管理职责，按照国家有关规定确定。
《数据安全法（草案）》	第6条　中央国家安全领导机构负责数据安全工作的决策和统筹协调，研究制定、指导实施国家数据安全战略和有关重大方针政策。 第7条　各地区、各部门对本地区、本部门工作中产生、汇总、加工的数据及数据安全负主体责任。工业、电信、自然资源、卫生健康、教育、国防科技工业、金融业等行业主管部门承担本行业、本领域数据安全监管职责。公安机关、国家安全机关等依照本法和有关法律、行政法规的规定，在各自职责范围内承担数据安全监管职责。国家网信部门依照本法和有关法律、行政法规的规定，负责统筹协调网络数据安全和相关监管工作。

---

① 国家互联网信息办公室. 习近平总书记主持召开网络安全和信息化工作座谈会强调：让互联网更好造福国家和人民.（2016-08-15）[2020-07-01]. http://www.cac.gov.cn/2016-08/15/c_1119330260.htm.

续表

名称	内容
《关键信息基础设施安全保护条例（征求意见稿）》	第4条 国家行业主管或监管部门按照国务院规定的职责分工，负责指导和监督本行业、本领域的关键信息基础设施安全保护工作。国家网信部门负责统筹协调关键信息基础设施安全保护工作和相关监督管理工作。国务院公安、国家安全、国家保密行政管理、国家密码管理等部门在各自职责范围内负责相关网络安全保护和监督管理工作。县级以上地方人民政府有关部门按照国家有关规定开展关键信息基础设施安全保护工作。

在社会层面，立法对社会组织和行业协会参与数据安全治理提出要求，如表 13-5 所示。

表 13-5 立法中对社会组织和行业协会参与数据安全治理的规定

名称	内容
《网络安全法》	第11条 网络相关行业组织按照章程，加强行业自律，制定网络安全行为规范，指导会员加强网络安全保护，提高网络安全保护水平，促进行业健康发展。 第15条 ……国家支持企业、研究机构、高等学校、网络相关行业组织参与网络安全国家标准、行业标准的制定。
《电信和互联网用户个人信息保护规定》	第21条 鼓励电信和互联网行业协会依法制定有关用户个人信息保护的自律性管理制度，引导会员加强自律管理，提高用户个人信息保护水平。

对于个人，立法赋予社会公众监督的权利，如表 13-6 所示。

表 13-6 立法中对公众监督数据安全治理的规定

名称	内容
《网络安全法》	第14条 任何个人和组织有权对危害网络安全的行为向网信、电信、公安等部门举报。收到举报的部门应当及时依法作出处理；不属于本部门职责的，应当及时移送有权处理的部门。 有关部门应当对举报人的相关信息予以保密，保护举报人的合法权益。
《关键信息基础设施安全保护条例（征求意见稿）》	第7条 任何个人和组织发现危害关键信息基础设施安全的行为，有权向网信、电信、公安等部门以及行业主管或监管部门举报……

第十三章 数据安全：数据治理的"压舱石"

（三）数据安全具体制度

1. 安全等级保护制度

《网络安全法》第21条规定了网络安全等级保护。这一制度脱胎于《计算机信息系统安全保护条例》（1994年国务院颁布）中规定的计算机信息系统安全等级保护制度。[①] 依据《信息安全等级保护管理办法》（公安部、国家保密局、国家密码管理局、国务院信息化工作办公室于2007年发布），安全保护等级分为以下五级，如表13-7所示。

表13-7 《信息安全等级保护管理办法》确定的网络安全保护等级

级别	说明	要求
第1级	信息系统受到破坏后，会对公民、法人和其他组织的合法权益造成损害，但不损害国家安全、社会秩序和公共利益	应当依据国家有关管理规范和技术标准进行保护
第2级	信息系统受到破坏后，会对公民、法人和其他组织的合法权益产生严重损害，或者对社会秩序和公共利益造成损害，但不损害国家安全	应当依据国家有关管理规范和技术标准进行保护。国家信息安全监管部门对该级信息系统信息安全等级保护工作进行指导
第3级	信息系统受到破坏后，会对社会秩序和公共利益造成严重损害，或者对国家安全造成损害	应当依据国家有关管理规范和技术标准进行保护。国家信息安全监管部门对该级信息系统信息安全等级保护工作进行监督、检查
第4级	信息系统受到破坏后，会对社会秩序和公共利益造成特别严重损害，或者对国家安全造成严重损害	应当依据国家有关管理规范、技术标准和业务专门需求进行保护。国家信息安全监管部门对该级信息系统信息安全等级保护工作进行强制监督、检查
第5级	信息系统受到破坏后，会对国家安全造成特别严重损害	应当依据国家管理规范、技术标准和业务特殊安全需求进行保护。国家指定专门部门对该级信息系统信息安全等级保护工作进行专门监督、检查

---

① 寿步. 网络安全法实用教程. 上海：上海交通大学出版社，2019：127.

依据不同的安全保护等级,《网络安全法》第21条进一步规定了网络运营者的安全保护义务:"……保障网络免受干扰、破坏或者未经授权的访问,防止网络数据泄露或者被窃取、篡改:(一)制定内部安全管理制度和操作规程,确定网络安全负责人,落实网络安全保护责任;(二)采取防范计算机病毒和网络攻击、网络侵入等危害网络安全行为的技术措施;(三)采取监测、记录网络运行状态、网络安全事件的技术措施,并按照规定留存相关的网络日志不少于六个月;(四)采取数据分类、重要数据备份和加密等措施;(五)法律、行政法规规定的其他义务。"

2. 关键信息基础设施安全保障制度

《网络安全法》第31条规定:"国家对公共通信和信息服务、能源、交通、水利、金融、公共服务、电子政务等重要行业和领域,以及其他一旦遭到破坏、丧失功能或者数据泄露,可能严重危害国家安全、国计民生、公共利益的关键信息基础设施,在网络安全等级保护制度的基础上,实行重点保护……"《关键信息基础设施安全保护条例(征求意见稿)》第6条规定:"关键信息基础设施在网络安全等级保护制度基础上,实行重点保护。"

这里面包括几个问题:首先,什么是关键信息基础设施?《网络安全法》第31条已明确其范围是可能严重危害国家安全、国计民生、公共利益的信息基础设施。其次,关键信息基础设施的保护部门有什么职责?《网络安全法》第32条规定:"按照国务院规定的职责分工,负责关键信息基础设施安全保护工作的部门分别编制并组织实施本行业、本领域的关键信息基础设施安全规划,指导和监督关键信息基础设施运行安全保护工作。"第39条还要求建立统筹协作机制,推动安全信息共享,定期进行安全应急演练。最后,关键信息基础设施的运维方有什么义务?主要有四大方面,如表13-8所示。

表13-8 关键信息基础设施运维方的安全保护义务

义务内容	法律规定
安全建设	《网络安全法》第33条规定:建设关键信息基础设施应当确保其具有支持业务稳定、持续运行的性能,并保证安全技术措施同步规划、同步建设、同步使用。

第十三章 数据安全：数据治理的"压舱石"

续表

义务内容	法律规定
安全保护	《网络安全法》第 34 条规定：……关键信息基础设施的运营者还应当履行下列安全保护义务：（一）设置专门安全管理机构和安全管理负责人，并对该负责人和关键岗位的人员进行安全背景审查；（二）定期对从业人员进行网络安全教育、技术培训和技能考核；（三）对重要系统和数据库进行容灾备份；（四）制定网络安全事件应急预案，并定期进行演练；（五）法律、行政法规规定的其他义务。
采购的安全审查和安全保密	《网络安全法》第 35 条规定：关键信息基础设施的运营者采购网络产品和服务，可能影响国家安全的，应当通过国家网信部门会同国务院有关部门组织的国家安全审查。① 第 36 条规定：关键信息基础设施的运营者采购网络产品和服务，应当按照规定与提供者签订安全保密协议，明确安全和保密义务与责任。
定期安全检测评估	《网络安全法》第 38 条规定：关键信息基础设施的运营者应当自行或者委托网络安全服务机构对其网络的安全性和可能存在的风险每年至少进行一次检测评估，并将检测评估情况和改进措施报送相关负责关键信息基础设施安全保护工作的部门。

值得注意的是，"在关键信息基础设施保护的主体架构上，层级制与部门化的政府组织结构局限性明显，合作是必然的选择，这就需要在高效统一的领导和广泛深刻的政府协同基础上，形成紧密的公私合作伙伴关系"②。目前，政企合作已经广泛运用于数据治理的各领域之中，应当尽快建立公私合作中的数据安全管理框架和规范。如广东正在探索一种新的政务数据管理模式，即数据运营方、数据管理方、数据监审方的"三权共治"，形成统一、规范的政务数据管理和安全保障体系。在这一模式下，数据资产归政府所有，由省政务数据主管部门授权数据运营方进行运营，包括政务数据资源采集、传输、存储、使用、交换、销毁等全生命周期的数据运营；授权数据管理方做好数据内审、内控，代表政府对项目方案、立项、实施等环节进行评估，实现对数据使用情况和数据质量进行全流程监控；授权

---

① 《国家安全法》第 59 条规定："国家建立国家安全审查和监管的制度和机制，对影响或者可能影响国家安全的外商投资、特定物项和关键技术、网络信息技术产品和服务、涉及国家安全事项的建设项目，以及其他重大事项和活动，进行国家安全审查，有效预防和化解国家安全风险。"

② 陈越峰. 关键信息基础设施保护的合作治理. 法学研究，2018（6）：175-193.

数据安全方对数据运营方与数据管理方进行安全审计,对数据中心的安全体系整体负责。在这一模式下,政务数据的相关权属和责任主体得到进一步明确,为后续的数据共享及开放提供了坚实的基础。

3. 数据使用规范制度

该制度主要涉及两方面的内容:一是对数据使用行为的规范要求,二是对数据使用的监管规定。在数据使用行为方面,《全国人民代表大会常务委员会关于加强网络信息保护的决定》和《网络安全法》第41条要求,使用数据应当遵循合法、正当、必要的原则,公开使用规则,明示使用信息的目的、方式和范围,并经被收集者同意;不得违反法律、行政法规的规定和双方的约定使用个人信息,并应当依照法律、行政法规的规定和与用户的约定,处理其保存的个人信息。

国家标准《信息安全技术 个人信息安全规范》在第七部分特别说明了对个人数据的使用规范包括七个方面(见下表)。尤其值得注意的是,信息系统自动决策机制是目前数字政府建设的一个重点,其中的个人数据使用规范需要得到更多的关注。

表13-9 《信息安全技术 个人信息安全规范》对个人数据使用的要求

行为	要求
个人信息访问控制	最小授权的访问控制策略;内部审批流程;对安全管理人员、数据操作人员、审计人员的角色进行分离设置;超权限处理个人信息审批;个人敏感信息的操作行为,在对角色权限控制的基础上,按照业务流程的需求触发操作授权
个人信息展示限制	采取去标识化处理等措施
个人信息使用目的限制	不超出收集时的目的,确需超范围使用,应再次征得明示同意;能够单独或与其他信息结合识别特定身份的信息,应认定为个人信息,遵循授权同意原则
画像使用限制	用户画像中对个人信息主体的特征描述,不应包含违法内容和歧视内容;使用用户画像的,不应侵害公民、法人和其他组织的合法权益、公共利益和国家利益
个性化展示的使用	区分个性化展示的内容和非个性化展示的内容;提供个性化展示的,应当同时提供不针对个人特征的选项;使用个性化展示的,应提供简单、直观的退出或关闭个性化展示模式的选项、删除或匿名化定向推送活动所基于的个人信息的选项;建立对个性化展示所依赖的个人信息的自主控制机制

第十三章 数据安全：数据治理的"压舱石"

续表

行为	要求
基于不同业务目的所收集个人信息的汇聚融合	应根据汇聚融合后个人信息所用于的目的，开展个人信息安全影响评估，采取有效的个人信息保护措施
信息系统自动决策机制的使用	信息系统具备自动决策机制且能对个人信息主体的权益造成显著影响的，应在规划设计阶段或首次使用前开展个人信息安全影响评估，并依评估结果采取有效的保护个人信息主体的措施；在使用过程中定期评估，并依评估结果改进保护措施；提供针对自动决策结果的投诉渠道，并支持对自动决策结果的人工复核

在数据使用监管方面，目前立法中对数据使用的监管规定较少。一些已经施行和正在制定中的地方立法，对数据使用的监管制度进行了一定探索，要求数据管理部门应当会同相关政务部门对数据的使用情况开展定期或不定期的监督检查；尤其需要对政务数据的使用情况进行跟踪，如政务部门或政务数据开发利用者存在违规、超范围使用等数据滥用的情况，大数据管理部门应当要求整改或暂时关闭数据服务，情况严重时，大数据管理部门可以终止数据服务并追究法律责任。①

4. 数据流动管理制度

《网络安全法》第 37 条规定："关键信息基础设施的运营者在中华人民共和国境内运营中收集和产生的个人信息和重要数据应当在境内存储。因业务需要，确需向境外提供的，应当按照国家网信部门会同国务院有关部门制定的办法进行安全评估；法律、行政法规另有规定的，依照其规定。"其中涉及三个问题：重要数据的界定、境内储存制度和出境安全评估制度。

什么是重要数据？《网络安全法》和《数据安全法（草案）》没有给出明确的界定。一些正在进行的立法和规范性文件对此进行了探索，如表 13-10 所示。

---

① 《福建省大数据发展促进条例（草案送审稿）》第 59 条、《上海市公共数据开放暂行办法》第 27 条．

表 13-10　立法和规范性文件对重要数据的界定

立法和规范性文件	重要数据定义
《个人信息和重要数据出境安全评估办法（征求意见稿）》	第17条　重要数据，是指与国家安全、经济发展，以及社会公共利益密切相关的数据，具体范围参照国家有关标准和重要数据识别指南。
《信息安全技术数据出境安全评估指南（征求意见稿）》	附录A　重要数据识别指南 重要数据是指相关组织、机构和个人在境内收集、产生的不涉及国家秘密，但与国家安全、经济发展以及公共利益密切相关的数据（包括原始数据和衍生数据），一旦未经授权披露、丢失、滥用、篡改或销毁，或汇聚、整合、分析后，可能造成以下后果： a) 危害国家安全、国防利益，破坏国际关系； b) 损害国家财产、社会公共利益和个人合法利益； c) 影响国家预防和打击经济与军事间谍、政治渗透、有组织犯罪等； d) 影响行政机关依法调查处理违法、渎职或涉嫌违法、渎职行为； e) 干扰政府部门依法开展监督、管理、检查、审计等行政活动，妨碍政府部门履行职责； f) 危害国家关键基础设施、关键信息基础设施、政府系统信息系统安全； g) 影响或危害国家经济秩序和金融安全； h) 可分析出国家秘密或敏感信息； i) 影响或危害国家政治、国土、军事、经济、文化、社会、科技、信息、生态、资源、核设施等其他国家安全事项

对于重要数据，除了《网络安全法》规定的境内存储、出境评估，《数据安全法（草案）》还要求确定重要数据保护目录，对列入目录的数据进行重点保护；重要数据的处理者应当设立数据安全负责人和管理机构，落实数据安全保护责任，按照规定对其数据活动定期开展风险评估，并向有关主管部门报送风险评估报告，风险评估报告应当包括本组织掌握的重要数据的种类、数量，收集、存储、加工、使用数据的情况，面临的数据安全风险及其应对措施等。[1]

关于境内存储制度，《网络安全法》要求个人信息和重要数据境内存

---

[1]　《数据安全法（草案）》第19、25、28条.

第十三章 数据安全：数据治理的"压舱石"

储。相关法律规范还涉及《保守国家秘密法》第25条、《人类遗传资源管理条例》第7条，要求禁止国家秘密载体和人类遗传资源出境。此外、金融、征信、地图等领域的规范性文件也要求相关数据境内存储。

在出境评估制度方面，《网络安全法》第37条要求数据出境"应当按照国家网信部门会同国务院有关部门制定的办法进行评估"。《个人信息出境安全评估办法（征求意见稿）》专门针对数据出境主体及其义务、主管部门的监管职责，以及数据出境评估的原则、程序和要求进行了规定。

5. 数据安全监测预警与应急处置制度

这一制度中包括了多个机制，如数据安全监测预警与信息通报机制、数据安全的应急处置机制、数据安全监督管理约谈机制、突发事件和数据安全事故的处置机制以及数据服务的临时限制措施等。

第五节　政务数据安全中的个人信息保护

从专业化的政府巨型数据库不断出现到电子监控设备数量呈几何级数地在城市公共场所中广泛应用，人们日益认识到行政主体在收集、储存、使用个人信息过程中对自身合法权益可能带来的威胁。数字政府建设过程中的个人信息保护与其他领域的相比究竟有何不同？为什么更加重要？当前立法对个人信息保护达到何种程度？应当如何对行政主体收集、储存、利用个人信息的行为进行限制和规范，以保护个人信息主体的合法权益？

一、数字政府建设过程中个人信息保护的重要性

个人信息是关于公民个人具体情况的信息，涉及其生理、心理、智力、个体、社会、经济、文化、家庭等各个方面，通过这些信息可以识别公民本人。[1] 如果个人信息受到侵害，小到影响公民的日常生活，大到影响公民的人身、财产安全。近年来，针对公民个人信息权利的各种不法行为层出不穷，个人信息保护的问题日益凸显。目前我国正逐渐加强个人信息保护的力度，例如制定规范服务机构和商业机构的个人信息保护国家标准，打击各种侵害个人信息的犯罪行为，等等。但是，数字政府建设过程中的个人信息保护尚未得到应有的重视。从国外经验来看，无论是德国的人口普查案还是日本的住基网案，民众都始终极为关注行政主体收集、储存和处理个人信息的行为。其原因在于，行政主体由于地位的特殊性，在获取个人信息的方式、数量、真实程度方面都与私法行为主体有很大的不同，一旦出现问题，对公民切身利益可能造成的影响更为严重。因此，数字政府建设过程中的个人信息保护尤为重要。

首先，和私法行为主体获得的个人信息相比较，行政主体获得的个人信息真实程度高、内容详细、涉及范围广泛。举例而言，在普通的电子商务或者网页浏览过程中，公民在填写个人信息方面具有选择性，如填写真实信息

---

[1] 齐爱民. 个人信息保护法研究. 河北法学，2008（4）：15-25.

第十三章 数据安全：数据治理的"压舱石"

还是虚假信息、填写全部还是部分，等等。但是在行政主体履行行政职责或为公众提供公共服务时，因为二者地位的不对等性，公民无法进行选择，只能填写真实、完整的个人信息。当政府掌握了大量详尽、完整的公民个人信息时，一旦出现信息泄露或对个人信息进行违法操作，对公民个人及其生活的影响将远远超过私法行为主体泄露信息所带来的影响。曾有新闻报道指出，"大量倒卖信息的源头都来自掌握公民个人信息的单位和部门"[①]。

其次，个人信息主体的权利在数字政府建设过程中受到一定的限制。具体而言，在电信、金融、医疗等服务领域，所有个人信息的收集、处理和使用、除法律另有规定外，都应当在个人信息主体同意的基础上进行。公民享有自主决定权和选择权。但在数字政府建设过程中，行政主体对个人信息的收集、处理和使用，并不需要得到个人信息主体的同意。例如，我国的《统计法》和《人口普查条例》都规定，"公民提供真实、完整的信息"是一项义务。再如，德国《联邦数据保护法》第四节规定，除法律明确规定的情形外，所有个人数据的收集、处理和使用都应当在数据主体同意基础上进行。"行政主体为履行行政职责、实现行政目的的需要"就是这一条款的例外情形之一。换句话说，行政主体在取得公民的个人信息后，其对资料的使用，一般只受到收集目的和自身职权范围的限制。而公民没有同意或协商使用的权利。这是因为在数字政府建设过程中，行政主体和个人信息主体的地位并不平等，采用同意作为行政主体收集、处理个人信息的基础，很难考察其真实性。因此对个人信息收集、储存、利用的限制，是从"职责必需"的角度来设置的。[②] 基于公私领域对个人信息保护的这一点的重大不同，更应当提防公权力对个人信息主体之合法权益的侵害。

最后，在政府信息化建设的背景下，公民个人信息保护问题显得更为重

[①] 杨晶. 山西公安厅揭秘非法倒卖公民个人信息犯罪链条. （2012－05－09）[2020－07－01]. https：//baike.baidu.com/item/%E6%A3%B1%E9%95%9C%E9%97%A8/6006333? fr＝aladdin.

[②] 蒋舸. 个人信息保护法立法模式的选择——以德国经验为视角. 法律科学，2011（2）：113－120.

要。数字政府的核心在于庞大的信息资源,其中包含了大量的公民个人信息。与其他形式的个人信息相比较,电子形式的个人信息受到侵害的可能性更大。这是由网络的互联性、开放性和传播性所决定的。与传统形式的资料相比,电子资料可以迅速、不留痕迹地被更改和清除,也更容易被复制和传输,不容易加以防护。同时,由于电子资料本身的特性以及信息系统的兼容性,使用软件可以轻而易举地对各种不同形式的电子资料进行分析和综合。[1] 有学者在研究中指出,通过政府的电子信息数据库,只要各部门比对分别掌握的个人信息,融合并共享专业数据,原来分散存在的各种政府记录就能瞬间拼凑在一起,形成一张详细、完整的人格图像,而公民对此毫无所知。[2]

二、立法概况

目前我国专门的个人信息保护法尚在制定之中。从 2000 年《全国人民代表大会常务委员会关于维护互联网安全的决定》颁布至今,已经初步建立了涵盖民事救济、行政监管、刑事追责的个人信息保护规范体系,涉及的规范包括《关于加强网络信息保护的决定》《电信和互联网用户个人信息保护规定》《全国人民代表大会常务委员会关于维护互联网安全的决定》《消费者权益保护法》《刑法修正案(七)》《刑法修正案(九)》《网络安全法》《征信业管理条例》《民法典》等。此外,一些立法中还对行政机关保护个人信息的义务作了要求,如表 13-11 所示。

表 13-11 部分立法中对行政机关保护个人信息义务的规定

规定内容	法律	法规	规章
笼统地规定行政主体对于涉及个人隐私的信息应当予以保密	《行政复议法》第 23 条、《行政处罚法》第 42 条、《治安管理处罚法》第 80 条、《行政许可法》第 5 条、《居民身份证法》第 6 条、《护照法》第 12 条第 3 款、《统计法》第 9 条	《政府信息公开条例》第 14 条、《人口普查条例》第 4 条第 2 款	《婚姻登记档案管理办法》第 14 条

[1] 王贵国. 国际 IT 法律问题研究. 北京:方正出版社,2003:452.
[2] 孙平. 政府巨型数据库时代的公民隐私权保护. 法学,2007(7):23-41.

第十三章　数据安全：数据治理的"压舱石"

续表

规定内容		法律	法规	规章
行政主体的义务	目的限制原则	《统计法》第25条	《全国人口普查条例》第33条	
	处理、保存和销毁	《统计法》第6条	《全国人口普查条例》第26、32条	
	行政主体侵害个人信息的罚则	《居民身份证法》第19条、《护照法》第20条第5项、《统计法》第37、38、39条	《全国人口普查条例》第34、35条	
个人信息主体的义务与权利	提供个人信息的义务	《统计法》第7条	《全国人口普查条例》第4、24、25、36条	
	个人信息主体的知情权		《政府信息公开条例》第32条，《征信业管理条例》第28、29条	《婚姻登记档案管理办法》第15条
	个人信息主体的更正权和异议权		《政府信息公开条例》第32、41条	

这些法律规定要求行政机关在采集、使用个人信息方面的数据时，要有明确的法律依据，遵循必要和适度等原则。至于为履行职权而采集个人数据是否需要取得行政相对人的同意，一般认为不需要。对此，《信息安全技术 个人信息安全规范》第5.6条列举了收集、使用个人信息无须征得授权同意的情况，其中包括与国家安全、国防安全直接相关的，与公共安全、公共卫生、重大公共利益直接相关的，与刑事侦查、起诉、审判和判决执行等直接相关等几种情形。需要特别注意的是，若采集法律法规未作规定的数据，仍应当取得行政相对人的同意。[①]

[①] 何渊. 数据法学. 北京：北京大学出版社，2029：312.

三、特殊情形下的个人信息保护问题

（一）出于政府监管目的，要求企业提供包含个人信息的数据

> **滴滴与政府数据对接之争**[①]
>
> 　　从郑州空姐遇难到乐清女孩受害，短短3个月接连发生的两起命案，令滴滴深陷"安全"拷问，道歉、暂停顺风车业务已不能平息这场风波。而除了面对公众的声讨浪潮，滴滴当下不得不应对的还有一场形势严峻的监管风暴。
>
> 　　据不完全统计，交通运输部以及超过15个城市的交通监管者对滴滴进行了约谈。这些约谈的内容及提出的要求有很多共同点，除了落实主体责任、加快推进网约车合法化进程，值得关注的是，多个城市在约谈中反复提及，要求滴滴将营运数据完整、实时接入政府监管平台。
>
> 　　2016年颁布的"网约车新政"要求"网络服务平台数据库接入出租汽车行政主管部门监管平台"。2018年2月，交通运输部下发《网络预约出租汽车监管信息交互平台运行管理办法》，明确"网约车"监管信息交互平台分为部级平台、省级平台和城市监管平台，并对数据传输、运行维护、数据质量测评等作了详细规定。
>
> 　　在"网约车"管理上，一家独大的滴滴，无论在广东还是在全国，都出现了拒绝数据接入接受监管的现象，不肯提供详尽的驾驶人员和运营车辆数据，因此无法进行有针对性的执法，只能靠原始的围堵来执法。事实上，"网约车"平台数据接入未落实这一问题，一直是行业监管面临的难题。此次在关系乘客安全这一公众事件的催化下，数据接入问题再次凸显，并亟待解决。
>
> 　　"滴滴出行"首席发展官李建华曾提出的一些疑问，也许从侧面反映

[①] 罗聪冉．滴滴与政府的数据对接之争．（2018-09-12）[2020-06-15]．https：//www.sohu.com/a/253441753_99923264.

第十三章　数据安全：数据治理的"压舱石"

出数据接入存在的一些争议点："给监管部门提供实时数据究竟有没有必要？我们的用户信息被政府部门泄露出去谁负责？"彼时，李建华谈道，该平台在地方上也在进行数据对接，但接口标准不一样，技术上实现有瓶颈；此外，各地数据对接缺乏依据，政府有借合规要求强占企业数据之嫌。

从域外相关法律法规看，企业提供数据给监管部门，往往需要有明确的法律和行政法规来规定提供数据的目的和程序。我国 2018 年通过的《电子商务法》也对此作出了原则性规定："有关主管部门依照法律、行政法规的规定要求电子商务经营者提供有关电子商务数据信息的，电子商务经营者应当提供"。这里的"依照法律、行政法规的规定"明确了监管部门要求提供数据的规范层级应该是法律和行政法规，体现了我国立法机关审慎监管、保障企业合法经营的基本立场。从这个角度看，《网约车监管办法》只是部门规章，和目前《电子商务法》的规定有所冲突。

特殊情况下，政府对社会数据的获取和使用应该如何规范？如为履行维护国家安全、社会治理、公共服务等职责的需要，政府有时需要获取企业的数据。目前立法中均少有明确，涉及这一内容的是《电子商务法》，但其仅规定"有关主管部门依照法律、行政法规的规定要求电子商务经营者提供有关电子商务数据信息的，电子商务经营者应当提供。有关主管部门应当采取必要措施保护电子商务经营者提供的数据信息的安全，并对其中的个人信息、隐私和商业秘密严格保密，不得泄露、出售或者非法向他人提供"[1]，其中并没有明确具体的程序、范围和方式。然而，这些数据不仅涉及企业的财产权、知识产权，也可能涉及个人隐私和商业秘密，其获取的范围、颗粒度、程序和方式需要有严格的限制与规范，遵循比例原则。同时《网络安全法》也对政府部门在履责中获取的信息进行了用途限制，于第 30 条规定："网信部门和有关部门在履行网络安全保护职责中获取的

---

[1]《电子商务法》第 25 条．

信息，只能用于维护网络安全的需要，不得用于其他用途。"

（二）疫情等突发事件情形下的个人信息保护

2020年在抗击新冠肺炎疫情过程中使用了大数据技术，获得了较好的成效。"健康码"就是最为典型的例子："健康码"涉及个人的出行、通信、健康、登记等信息，直接关系到公民个人的切身利益。在疫情等突发事件情形下，在使用"健康码"等数据应用时，应注意三方面问题：一是数据传输、流通、使用等全生命周期的安全保护。二是"健康码"的生成以及随之对应采取的措施，属于对公民权益造成显著影响的自动化决策机制。依据前文所述的《信息安全技术 个人信息安全规范》，需要建立个人信息安全影响评估，并依评估结果采取有效的保护个人信息主体的措施；向个人信息主体提供针对自动决策结果的投诉渠道，并支持对自动决策结果的人工复核。三是突发情形下政府对个人信息的收集和使用是非常态的，需要建立突发情况结束的宣告机制和非常态下政府对个人信息的收集和使用的退出机制。

杭州出台"健康码"管理办法：不得收集无关的个人信息[①]

"健康码"开发运行中涉及个人隐私信息的，应遵循隐私权保护规定；对个人信息的处理应判断其对信息主体的合法权益造成损害的各种风险，评估保护措施的有效性——新冠肺炎疫情中，在全国率先推出"健康码"的杭州市已制定《健康码开发运行规范管理办法》，于6月15日起施行。

杭州"健康码"以个人自行申报、个人授权且经脱敏处理后的真实数据为基础。个人信息，是指以电子或其他方式记录的能单独或与其他信息结合，识别自然人个人身份的信息，包括但不限于自然人的姓名、出生日期、身份证件号码、个人生物识别信息、住址、电话号码等。

[①] 常正尚. 杭州出台健康码管理办法：不得收集无关的个人信息.（2020-06-17）[2020-06-17]. https://www.thepaper.cn/newsDetail_forward_7878431.

第十三章 数据安全：数据治理的"压舱石"

上述办法要求数据的收集、使用遵循正当、合法、必要和授权同意的原则，并公开收集和使用规则，明示收集和使用的目的、方式和范围；数据管理应"依法有序、分级管控、安全可靠"，建立公开透明的管理机制；有关部门、单位不得收集与"健康码"项目提供的服务无关的个人信息，不得违反法律、行政法规规定和双方约定收集、处理、使用个人信息；不得泄露、篡改、毁损收集的个人信息；未经信息主体同意，不得向他人提供个人信息，经处理无法识别特定个人且不能复原的信息除外。

上述办法明确：杭州"健康码"项目开发运行中涉及个人隐私信息的，应遵循隐私权保护的规定。对个人信息的处理，应检验其合法合规程度，判断其对信息主体之合法权益造成损害的各种风险，评估保护信息主体的措施的有效性。使用个人信息时，应采取脱敏处理等方式消除明确身份指向，避免识别到特定个人，但与国家安全、公共安全、重大公共利益等直接相关的除外。鼓励高校、科研单位及有资质的企业依法开发利用杭州"健康码"相关资源，提供健康服务产品。未经信息主体同意，任何单位和个人不得将开发应用中的个人信息授权他人使用，但经过处理无法识别特定个人且不能复原的除外。为确保数据存储、管理安全，杭州"健康码"项目数据应存储在"政务云"平台，新冠肺炎疫情期间项目数据应及时迁移至"政务云"。杭州"健康码"平台接入具备收集个人信息功能的第三方产品或服务时，应遵循"安全、稳定、高效、合法"原则，设置接入条件，明确共享内容、安全责任及信息应用安全管理措施。

图书在版编目（CIP）数据

数字政府：变革与法治 / 马颜昕等著. -- 北京：中国人民大学出版社，2021.2
ISBN 978-7-300-28956-4

Ⅰ.①数… Ⅱ.①马… Ⅲ.①电子政务－研究 Ⅳ.①D035-39

中国版本图书馆CIP数据核字（2021）第012966号

数字政府：变革与法治
马颜昕　李　哲　袁　强　陈尚龙　陈晓勤
覃　慧　石小兵　满　鑫　何舒琴　　　　著
Shuzi Zhengfu：Biange yu Fazhi

出版发行	中国人民大学出版社	
社　　址	北京中关村大街31号	邮政编码　100080
电　　话	010-62511242（总编室）	010-62511770（质管部）
	010-82501766（邮购部）	010-62514148（门市部）
	010-62515195（发行公司）	010-62515275（盗版举报）
网　　址	http://www.crup.com.cn	
经　　销	新华书店	
印　　刷	北京联兴盛业印刷股份有限公司	
规　　格	170 mm×240 mm　16开本	版　次　2021年2月第1版
印　　张	24.25　插页3	印　次　2022年8月第4次印刷
字　　数	336 000	定　价　98.00元

版权所有　侵权必究　　印装差错　负责调换